浙江省文化研究工程指导委员会

主　　任　易炼红
副 主 任　刘　捷　彭佳学　邱启文　赵　承
　　　　　胡　伟　任少波
成　　员　高浩杰　朱卫江　梁　群　来颖杰
　　　　　陈柳裕　杜旭亮　陈春雷　尹学群
　　　　　吴伟斌　陈广胜　王四清　郭华巍
　　　　　盛世豪　程为民　高世名　蔡袁强
　　　　　蒋云良　陈　浩　陈　伟　施惠芳
　　　　　朱重烈　高　屹　何中伟　李跃旗
　　　　　吴舜泽

宋代研究文萃丛书

包伟民　总主编

知宋
宋代之科举

何忠礼　主编

浙江人民出版社

图书在版编目（CIP）数据

知宋·宋代之科举 / 何忠礼主编. — 杭州：浙江人民出版社，2024.8. — ISBN 978-7-213-11539-4

Ⅰ．D691.3

中国国家版本馆CIP数据核字第20241Q3M42号

知宋·宋代之科举

何忠礼　主编

出版发行：浙江人民出版社（杭州市环城北路177号　邮编　310006）
　　　　　市场部电话：(0571)85061682　85176516
丛书策划：王利波　李　信　　　营销编辑：张紫懿
责任编辑：莫莹萍　　　　　　　责任校对：姚建国
责任印务：程　琳　　　　　　　封面设计：毛勇梅　袁家慧
宋代研究文萃印章设计：高　阳
电脑制版：杭州天一图文制作有限公司
印　　刷：杭州钱江彩色印务有限公司
开　　本：710毫米×1000毫米　1/16　　印　张：23
字　　数：306千字　　　　　　　　　　 插　页：6
版　　次：2024年8月第1版　　　　　　 印　次：2024年8月第1次印刷
书　　号：ISBN 978-7-213-11539-4
定　　价：89.00元

如发现印装质量问题，影响阅读，请与市场部联系调换。

"浙江文化研究工程成果文库"总序

有人将文化比作一条来自老祖宗而又流向未来的河,这是说文化的传统,通过纵向传承和横向传递,生生不息地影响和引领着人们的生存与发展;有人说文化是人类的思想、智慧、信仰、情感和生活的载体、方式和方法,这是将文化作为人们代代相传的生活方式的整体。我们说,文化为群体生活提供规范、方式与环境,文化通过传承为社会进步发挥基础作用,文化会促进或制约经济乃至整个社会的发展。文化的力量,已经深深熔铸在民族的生命力、创造力和凝聚力之中。

在人类文化演化的进程中,各种文化都在其内部生成众多的元素、层次与类型,由此决定了文化的多样性与复杂性。

中国文化的博大精深,来源于其内部生成的多姿多彩;中国文化的历久弥新,取决于其变迁过程中各种元素、层次、类型在内容和结构上通过碰撞、解构、融合而产生的革故鼎新的强大动力。

中国土地广袤、疆域辽阔,不同区域间因自然环境、经济环境、社会环境等诸多方面的差异,建构了不同的区域文化。区域文化如同百川归海,共同汇聚成中国文化的大传统,这种大传统如同春风化雨,渗透于各种区域文化之中。在这个过程中,区域文化如同清溪山泉潺潺不息,在中国文化的共同价值取向下,以自己的独特个性支撑着、引领着本地经济社会的发展。

从区域文化入手,对一地文化的历史与现状展开全面、系统、扎实、有序的研究,一方面可以借此梳理和弘扬当地的历史传统和文化资源,繁荣和丰富当代的先进文化建设活动,规划和指导未来的文化发展蓝图,增强文化软实力，为全面建设小康社会、加快推进社会主义现代化提供思想保证、精神动力、智力支持和舆论力量；另一方面，这也是深入了解中国文化、研究中国文化、发展中国文化、创新中国文化的重要途径之一。如今，区域文化研究日益受到各地重视，成为我国文化研究走向深入的一个重要标志。我们今天实施浙江文化研究工程，其目的和意义也在于此。

千百年来，浙江人民积淀和传承了一个底蕴深厚的文化传统。这种文化传统的独特性，正在于它令人惊叹的富于创造力的智慧和力量。

浙江文化中富于创造力的基因，早早地出现在其历史的源头。在浙江新石器时代最为著名的跨湖桥、河姆渡、马家浜和良渚的考古文化中，浙江先民们都以不同凡响的作为，在中华民族的文明之源留下了创造和进步的印记。

浙江人民在与时俱进的历史轨迹上一路走来，秉承富于创造力的文化传统，这深深地融汇在一代代浙江人民的血液中，体现在浙江人民的行为上，也在浙江历史上众多杰出人物身上得到充分展示。从大禹的因势利导、敬业治水，到勾践的卧薪尝胆、励精图治；从钱氏的保境安民、纳土归宋，到胡则的为官一任、造福一方；从岳飞、于谦的精忠报国、清白一生，到方孝孺、张苍水的刚正不阿、以身殉国；从沈括的博学多识、精研深究，到竺可桢的科学救国、求是一生；无论是陈亮、叶适的经世致用，还是黄宗羲的工商皆本；无论是王充、王阳明的批判、自觉，还是龚自珍、蔡元培的开明、开放，等等，都展示了浙江深厚的文化底蕴，凝聚了浙江人民求真务实的创造精神。

代代相传的文化创造的作为和精神，从观念、态度、行为方式和价值取向上，孕育、形成和发展了渊源有自的浙江地域文化传统和与时俱进的浙江文化精神，她滋育着浙江的生命力、催生着浙江的凝聚力、激发着浙江的创造力、培植着浙江的竞争力，激励着浙江人民永不自满、永不停息，在各个不同的历史时期不断地超越自我、创业奋进。

悠久深厚、意韵丰富的浙江文化传统，是历史赐予我们的宝贵财富，也是我们开拓未来的丰富资源和不竭动力。党的十六大以来推进浙江新发展的实践，使我们越来越深刻地认识到，与国家实施改革开放大政方针相伴随的浙江经济社会持续快速健康发展的深层原因，就在于浙江深厚的文化底蕴和文化传统与当今时代精神的有机结合，就在于发展先进生产力与发展先进文化的有机结合。今后一个时期浙江能否在全面建设小康社会、加快社会主义现代化建设进程中继续走在前列，很大程度上取决于我们对文化力量的深刻认识、对发展先进文化的高度自觉和对加快建设文化大省的工作力度。我们应该看到，文化的力量最终可以转化为物质的力量，文化的软实力最终可以转化为经济的硬实力。文化要素是综合竞争力的核心要素，文化资源是经济社会发展的重要资源，文化素质是领导者和劳动者的首要素质。因此，研究浙江文化的历史与现状，增强文化软实力，为浙江的现代化建设服务，是浙江人民的共同事业，也是浙江各级党委、政府的重要使命和责任。

2005年7月召开的中共浙江省委十一届八次全会，作出《关于加快建设文化大省的决定》，提出要从增强先进文化凝聚力、解放和发展生产力、增强社会公共服务能力入手，大力实施文明素质工程、文化精品工程、文化研究工程、文化保护工程、文化产业促进工程、文化阵地工程、文化传播工程、文化人才工程等"八项工程"，实施科教兴国和人才强国战略，加快建设教育、科技、卫生、体育等"四个强省"。作为文化建设"八项工程"之一的文化研究工程，其任务就是系统研究浙江文化的历史成就和当代发展，深入挖掘浙江文化底蕴、研究浙江现象、总结浙江经验、指导浙江未来的发展。

浙江文化研究工程将重点研究"今、古、人、文"四个方面，即围绕浙江当代发展问题研究、浙江历史文化专题研究、浙江名人研究、浙江历史文献整理四大板块，开展系统研究，出版系列丛书。在研究内容上，深入挖掘浙江文化底蕴，系统梳理和分析浙江历史文化的内部结构、变化规律和地域特色，坚持和发展浙江精神；研究浙江文化与其他地域文化的异同，厘清浙江文化在中国文化中的地位和相互影响的关系；围绕浙江生动的当代实践，深入解读浙江现象，总结浙江经验，指导浙江发展。在研究力量上，通过课题组织、出版资助、重点研究基地建设、加强省内外大院名校合作、整合各地各部门力量等途径，形成上下联动、学界互动的整体合力。在成果运用上，注重研究成果的学术价值和应用价值，充分发挥其认识世界、传承文明、创新理论、咨政育人、服务社会的重要作用。

我们希望通过实施浙江文化研究工程，努力用浙江历史教育浙江人民、用浙江文化熏陶浙江人民、用浙江精神鼓舞浙江人民、用浙江经验引领浙江人民，进一步激发浙江人民的无穷智慧和伟大创造能力，推动浙江实现又快又好发展。

今天，我们踏着来自历史的河流，受着一方百姓的期许，理应负起使命，至诚奉献，让我们的文化绵延不绝，让我们的创造生生不息。

2006年5月30日于杭州

"浙江文化研究工程成果文库"序言

易炼红

国风浩荡、文脉不绝，钱江潮涌、奔腾不息。浙江是中国古代文明的发祥地之一，是中国革命红船启航的地方。从万年上山、五千年良渚到千年宋韵、百年红船，历史文化的风骨神韵、革命精神的刚健激越与现代文明的繁荣兴盛，在这里交相辉映、融为一体，浙江成为了揭示中华文明起源的"一把钥匙"，展现伟大民族精神的"一方重镇"。

习近平总书记在浙江工作期间作出"八八战略"这一省域发展全面规划和顶层设计，把加快建设文化大省作为"八八战略"的重要内容，亲自推动实施文化建设"八项工程"，构筑起了浙江文化建设的"四梁八柱"，推动浙江从文化大省向文化强省跨越发展，率先找到了一条放大人文优势、推进省域现代化先行的科学路径。习近平总书记还亲自倡导设立"文化研究工程"并担任指导委员会主任，亲自定方向、出题目、提要求、作总序，彰显了深沉的文化情怀和强烈的历史担当。这些年来，浙江始终牢记习近平总书记殷殷嘱托，以守护"文献大邦"、赓续文化根脉的高度自觉，持续推进浙江文化研究工程，接续描绘更加雄浑壮阔、精美绝伦的浙江文化画卷。坚持激发精神动力，围绕"今、古、人、文"四大板块，系统梳理浙江历史的传承脉络，挖掘浙江文化的深厚底蕴，研究浙江现象、总结浙江经验、丰富浙江精神，实施"'八八战略'理论与实践研究"等专题，为浙江干在实处、走在前列、勇立潮头提供源源不断的价值引导力、文化凝聚力、精神推动力。坚持打造精品力作，目前一期、二期工程已经完结，三期工程正在进行中，出版学术著作超过1700部，推出了"中国历代绘画大系"等一大批有重大影响的成果，持续擦亮阳明文化、和合文化、宋韵文化等金名片，丰富了中华文化宝库。坚持砺炼精兵强将，锻造了一支老中青梯次配备、传承有序、学养深厚的哲学社会科学人才队伍，培养了一批高水平学科带头人，为擦亮新时代浙江学术品牌提供了坚实智力人才支撑。

文化是民族的灵魂，是维系国家统一和民族团结的精神纽带，是民族生命力、创造力和凝聚力的集中体现。在以中国式现代化全面推进强国建设、民族复兴伟业的新征程上，习近平文化思想在坚持"两个结合"中，以"体用贯通、明体达用"的鲜明特质，茹古涵今明大道、博大精深言大义、萃菁取华集大成，鲜明提出我们党在新时代新的文化使命，推动中华文脉绵延繁盛、中华文明历久弥新，推动全党全国各族人民文化自信明显增强、精神面貌更加奋发昂扬。特别是今年9月，习近平总书记亲临浙江考察，赋予我们"中国式现代化的先行者"的新定位和"奋力谱写中国式现代化浙江新篇章"的新使命，提出"在建设中华民族现代文明上积极探索"的重要要求，进一步明确了浙江文化建设的时代方位和发展定位。

文明薪火在我们手中传承，自信力量在我们心中升腾。纵深推进文化研究工程，持续打造一批反映时代特征、体现浙江特色的精品佳作和扛鼎力作，是浙江学习贯彻习近平文化思想和习近平总书记考察浙江重要讲话精神的题中之义，也是浙江一张蓝图绘到底、积极探索闯新路、守正创新强担当的具体行动。我们将在加快建设高水平文化强省、奋力打造新时代文化高地中，以文化研究工程为牵引抓手，深耕浙江文化沃土、厚植浙江创新活力，为创造属于我们这个时代的新文化贡献浙江力量。要在循迹溯源中打造铸魂工程，充分发挥习近平新时代中国特色社会主义思想重要萌发地的资源优势，深入研究阐释"八八战略"的理论意义、实践意义和时代价值，助力夯实坚定拥护"两个确立"、坚决做到"两个维护"的思想根基。要在赓续厚积中打造传世工程，深入系统梳理浙江文脉的历史渊源、发展脉络和基本走向，扎实做好保护传承利用工作，持续推动优秀传统文化创造性转化、创新性发展，让悠久深厚的文化传统、源头活水畅流于当代浙江文化建设实践。要在开放融通中打造品牌工程，进一步凝炼提升"浙学"品牌，放大杭州亚运会亚残运会、世界互联网大会乌镇峰会、良渚论坛等溢出效应，以更有影响力感染力传播力的文化标识，展示"诗画江南、活力浙江"的独特韵味和万千气象。要在引领风尚中打造育德工程，秉持浙江文化精神中蕴含的澄怀观道、现实关切的审美情操，加快培育现代文明素养，让阳光的、美好的、高尚的思想和行为在浙江大地化风成俗、蔚然成风。

我们坚信，文化研究工程的纵深推进，必将更好传承悠久深厚、意蕴丰富的浙江文化传统，进一步弘扬特色鲜明、与时俱进的浙江文化精神，不断滋育浙江的生命力、催生浙江的凝聚力、激发浙江的创造力、培植浙江的竞争力，真正让文化成为中国式现代化浙江新篇章中最富魅力、最吸引人、最具辨识度的闪亮标识，在铸就社会主义文化新辉煌中展现浙江担当，为建设中华民族现代文明作出浙江贡献！

2023年12月

引言：认识一个时代

我们这一套"知宋"丛书，旨在为有一定文史基础并有兴趣进一步了解两宋历史的读者，提供一个方便学习的门径。

中华民族五千多年文明史的各个发展阶段，都有其独特的历史地位，两宋时期尤其如此。历史的演进，如长河奔流，不舍昼夜，平缓湍急，变化百态，然而必有关键河段，决定着下游走向。如长江之出三峡、黄河之过龙门，终于一泻千里，奔腾入海。由唐入宋，正是这样一个关键节点。不同解释体系，从各自视角出发，截取的起讫时间往往并不一致：陈寅恪先生观察古代文化史流变，以唐代中后期的韩愈为"唐代文化学术史上承先启后转旧为新关捩点之人物"；近数十年来，不少欧美学者从社会阶层演变入手分析，多视两宋之际为转变节点。国内学界更多视唐（五代）宋之际为转折点，除了由于改朝换代具有天然的标识意义外，还因为国家制度大多随着新政权的建立而更新。对这一历史转折的定性，无论视之为"变革"，还是"中国封建社会从前期向后期的演进"，总之可以肯定的是，自南宋以降，我国传统农业社会进入发展后期，从唐末到南宋三四百年间则是它的调整转折时期。前贤曾论今日中国"为宋人之所造就"，就是指自南宋以降奠定了我国传统社会后期基本格局这一点而言的，所以南宋尤其值得重视。

但是，想要全面地认识一个时代，并不容易。人类社会现象之错综复杂，无论怎样强调都不为过。如果说自然界最复杂的事物是宇宙，那么与之相对应的人类社会中最为复杂的事物就是社会本身了。对于我们生于此、长于此的现实世界，且不说域外他国，即便身边的人与事，人们也不免常有孤陋寡闻之叹；更何况对千百年前的历史世界，存世的资料总是那么的零散与片面，想要接近真实就更难了。

具体就10—13世纪的中国历史而言，在传统正史体系中，除《宋史》外，同时有《辽史》《金史》并存。还有其他未能列入正史的民族政权，例如西北的西夏、西南的大理国；更往西或西南，包括青藏高原，都存在众多地方性的族群与统治力量。赵宋政权尽管占据了以黄河与长江两大流域为主的核心经济区，历时也最久，但毕竟不过是几个主要政权中的一个而已。在某些重要方面，例如对西北地域的经略以及国家政治的走向等，赵宋甚至难说代表着一般的发展趋势。

这套文萃选编以两宋为中心，有一定的局限性，并不能等同于10—13世纪全部的中国历史。选编共列出了政治制度、君臣、法律、科举、军事、城市与乡村、货币、交通、科技、儒学、文学、书画艺术、建筑等专题，每题一册，试图尽可能涵盖目前史学研究中关于两宋历史的核心议题，但难免仍有欠缺。出于各种原因，还有其他一些重要议题，例如经济生产、人口性别、社会生活、考古文物等，都暂未能列入。即便是已经列入的这些议题，今人既有的认识——假设它们准确无误，对于极其丰富的真实历史生活而言，恐怕也不过是浮光掠影而已。这既有我们当下的认识能力尚有不足的原因，也因史文有缺，造物主吝于向我们展现先人生活的全貌。总之，我们必须直面历史知识不得不大量留白之憾，切不可为既有的史学成就而沾沾自喜。

但是，人们认识先人生活的努力从未懈怠。自20世纪80年代以来，中国史学成绩斐然，两宋史领域也不例外。可以说，举凡存世资料相对充分、足以展开讨论的议题，差不多都已经有学者撰写了专书，更不必说数量无法统计的专文了。近半个世纪以来，在两宋史领域，每一个知识点基本上都得到了更新与拓展。在许多议题上，学者们更是相互讨论辩难，意见纷呈，远未取得相对一致的"共识"。那么，在这样先天不足、后天失调的前提之下，以每册区区20余万字的篇幅，来反映目前史学界对宋史领域相关议题的研究成果，又有什么意义呢？或者说，我们将如何坦然面对挂一漏万之讥，以使选编工作对读者，同时也对选编者都能呈现一定的价值呢？

首先必须指出，每一专题对于相关研究文献的择取，都出于选编者自身的理解，具有一定的主观性。也可以说，选编工作本身就体现了对相关专题的某种认识思路，这自然毋庸讳言。

其次，我们请每册主编都撰写了一篇导言，以尽可能客观地总结各不同专题的学术史概况。这既是对每册字数容量有限之憾的弥补，也是对每个专题学术史展开的基本路径的梳理，以供读者参考。也正因此，在尽可能选择最新研究成果的前提之下，选编者还会择取少量发表时间稍早、但在学术史上具有重要地位、迄今仍具有相当影响力的专文。

最后，本套文萃选编的目的不是试图提供关于各个专题的"全面"的知识框架，而是借几篇研究精品，向读者展示本领域研究者如何利用可能获取的历史信息，在大胆假设与小心求证之间驰骋智力，以求重现先人生活某一侧面之点滴的过程与成果。因此，本丛书除了对相关史学领域的初学者在了解两宋历史时提供一些帮助外，相信还能使更广大的资深文史爱好者开卷有益。

以上就是我们出版这一套文萃选编的基本设想，谨此说明。

总主编　包伟民

2023 年 10 月

目录

导　论 ……… 何忠礼 / 001

第一编　科举制度的创立
中国科举制度起源考 ……… 邓嗣禹 / 027
南北朝后期科举制度的萌芽 ……… 唐长孺 / 042
科举制度起源辨析——兼论进士科首创于唐 ……… 何忠礼 / 049
汉唐科举异同论 ……… 徐连达　楼　劲 / 070

第二编　宋代的科举改革
宋代科举考试制度的变化与地主阶级 ……… 关履权 / 093
北宋时期的科举改革 ……… 穆朝庆 / 105
宋代科举封弥誊录制度述论 ……… 张希清 / 116

第三编　宋代的进士科考试
宋代科举之解试 ……… 侯绍文 / 147
北宋科举解额考 ……… 赵冬梅 / 155
宋代省试制度述略 ……… 何忠礼 / 167
论宋代的殿试制度 ……… 穆朝庆 / 184

第四编　宋代的明经、制举和武举
略论宋代的明经科 ……… 何忠礼 / 199
宋代制举考略 ……… 聂崇岐 / 211
文武纠结的困境——宋代的武举与武学 ……… 方震华 / 242

第五编　科举制度对宋代社会的影响

贫富无定势：宋代科举制度下的社会流动 ……… 何忠礼 / 285

社会流动及其局限 ……… 梁庚尧 / 305

科举制度与宋代士大夫阶层 ……… 郭学信 / 320

科举制度与宋代文化 ……… 何忠礼 / 329

后　记 ……… 353

导 论

何忠礼

所谓选举制度，就是选拔首领和官员的制度。在人类历史发展的长河中，选举制度作为一种上层建筑，是最早出现也是永远需要存在下去的制度。而实行时间近1300年的科举制度，是中国秦汉以降实行时间最长的选举制度。宋代则是科举制度的黄金时期，通过科举，它为赵宋政权选拔了大批人才，从而有力地推动了宋韵文化的形成和发展，增强了国家的文化软实力，对当代乃至后世的中外选举制度产生了深远影响，尤其对今天人才的选拔，具有特别重要的借鉴意义。

在具体介绍今人对宋代科举制度的研究成果前，本书拟对中国历史上主要的几种选举制度及其演变过程作一扼要论述，通过对各种选举制度产生的时代背景、相互关系、主要内容和存在问题的比较，以加深对宋代科举制度的认识和对有关研究成果的理解。

一、原始社会选举首领的办法

原始社会是人类出现以后的第一个社会，在长达三四百万年的原始社会前期，或者说"原始人群"时期，原始人身上还带有许多动物的特性[1]，他们不可能有什么选举制度，实行的是一种习惯法，即从类人猿时期所带来的"强者为王"的首领产生办法。这种首领产生办法，尽管不够公正，

---

[1] 恩格斯说："人来源于动物界这一事实，已经决定人永远不能完全摆脱兽性。"[德]恩格斯：《反杜林论》，载《马克思恩格斯选集》第三卷，人民出版社2012年版，第478页。

弊病非常明显，但对组织本群原始人的劳动生产和生活秩序，抵抗外来族群侵犯，有其积极的一面。

经过漫长的岁月，一些原始人群因为有好的首领，获得了发展壮大；另一些原始人群却因首领的无能或贪婪，衰落甚至灭亡了。这使原始人逐渐明白了选择身强力壮、办事公正的首领的重要性。大约到5万年前，中国的原始人群进入了氏族公社时期。在氏族公社前期，首领由德高望重、深受大家信任的年长妇女担任，所以当时称为母系氏族社会。在母系氏族社会里，首领由全体氏族成员直接选举产生，从而使"选贤与能"有了可能。

历史车轮滚滚向前，大约到1万年前，原始社会进入它的末期。由于生产力的发展和剩余产品的出现，婚姻制度也由过去的群婚、对偶婚向一夫一妻制和一夫多妻制过渡，从而结束了只知有母、不知有父的时代，使私有制的产生成为可能。此时，男子已成为劳动的主力，首领开始由男子担任，从此由母系氏族社会进入父系氏族社会时期。这时，在广袤的中国大地上，出现了许多大小不等的部落和由若干个部落组成的氏族联盟，即方国。氏族联盟的军事贵族掌握了氏族的财富分配权和军事统率权。他们为了世世代代享有财富和权力，逐渐废除了首领公选的办法，从而出现了由军事贵族集团世袭首领的现象。如果说当时尚有"选贤与能"的残留，那么这种选举只局限于军事贵族集团内部，与一般氏族成员已经无缘。

大约到距今5000年前后的黄帝时代，这种首领由少数军事贵族子孙和姻亲世袭的做法已经成为一种常态。据司马迁《史记》卷一《五帝本纪第一》记载，黄帝乃少典之子，黄帝本人就出身于氏族联盟长的家庭。黄帝死后，氏族联盟长的职位由其孙颛顼继任。颛顼死后，由黄帝曾孙帝喾继任。帝喾死后，由其子帝尧继任。至于后来的所谓尧舜禹"禅让"，要么是一种特殊情况下"选贤与能"的回光返照，要么是攘夺所至。所谓"大道之行也，天下为公。选贤与能，讲信修睦"，只是先秦诸儒对远古时代选举办法的一种憧憬而已。①

  在首领公选时期，部落首领和部落联盟长虽只有一人，但他们的助手却有多人，分别负责军事、刑罚、农业、畜牧业、手工业、教育、礼仪、水利等工作。随着部落首领权力的增强，这些人的职务逐渐由公选改为由首领任命。如被舜任命的助手有22人之多。其中皋陶负责刑罚，伯夷负责礼仪，垂负责工程，伯益负责垦荒，弃负责农业，契负责行政，龙负责接待外宾，禹负责治水。当然，这里的任命并不排除有氏族元老"四岳"推荐的因素，而且这些助手很可能都是黄帝一系的子孙。到禹在位时，情况更是如此。

  禹获取部落联盟首领的职位后，依靠治水的功绩，加强了自己的权力和威望，建立了国号叫"夏后"的国家。他既保持着原始社会部落联盟首领的某些特征，又有了阶级社会中专制君主的权威，是一个具有双重身份的人物，并开始有了王的称号。曾经与禹同为舜手下的伯益，也是一个氏族贵族（颛顼外甥），此人工作出色，治水功劳仅次于禹，在当时也握有一定权力。而禹的儿子启，却是一个默默无闻、无所作为的人。如果确实存在着禅让制，伯益完全有可能继承禹位，对此，禹、伯益两人都心知肚明。所以到禹年老时，他口头上虽表示要让伯益作为自己的继承人，实际上却积极扶植儿子启的势力。当禹死后，启的力量已超过了伯益，他与伯益展开了一场争夺王位的战争，并杀死了伯益，登上王位。《竹书纪年》说："益干启位，启杀之。"这短短的七个字，反映了当时已经实行世袭制的事实，所以认为是伯益而不是启为企图夺取王位之人。从此以后，王权世袭正式确立，"家天下"完全代替了"公天下"。原始氏族公社联盟中的大小领导职位，也由选举而变为世袭，这便顺理成章地产生了世卿世禄制这一选举制度。

---

① 参见拙著《略论历史上的禹和大禹崇拜》,《绍兴文理学院学报（哲学社会科学版）》, 2008年第3期。

二、夏、商、西周的选举制度

从夏代到商代中期，王位的传位方式除父死子袭以外，还辅之以兄终弟及。我们只要统计一下《史记》的记载，就可以知道：自成汤至纣，31位王中，以弟继兄的有14人，以叔传侄的有4人，以父传位于子的有12人。所以商人祀其先王，兄弟同礼。说明每一个子弟，不管是哪一个妻妾所生，地位都一样，叔伯染指王位的现象也十分普遍。结果，经常发生诸弟之间、伯叔侄之间争夺王位的内乱，从而削弱了统治力量。到了商朝后期，从康丁到帝辛，王位继承制有了某种变化，即只传子不再传弟，但这个子是长子还是幼子尚无明确规定。至于大臣，则基本上都是世袭的。

大约在公元前1046年，西方的一个小国周，灭亡了商朝，建立西周。在西周建立后的第四年（前1043），周武王死，周武王的嫡长子成王诵继位，从此，王位继承开始固定由嫡长子继承，各诸侯国和大夫，也同时实行嫡长子继承。西周确立了嫡长子继承制以后，从而建立了天子—诸侯—大夫—士的一整套封建宗法制度。这种依靠血缘关系世世代代获得王位，获得官职、封土和爵位的世卿世禄制度，从夏、商到西周，实行了大约1300年，直到东周（前770—前256），它才开始退出历史舞台。

三、春秋、战国时期的选举制度

到了春秋、战国时期，由于王室衰微，大国争霸，各诸侯国为了富国强兵，迫切需要招徕人才。可是，原来的世卿世禄制度不能完全适应大国争霸的形势。尽管各诸侯国里的旧势力依然抱住这种制度不放，但作为这些国家里的国君，为了国家的强大，不得不任用有能力的新人，世卿世禄制度已不能适应对人才的需要。

与此同时，在诸侯国内部也出现了"地震"。一些卿、大夫的力量日益强大，他们或擅权，使国君成了傀儡，或相互兼并，甚至建立独立的小国。一些有才能的读书人即士，他们在帮助卿、大夫出谋划策中起了很大作用，有的还当上了卿、大夫的家宰、邑宰，与卿、大夫的关系更加密切。这样，宗法上的血缘关系随之淡薄，士只要有才能，即使与国君、卿、大夫没有血缘关系，也开始受到重用。士的崛起，冲破了世卿世禄制，他们在一个诸侯国内可以当官，也可能丢官，当官时得俸禄，丢官时就没有俸禄，俸禄也从过去的食邑改成食物。如孔子在鲁国当了官（司寇摄相事），又丢了官；子路当了季氏的官，又跑到卫国去做官。孔子在鲁国得年俸粟六万石，到卫国后同样得到六万石的年俸。

春秋时期的人才选拔做得比较好，因而取得成功的例子，当推齐桓公任用管仲为相、秦穆公任用百里奚为相。前者原是齐桓公的政敌，后者则是秦国用五张羊皮换来的楚国奴隶，百里奚因此也被后人称为"五羖大夫"，实际上都是才能出众的士。在他们的有力辅佐下，齐、秦两国迅速强大起来，先后成为春秋五霸之一。其他诸侯国的用人，大致也出现了类似情况。

进入战国时期，各国之间的竞争越趋激烈，统治者对人才更加渴望，在秦国，出现了军功制，以杀敌多少、战争胜负作为爵位高低和授予官职大小的标准。同时以"礼贤下士"的姿态招揽人才，成为一时风气，养士制和客卿制得到普遍推广。

战国时期的士，成分十分复杂，从具有博大精深的学问和治国平天下本领的人到鸡鸣狗盗之徒都有。这些食客的特点是"夫天下以市道交，君有势，我则从君，君无势则去"[1]。

从其他诸侯国引进的门客，根据才能大小，出任卿到各类官职，这样的官员称客卿。从现有史料来看，当时七国都有客卿，但以秦国的客卿招徕最为活跃。秦自惠文王十年（前328）以后，出现了以客卿入仕的高潮，这既是秦与其他各国进行政治和军事斗争的需要，也是秦国没有受到西周宗法制的约束，举用外来之人遭到阻力较小的缘故。

当时，秦选拔的高级官员多来自客卿。以秦相一职为例，在22名秦相中，有15人是客卿出身，另有6人也可能是客卿。商鞅（约前390—前

---

[1]〔西汉〕司马迁：《史记》卷八一《廉颇蔺相如列传》，中华书局1963年点校本，第2448页。

338）入秦的时间更早，不过他是左庶长，不是相。南宋学者洪迈曾谓："七国虎争天下，莫不招致四方游士。然六国所用相，皆其宗族及国人，如齐之田忌、田婴、田文，韩之公仲、公叔，赵之奉阳、平原君，魏王至以太子为相。独秦不然，其始与之谋国以开霸业者，魏人公孙鞅也。其他若楼缓赵人，张仪、魏冉、范雎皆魏人，蔡泽燕人，吕不韦韩人，李斯楚人。皆委国而听之不疑，卒之所以兼天下者，诸人之力也。"①

在秦国的诸多客卿中，对秦国强大起决定性作用的是商鞅。他所领导的变法运动，对秦国的政治、经济、军事、思想和社会风俗，进行了全方位的改革，其中废除世卿世禄，奖励军功，就是对选举制度的一项重大改革，其为变法的顺利推行，提供了人事上的保证，意义特别重大。

在统一中国以前的秦国，军功制实行得比较彻底，官、爵是一致的，即得多少爵，可获多大官。但秦王朝建立以后，原来那种"当官为吏，必须有爵"的规定有了改变。从现在可考的秦朝高级官员可知，秦始皇时代的丞相隗状、王绾、李斯等人皆无爵位，不少爵位显赫之人，如建成侯赵亥、吕武侯成、武信侯冯毋择等，也不任中央到地方的官职。为什么会产生这种变化呢？原来，依军功大小赐爵、赏地，对鼓励百姓作战立功是有积极作用的，但依军功爵大小授官却极不合理。韩非曾指出过这种弊端，他说：以军功授官，就像让一个不懂医术的人当医生，让不懂工艺的人当工匠一样，如何做好工作？如何能处理好政务？

秦王朝建立后，以军功制和客卿制来选拔人才的方式，已经变得不能适应新的形势。秦始皇三十四年（前213），丞相李斯向秦始皇提出"若欲有学法令，以吏为师"②，获得了秦始皇的首肯，从而使吏的地位得到显著提高。根据秦法，"吏"的产生，一是靠推荐，二是须考试。若言推荐，与后来的察举制有点类似。考试之法为："学僮十七已上，始试，讽籀书

---

① 〔宋〕洪迈：《容斋随笔》卷二《秦用他国人》，上海古籍出版社1978年据清同治间洪氏刊本标点本，第23页。
② 《史记》卷六《秦始皇本纪第六》，第255页。

九千字,乃得为吏。"①这种推荐和考试相结合选拔官员的办法,实为西汉察举制度的滥觞。但是,尚未等到新的选举制度走向成熟,秦朝就灭亡了。

四、两汉的选举制度

公元前206年,秦朝灭亡,刘邦建立了国号为"汉"的国家。接着经过四年楚汉战争,刘邦打败项羽,最后夺得天下。刘邦才能平平,后人说他是"世无英雄,遂使孺子成名"。他所以能战胜实力大大超过自己的项羽而取得胜利,最重要的一个原因,就是善于用人。刘邦在即帝位的筵席上,总结自己所以能获胜的原因时说:

> 夫运筹策帷帐之中,决胜于千里之外,吾不如子房。镇国家,抚百姓,给馈饷,不绝粮道,吾不如萧何。连百万之军,战必胜,攻必取,吾不如韩信。此三者,皆人杰也,吾能用之,此吾所以取天下也。项羽有一范增而不能用,此其所以为我擒也。②

汉高祖以布衣定天下,确实没有多少才能,他唯一的才能就是能用人,再次证明选拔人才的重要性。

正由于刘邦对任用有才能的人有着切身体会,所以汉初选拔官吏,一开始便注意真才实学。汉高祖十一年(前196),刘邦颁布了一道求贤诏书,他说:

> 盖闻王者莫高于周文,伯者莫高于齐桓,皆待贤人而成名。今天下贤者智能岂特古之人乎?患在人主不交故也,士奚由进!今吾以天之灵,贤士大夫定有天下,以为一家,欲其长久,世世奉宗庙亡绝也。贤人已与我共平之矣,而不与吾共安利之,可乎?贤士大夫有肯

---

① 参见张晋藩主编:《中国官制通史》,中国人民大学出版社1992年版,第121—122页。
② 《史记》卷八《高祖本纪第八》,第381页。

从我游者，吾能尊显之，布告天下，使明知朕意。①

诏书还要求各地郡守把有治国才能的"贤士大夫"推荐上来，并把他们的年龄、品行上报，以备录用。这道求贤诏，可以说是两汉察举制的先声。但是，作为一种制度则尚未正式形成。

到惠帝、吕后时，曾下诏举"孝弟力田"，但各地所举的"孝弟力田"，仅作为吏民的表率，或免其徭役，或加以赏赐，一般不任命为官吏。

到汉文帝时，开始实行举"贤良""孝廉"之制，但也没有形成固定的制度。只有到汉武帝时，察举制才正式作为一种重要的选举制度而被确定下来。元光元年（前134）冬，汉武帝第一次下令"郡国举孝廉各一人"。不久，又根据董仲舒的建议，下诏郡国定期举秀才、孝廉。但当时各州对举孝廉皆不重视，或者认为孝悌、廉吏的要求很高，无人可举，所以有的州郡一年也举不出一个来。元朔元年（前128），汉武帝又下诏："不举孝，不奉诏，当以不敬罪论。不察廉，不胜任也，当免。"②这样，才使各地重视起来，察举制逐渐形成了一套完整的程序，成为西汉的一项重要选举制度。

实行察举，第一步是皇帝根据国家需要，下诏定科目。两汉的察举科目主要有孝廉、秀才、贤良方正、贤良文学、明经、明法等。在这些科目中，只有孝廉每年都举，其他并非每年皆举。孝廉科每年每郡举二人，其他则由朝廷临时规定。凡被察举上来的孝廉都可以做官，而贤良、文学和秀才，则要对策，然后根据成绩优劣授官。

自汉武帝时期开始实行察举孝廉、秀才等制度后，至东汉一直遵行。以举孝廉论，规定各郡每年举二人。但这种制度不完善，且容易产生弊病：一是获得察举为孝廉的可以直接授官，所以徇私舞弊非常严重，滥竽充数者不可胜数；二是东汉时候各郡人口多少不一，大的多至百万人，小的只有数万，显然很不合理。为此，东汉时，对举孝廉相应作了某些改

---

① 〔东汉〕班固：《汉书》卷一下《高帝纪第一下》，中华书局1962年点校本，第71页。
② 《汉书》卷六《武帝纪第六》，第167页。

革：一是和帝永元十三年（101）下诏，按每郡人口多少来决定举送名额：20万人，岁举1人；40万人，举2人；60万人，举3人……依次类推。为了适当照顾边缘地区，又诏：沿边州郡10万以上，岁举1人；5万以上，2岁举1人；5万以下，3岁举1人。二是为了纠弊，顺帝阳嘉元年（132）规定，孝廉年龄限制在40岁以上，并且也得经过考试，这就是"诸生通章句，文吏能笺奏，乃得应选"。其有奇才异行者，则"不拘年齿"[①]。秀才则每年每州各举一人。

东汉察举的科目尽管很多，除孝廉、茂才（秀才）外，还有贤良方正、极言极谏、明经等科，但取人最多和作为常科的仍然是孝廉。据今人估计，东汉每年被举为孝廉的人数，大约有200人。因此，孝廉一途，一直成为东汉士人的仕途正道，它的升迁大致是这样的：被举为孝廉之人，到中央经过简短的考试后，一般先在中央为郎；一有机会，就升任中央的官员或出任县令；再迁便可成为州郡长官或中央要员。

汉代为防止察举中的徇私舞弊和不负责任的滥举，对举者和被举者都有一定措施：对被察举的人，首先要进行一定的考试，虽然考试不决定录用与否，但授官却可以有高低。其次，实行"试任制"，即被察举者做官后必须先试任一年，如果胜任职守，方可转为正式官员，否则就要被撤销资格。而举非其人也要受到相应的处罚。

察举制度用推荐的方法选拔人才，推荐者能出自公心，确实可以选拔出一部分有才能的人为朝廷所用，与以往的世卿世禄制和军功制相比，具有一定的进步意义。

但是，察举制也存在着严重的弊病。

第一，在剥削阶级和私有观念占统治地位的封建社会里，能够出自公心推荐人才的人极少，而"亲其党类，用其私人"的人则比比皆是。至于或屈服于权势，或有碍于情面，或贪污受贿而荐举者也不在少数。东汉河南尹田歆，一次对其外甥王堪说："今当举六孝廉，多得贵戚书命，不宜

[①]〔南朝宋〕范晔：《后汉书》卷六《顺冲质帝纪第六》，中华书局1965年点校本，第261页。

相违，欲自用一名士，以报国家，尔助我求之。"①田歆是一个比较正直的官僚，还如此违心行事，他人更可想而知。

第二，一个人的道德品质，是一种难以察觉的东西，只有通过其言行才能知道。而人的言行有真假之分，不是一下子就可以辨别出来。有人为了获得察举，沽名钓誉，矫揉造作，拍马奉承，可以无所不用其极。因此，察举者即使出自公心，也很可能上当受骗。

第三，以察举选拔人才，若非对他很了解，无以知道其贤能，但握有察举权的只是极少数公卿大臣和州郡长官。天下至广，人才至多，察举者难以对他们作全面了解。为此，只能从自己熟悉的人中，或通过别人的推荐加以物色，这样必然使关系密切和善于奔竞者得利，而关系疏远和谦逊的人遭到摈弃，容易犯"近水楼台先得月"的毛病。

第四，由于被察举者依靠举主推荐才踏上仕途，他们对于举主便怀有一种感恩戴德的感情，相互间容易形成宗派，结成朋党，对政治造成严重危害。

第五，少数公卿大臣长期把持察举权，他们的子孙便能世代坐享高官厚禄，"四世三公，贵倾天下"的世家大族不在少数，从而形成门阀政治。被察举出来的人，更加名不符实，从而有"举秀才，不知书；察孝廉，父别居。寒素清白浊如泥，高第良将怯如鸡"②之讥。

五、三国到魏晋南北朝时期的选举制度

东汉灭亡以后，出现了魏、蜀、吴三国鼎立的局面。三国的斗争，归根结蒂是争取人才的斗争。哪一个国家把人才招徕到手，哪一个国家的政治就清明，经济就发展，军事力量就壮大。魏与蜀、吴相比，它所搜罗到的人才最多，因此力量也最强大，个中原因，与杰出的政治家、军事家、

---

① 《后汉书》卷五六《种暠传》，第1826页。
② 〔东晋〕葛洪：《抱朴子外篇》卷二《审举篇》，影印文渊阁《四库全书》本，第1059册，第165页。

文学家曹操（155—220）在政治上贯彻了"唯才是举"的政策分不开。

那么，只问才能不问个人品行，是否会造成吏治的败坏呢？对此曹操并不担心，他很自信地说："吾任天下之智力，以道御之，无所不可。"①曹操认为只要自己执法严峻，赏罚分明，完全可以驾驭那些品德不好的官员。此言确有一定道理，因为即便原来品行很好之人，入仕后，一旦缺乏监督，有可能变坏。品行欠缺之人，有了严格的监督机制，却能够防止他们对政治的危害。

三国中的其他二国，为争夺天下，也比较重视对人才的选拔。曹魏"唯才是举"的选举方针，随着曹操的病死和儿子曹丕（187—226）的掌权，发生了重大变化，产生了主要不是根据才能，而是根据家世、德、才三项条件选拔人才的选举制度——九品中正制（一名九品官人法）。

九品中正制产生主要有三个方面的原因：

首先，是魏文帝曹丕为了代汉，在选举制度上对世家大族的让步。

其次，是东汉以来的察举制在魏晋一定历史条件下发展变化的产物。东汉主要实行察举制，整个选举除了受到外戚和宦官的严重干涉以外，仍然离不开地方上一些"名士"的"清议"（评议）。这些"名士"的品评，自然成了州郡长官察举士人的重要依据。但是，到了东汉末年，社会动荡、人口流动、士人大多离乡背井，漂泊无定。在这种历史条件下，要恢复两汉时候经地方察举向朝廷推荐人才的做法出现了困难，因而必须要有了解士人情况的人来主持评定他们的品第。

再次，为了削弱世家大族把持选举权的流弊。与东汉末年，世家大族把持选举权，尽以门第高低选官相比，九品中正制具有一定的进步意义。与曹操"唯才是举"，只问能力、不问品行的选举方针相比，虽有退步的地方，但也有它的长处。

但是，在封建社会里，任何制度都是开始时实行得较好一些，日子一长，随着政治腐败的加深，制度往往被破坏得面目全非，失去了原来的一

---

① 〔西晋〕陈寿：《三国志》卷一《魏书·武帝纪第一》，中华书局1959年点校本，第26页。

点进步作用。九品中正制也是如此。西晋太康五年（284），尚书仆射刘毅上疏晋武帝，提议废除九品中正制。他说：

> 今立中正，定九品，高下任意，荣辱在手。操人主之威福，夺天朝之权势。爱憎决于心，情伪由于己。公无考校之负，私无告讦之忌。用心百态，求者万端。廉让之风灭，苟且之俗成。天下汹汹，但争品位，不闻推让……是以上品无寒门，下品无势族。[①]

但是，由于门阀士族势力强大，皇权不得不对他们作出让步，故从两晋到整个南北朝时期的近350年间，仍然实行九品中正制。

最后，还必须指出，九品中正制并不是一个完整的选举制度，它仅仅是选举制度的一个重要组成部分，或者说"配套工程"。士人要想入仕，仍得通过察举、辟召、太学、任子、由小吏升迁等道路，只是能否获得察举，以及入仕后的授官大小、升官快慢与所评品级有着密切关系。

魏晋时期的地主阶级可分为两个阶层：一种是士族地主，也就是门阀地主。这是一种身份性地主，他们的祖先在东汉三国时期，都做过大官，在九品中正制度下，又垄断了高官显职，是地主阶级的上层。另一种是庶族地主，也就是地主阶级的下层。他们是非身份性地主，其中包括商人地主、乡绅地主、普通官僚地主。在九品中正制度实施以后，他们即使很有才能，也只能担任四品以下官职。

但是，任何事物都是物极必反，到东晋末年，特别是南北朝时期，南北之间战争不断，南北各国统治集团内部争权夺利的斗争激烈，阶级矛盾也很尖锐。在这样一种国内外环境下，庶族地主的政治地位逐渐上升，士族地主开始走向没落。

西魏权臣宇文泰曾向著名政治家苏绰（498—546）请教治国安民之术，苏绰向他呈上"六条诏书"，作为施政纲领。在"擢贤良"条中，他对改革选举制度提出了自己的真知灼见。其谓：

[①]〔唐〕房玄龄等：《晋书》卷四五《刘毅传》，中华书局1974年点校本，第1273—1274页。

> 自昔以来，州郡大吏，但取门资，多不择贤良；末曹小吏，唯试刀笔，并不问志行。夫门资者，乃先世之爵禄，无妨子孙之愚蠢；刀笔者乃身外之末材，不废性行之浇伪……今之选举者，当不限资荫，唯在得人。苟得其人，自可起厮养而为卿相，伊尹、傅说是也，而况州郡之职乎！苟非其人，则丹朱、商均虽帝王之胤，不能守百里之封，而况于公卿之冑乎。①

宇文泰欣欣然接受苏绰提出的建议，将"六条诏书"置于座右，并令百官学习。地方长官有不通六条者，不得居官。宇文泰死后，其子孙代魏自立，建立北齐，继续按照"六条诏书"进行改革。尔后建立的北周，"惩魏、齐之失，罢门资之制"②，"周氏以降，选无清浊"③，成为北周迅速强大起来的一个重要原因。

南北朝后期，为改变"但取门资"的弊病，首先加强考试在选举中的作用。宋制，"凡州秀才、郡孝廉至，皆策试，天子或亲临"。在南齐，定策秀才格为："五问并得为上，四、三为中，二为下，一不合与第。"在北齐，"其课试之法，中书策秀才，集书（类似于后来三省六部制中的门下省）策贡士，考功郎中策廉良。天子常服，乘舆出，坐于朝堂中盈。秀、孝各以班草对。字有脱误者，呼起立席后；书有滥劣者，饮墨水一升；文理孟浪者，夺席脱容刀"④。北齐时，士人刘昼举秀才考策不第，"乃恨不学属文"⑤。这些事例说明，这时的考试已比过去严格，并有了得第与落第的区别，与后来科举制度以考试成绩决定录取与否的做法接近了一步。

在考试得到加强的同时，也出现了应试者"自举"的现象。据《北齐书·马敬德传》载：

---

① 〔唐〕令狐德棻：《周书》卷二三《苏绰传》，中华书局1971年点校本，第388页。
② 〔唐〕杜佑：《通典》卷一四《选举典二》，中华书局1988年点校本，第341页。
③ 〔唐〕魏征：《隋书》卷五六《卢恺传》，中华书局1973年点校本，第1384页。
④ 〔宋〕马端临：《文献通考》卷二八《选举考一》，中华书局2011年点校本，第820页。
⑤ 〔唐〕李伯药：《北齐书》卷四四《儒林·刘昼传》，中华书局1972年点校本，第589页。

> 马敬德，河间人也。少好儒术，负笈随大儒徐遵明学诗、礼，略通大义而不能精。遂留意于《春秋左氏》，沉思研求，昼夜不倦，解义为诸儒所称。教授于燕、赵间，生徒随之者众。河间郡王每于教学追之。将举为孝廉，固辞不就。乃诣州求举秀才，举秀才例取文士，州将以其纯儒，无意推荐。敬德请试方略，乃策问之，所答五条，皆有文理，乃欣然举送至京。依秀才策问，唯得中第……

在察举制度下，士人应试入仕，无权自举，必须得到朝廷公卿大臣或地方州郡长吏的推荐。马敬德不仅自举，而且还考取中第，这种与科举制相类似的自举之法，虽然罕见，却值得令人注意。考试的加强和自举的出现表明在南北朝后期科举制度已在萌芽之中。

隋统一全国后，隋文帝为加强中央集权，在改革官制的同时，也加强了对选举制度的干预。主要表现为对大小官员的选拔，必须通过吏部的考察和任命。这就是人称"大小之官，悉由吏部，纤介之迹，皆属考功"[①]之谓。

但是，隋朝选拔官员的主要方式仍然是察举，而且并无黜落法，没有见到冠名为"进士"的科目，没有统一的考试时间，与两汉以来察举制下的考试没有两样，与唐宋科举则完全不同。

隋朝不仅依然以察举取士，而且并未完全废除九品中正制或者说它的残余。对于这一点，也与后人言隋朝已经废除九品中正制的说法不同。[②] 总之，与其说科举制度创立于隋朝，还不如说南北朝后期已经萌芽的科举，在隋朝出现了一定程度的倒退。

科举制度到底创立于何时？在学术界迄今仍见仁见智，众说纷纭。本书后面收入的相关论文，基本上反映了这些分歧，可供读者参考。

[①] 《隋书》卷七五《刘炫传》，第1721页。
[②] 如炀帝时，一位庶族出身的士人刘炫，"博学有文章"，被纳言推荐至吏部，"射策高第，除太学博士"。但在在职一年多以后，竟"以品卑去任"。参见《隋书》卷七五《刘炫传》，第1721页。

六、唐朝科举制度概况

唐朝建立后，天下兵革新定，经过隋末农民大起义的扫荡和割据势力的多年混战，官员或死或逃，一时出现"士不求禄，官不充员"①的状况。领土的扩大，使缺官现象更加严重。朝廷不得不对有一技之长的士人，即使是"卜祝庸保"，也"量能使用"②，这就有必要广泛招徕士人，以充实官僚队伍。地主阶级内部士族地主和庶族地主之间的力量对比这时也发生了变化：随着庶族地主势力的壮大，他们希望在入仕中彻底取消门第限制的呼声更加强烈；而士族地主势力的衰落，使得他们反对"自举"的阻力已大不如前。在这种形势下，唐王朝立国初年，已具备了对选举制度作出变革的必要性和可能性，于是早先萌芽的科举制度便应运而生。

唐高祖武德五年（622）的诏书，提出了"苟有才艺，所贵适时。洁己登朝，无嫌自进"③的主张，成为科举制度正式形成的标志。如果说汉高祖十一年（前196）的求贤诏标志了察举制的萌芽，那么武德五年的诏书则开创了科举制度"投牒自进"的先河。

从考试情况来看，唐代与以前相比，一是严格得多，二是遭到黜落的举人占了绝大多数。由此可知，科举制度下的考试，已经不再成为一种形式，其完善和严格的程度，远非察举制度下的考试可以比拟。若从制度论，考试成绩的好坏，原则上已成为举人录取与否的决定性因素。

以上可知，科举制度的一系列特点在唐代已正式形成，科举创立于唐，成为不争的事实。

科举制度的创立，扩大了举选面，为一般庶族地主子弟打开了一条应举入仕之路，也为国家招徕了一些人才，具有积极的意义。

可是，科举制度在唐代却屡遭人诟病。这虽与门阀士族的反对有关，

---

① 《通典》卷一五《选举典三》，第362页。
② 〔后晋〕刘昫等：《旧唐书》卷七五《张玄素传》，中华书局1975年点校本，第2643页。
③ 〔宋〕宋敏求编：《唐大诏令集》卷一〇二《荐举上》，中华书局2008年标点本，第518页。

但制度的不完善、不严密,以及察举制残余的大量存在,造成弊端众多确实也是重要原因。唐代科举的弊病,主要表现在以下几个方面:

一是在科举考试中,经常受到大贵族、大官僚甚至宦官势力的干预,不能真正贯彻"一切以程文为去留"的原则。

二是举人虽称国家贡士,但从赴试到及第,皇帝甚少干预,一切权力操纵在知贡举和少数"公荐"者手中。由于恩出私门,举人及第后,对知贡举和公荐者的感恩戴德胜过君父。新进士称知贡举为座主,自称门生,同科进士称同年。座主、门生、公荐者、同年在仕途上互相攀缘勾结,很容易结成朋党。

三是科场条制不密,举人在考试时挟带(书籍)、传义、换卷、替身等舞弊现象层出不穷。其中替身代考的比例,有时竟高达十之二三。

四是知贡举皆有常人,试官不实行锁宿,容易接受请托,他们徇私舞弊更是易如反掌。这一切都造成取士的严重不公。

五是唐代科举,受时代局限,进士科只以诗赋取士,而诗赋只追求词藻华丽,既不切实际,又对文风产生不良影响。

六是科举取士名额甚少,以进士科论,平均每举不过二三十人。在门阀制度的影响下,下层士人受到身份和经济的双重限制,很难参加科举考试。

科举取士不公,极大地激怒了一些失意士人,唐朝后期,以黄巢为代表的许多不第进士,便走上了起义和反叛的道路。

五代科举,虽对科目有所调整,并一度推行试卷行糊名的措施,禁止结成座主和门生关系等,终因政局混乱、政权频繁更替等原因而不了了之。

七、宋代——科举制度的黄金时代

历史进入宋代,科举制度迎来了它的黄金时代。经过一系列改革,制度臻于完善,以往察举制的残余完全被消除。科举制度的长处得到充分发挥,大批才能之士脱颖而出。这一局面推动了宋韵文化的兴起和发展,其繁荣昌盛的程度堪称中国古代文化发展的最高峰，增强了宋朝的文化软实力。宋代科举不仅对当代也对后世有着深远影响。因此，今人研究宋代科举，无论是总结其历史经验或是存在的问题，都富有学术价值和现实意义。

唐、宋科举之所以有很大不同，首先与时代和阶级关系的变化有重大关系。唐末农民起义和五代战乱，彻底扫荡了新老士族，过去依靠门第做官，世代保持政治、经济特权的时代已经结束，门阀政治最终为官僚政治所代替。随着商品经济的发展，土地转换加速，社会上普遍出现"富儿更替做""庄田置后频移主"①的现象。换言之，即便是地主、官僚家庭，本人一旦物故，如果后继者无人入仕，就容易出现家道中落，子孙鬻卖宅第、田产的情况。为了延续自己的经济和社会地位，他们对科举入仕的渴望，当然不言而喻。对于占全国人口绝大多数的农家子弟来说，他们受经济条件限制，能应举者固然不多，但也使其中部分富裕农民子弟获得参加科举考试的机会。除此以外，还有一些贫苦的知识分子、手工业者、小商人、吏人等的子弟，随着门第的取消，也被允许走科举入仕之路。

其次，改革科举也是封建统治者的意愿所在。宋朝自立国之日起，为避免自己成为继后周以后又一个短命的朝代，将"重文抑武"作为国策。为此必须广泛招徕有真才实学之士，充实文治力量（如"宰相须用读书人"，州郡和中央三省六部长官须由文臣担任，由文臣主持军事等）。如果仍然按唐代那样的方法取士，选拔出来的人，不是纨绔子弟，就是只会吟诗作赋之人，入仕后于政事无补。同时，为加强中央集权，防止世家大族势力的再起，也必须对弊端重重的唐代科举实行改革。

综合宋代科举改革的全过程，从大的方面来说，可以分为两个阶段。

第一阶段，从开国初到宋仁宗庆历新政前的80年间，主要是对考试

---

① 〔宋〕袁采：《袁氏世范》卷下《兼并用术非悠久计》，天津古籍出版社1995年注释本，第165页；〔宋〕刘克庄：《后村先生大全集》卷一《故宅》，四川大学出版社2008年点校本，第114页。

制度进行改革,大致有以下几个方面。

第一,基本上消除了对举人的门第限制。故宋人以为:"由是家不尚谱牒,身不重乡贯,以此得人。"①第二,禁止新进士与知贡举结成座主、门生关系。第三,严禁朝臣"公荐"举人。第四,令食禄之家子弟覆试,严防大官僚为其子弟窃取科名。第五,实行殿试和唱名之制,皇帝亲掌取士权。第六,改知贡举为临时任命的差遣,称权知贡举。对试官实行锁宿,禁止他们与外界有任何联系。以此严防主试官徇私舞弊。同时,设权同知贡举多名,以分散他们的权力。第七,设置各类别头试(包括漕试)、"锁厅试",严防考官子弟、长官子弟及亲族门客、有官人和宗室子弟利用职权徇私舞弊。第八,实施封弥誊录之制,"一切以程文为去留"。彻底扫除以往察举制度的残余,并有效地杜绝了考官徇私舞弊的流弊。第九,实施"特奏名"制度,优待屡举不第的年老举人。第十,扩大取士名额,从优任命进士合格者。

宋代科举改革的第二阶段又可分为前后两个时期。前期为从庆历新政到神宗熙宁年间(1068—1077)之前的30余年间,主要是对考试时间、内容、科目设置的改革。后期为自熙宁后期到徽宗崇宁年间(1102—1106)之后的30余年间,主要是创办自中央到州县的各级学校,力图将科举与学校结合起来以选拔人才。

改革后,宋代成为科举制度的黄金时代,科举制度为宋朝选拔了大批人才,对巩固赵宋政权、促进宋韵文化的形成和发展起到很大作用,对后世的选举制度也有许多积极影响。

由于时代的局限,宋代科举当然也存在着大小不等的弊病。笔者所认为的宋朝科举制度已经达到臻于完善的程度,只是就制度本身而言,不能将制度与考试内容和试卷行文格式混为一谈,更不能因为存在着科场弊端而对之加以全面否定。有关宋代科举,因本书后面将有比较全面的论述,

---

① 〔宋〕陈傅良:《陈傅良先生文集》卷三五《答林宗简》,浙江大学出版社1999年点校本,第453页。

为减少重复，这里只是提纲挈领地作个介绍。

八、元代科举的中落

元朝是中国历史上第一个由少数民族建立起来的全国性政权。虽然在元世祖忽必烈即位后，朝廷为了安定统治秩序，接受了汉族地主阶级知识分子的建议，推行汉法，升始采用前代汉族封建统治者所实行的政治、经济和文化制度。但是蒙古族毕竟是少数民族，其统治者缺乏以少数民族统治全中国的成功经验。他们最担心的是自己的权力会随着时间的推移而逐渐丧失于人数众多且经济、文化先进的汉族人之手。为此，朝廷制定了一系列保障蒙古贵族特权地位的政策。

元朝前期，蒙古贵族强调军事统治，对于宋、金以来一直实行的学校教育和科举制度，迟迟没有恢复。官吏的任用主要是依靠世袭和保举。凡是重要官职都是世袭，由于严格地执行了将全国的人划分为四等的制度，所以中央和地方长官多由蒙古人和色目人为之，汉人、南人只能成为副手。至于中书省和枢密院长官，更不允许汉人和南人染指。

元朝建立后，虽先后有大臣提出恢复科举取士的建议，但在蒙古贵族的坚决反对下，终不果行。直到元仁宗皇庆二年（1313）十月，才开始制定科举考试的各项制度和章程，决定于翌年恢复科举取士。元仁宗延祐元年（1314），举行了第一次科举，此时距元朝建立已45年。科举取士仅实行了8科21年，到元顺帝元统三年（1335），丞相伯颜等人不愿汉人通过科举做官，所以奏罢了科举。可是以科举取士，毕竟是大势所趋，接受汉文化也是不可阻挡的历史潮流，所以到元顺帝至正元年（1341），随着伯颜一派的垮台，又恢复了科举。

元承宋制，规定全国科举每三年举行一次，举人从地方士人和各级学校的生员中推举，凡年龄在25岁以上，"乡党称其孝悌，朋友服其信义"

的"经明行修之士",都可连结保举,参加科举考试。①

元代科举分乡试(在各行省省会举行,相当于宋代的发解试)、会试(在礼部举行,相当于宋代的省试)、御试(在翰林国史院考试)三级。蒙古人和色目人与汉人和南人分开考试,两者场数和对考试的要求也不相同。

乡试和会试的主要考试内容仍然以经义为主,经义以"四书"义为主,主要考《四书集注》。会试录取的举人,称贡士,相当于宋代的奏名进士。

御试内容为策一道,录取进士分三甲进奏。蒙古人、色目人作一榜,汉人、南人作一榜。蒙古人、色目人愿试汉人、南人科目,中选者,加一等注授。第一名赐进士及第,从六品;第二名以下和第二甲,皆正七品,第三甲以下皆正八品。两榜并同。

有元一朝,共行科举16次,按规定应取进士1600人,实际上只取了1165人。在官员总数中,科举出身者所占比例甚小,据有人推算,仅占4.3%②。而汉族儒生要通过科举当官的可能性更小,士失其业,情绪低落,不免有不遇之叹。出职吏员则构成了元朝职官的主要队伍,他们大多素质低下,"刀笔以簿书期会为务,不知政体也"。他们"历任月日,动皆二三十年,试以才能,则百问而百不知"③,贪污搜括则是其能事。选举制度的不振,给元朝统治造成了严重危害。

九、明清科举制度——由极盛走向废除

明清两朝,中国的封建社会进入极端专制主义统治时期,实行科举的

---

① 〔元〕官修,方龄贵校注:《通制条格校注》卷五《学令·科举》,中华书局2001年校注本,239页。
② 姚大力:《元代科举制度的行废及其社会背景》,载《元史及北方民族史研究集刊》1982年第6期。
③ 〔元〕胡翰:《胡仲子集》卷四《送徐文昭序》,影印文渊阁《四库全书》本,第1229册,第51页;〔元〕胡祗遹:《紫山大全集》卷二三《试典史策问》,影印文渊阁《四库全书》本,第1196册,第429页。

真正目的，已从选拔人才到培养无条件听命自己的御用工具。

明朝科举走出了元朝民族歧视的阴影，士人争相走科举入仕之路，科举制度再次进入"鼎盛"。

在全国已经统一的洪武三年（1370），明太祖朱元璋认为举行科举的时机已经成熟，遂下诏：是年八月开始开科取士，"使中外文臣皆由科举而进，非科举者毋得与官"。为了满足对官员数量的需求，每年举行一次科举，在连考三年以后，明太祖发觉选举出来的多是少年后生，虽然有一些书本知识，但缺乏行政经验。于是，洪武六年二月，罢科举不用，到十五年才复设。十七年，"始定科举之式，命礼部颁行各省，后遂为永制"①。

清朝是由汉化程度很深的满洲贵族所建立的朝代，他们对待科举制度的态度与昔日的蒙古贵族完全不同。他们为吸收汉族地主阶级知识分子参加政权，以建立以满汉地主为主体的联合专政，十分重视科举取士。清兵入关以后的第二年，即顺治二年（1645），立即与明朝科举作了"无缝对接"。举行第一次乡试，对明代以前所取生员、举人，一律承认，仍让他们参加乡试和会试，次年录取新进士373名，比明代平常年份还要多些。

明清承宋元之制，三年一行科举考试，防弊措施基本上也大同小异，在某些方面还有所加严。如举人入考场，宋代到中后期已不作搜检，考生犯规，最多只是"扶出"或"停举"。但明代自嘉靖四十四年（1565）以后，"添设御史二员，专司搜检，其犯者，先荷校（木刑具）于礼部前一月，仍送法司定罪，遂为厉禁"②。到清代，则更加严厉，搜检达到"开襟解袜"的程度。因舞弊或政治原因，屡兴文字狱，许多举人或试官动辄被株连治罪，有的被流放和取斩，作弊的考生不仅彻底失去了尊严，连性命也往往不保。

明清乡试皆在八月举行，分三场，考取者称举人。次年，举人赴北京

---

① 〔清〕张廷玉等：《明史》卷七〇《选举二》，中华书局1974年点校本，第1695—1696页。
② 〔明〕沈德符：《万历获野编》卷一六《科场》，中华书局1959年断句本，第413页。

参加会试，考三场，时间在二月初九、十二日和十五日，内容同乡试。会试录取的举人亦称贡士，在今后的御试中不会再遭黜落。皇帝亲策贡士，称御试（或殿试、廷试）。御试录取者称进士。明清进士录取人数，大致限定在三四百名左右，分一、二、三甲：一甲固定取三名，第一名称状元，授修撰（从六品），第二名榜眼、第三名探花，皆授编修（正七品）。乡试在子、午、卯、酉年举行，会试和殿试在辰、戌、丑、未年举行，与宋元相同。

当然，明清科举与以往相比，也有一些创新之处，主要表现在下列三个方面：一是学校的制度化及其与科举制度的接轨，从而产生了新的考试形式，即童试；二是以八股文取士，具体来说，考试内容以经义为主，经义以"四书"文为主，答案不能脱离朱熹《四书集注》的范围，文体必须作成八股，以前的古文、散文等体裁一律禁止使用；三是试卷文字必须用"馆阁体"（类似于后世的楷书），字体不佳者，即使考得很好，也不能被录取。

士子在入学前，不论年龄大小，皆称"童生"。童生入学还得经过三场考试：一是知县主持的县试，二是知府主持的府试，三是本省学政官主持的院试，统称"童试"。只有院试录取后，才能以生员（俗称"秀才"）的资格进入府、州、县学读书。生员虽是一种功名，有了一定社会地位，但还不能入仕做官。

明代的中央官学是国子监，它直属于皇帝，具体事务由礼部代管。国子监设祭酒、司业各一人，为正副长官。国子监学生统称"监生"，亦称"国子生"或"太学生"。监生名额不限，多时达数千人。

国子监的学习内容比较广泛，有经、史、律令、礼仪、书法、数学、策论、表章等。明朝仿宋朝三舍法，将监生分成三等，学生先入初等，学满一年半后，经考试合格，升入中等。再学满一年半后，经考试合格，升入高等。这时候，监生开始"积分"，以取得做官的资格。他们每月参加一次考试，文理俱优的得一分，一般的得半分，差的无分。凡在一年的十二次考试中积满八分的，即可毕业，取得做官的资格，达不到八分的，第二年重新积分。有了监生的身份,就有了一定的社会地位,既可以与生员一起参加乡试,也可以通过监生的身份,当积分到一定数量,甚至入监到一定时间,大小可得个官职。所谓"科举必由学校,而学校起家可不由科举"[①],就是这个意思。

清代不管是学校还是科举,其制度基本上承袭明代而来。

明清科举的一个重要特点,是以八股文取士。

八股文又称"制义"或"制艺"(义即艺,指应试经义),因为它专门从《大学》《中庸》《论语》《孟子》"四书"中出题,又称"四书"文。大约从明成化年间(1465—1487)开始,不仅考试要以试"四书"文为主,而且必须以朱熹的是非为是非,不能越雷池一步。文体则固定为二二对应的八股体,对每股结尾的虚字,在考试时也有统一的规定。此外,还要模仿圣人的语气为文,即所谓"代圣贤立言"。

科举考试以八股文取士,危害巨大。对士人而言,要么催生出思想僵化、头脑冬烘的所谓学者,要么培养出聪明的奴才,对政治甚少帮助。特别是到了近代,面对西方列强的汹汹东来,依靠科举踏上仕途的大小官员,对此就束手无策。

清朝末年,科举制度终于走到了它的尽头。光绪三十一年(1905)八月,清政府面对国内外岌岌可危的形势,在强大的舆论压力下,才不得不"诏废科举"[②]。

综上所述,近三四十年来,人们对科举制度的认识虽然有了很大改变,对其作了一定程度的肯定,还形成了被称为"科举学"的学问。但是,对如此重要的宋代科举,学术界的重视仍嫌不够,评价也没有到位,在许多方面还存在着研究的空间。为此,笔者不揣识昧,姑从近百年来国内外公开发表的论著中,选择有代表性的论述,分五个方面,编成《知

---

① 《明史》卷六九《选举一》,第1675页。
② 赵尔巽等:《清史稿》卷二四《德宗本纪二》,中华书局1977年点校本,第952页。

宋·宋代之科举》一书，以供读者参考。由于受版面限制，入选论文数量不多，实有挂一漏万之憾。囿于本人所见，选择中也难免有顾此失彼的毛病。对于这些问题，尚祈读者鉴谅。

第一编

科举制度的创立

　　科举制度是中国古代自秦汉以降实行时间最长、对当代和后世影响最为深远的选举制度,但迄今为止,对于它的创立时间,尚众说纷纭。其中,主要有西汉说、隋代说、唐代说三种。早在20世纪30年代,中国学术界曾有过对这一问题的讨论。当时,邓嗣禹先生将所撰《中国科举制度起源考》一文分别寄给张尔田、俞大纲两位学者征询意见。不久,张、俞复函商榷。于是,邓嗣禹便将自己的文章和张、俞两人的复函一并刊登在《史学年报》1934年第1期上。邓嗣禹在文章中作出的结论是:"科举之制,肇基于隋,确定于唐。"张尔田除了对邓嗣禹所做的结论深表赞同以外,还指出隋有进士科皆有明文,因而科举制度创立于隋是确定无疑的。以上两人都是持隋代说者。俞大纲的看法与上两人却颇有不同,他说:"若谓察举对策之法,已为完形之考试制度,则当上溯两汉为权舆。若谓朝廷开科待人,士子投牒自试,始可谓完形之考试制度,则当以唐为始,不可谓肇基于隋,确定于唐矣。"明显地倾向于唐代说,但也为汉代说埋下了伏笔。

　　不过,自此以后,直到今天,绝大多数中外学者,无论是中国老一辈的史学家陈寅恪、范文澜、翦伯赞、周谷城、钱穆、邓之诚、陈东原、吕思勉、白寿彝、吕振羽等人，或是日本的宫崎市定、美国的柯睿格（Edward A. Kracke）、费正清（John K. Fairbank）等人，或在当今的学校教材中，都主张科举制度创立于隋代。

主张创立于唐代的观点和者虽孤，但并没有成为绝唱。笔者于《历史研究》1983年第2期上，发表了《科举制度起源辨析——兼论进士科首创于唐》一文，明确地提出了科举制度形成的三个条件，并认为进士科出现于唐而不是隋，所以科举制度创立于唐为不争的事实。

主汉说者虽然更少，但也有学者提出了他们所持的观点和理由，值得引起重视。这可以徐连达、楼劲两位先生为代表，他们于《历史研究》1990年第5期上，发表了《汉唐科举异同论》一文，提出："在科目体系、组织步骤、考试环节三大要素上，汉代的察举与唐代的科举基本一致。故察举，科举，一也！"并认为："只要不拘于'察举'、'科举'名词上的纠缠，便应当承认科举始于汉说。"

以上三种观点孰是孰非，我们可以从以下的相关论文中得到比较全面的了解。搞清了什么是科举和科举制度的起源，人们能够更加清楚地认识到宋代科举在整个科举制度发展历史上的重要地位和对当代选举制度的重大影响。

中国科举制度起源考

邓嗣禹

中国科举之制，行之千有余年，历代名卿硕儒，多从此孔穿过，以至于今，仍仿行之，可见其影响之巨且久矣。然世人言科举之起源者，率有二说：一谓其始于隋，一谓其始于唐。唐宋而后，主始于隋者渐众；而在唐时，尚二说纷陈，莫衷一是。曩余述《中国考试制度史》，感其烦杂，觉其重要，曾钩稽隋唐载籍，略事考证。现因拙作行将问世，又稍加补订；适直忝与《年报》校雠之役，屡徵文于师友，虽篇幅已侈，仍不便略无一词，乃抽出此节，付诸骥尾，以质正高明，幸垂教焉。

一

世人以科举始于隋，以自《周礼》而后，以进士为科举者，自隋始也。唐杨绾曰："近炀帝始建进士之科。"[1]杜佑曰："炀帝始建进士科。"（《通典》卷一四《选举典》）王定保曰："进士始于隋大业中，盛于贞观永徽之际。"又曰："进士隋大业中所置也，如侯君素孙伏伽，皆隋之进士也明矣。"[2]三家所述，皆不能明定年月，故《资治通鉴》不载。惟朱子《通鉴纲目》以设科之始，特为增入；但纪于太子昭卒之下，杨素卒之前，未知何据？《通鉴辑览》因此，乃改载于炀帝大业二年之末，并注释云："考炀帝纪，'大业二年七月甲戌，太子薨；乙亥杨素薨。'两日相连，恐

---

[1]《旧唐书》卷一一九《绾传》。
[2]《摭言》卷一。

其间无暇建科取士也。"①而王定保言隋立进士科，特举出二人而曰"明矣"云云，岂在唐时已有人不信，而待证明者乎？考侯君素及孙伏伽二人，《隋书》《北史》俱无传。孙传《旧唐书》卷七五有之，未言中进士。侯传两《唐书》并无，惟《旧唐书》有侯君集传，疑"素"为"集"之讹，然阅之亦不类。再考《隋书》《北史》，其中俱无建立进士科之文！更进而求旁证，则唐代人士，亦多有言考试始于唐者。如贞元十七年（801）赵儇《登科记序》曰：

> 武德五年，诏有司特以进士为选士之目，仍古道也。②

此处《玉海》先引《会要》曰："郑颢进诸家《科目记》十三卷"。注：《东观奏记》曰："武德至大中。"又引《艺文志》姚康《科第录》注云："自武德以来，登科名氏编记，凡十余家，皆不备具。"然后于《中兴书目》下，引校书郎赵儇《序》，序中以进士为仍古道，而不言沿隋之旧；诸家科目记，亦皆起自武德，而不溯源于隋；可知是科非隋始创矣。而李德裕《非进士论》曰：

> 古者……论造士之秀，升诸司马，进士之名立矣……暨六国行玉帛之聘，两汉立四科之选，魏晋或表荐而登仕，齐梁或版辟而起家，故孝廉明经之科，秀才茂才之举，限□限年之制，射策待诏之选，损益无常，而察言观德之规，不妄设也。李唐御统，艰厥制度，立进士之科，正名也。行辞赋之选，从时也。③

德裕追述历代取士之制，而谓"李唐御统……立进士之科"。益知是科非起于隋而起于唐矣。唐苏鹗曰：

> 进士者，可进受爵禄者也。《王制》曰：大乐正论造士之秀

---

① 《通鉴辑览》卷四七。
② 《玉海》卷一一五引。
③ 《登科记考》卷六引《夏竦集》李德裕《非进士论》。

者……而升诸司马曰进士。孝廉者，孝悌廉让也。自魏吴晋皆以郡举孝廉察秀才，故州郡长史别驾，皆赴举察。汉朝又悬四科，一曰：德行高妙……任三辅令。近代以诸科取士者甚多，武德四年，复置秀才进士两科……其后秀才合为进士一科。①

苏氏先言周之进士，而后言唐武德四年（621）复置秀才、进士两科，是进士之起于唐也又明矣。张漪对策曰：

唐虞之黜陟幽明……夏禹之顾眄空谷……战国之代，王道寝微，各伫英贤……汉高祖虽不好儒，然亦任用英杰……陈群制九品之条……臧否任情……宋齐之季，梁隋之末，聘士求贤，罕闻稽古……圣上览百王之得失，立万代之规模，大开举尔之科，广陈训迪之典。②

案李氏所谓"开举尔之科"，即开科举之繁文也。然则科举始于唐不始于隋，岂非彰明较著者乎？且此三家，既概述历代取士之制，皆不言隋置进士科，而言为唐所立，斯则更堪注意者也。再如裴庭裕曰：

大中十年，郑颢知举后，宣宗索科名记，颢表曰：自武德已后，便有进士诸科。③

是又进士始于唐之简切论断也。

同书又谓武宗会昌三年（843）十二月……中书覆奏〔曰〕："……伏以国家设文学之科，求真正之士。"④八年韦澳为京兆尹榜曰："朝廷将裨教化，广开科场"。⑤又孙樵《与高锡望书》曰："……唐朝以文索士，二

---

① 《苏氏演义》卷上。
② 《文苑英华》卷四七九。
③ 《东观奏记》卷上。
④ 《东观奏记》卷中。
⑤ 《东观奏记》卷中。

百年间，作者数十辈。"①是皆为科举始于唐之证。而牛希济《贡士论》，言之更明。其词曰：

> 周官司马得俊造之名，乃进于天子，谓之进士……大汉法，每州若干户，岁贡若干人，吏以籍上闻，计州里之大小，材之多寡，谓之计籍。人主亲试所通，经业策问，理优深者，乃中高第……汉世得人，于斯为盛。国家武德初，令天下冬集贡士于京师，天子制策，考其功业辞艺，谓之进士，已废于行实矣。是古之进士，与后世之进士科有别；而后世进士之立，始于唐武德初年也。

总上各证，复加《隋书》《北史》暨其他隋籍无进士科之文，吾人似可断言科举非始于隋而始于唐矣。抑有进者，隋主非但未开科取士，且并不重儒术。观高帝仁寿元年（601）废大学四门及州县学，唯留学生七十人②，可以知之。故《高帝纪》谕曰："素无学术……不悦诗书，废除学校，唯妇言是用。废黜诸子……过于杀戮。"③《炀帝纪》论曰："矫情饰貌，肆厥奸回……教绝四维，刑参五虐。锄诛骨肉，屠剿忠良……普天之下，莫非仇雠，左右之人，皆为敌国。"④而南宫靖《隋史断》亦曰："然帝素不学，而又济之以刻薄之资，是以专任小数而不悦诗书，废除学校，而禁毁佛像，又任情杀戮，以察为明……甚者以谗言废太子勇，以小过杀秦王俊，而父子之恩灭。"以如此无道之君，视国人父子如仇雠，遑言开科取士哉。然则科举不始于隋，更可深信疑矣。

二

但唐代人士言科举始于隋者，尚大有人在；非仅前述杨杜王三家已也。今为公允计，不敢存丝毫成见，抹煞事实，谨述其说于后：夏竦《议

---

① 《孙樵集》卷二。
② 《隋书》卷三。
③ 《隋书》卷二。
④ 《隋书》卷四。

贡举奏》曰："隋设进士之科，唐代特隆其选。"①文宗太和九年（835）中书门下奏曰："伏以国家取士，远法前代。进士之科，得人为盛。"②赵匡《选举议》曰："国朝选举，用隋氏之制。岁月既久，其法益讹。"③沈既济《选举议》曰："自隋变选法，则虽甚愚之人，蠕蠕然能乘一劳，结一课，获入选叙……按前代选用，皆州郡察举，及年代久远，讹失滋深。至于齐隋，不胜其弊……是以罢州府之权，而归于吏部……罢外选，招天下之人，聚于京师；春还秋往，鸟聚云合。"④柳晁《与权侍郎》（德舆）书曰："唐承隋法，不改其理，此天所以待圣主正之；何者，进士以诗赋取人，不先理道。"⑤是皆言进士科始于隋，兼言唐代选举沿隋之旧也。而薛登上《改革选举疏》，言隋立进士科之原委，尤觉了然。其疏曰：

> 古之取士，实异于今……自七国之季，虽杂纵横，而汉代求才，犹征百行……魏氏取人，尤爱放达。晋宋之后，只重门资……有梁荐士，雅爱属词；陈氏简贤，特珍赋咏。故其俗以诗酒为重，不以修道为务。逮至隋室，余风尚在。开皇中，李谔论之于文帝曰："魏之三祖，更好文词，忽人君之大道，好雕虫之小艺……代俗以此相高，朝廷以兹擢士。故文笔日烦，其政日乱。"帝纳李谔之策，由是下制，禁断浮词……炀帝嗣兴，又变前法，置进士等科，于是后生之徒，复相效仿。⑥

是进士科之立，先因高祖感于文风日靡，禁断浮词；炀帝嗣兴，乃立进士科也。据《薛登传》，登博涉文史，每与人谈论前代故事，必广引证验，有如目击。天授中，为左补阙，时选举颇滥，因有上疏。其所述者，

---

① 《登科记考》卷二八引。
② 《册府元龟》卷六四一。
③ 《全唐文》卷三五五。
④ 《全唐文》卷四七六。
⑤ 《文苑英华》卷六八九。
⑥ 《旧唐书》卷一〇一本传。

如炀帝置进士事，隋籍虽无稽；而隋高祖禁浮词事，《隋书》卷六六及《北史》卷七七《李谔传》，皆有明文记载也。其时在开皇四年（584）"普诏天下公私文翰，并宜实录"。可见薛登言隋立进士科，必较别家为信而可据。然则进士科之起于隋也明矣。

或曰：子无人证，焉能服人？曰有。各地方志，多列隋进士之名。如《吴县志》卷十一，列张损之为隋之进士，并注云："历官侍御史水部郎。"又如《祁阳县志·乡贤志》，列温彦博为隋之进士，此非人证乎？但损之《隋书》《北史》暨两《唐书》皆无传，初未知何据，继检《全唐文》卷三九三，有独孤及《唐故河南府法曹参军张公墓表》，称张损之，隋大业中，进士甲科位位至侍御史，尚书水部郎。《吴县志》所据，盖在此也。然此所谓"进士甲科"，可知其无考试矣。彦博两《唐书》有传，而《旧唐书·温大雅附传》，谓其弟彦博，"开皇末为州牧秦孝王俊所荐，授文林郎，直内史省"①。《新唐书》卷九一，谓其"通书记，警悟而辩，开皇末，对策高第，授文林郎"。是仅由乡荐而对策，而授官，而俱未言中进士也。由此类推，方志之言氏族乡贤，强半高攀远传，以光乡族，多难恃为凭依。则子之人证，仍不足以服人也。曰尚有其他。如《旧唐书》卷七七云：

杨纂，华州华阴人也……大业中进士举，授朔方郡司法书佐。

《旧唐书》卷一〇六曰："大业时，第进士。"

是隋有进士也审矣！又如《旧唐书》卷六六《房乔传》：

乔，字玄龄，齐州临淄人……年十八，本州举进士，授羽骑尉……后补隰城尉。会义旗入关，太宗徇地渭北……一见便如旧识……贞观元年，代萧瑀为中书令。二十三年薨，年七十。

---

① 《旧唐书》卷六一。

由此可推知其生于陈宣帝大建十二年（580）[1]年十八举进士，时在隋文帝开皇十七年（597），与大业二年（606）置进士科之时，适差十岁。岂年十八举进士，为年二十八举之，而史有为对欤？抑考《隋书·地理志》，炀帝大业三年改州为郡，玄龄本州举进士，则《通鉴纲目》列始建科于大业二年，亦非全无凭据欤？然则隋有举进士之人，是确凿有据无疑矣。

且进士之外，又有明经科焉。《资治通鉴》卷八六曰：

> 高祖武德元年冬十月，明经刘兰成纠合城中骁健百余人袭击之。胡三省注曰："刘兰成盖尝应明经科，因称之。"《新唐志》曰：唐制取士之科，多因隋旧，则明经科起于隋也。

胡氏以兰成"盖尝应明经科"因断明经科起于隋，证据尚嫌微薄。今检《旧唐书·韦云起传》："云起隋开皇中明经举。"[2] 又《孔颖达传》："颖达隋大业初，举明经高第。"[3] 是隋有明经科，又断然无疑矣。且进士明经之外，尚有秀才科。如《旧唐书·杜正伦传》曰：

> 杜正伦，相州洹水人，隋世重举秀才，天下不十人，而正伦一门三秀才，皆高第，为世美美。[4]

又《薛收传》曰：

> 收于"大业末，郡举秀才，固辞不应"[5]。

是隋有秀才又明矣。夫既有进士明经及秀才，此《通典》之所以谓

---

[1]《唐书》卷九六，谓其薨年七十一，余同。
[2]《旧唐书》卷七五。
[3]《旧唐书》卷七三。
[4]《旧唐书》卷一○六。
[5]《旧唐书》卷七三。

"大唐贡士之法，多循隋旧"①。或如《新唐书·选举志》，谓"唐制取士之科，多因隋旧"②。然则科举始于隋，又岂非颠扑不破者乎？

三

夫前述科举始于唐，证据确凿，牢不可破；今言始于隋，又证据确凿，牢不可破；则二者之间，何所适从？曰请先综观隋代取士之法，然后可得其真谛。

> 隋文帝开皇二年正月甲戌，诏举贤良。十二月景戌，赐国子生明经者帛束。③
>
> 七年正月乙未，制诸州岁贡三人④
>
> 十六年六月甲午，制工商不能仕进。⑤
>
> 十八年七月丙子，诏京官五品已上，总管刺史，以志行修谨，清平干济二科举人。⑥
>
> 仁寿三年七月，令州县搜扬贤哲，皆取明知今古，通识治乱，究政教之本，达礼乐之源，不限多少，不得不举。限以三旬，咸令进路。征召将送，必须以礼。⑦
>
> 炀帝大业三年（诏）依十科举人，有一于此，不必求备。朕当待以不次，随才升擢。其见任九品以上官者，不在举送之限。⑧
>
> 五年六月，诏诸郡学业该通，才艺优洽；膂力骁壮，超绝等伦；在官勤奋，堪理政事；立性正直，不避强御；四科举人。⑨

---

① 《通典》卷十八。
② 《新唐书》卷四四。
③ 《隋书》卷一。
④ 《隋书》卷一。
⑤ 《隋书》卷二。
⑥ 《隋书》卷二。
⑦ 《隋书》卷二。
⑧ 《隋书》卷三。
⑨ 《隋书》卷三。

十年，诏郡举孝悌廉洁各十人。①

以上见于本纪。其见于传者：

《褚晖传》：晖字高明……以三礼学称于江南。炀帝时，征天下儒术之士，悉集内史省，相次讲论。晖辩驳，无能屈者。由是擢为太学博士。②

《房晖远传》：远擢为国子博士，会上令国子生通一经者，并悉荐举，将擢用之。既策问讫，博士不能定臧否……因令晖远考定之……所试四五百人，数日便决。③

《牛弘传》：弘在吏部，其选举先德行，而后文才，务在审慎。虽致停缓，所有进用，并多称职……隋之选举，于斯为最。④

《刘焯传》：焯举秀才，射策甲科。⑤

刘臻年十八，举秀才，为邵陵王东阁祭酒。⑥

《杜正玄传》：正玄博涉多通。兄弟数人，俱未弱冠，并以文学才辩，籍甚三河之间。开皇末，举秀才，尚书试方略，正玄应对如响，下笔成章……弟正藏，尤好学，善属文，弱冠举秀才，授纯州行参军，历下邑正。大业中，学业该通，应诏举秀才。兄弟三人，俱以文章一时诣阙，论者荣之。⑦

此外，《全隋文》卷二七有"王贞，开皇初……举秀才，授县尉"。又有"侯白，州举秀才，至京师，机辩捷，时莫之比"⑧。

据此各条，可知隋代取士之科：有贤良，有明经，有二科，有十科，

---

① 《隋书》卷四。
② 《隋书》卷七五。
③ 《隋书》卷七五。
④ 《隋书》卷四九。
⑤ 《隋书》卷七五。
⑥ 《隋书》卷七六。
⑦ 《隋书》卷七六。
⑧ 《太平广记》卷二四八引《启颜录》，今此书有《续百川学海》本，盖条由《广记》辑出者。

有四科，有孝悌廉洁，有进士，有秀才；其获举也，不出于下诏征召与州郡荐举二途；其入选也，贤良，二科，十科，四科，孝悌廉洁，以至进士如杨纂、房乔，明经如韦云起、刘兰成，秀才如刘臻、王贞、杜正藏等；皆未经考试。其抡才之准则，牛弘掌选举最盛之时，亦仅先德行，而后文才，又无所谓考试也。其唯一考试，但为策问，重辩驳。如褚晖之擢为太学博士，由于辩驳也；杜正伦举秀才试方略策，亦以善辩驳，应对如响见称也。侯白之州举秀才，以"机辩捷"名于时也。房晖远之试国子生，试策问也。故唐杨绾曰："近炀帝始建进士之科，当时犹试策而已。"而刘焯举秀才，尚为射策，射策有甲科，对策有高第，而未见有黜落，是皆与两汉取士之制相同，与唐宋考试之制迥异也。李慈铭《越缦堂日记》，谓六朝人试孝廉用经术，同于唐之明经；试秀才用词赋，同于唐之进士。其说实难征信。夫仅有策问，不能谓之考试也，以策问汉有之，六朝宋有之，梁亦有之①，若以其有策问则为科举考试之权舆，又何必溯源于隋哉。考"选举之法，一变而为辟举，再变而为限年，三变而为中正，四变而为停年，五变而为科目。隋置进士科而唐因之，其科目之不一，而明经进士尤贵……可为后世之良法也。古之所谓乡举里选者，犹曰乡里之举选云尔。唐则不然，举以礼部，谓之贡举，选以吏部，谓之铨选，其名同，其事异。又曰科目兴于唐，皆所以救中正之弊也"。②言唐代选举之意，与以往不同，又谓"科目兴于唐"，是显然不因隋置进士科，而目为科举考试之所由昉也。须知科举考试，必由应试人于一定时期，投牒自进，按科应试。公同竞争，试后有黜落，中试者举用之；然后为真正考试。查"汉举贤良，自董仲舒以来，皆对策三道。文帝二年，对策者百余人，晁错为高第；武帝元光五年，对策者亦百余人，公孙宏为第一，当时未有黜落法，对策者皆被选，但有高下尔。至唐始对策一道，而有中否"。③故葛洪恺切

---

① 《隋书·经籍志》总集类有《宋元嘉策孝秀文》十卷，《梁孝秀对策》十二卷。
② 〔宋〕章如愚：《群书考索续集》卷三八。
③ 《石林燕语》卷九。

而言曰："举人投牒自应之制，盖昉于唐！谨按周礼乡大夫之职……献贤能之书于王……登于天府……至汉贤良如公孙宏，亦必待国人固推而后出，未闻有投牒自应之举。"①然则科举考试之起于唐，殆成定谳矣。

顾上引沈既济《选举议》，谓"自隋罢外选，招天下之人，聚于京师，春还秋往，鸟聚云合"。《唐会要》谓："唐武德初，因隋旧制，以十一月起选，至春即还。"②是有公同考试之状也。加以进士为科，实始于隋，故溯源厥始，当推及之。特因其制不彰不备，仅具雏形，故谨慎重作结曰：科举之制，肇基于隋，确定于唐。

附俞大纲先生函

持宇兄③：大作谨拜读一过，考试制度起源考，所论极是。惟隋置进士科一条，弟颇有疑义。王氏《摭言》所举孙伏伽、侯君素两人，君素无考，伏伽则《唐书》明言其积劳补万年县法曹（弟现手头无《唐书》，但能以记忆断言如此），定保之说，当无确据。杨绾、杜佑，生年较后，所言难以置信。

足下所举人证，县志之不足据，姑不论之，《房玄龄传》所言"本州举进士"，则其非应试可知；既非应试，进士两字仍当沿隋以前习惯作字面浮泛之解释，不得谓之自成一科也。（《旧书·杨纂传》"大业中进士"，《新书》"第进士"，其误以"举"为"试"，盖以进士名词为专门科目名，殆亦与唐人见解相同。）大抵言隋之有进士科者，最早亦为高宗时人（如薛登），而武德贞观间身事两朝之史臣不言之，《北史》《隋书》可取证。《旧书》房、杨两传，一称本州"举"进士，一称大业中进士，似皆足为隋不置进士科之证。其晚出之论，大概以唐进士科创设既久，已为一般习用之专门名词，因更误会隋代之进士

---

① 《涉史随笔》页二一。
② 《唐会要》卷七五。
③ 按：邓嗣禹字持宇。

为出自科第耳。鄙意如此，不知高明以为如何？隋明经秀才，大著考释极是，此真所谓禁断浮词之见于事实也。（秀才之不易取，及明经两字之意义，皆可推论禁断浮词史实。至于进士，刻下既无好史料以考隋时所试为哪一门学问，更以禁断浮词之史文推索之，则隋更未必设此一科也。）

足下博涉群书，具见功力，敬服敬服。

附张孟劬先生函

大著于唐人诸说，征引见详，两造并列，尤见公允。窃谓杨绾、杜佑皆明言隋炀帝设建进士科，而王定保且实之曰"大业中"。此等史实，恐非杜撰；即使杜撰，何以三人之言相同？纵谓三人之言不可尽信；彼博涉文史之薛登，又何以与之暗合？或者隋曾有此科，暂行之而非常置；或因朝廷有故，未策而旋即报罢，皆未可知。例如清末有所谓经济特科者，史若不载，后人恐更不知有此科矣。史之所书，多属常制，此科既非取士常制，遗漏未书，亦无足怪，历史此例，固甚多也。唐人之文，其泛论科举者姑不论，此外虽亦间有言唐立进士科者，然皆系就唐言唐，不能即为隋无进士科之反证。至苏鹗谓武德四年复置秀才进士二科，既云复置，则其前必有置之者，虽其文泛引王制，不涉于隋，而曰近代以诸科取士者甚多，则隋当然亦在近代之中。且秀才科隋固尝置之，贞观史臣于刘绰等传，已大书特书矣，安得谓进士科必非隋置耶？此更不能为隋无进士科之反证。大要此科之名，虽创始于隋，而定为取士常制，则实自唐始。李德裕、郑颢之言，亦不为无因。故杜佑云：大唐贡士，多循隋制也。多之云者，不必尽同之谓。尊论谓科举之制，"肇基于隋，确定于唐"，洵通论也。考史之法，最重证据，而证据又必须充分，今即所引诸文论之，凡足以证明隋无进士科者，皆不充分；凡可以证明隋有进士科者，则皆有明文。况杜佑为唐代通晓掌故者，而《通典》一书，又为今第一名著，此而不信，将无书可信矣。杜佑辈其生虽较贞观史臣为晚，正惟其晚，所见新发见之材料或比史臣为多，今《通典》中所载，可以补正南北两朝史事者，正复不少，岂尽厚诬？吾人治史，或以前证后，或以后证前，全视其人其书负责与否为断。不宜先存一时代之成见也。至于反证方法，遇证据全不充分时，或可偶然一试行之，既有充分之证据，即当舍反证而不用，此乃研究学术一定之标准。不立标准，专事求疵，未见其可。大著登入史报，与天下人以共见，立言本不为一时，故聊缀数语，质之大雅，以为何如？

张尔田附识

俞大纲先生第二次来函

持宇吾兄：

大著精微周密，佩甚佩甚。两承下询刍荛，真所谓以多问寡，愧恧曷极。尊论设两造之辞，既备且允矣，然鄙意以为足下独着眼于进士科设置时代，以定科举制度起源之由，似有未安也。考隋制无论进士明经秀才，皆由州举。《旧书·房玄龄传》称"本州举进士"，《北史·杜正玄传》"开皇十五年举秀才"，《旧书·薛收传》"郡举秀才"，《杜正伦传》曰"隋世重举秀才"，《韦云起传》"云起开皇中明经举，授符玺直长"。《孔颖达传》"颖达隋大业初举明经高第"。就诸条观之，莫非州郡察举者也。又如《杜正玄传》所云：正玄举秀才，试策高第。曹司以策过左仆射杨素。素怒曰，周、孔更生，尚不得为秀才，刺史何忽举此人？乃以策投地不视。按此隋秀才由州上举，曹司试策，然后以策过仆射，此与汉征贤良对策之制无异。《汉书·公孙宏传》云："元光五年，复征贤良，菑川国复推上宏，（中略）宏至太常，时对策者百余人"，汉之贤良，亦由郡国察举，入京对策也。《正玄传》又云："杨素志在试退正玄，乃使正玄拟相如《上林赋》等，曰我不能为君住宿，至未时令就。"此隋试策制度，亦极疏简，尚不及汉制天子亲策贤良之为隆重。今隋制明经进士贡举之法，无史文可征，证以上引诸条观之，凡明经进士皆曰举而不言第，其制要与秀才相同。非若唐代开科举之繁文，士人投牒自试，官吏慎临其事，至于搜索衣裳，呵禁出入也。

尊著又引杜佑"大唐贡士，多沿隋旧"，杨绾"隋炀帝设进士科"，夏竦"隋设进士之科，唐代特隆其选"等文，以证科举始于隋。窃谓唐科举之制，因沿于隋者，不过进士明经秀才等名目而已。其制度不同，盖如上述。杜氏"大唐贡士，多沿隋旧"，当谓贡士科目，唐循隋旧，非谓贡士之法，隋唐相同。杨绾、夏竦所谓隋始设进士科，似谓以进士列为选士之目，肇自隋炀，亦不指唐进士之制，无异于隋也。唐人最重进士科，其论科举，莫不先论进士之制，于是核名者莫不溯之于隋，考实者莫不言创之于唐。其实两种议论，所指不同，殊非牴牾，此纲所以谓不得以进士设科年代，以定考试制度始于何时。若谓察举对策之法，已为完形之考试制度，则当上溯两汉为权舆。若谓朝廷开科待人，士子投牒自试，始可谓为完形之考试制度，则当以唐为始，不可谓肇基于隋，确定于唐矣。

然或者有以沈既济《选举议》"隋罢州府之权，而归于吏部，罢外选，招天下之人，聚于京师，春往秋还，鸟聚云合"等语，谓隋之取士，亦有定期。罢外选，权归吏部，与唐制相伴，何得谓与唐异。窃谓沈氏罢外选之言，乃指罢州郡辟署之权，非罢察举也。《通典》"开皇十八年，又诏京官五品以上及管总刺史，并以志行修洁，谨清干济举人。牛弘为吏部，高构为侍郎，选举先德行，次文才，最为称职。当时之制，尚书举其大者，侍郎铨其小者，则六品以下官吏，咸吏部所掌，自是海内一命以上之官，州郡无复辟署矣。"沈氏之论，盖亦指此。尊论亦引先德行，次文采之文，定隋仍为察举试策之制矣。特有进者，沈氏春往秋还，鸟合云集之论，盖指当时彼征召或察举之人，集于京师，受吏部铨次，不可引以证隋唐考试制度之同轨也。然或以上所引杜氏言，系开皇中制度，大业之制，容有不同。请释之曰，《薛收传》云"郡举秀才"，炀帝改州为郡，故《薛收传》云云，此则大业仍行察举之制，又可考知矣。

足下渊博，功力并深，管见聊当大雅一笑耳。

俞大纲拜启
十一月二十七日

嗣禹谨案：大纲先生治唐史有年，拙作草成，即邮寄质正。时值歇伏，手头无书，随笔便笺，聊舒所见。嗣以科举制度，为历代抡才大典，起源事大，不敢草率。乃未征求同意，径予刊登，以当讨论。其后请教孟劬先生，又蒙赐手示，因并登之。而大纲先生得知，重草一函，以代前书。惜排校已定，急于出版，势难毁弃，乃将两函刊登，以为进一步之讨论。夫学问无穷，人识有限，多闻阙疑，古有明训，故讨论不厌求详。然嗣禹未获确证已前，则不愿再事唠叨；惟盼读者多多教正而已。张、俞二公，竭诚指导，谨此志谢。

（原载《史学年报》1934年第1期）

南北朝后期科举制度的萌芽

唐长孺

南北朝后期的选举制度发生了一些变化，这些变化的产生和发展反映了寒人地主的政治要求。假使那时寒人的力量还不够壮大，他们的要求是不会实现的。我们通常把这些变化的产生归之隋代，而其完成则在唐时。这种看法当然是有理由的。因为州郡辟举权的废除既在隋时，而作为科举中最重要的科目进士科也在隋时创置；至于科举取士之在选举中取得统治地位自然应该要下达李唐。但是我们仍然应该追溯到隋代以前，寒人地主的上升既不能突然出现，那么反映其政治要求的选举上的变化也应该有一个较长过程。

大家知道魏晋南北朝选拔官吏的制度即是九品中正制。九品中正制依据门第保证清浊即士庶的分流，从而也就保证了门阀贵族（北朝还包括鲜卑贵族）的政治特权。然而，九品中正制只是保证清浊分流，并不等于选举制度的全部，各项选举必须依据中正品第，但出身授职还得通过各条入仕道路。南北朝门阀贵族的出身固然"皆由门庆"，但大体上也还继承两汉以来岁举、辟举、征召的道路（北朝鲜卑贵族和一般鲜卑军人自然不在其内）。只是被举被召的条件主要在于门第。

唐代科举中最重要的进士、明经两项科目，从形式上来看和过去的孝廉、秀才有继承关系，只是当门阀盛时被举为秀才、孝廉的人必定出于士族，而唐代并无此限制。唐代进士、明经必须通过考试，过去的秀才、孝廉按照规定也要通过考试。东汉时左雄建议："儒者试经学，文吏试章奏"①，东晋南北朝常常不考试，但也间或举行，所试科目仍然是经学和文章②。我们在这里没有必要详细叙述秀才、孝廉的考试方法及其内容，大致孝廉主要试经，秀才主要对策，有时兼及经文，南北大致相同。《晋书》卷七八《孔愉附从子坦传》称："先时以兵乱之后，务存慰悦，远方秀孝，到不策试，普皆除署。至是帝申明旧制，皆令试经。"结果，那些秀孝或者托疾不试，或者不到。孔坦上奏有云："又秀才虽以事策，亦泛问经义，苟所未学，实难暗通。"文帝诏令"皆令试经"，孔坦认为秀才"苟所未学"，无法通解经义，可知秀才以试策为主，就是这次经义也仅是泛问而已。东晋以后，南朝一般仍是秀才试策，孝廉试经。北朝末期周、齐之制亦是如此。《周书》卷七《宣帝纪》："初即位未改元（578年）诏制九条，宣下州郡。其八条云：'州举高才博学者为秀才，郡举经明行修者为孝廉。上州上郡岁一人，下州下郡三岁一人。'"明确规定了贡举秀才和孝廉的标准，"高才博学"才能对策，而经明始能试经，这是很显著的，特别此时已包含了秀才重文章之意。《北齐书》卷四四《儒林·马敬德传》：

> 少好儒术，负笈随大儒徐遵明学诗、礼，略通大义而不能精。遂留意于《春秋左氏》。沉思研求，昼夜不倦，解义为诸儒所称……河间郡王每于教学追之。将举为孝廉，固辞不就。乃诣州求举秀才，举秀才例取文士，州将以其纯儒，无意推荐。敬德请试方略，乃策问之，所答五条，皆有文理，乃欣然举送至京。依秀才策问，唯得中第，乃请试经业，问十条并通。

马敬德之被举为孝廉是由于他通经，不肯举他秀才是由于他是纯儒。到京试秀才，策问刚够中第，试经却考了满分。由此可知北齐也是孝廉试经，而秀才对策。对策所重在文，故例举文士。《儒林传》中还有个马敬德的学生刘昼，本传说他"河清初，还冀州，举秀才，入京考策不第，乃恨不

---

① 〔南朝宋〕范晔：《后汉书》卷九一《左雄传》。
② 参考〔唐〕杜佑：《通典》卷一四。

学属文"。也说明秀才试策,其中第标准在于文章。

秀才、孝廉考试科目的不同,也就是以后进士、明经二科之别。明经自应试经,而进士初置也只是试策。《旧唐书》卷一一九《杨绾传》载杨绾上疏云:"近炀帝始置进士之科,当时犹试策而已。"隋代设置进士科,倒不是在考试科目上有什么特点,而是由于秀才录取标准日益严格,不轻得第,设立进士科可以放宽标准,使文士虽不能取得秀才的称号,也有入仕的道路。《旧唐书》卷一〇一《薛登传》载登所上疏云:"炀帝嗣兴,又变前法,置进士等科。于是后生之徒,复相仿效,因陋就寡,赴速时,辑缀小文,名之策学。"便可知应进士科者只是"因陋就寡",同以应付考试的乃是"辑缀"起来的策学。与之同时,秀才对策却越来越困难,并且在策外加试了杂文。《北史》卷二六《杜铨附族孙正玄传》云:

> 隋开皇十五年,举秀才,试策高第。曹司以策过左仆射杨素,怒曰:"周、孔更生,尚不得为秀才,刺史何忽妄举此人?可附下考。"乃以策抵地,不视。时海内唯正玄一人应秀才……素志在试退正玄,乃手题使拟司马相如《上林赋》、王褒《圣主得贤臣颂》、班固《燕然山铭》、张载《剑阁铭》《白鹦鹉赋》,曰:"我不能为君住宿,可至未时令就。"正玄及时并了。素读数遍,大惊曰:"诚好秀才!"……正玄弟正藏,字为善,亦好学,善属文。开皇十六年举秀才,时苏威监选,试拟贾谊《过秦论》及《尚书·汤誓》《匠人箴》《连理树赋》《几赋》《弓铭》,应时并就,又无点窜。

由此可知,秀才录取标准极其严格,以致唐代简直成为一种虚悬的科目[①]。

[①]《通典》卷一五:"初,秀才科等最高,试方略策五条,有上上、上中、上下、中上凡四等。贞观中有举而不第者坐其州长,由是废绝。"又注云:"开元二十四年以后复有此举,其时进士渐难,而秀才本科无帖经及杂文之限,反易于进士。主司以其科废久,不欲收奖,应者多落之。三十年来无及第者,至天宝初礼部侍郎韦陟始奏请有堪此举者,令官长特荐。其常年举送者并停。"按秀才如隋制本加试杂文,梁制也泛问经义,但按照规定,都是加试的项目,所以唐代进士加试杂文而秀才却反而取消了杂文。秀才虽然考试内容简单而录取标准却异常严格,其名义高于进士,而考试项目却又易于进士,所以只能废绝不举了。

隋时秀才尚以试策为正规的办法，然而录取与否却需要看加试的杂文。唐初秀才仍试策，而进士科继承隋制也只是试策，高宗以后进士加试杂文，录取与否也就取决于杂文。隋、唐两代秀才、进士两科虽同时存在，其实从考试内容来说，进士只是秀才的替身。

从考试内容说，明经和孝廉相同。但明经和孝廉并立却比秀才、进士并立更早。我们知道明经之名早见汉代[①]。南齐建立国子学，其试生徒之制不详，但应该试经[②]。梁代国子生更多，《梁书》卷四八《儒林传序》称："馆（立《五经》博士为五馆）有数百生，给其饩廪，其射策通明者即除为吏。"射策通明之策亦即试经，其录取等第虽有明经、高第、甲科等[③]，通常却可以概称明经。《颜氏家训·勉学篇》说梁朝贵游子弟"明经求第则雇人答策"，显然已把学馆射策得第者通称为明经，明经成为一种科目的称号。梁代仍然有秀孝，但秀孝有额而明经似无额，秀孝大致仍然为高门垄断，特别是秀才，这可以从列传中提到曾举秀才者的家庭来推测。至于明经则虽然不少贵游子弟雇人答策而登第[④]，但法令上入学就试却并没有门第限制。《梁书》卷二《武帝中》天监八年（509）五月诏云："其有能通一经，始末无倦者，策实之后，选可量加叙录。虽复牛监羊肆，寒门后品，并随才试吏，勿有遗隔。"又《隋书》卷二六《百官志》云："旧国子学生，限以贵贱。帝欲招来后进，五馆生皆引寒门俊才，不限人数。"由此可见，具有射策资格的国子生既不限门第，也不限名额，这就为寒人入仕开辟了一条道路。

[①]《通典》卷一三云："桓帝建和初，诏诸学生年十六以上，比郡国明经试，次第上名"。
[②]《南齐书》卷一六《百官志》称："建元四年有司奏置国学，祭酒准诸曹尚书，博士准中书郎，助教准南台御史，选经学为先，若其人难备，给事中以还明经者以本位领"。
[③]《陈书》卷三四《文学岑之敬传》云："御史奏曰：'皇朝多士，例止明经，若颜、闵之流，乃应高第。'"可知高第是较高于明经的等第。射策甲科的记载，也多见于《梁书》和《陈书》。
[④]《梁书》卷四八《儒林传序》说，天监七年（508）"皇太子、皇子、宗室、王侯始就业焉"。从列传中也可以看到不少皇室、高门由国子学射策得第。

南朝秀才为高门垄断，孝廉间或有寒门，但亦稀见[①]，所以必须有另一种科目来满足寒人要求。至于北朝则秀孝直接成为寒人入仕的道路。

上面所举马敬德和刘昼显然不是高门。《北史》卷八一《儒林传序》云：

> 胄子以通经进仕者唯博陵崔子发、广平宋游卿而已，自外莫见其人。幸朝章宽简，政纲疏阔，游手浮惰，十室而九，故横经受业之侣，遍于乡邑，负笈从宦之徒，不远千里。入闾里之内，乞食为资，憩桑梓之阴，动逾十数。燕、赵之俗，此众尤甚焉。齐制，诸郡并立学，置博士、助教授经。学生俱差逼充员，士流及豪富之家，皆不从调……诸郡俱得察孝廉。其博士、助教及游学之徒通经者推择充举，射策十条，通八以上，听九品出身，其尤异者亦蒙抽擢。

这里所说的是魏末及北齐情况。北齐时孝廉是从学校的博士、助教和游学之徒中推举出来，而游学之徒被称为"游手浮惰"，由于"政纲疏阔"，才能受业。他们被认为是应该从事生产而脱离生产的人，也就是一般编户。序中明确指出郡学生徒是士族及豪富之家所不屑就的。他们虽不是豪富之家，但能够允许脱离生产，也必须具备一定的经济条件，我们认为其中不少是寒人地主和极少数向地主阶级转变的富裕农民。《儒林传》中有不少人曾被举孝廉，这里不再列举，只引一例为证。《李业兴传》云："上党长子人也。祖虬、父玄纪，并以儒学举孝廉。"他自己也被举为孝廉，可算得是儒学世家，可是传中又说："业兴家世农夫，虽学殖而旧音不改。"在南北朝时，语音常常是判别士庶的标准之一，李业兴虽三世孝廉，说他旧

[①]《宋书》卷九一《孝义传》称，郭世道，"太守孟顗察孝廉，不就"；世道子原平"太守王僧朗察孝廉，不就"，又云："会稽贵重望计及望孝，盛族出身，不减秘著。太宗泰始七年（471），兴宗欲举山阴孔仲智长子为望计，原平次息为望孝。仲智会士高门，原平一邦至行，欲以相敌。会太宗别敕用人，故二选并寝。"原平长子伯林也是举孝廉不就。郭家是寒门，而祖孙三世都曾举孝廉。《孝义传》中又有吴逵、潘综都曾察孝廉，《吴逵传》明说"门寒"。可见孝廉也有寒人。但这都是统治者有意破格取人，不是常例。《南齐书·孝义传》中人物便不见此种事例了。

音不改，就意味着他还不是士族。像这样的人家，正是才挤入统治者行列的寒人地主，由北魏以至齐代，由通经入仕的道路提高了他们的政治地位。

不但孝廉如此，秀才也是一样。《北史》卷八三《文苑·樊逊传》：

> 河东北猗氏人也。祖琰、父衡并无官宦……逊少好学，其兄仲以造毡为业，亦常优饶之……属本州沦陷，寓居邺中，为临漳小吏。县令裴鉴莅官清苦，致白雀等瑞，逊上清德颂十首，鉴大加赏重，擢为主簿，仍荐之于右仆射崔暹……后崔暹大会客，大司马襄城王旭时亦在座，欲命府僚。暹指逊曰："此人学富才高，兼之佳行，可为王参军也。"旭目之曰："岂能就耶？"逊曰："家无荫第，不敢当此。"武定七年，齐文襄崩，暹为文宣徙于边，宾客咸散。逊遂徙居陈留。梁州刺史刘杀鬼以逊兼录事参军事，逊仍举秀才。尚书案旧令，下州三载一举秀才，为三年已贡开封人郑祖献，计至此年未合……逊竟还本州。天保元年，本州复召举秀才。三年春，会朝堂对策，策罢，中书郎张子融奏入。至四年五月，逊与定州秀才李子宣等以对策三年不调，被付外，上书请从罢。诏不报，梁州重举逊为秀才。五年正月，制诏问焉。尚书擢第，以逊为当时第一……杨愔言于众曰："后生清俊莫过卢思道，文章成就莫过樊孝谦，几案断割莫过崔成之，遂以思道长兼员外郎，三人并员外将军。"孝谦辞曰："门族寒陋，访第必不成，乞补员外司马督。"愔曰："才高不依常例。"特奏用之。

樊逊自云"家无荫第"，"门族寒陋"，自然是寒人，但他却三次被举秀才，以第一名登第，由此可见举秀才的门第条件较宽。他不敢应大司马府的辟举而应秀才举，可能由于他知道辟举更容易招致他人的反对。

北朝后期孝廉、秀才已容纳寒人，《北史》之《儒林》《文苑》及其他传中被举秀孝的很多不属于高门，李业兴、樊逊的家世是非常明确的。这种情况大概始于魏末[①]，而盛于北齐，至于北周则根本选无清浊。《周书》卷二三《苏绰传》载：大统十年（544），绰所奏行的《六条诏书》，其四"擢贤良"云：

> 自昔以来，州郡大吏，但取门资，多不择贤良；末曹小吏，唯试刀笔，并不问志行。夫门资者，乃先世之爵禄，无妨子孙之愚瞽；刀笔者乃身外之末材，不废性行之浇伪……今之选举者，当不限资荫，唯在得人。苟得其人，自可起厮养而为卿相，伊尹、傅说是也，而况州郡之职乎？苟非其人，则丹朱、商均虽帝王之胤，不能守百里之封，而况于公卿之胄乎？

虽然这里只是针对州郡辟举而言，然而其整个精神既是在于否定门第取人的习惯，那么秀孝之举的不限门资，自不待论。

如上所述，我们完全可以相信南北朝后期北朝的举秀孝和南朝的明经射策，从考试内容上，特别是从放宽门第限制上说，已经为唐代科举制度开辟了道路。这里还可以提到一件事，唐代应举可以自行报名，《新唐书》卷四四《选举志》："选举不由馆学者，谓之乡贡，皆怀牒自列于州县。"这种办法也起于北齐。上引《北史·儒林传》说马敬德的被举秀才是自请在州先行考试而获得通过的。准许怀牒自试为唐代科举的特点，而北齐已经看到其萌芽了。

（原载氏著《魏晋南北朝史论丛续编》，生活·读书·新知三联书店 1959年版）

[①] 《魏书》卷六〇《韩显宗传》载，显宗太和中上言云："今州郡贡察，徒有秀孝之名，而无秀孝之实。而朝廷但检其门望，不复弹坐。如此则可令别贡门望，以叙士人，何假冒秀孝之名也。"可知孝文帝统治时期对于秀孝的门第条件是颇为认真的。

科举制度起源辨析
——兼论进士科首创于唐

何忠礼

关于科举制度的起源问题，解放前史学界曾经展开过一场讨论。当时，学者邓嗣禹在《史学年报》第二卷第一期上，发表了《中国科举制度起源考》（以下简称《起源考》）。他说：隋代取士，已有"公同考试之状"，"加以进士为科，实始于隋，故溯源厥始，当推及之。特因其制不彰不备，仅具雏形，故谨慎重作结曰：科举之制，肇基于隋，确定于唐"。

同期，还登载了张尔田、俞大纲两位先生的文章。张文除对邓嗣禹所作结论深表赞成外，更郑重申明："考史之法，最重证据，而证据又必须充分，今即所引诸文论之，凡足以证明隋无进士科者，皆不充分；凡可以证明隋有进士科者，则皆有明文。况杜佑为唐代通晓掌故者，而《通典》一书，又为今第一名著，此而不信，将无书可信矣。"俞文认为隋、唐虽皆置进士科，但名同而实相异。因而，"不得以进士设科年代，以定考试制度始于何时。若谓察举对策之法，已为完形之考试制度，则当上溯两汉为权舆。若谓朝廷开科待人，士子投牒自试，始可谓完形之考试制度，则当以唐为始，不可谓肇基于隋，确定于唐矣"。[1]明显表示了科举制度产生于唐代的观点。

推究三人议论，相同点是都肯定进士科首创于隋，分歧点是建立科举

---

[1] 邓嗣禹写成《中国科举制度起源考》一文后，将它寄给张尔田、俞大纲等人征询意见。张、俞复函商榷。尔后，邓将自己的文章和张、俞复函一并刊登在《史学年报》1934年第1期上。

制的标准不同：邓、张以进士科的出现作为科举制产生的标志，故言其"肇基于隋"；俞认为隋、唐科举名同而实异，不能将进士科的出现作为科举制度产生的标志。只有士子可以投牒自试，才是完形考试制度的开端，故主张"当以唐为始"。然而，这场讨论后来没能继续下去，孰是孰非，未成定论。

解放以后，史学界普遍采取科举制起源于隋的说法，呈现出"一边倒"的倾向。这可以范文澜的《中国通史简编》和翦伯赞主编的《中国史纲要》为代表。其他论著所述，亦大致相同。

据笔者浅见，主张科举制产生于隋者尽管人数众多，所持理由却很有可商榷之处，即使被视为确证而广为引用的"炀帝始建进士科"[①]一说，亦颇多疑窦，远不能以此为定论。认为科举制产生于唐者人数虽少，根据似嫌不足，但在进一步考析之后，还是觉得此说较为妥当。现将个人涉猎所得，略作辨析，以就正于同志们。

一

追溯科举制度的起源，我以为前提是要搞清楚这项制度的确切含义，否则必将众说纷纭，无所适从。

有人说，"所谓科举，就是分科举人"[②]，科举制度"就是按照不同的科目来选举人才的选举制度"[③]。也有人说，科举制度乃是"我国古代政府从分科考试中选取人才，分派官职的一种制度"[④]。这些说法，都没有深刻地揭示出该制度的特点和本质，使人有望文生义之感。

从历史上看，科举制度的出现并不是一种偶然现象，它是选举制度长期嬗变的结果，只有把它和以往几种主要的取士制度联系起来进行考察，

---

① 〔唐〕杜佑：《通典》卷一四《选举二》，中华书局1988年点校本，第343页。
② 韩国磐：《略述科举制度》，《历史教学》1960年第4期。
③ 韩国磐：《关于科举制度创置的两点小考》，载《隋唐五代史论集》，生活·读书·新知三联书店1979年版。
④ 张晋藩、邱远猷：《科举制度史话》，中华书局1980年版。

才能予以科学的说明。

众所周知，中国封建社会的主要取士途径，经历了两汉的察举制、魏晋南北朝的九品中正制和此后的科举制三个发展阶段。所谓察举制，就是朝廷公卿大臣或州郡长官，经过考察，向封建国家推荐人才、选拔官吏的制度，故又称荐举制。这种制度缘起于汉高祖十一年（前196）的《求贤诏》[1]，但当时尚未形成定制。汉文帝时，初置"贤良方正能直言极谏"一科，得举者始可为官。汉武帝时，察举条件被具体化为四科："一曰德行高洁，志节清白；二曰学通行修，经中博士；三曰明习法令，足以决疑，能按章复问，文中御史；四曰刚毅多略，遭事不惑，明足决断，才任三辅县令"[2]。以此为标准，陆续设置了孝廉、贤良方正、贤良文学、秀才、明经等察举科目。秀、孝作为常科，每岁由州、郡按人口比例举送。

上述科目分两大类，一类是贤良、秀才、明经等，它们都要求有相当的文墨才学，或精通儒家经典，故依靠单纯的荐举是不够的，须通过策试方能充选。这种形式，最早见于汉文帝十五年（前165），时太子家令晁错举贤良，"对策者百余人，唯错为高第，由是迁中大夫"[3]。另一类是孝廉，不经过任何考试，但必须具备孝悌廉吏的品行，要求极为严格，所以举为孝廉者寥寥无几[4]。可是时间一长，情况发生了变化，尤其到东汉时，察举制遭到严重破坏，有权势的人多以举孝廉为仕途捷径，滥竽充数者不可胜计。为了纠弊，东汉顺帝阳嘉元年（132），根据尚书令左雄建议，将孝廉的年龄限制在40岁以上，并且也得经过考试，办法是"诸生试家法，文吏课笺奏"[5]。"家法"者，各家所传经学的通称。至此，孝廉已徒有虚名，变得与明经几无差别。故马端临认为，此"无异于后世科举之

---

[1]〔东汉〕班固：《汉书》卷一下《高帝纪下》，中华书局1964年点校本，第71页。
[2]《通典》卷一三《选举一》，第311页。
[3]《汉书》卷一下《高帝纪下》，第2299页。
[4]〔宋〕马端临：《文献通考》卷三四《选举考七》，中华书局2011年点校本，第987页。
[5]〔南朝宋〕范晔：《后汉书》卷六一《左雄传》，中华书局1965年点校本，第2020页。

法矣"。①

不过，在察举制下，对考试在选拔人才中的作用不能估计太高。一是"当时未有黜落法，对策者皆被选，但有高下尔"②。二是察举特权完全为大官僚大贵族把持，选举结果，必然是多财始达、望门辟命，考试在很大程度上只是装装样子罢了。

东汉后期，政治黑暗腐败，荐举制百弊丛生，秀才、孝廉几乎全成为少数豪门地主的囊中之物。河南尹田歆，一次对他的外甥王谌说："今当举六孝廉，多得贵戚书命，不宜相违，欲自用一名士，以报国家，尔助我求之。"③田歆是一个比较正直的官僚，还如此违心行事，其他人便可想而知。于是，岁月一久，统治集团内部就逐渐形成了世代出任显宦，门生故吏遍布朝廷，足以与皇权相抗衡的"衣冠望族"，这种情况反过来又促使察举制向着更有利于士族的方向演变。

魏晋间，门阀势力空前膨胀，荐举制终为九品中正制所代替。士族豪强的代表——大、小中正，有权将士人按门第高下评为九等，以便让高门阀阅之家子弟能够"平流进取"，坐享高官厚禄。清人赵翼评九品中正制道："所谓上品无寒门，下品无势族，高门华阀，有世及之荣；庶姓寒人，无寸进之路。选举之弊，至此而极。"④然而，九品中正制只是品评门第高低，保证清浊分流，并非取消了以前的一切举选、考试之法。士族子弟膺选入仕，形式上还得通过两汉以来的岁举、辟举、征召等途径，各种考试依然存在，只是被察举为秀、孝的人，囿于门第限制，范围更加狭小，考试更加流于形式而已。所以，九品中正制从本质上来说，与以前的察举制并无大的不同，它不过是一种更加畸形的荐举制罢了。

而科举制度则与察举制有重大区别，这种区别绝非分科举人抑或不分

---

① 《文献通考》卷三四《选举考七》，第991页。
② 〔宋〕叶梦得：《石林燕语》卷九，中华书局1984年点校本，第133页。
③ 《后汉书》卷五六《种暠传》，第1826页。
④ 〔清〕赵翼撰，王树民校证：《廿二史札记校证》（订补本）卷八《九品中正》，中华书局1984年校证本，第167页。

科举人的问题。若谓设置科目,实行分科举人是科举制的开端,那么秀、孝、贤良等名称实际上早已成为选拔人才的科目,科举制度岂不应该上溯至西汉?更何况科举分科举人(严格地说,应是分科取人)只是唐和北宋前期的现象。自宋神宗熙宁年间废罢明经诸科,独行进士科以后,科举已失去原来分科举人的意义,为什么仍然称为科举制度呢?故言科举"就是分科取人的制度",客观上是为某些学者所谓"汉代实为科举的初创期"[①]说张本。

马克思主义告诉我们,任何事物的性质都是由其内部矛盾的特殊性决定的,"这种特殊的矛盾,就构成一事物区别于他事物的特殊的本质。这就是世界上诸种事物所以有千差万别的内在的原因,或者叫做根据"[②]。那么,科举制度的特殊本质是什么?它与以往的荐举制相比,究竟有哪些重要区别呢?

考察整个封建社会的科举制度,我认为基本上可以概括出以下三个特点:

第一,士子应举,原则上允许"投牒自进",不必非得由公卿大臣或州郡长官特别推荐。这一点,应是科举制度最主要的特点,也是与荐举制最根本的区别。关于这一点,并非我的发明,早在90年前,俞大纲先生就已经提出来了,只是没有特别强调而已。

第二,"一切以程文为去留"。换言之,举人及第或黜落必须通过严格的考校才能决定。

第三,以进士科为主要取士科目,士人定期赴试。

如果上述归纳尚不至于大谬,那么对科举制度是否可以作这样的理解:它是一种以"投牒自进"为主要特征,以试艺优劣为决定及第与否的主要标准,以进士科为主要科目的选官制度。显然,要解决科举制度的起源问题,首先就必须研究这三个特点的形成过程和时间。

---

① 徐连达、楼劲:《汉唐科举异同论》,《历史研究》1990年第5期。
② 毛泽东:《矛盾论》。

科举制度的产生是社会政治、经济、文化发展的必然结果。南北朝后期，庶族地主在经济上的力量不断壮大，士族势力渐趋衰落，原先确立的保证门阀利益的各种规定和法律已显得与时势不相适应。反映在选举制度上，是庶族地主力图冲破束缚着他们的等级限制，迫切要求达到与他们的经济力量相适应的政治地位。皇权为抑制门阀势力的发展，也往往站在这一边。于是，士族对取士权的控制发生了动摇，科举制度的某些特点开始露出端倪。

先以"投牒自进"来说，北朝后期已间或有之。《北齐书·儒林·马敬德传》载：

> 马敬德，河间人也。少好儒术……河间郡王每于教学追之，将举为孝廉，固辞不就。乃诣州求举秀才，举秀才例取文士，州将以其纯儒，无意推荐。敬德请试方略，乃策问之，所答五条，皆有文理，乃欣然举送至京。[1]

据本传记载，马敬德原是一位寒士，他得举孝廉已属不易，但他并不以此为满足，径诣官府请求改举秀才。魏晋以来，士人沽名钓誉，奔竞请托之风虽盛，但公开赴州郡自献者尚不多见。马敬德此番举动，不仅没有遭到有司斥责，反而允许他在州中先通过策试，然后举送。这种办法，与以往非得经过大、小中正的推荐大相径庭，与后来科举制度中的"投牒自进"颇为相似。

次言考试情况，南北朝后期也有加强的趋势。在南齐，朝廷采纳尚书都令史骆宰建议，定策秀才格为："五问并得为上，四、三为中，二为下，一不合与第"[2]。在北齐，"凡州县皆置中正。其课试之法，中书策秀才，集书策贡士，考功郎中策廉良……字有脱误者，呼起立席后；书有滥劣

---

[1]〔唐〕李百药：《北齐书》卷四四《儒林·马敬德传》，中华书局1972年点校本，第590页。
[2]〔南朝梁〕萧子显：《南齐书》卷三六《谢超宗传》，中华书局1974年点校本，第635页。

者,饮墨水一升;文理孟浪者,夺席脱容刀"①。士人刘昼,"河清初,还冀州,举秀才入京,考策不第。乃恨不学属文"②。这些事实说明,那时的考试已比过去严格得多,并且有了得第与落第的区别。

到隋代,隋文帝为了压抑门阀势力,正式废除九品中正制,收回地方辟举权,从而在一定程度上打破了对士人的门第限制,客观上为科举制度的产生扫清了道路。

以上情况表明,科举制度的某些特点正在萌芽中。

但是,科举制度的萌芽与产生不仅有量的区别,更有质的不同。在整个南北朝时期,九品中正制始终存在,取士之法尚处于量变阶段而并未产生质变。隋代虽然最后摈弃了腐朽的九品中正制,但由于当时士族势力远未退出历史舞台,国祚又短促,统治者并没有把注意力集中在改革选举制度方面,所以除增设了一些新的取士科目外,只能重新恢复两汉的征召、察举制度。查阅《隋书》有关记载,可以证明这一点:

> 隋文帝开皇二年(582)正月,"诏举贤良"。
>
> 五年四月,诏"征山东马荣伯等六儒"。③
>
> 刘焯,开皇时,"以儒学知名,为州博士,刺史赵煚引为从事,举秀才,射策甲科"。④
>
> 十八年七月,"诏京官五品已上,总管、刺史,以志行修谨,清平干济二科举人"。
>
> 仁寿三年(603)七月,诏"令州县搜扬贤哲,皆取明知今古,通识治乱,究政教之本,达礼乐之源。不限多少,不得不举。限以三旬,咸令进路"。⑤
>
> 炀帝大业元年(605)正月,诏曰:"若有名行显著,操履修洁,

---

① 《通典》卷一四《选举二》,第340页。
② 《北齐书》卷四四《儒林·刘昼传》,第589页。
③ [唐]魏征等:《隋书》卷一《高祖纪上》,中华书局1973年点校本,第16页、第22页。
④ 《隋书》卷七五《儒林·刘焯传》,第1718页。
⑤ 《隋书》卷二《高祖纪下》,第51页。

及学业才能，一艺可取，咸宜采访，将身入朝。所在州县，以礼发遣"。

大业元年闰七月，诏曰："方今宇宙平一，文轨攸同，十步之内，必有芳草，四海之中，岂无奇秀！诸在家及现入学者，若有笃志好古，耽悦典坟，学行优敏，堪膺时务，所在采访，具以名闻，即当随其器能，擢以不次……"

三年四月，诏曰："夫孝悌有闻，人伦之本，德行敦厚，立身之基。或节义可称，或操履清洁，所以激贪励俗，有益风化。强毅正直，执宪不挠，学业优敏，文才美秀，并为廊庙之用，实乃瑚琏之资。才堪将略，则拔之以御侮，膂力骁壮，则任之以爪牙……文武有职事者，五品已上，宜依令十科举人。有一于此，不必求备。朕当待以不次，随才升擢。其现任九品已上官者，不在举送之限。"

五年六月，"诏诸郡学业该通、才艺优洽，膂力骁壮、超绝等伦，在官勤奋、堪理政事，立性正直、不避强御四科举人"。①

十年五月，"诏举郡孝悌廉洁各十人"。②

以上史实可以看出，隋朝最高统治者虽然比较注重于人才的搜罗，强调以德、才举人，一定程度上改变了过去选举中死气沉沉的腐败局面；但从本质上看，其选举方法与两汉的"举贤良"仍无多少差别。不管古已有之的秀才、孝廉、明经等常科，还是新设的"二科"、"十科"、"四科"等特科，全是察举科目。士人入仕，仍须经过皇帝征召和公卿大臣、地方长吏"采访"举送的道路。所有诏令，没有一处提到允许自举的话，其他文献里也找不出有士人诣州郡自举的例子。事实充分证明，作为科举制度最重要特点的"投牒自进"，隋代并未产生。

隋代取士，多务虚名而不重实学，故考试之法也极疏简。《隋书·苏威传附子夔传》载：

---

① 《隋书》卷三《炀帝纪上》，第63页、第64页、第68页、第73页。
② 《隋书》卷四《炀帝纪下》，第87页。

> 仁寿末，诏天下举"达礼乐之源"者，晋王昭时为雍州牧，举苏夔应之。与诸州所举五十余人谒见，高祖望夔谓侍臣："唯此一人，称吾所举。"于是拜晋王友。[①]

"达礼乐之源"为特科，若在唐代，要由皇帝亲策，糊名考校，才能定取舍。而苏夔等五十余人只经过一次谒见，就完成了全部考选过程。很显然，苏夔获得文帝赏识，并非成绩出众，而是因为推荐者为皇太子杨广的儿子——晋王昭的缘故。邓嗣禹所谓隋时已有"公同考校之状者"，实际上还比不上两汉亲策贤良隆重。又如《北史·杜铨附杜正玄传》载：

> 隋开皇十五年，（正玄）举秀才，试策高第。曹司以策过左仆射杨素，怒曰："周、孔更生，尚不得为秀才，刺史何忽妄举此人？可附下考。"乃以策抵地，不视。时海内唯正玄一人应秀才，余常贡者，随例铨注讫，正玄独不得进止。曹司以选期将尽，重以启素。素志在试退正玄，乃手题使拟司马相如《上林赋》、王褒《圣主得贤臣颂》、班固《燕然山铭》、张载《剑阁铭》《白鹦鹉赋》，曰："我不能为君住宿，可至未时令就。"正玄及时并了。素读数遍，大惊曰："诚好秀才！"命曹司录奏。[②]

秀才试策，乃两汉以来的旧制，杜正玄既以试策获高第，例应铨注授官。左仆射杨素竟可以置吏部考核于不顾，擅自将其黜落，黜落不成，又别出心裁地以试杂文相难，只是因为正玄显示了出众的文采，才免遭下第厄运。由此观之，隋代取士既无唐时固定的考试程式，更无两宋封弥、誊录之法，及第与否，任凭一二大臣好恶而定，与"一切以程文为去留"的原则相距甚远。由此观之，科举制度的第二个特点同样没有形成。

历史上，因为进士科与科举制度几乎同时闻于世，以后又一直成为封建社会最主要的取士科目，所以人们多将其作为科举制度产生的标志。依

---

① 《隋书》卷四一《苏威传附子夔传》，第1191—1192页。
② 〔唐〕李延寿：《北史》卷二六《杜铨附杜正玄传》，中华书局1974年点校本，第961—962页。

笔者浅见，若考虑到进士科对后世的深远影响，将它列为科举制度的特点之一尚较妥当；但科目名称毕竟不能决定选举性质，若将它看作科举制度的唯一特点，甚至把科举制度理解为"考进士的制度"，便显然有误。

众所周知，同样一种取士科目，如秀才、明经之类，由于选举性质不同，唐以前是察举科目，唐以后则成了科举科目。同样都称进士科，从所试内容看，一千多年间也迭有变化：唐初，与秀才科"同源异派，所试皆答策而已"[①]；自高宗朝起，逐渐转向以试诗赋杂文为主，对此《新唐书·选举志上》载之甚详，此实为进士科最具特征的时期；到北宋王安石改革科举制度以后，又逐渐演变为以试经义为主，类似于唐之明经科，只是不试帖经、墨义，改试经义罢了。这说明，进士科之名，与科举制本身并无必然联系，它们同时出现只是一种偶然现象。试想：要是唐太宗贞观年间渐趋废除的不是秀才科而是进士科（实际上，唐代就有人认为秀才科以后并未取消，只是"合为进士一科"[②]而已），而秀才之名古已有之，科举制度岂不要上溯到西汉为权舆？

南宋章如愚已察觉到隋、唐两种选举制的本质不同，他说："选举之法，一变而为辟举，再变而为限年，三变而为中正，四变而为停年，五变而为科目。自隋始置进士科而唐因之，其科目之不一，而明经、进士尤贵……古之所谓乡举里选，犹曰乡里之举选云尔。唐则不然，举以礼部，谓之贡举；选以吏部，谓之铨选，其名同，其事异……故格法创于魏，科目兴于唐，皆所以救中正之弊也。"[③]章如愚认为，隋、唐虽然同样以进士科取士，但"其名同、其事异"，换言之，在隋为荐举制，到唐已发展成科举制了。前面提到俞大纲的看法，实际上与章如愚所说完全一致，即彼之进士科非今之进士科也。

---

① 〔五代〕王定保：《唐摭言》卷一《试杂文》，影印文渊阁《四库全书》本，第1035册，第701页。
② 〔唐〕苏鹗：《苏氏演义》卷上，影印文渊阁《四库全书》本，第850册，第191页。
③ 〔宋〕章如愚编：《群书考索》续集卷三八《官制门·选举》，影印文渊阁《四库全书》本，第938册，第481页。

科举制度起源辨析——兼论进士科首创于唐

我对科举制度第三个特点所作的这番论述,并非承认隋代确实已经有了进士科。恰恰相反,我认为进士科产生的时间也是在唐代。关于这个问题,本文与传统看法分歧很大,拟在后面另作讨论。

唐初,经过隋末农民大起义的扫荡,官吏们或死或逃,一时出现了"士不求禄,官不充员"①的状况。由于官员缺乏,在建国过程中,不得不对"卜祝庸保,量能使用"②。地主阶级内部各阶层力量对比也发生了深刻的变化,魏晋以来的门阀势力一蹶不振,庶族地主更加壮大。当时虽然产生了以李氏关陇集团为主体的"近代新门",但与旧士族相比,他们的社会基础还不牢固。无论新旧士族,其特权地位都已经无法长期维持。庶族地主希望在进入仕途的过程中彻底取消门第限制,争取有更多的做官机会;士族地主则力图凭借自己的传统地位和经济、文化优势,跻身仕途,以延续自己的生存。在这种形势下,唐王朝立国初年就具备了对选举制度实行重大变革的必要性与可能性。高祖武德四年(621)四月一日发布敕令说:

> 诸州学士及早有明经及秀才、俊士、进士,明于理体,为乡里所称者,委本县考试,州长重覆,取其合格,每年十月随物入贡。③

这道敕令行文不长,内容却颇为重要。首先,它在历史上第一次提出了进士科之名;其次,在岁贡前增加了县、州两级发解试,说明在取士中尤其重视成绩优劣;再次,敕令尽管没有明确指出允许士人"投牒自进",但应举条件是"明于理体,为乡里所称者",似乎已经隐约包含有不必依靠州县长吏特别推荐的内容。对于最后一点,武德五年(622)三月的诏书说得尤为清楚:

> 择善任能,救民之要术,推贤进士,奉上之良规。自古哲王,弘

---

① 《文献通考》卷三七《选举考十》,第1075页。
② 〔后晋〕刘昫:《旧唐书》卷七五《张玄素传》,中华书局1975年点校本,第2643页。
③ 《唐摭言》卷一《统序科第》,第696页。

风阐化,设官分职,唯才是与。然而岩穴幽居,草莱僻陋,被褐怀珠,无因自达。实资选众之举,固藉左右之容……末叶浇伪,名实相乖,举非其人,滥居班秩……招选之道,宜革前弊,惩劝之方,式加恒典,苟有才艺,所贵适时,洁己登朝,无嫌自进。宜令京官五品以上及诸州总管、刺史各举一人。其有志行可录,才用未申,亦听自举。[1]

察举的弊病很多,主要是"名实相乖,取非其人",那些有真才实学的寒士,因乏人荐送,多转蓬沦落,老死不能进达。唐初统治者吸取以往选举中的教训,为使"天下英雄入吾彀中",或"老死于文场者亦所无恨"[2],一方面继续实施传统的荐举之法,另方面又公开鼓励士人"自进"、"自举",这样就为广大士人开辟了一条"投牒自进"的道路。这道诏书说的虽是特科,但常科更不会例外,故南宋学者吕祖谦亦以为:"唐始令投牒自进。"[3]总之,如果说汉高祖十一年(前196)的《求贤诏》标志了荐举制的产生,那么武德五年(622)的诏书就正式开创了科举制度的先河。

唐代科举制度,虽然不如宋代那样严密和完整,但基本上已经有了定制。"每岁仲冬,州、县、馆、监举其成者送之尚书省;而举选不由馆、学者,谓之乡贡,皆怀牒自列于州、县,试已,长吏以乡饮酒礼……既至省,皆疏名列到,结款通保及所居,始由户部集阅,而关于考功员外郎试之"。唐宋士人赴省试仍称"举",这只是一种相沿成习的称呼,已失去原来荐举的意义。礼部试十分严格,为防止主试官徇私舞弊,对其子弟实行"别头试"[4]。贡院,"皆严设兵卫,荐棘围之,搜索衣服,讥诃出入,以

---

[1] 〔宋〕宋敏求编:《唐大诏令集》卷一〇二《荐举上·京官及总管刺史举人诏》,中华书局2008年据商务印书馆1959年排印本重印本,第518页。
[2] 《唐摭言》卷一《述进士上篇》《散序进士》,第696—697页。
[3] 〔清〕徐松辑:《宋会要辑稿》选举六之四三,上海古籍出版社2014年点校本,第5381页。
[4] 〔宋〕欧阳修、宋祁:《新唐书》卷四四《选举上》,中华书局1975年点校本,第1161页、第1165页。

防假滥"。士人应举非常踊跃，"进士大抵千人，得第者百一二；明经倍之，得第者十一二"①，落第的人占了绝大部分。当时虽然尚存在请托、公荐等荐举制残余，但是成绩优劣从原则上来说，已成为决定及第与否的主要标准。因此，科举制度的第二个特点，至唐时也开始形成。加之，进士设科，实首创于唐。

总而言之，科举制代替荐举制是中国封建社会政治、经济发展到一定阶段的产物，是选举方法上的一个质变。从南北朝后期起，科举制度已逐步萌芽，但三个特点基本具备，正式形成制度，应该是在李唐。

二

进士之名，最早见于《礼记·王制篇》："（王）命乡论秀士，升之司徒，曰选士。司徒论进士之秀者，而升之学，曰俊士。升于司徒者不征于乡，升于学者不征于司徒，曰造士……大乐正论造士之秀者，以告于王，而升诸司马，曰进士。"可见，在周以前，进士是从秀士、选士、俊士、造士中逐级选拔、进贡王廷的优秀士人的称号，与后世作为取士科目，有很大不同。

两汉以降，荐举科目日见增多，冠以进士或俊士为科名者，却不见记载。至唐代，始有进士科首创于隋的说法，以后又逐渐发展成定论。

言隋代首创进士科的理由，不外乎以下三个方面：

第一，有大量文献记载可作依据。如杜佑的《通典》、王定保的《摭言》、《新唐书·选举志》、郑樵的《通志》、王应麟的《玉海》、马端临的《文献通考》，以及明、清时人的著作，几乎众口一词，都说隋炀帝创立了进士科。

第二，有所以要创立进士科的原因作为佐证。其中，范文澜的说法最有代表性："607年，隋炀帝定十科举人，其中有'文才秀美'一科，当即进士科。隋炀帝本人是个文学家，创立进士科，以考试诗赋为主，是不足

---

① 《通典》卷一五《选举三》，第357页。

为奇的。"①

第三，在一些史书中，发现多名隋代"进士"，他们是房玄龄、侯君素、孙伏伽、杨纂、张损之、温彦博等六人②。邓嗣禹通过考证，否定了张、温两人的进士身份，但对其他四人，则认为"是确凿有据无疑"的。③

从上述三方面理由看，进士科首创于隋的说法，真可谓铁证如山，不容置疑了。然而，历史现象是错综复杂的，我们固然不能轻易怀疑文献的记载和前人的研究成果，但也不能简单地因袭其说，把历史上本来就有争论的问题轻易放过。因此，有必要再作探讨。

先言文献记载一节。考诸史籍，最早提出进士科创立于隋的人，恐怕要数薛登了。他在唐武后天授中（690—691）任左补阙时，上疏要求革除选举弊病，疏文中有"炀帝嗣兴，又变前法，置进士等科"④。据《旧唐书》本传载，薛登生于贞观二十二年（648），距隋亡已30年，当其上疏时，离隋亡更达70余年之久，如果他的话正确无讹，按理说在天授以前的史书中应不难找到更多证据。可是，遍检自隋炀帝到薛登时的大量文献资料，包括《隋书》、《北史》和隋唐之交士大夫们的有关奏章、文集，至今尚未发现能证明隋有进士科的材料。炀帝创立的十几种荐举科目，在当时或多或少都有记载，唯独十分引人注目的进士科，自隋至唐前期长达一个世纪的时间里，竟然没有留下一点踪迹。因此，薛登之说看来是个孤证。

薛登殁后半个多世纪的唐代宗广德元年（763），礼部侍郎杨绾在上疏

---

① 范文澜：《中国通史简编（修订本）》第三编第一册，人民出版社1965年版。按："文才秀美"系"文才美秀"之误。
② 房玄龄举进士事见两《唐书》本传。侯君素、孙伏伽见《唐摭言》卷一《述进士上篇》。杨纂见两《唐书》本传。张损之见《唐摭言》卷一《散序进士》及《吴县志》卷一一。温彦博见《祁阳县志·乡贤传》。
③ 邓嗣禹：《中国科举制度起源考》，《史学年报》1934年第1期。
④ 《旧唐书》卷一〇一《薛登传》，第3138页。

中才再次提到，"近炀帝始置进士之科"①。尔后，唐德宗时的杜佑说："炀帝始建进士科"。五代时的王定保说："进士始于隋大业中，盛于贞观、永徽之际。"②张尔田以为，"杜佑辈其生虽较贞观史臣为晚，正惟其晚，所见新发见之材料或比史臣为多"。但是，这种猜测是不正确的，事实上杜佑等人所云，没有一个超出薛登已经说过的范围，其模糊之处，也如出一辙。他们数人所以显得如此"暗合"，完全有可能源出于一，是沿袭薛登之说。

薛登对隋炀帝在哪一年创立进士科语焉不详，于是后世学者或避而不谈，或各抒己见，杂陈纷然。如南宋朱熹说，炀帝大业二年（606），始建进士科③；晚清学者马徵麐说，进士科建于大业十年④；范文澜以为大业三年的"文才美秀"科是进士科；韩国磐把创立时间推前到隋文帝开皇年间。⑤

今考《隋书》等各种史籍所载，大业二年并未设置任何新的科目，不知朱熹所云何据？大业十年，有诏举孝廉事，但与进士科风马牛不相及，马氏之说亦不足信。大业三年，炀帝立十科举人，其中确有"文才美秀"科，不过它与唐代制举中的"文艺优长"、"文词秀逸"科一样，都属特科，所以不能把它视为进士科。

可是，韩国磐先生坚持认为，隋代除"二科"、"十科"、"四科"等特科外，另创进士常科。他通过对唐初名相房玄龄应举年龄推算，主张进士科创立于开皇间。韩说与一千多年来各种说法都不相同，使人颇有耳目一新之感，但认真研究了他提出的论据后，同样不敢苟同。

这种众说纷纭、意见互相抵牾的情况表明，关于进士科创立于隋代的

---

① 《旧唐书》卷一一九《杨绾传》；《新唐书》卷四四《选举志上》。按《新唐书》谓上疏时间在宝应二年，实为广德元年之误。
② 《唐摭言》卷一《散序进士》，第698页。
③ 〔宋〕朱熹：《通鉴纲目》卷三六，隋炀帝大业二年四月条末。
④ 〔清〕马徵麐：《马钟山遗书·选举沿革表》。
⑤ 韩国磐：《关于科举制度创置的两点小考》，载《隋唐五代史论集》，生活·读书·新知三联书店1979年版。

种种记载，是深可令人怀疑的，薛登的话对后世影响虽然很大，但毕竟不能作为定论看待。

何况，在古代，也并非所有的人都认为进士科创立于隋。正如邓嗣禹在《起源考》中所说，"唐宋而后，主隋者渐众；而在唐时，尚二说纷陈，莫衷一是"。与薛登、杜佑等人意见不同，主张进士科创立于唐代的人也不少，如唐德宗贞元十七年（801），校书郎赵修在《登科记序》中说：

> 武德五年，诏有司特以进士为选士之目，仍古道也。①

唐僖宗光启二年（886）登进士第的苏鹗说：

> 进士者，可进受爵禄者也。《王制》曰：大乐正论造士之秀者，以告于王，而升诸司马，曰进士……武德四年，复置秀才、进士两科，秀才试策，进士试诗赋，其后秀才合为进士一科。②

唐宣宗时，右补阙裴庭裕说：

> 大中十年，郑颢知举后，宣宗索《科名记》，颢表曰：自武德已后，便有进士诸科。③

五代牛希济说：

> 《周官》司马得俊、造之名，乃进于天子，谓之"进士"……大汉法，每州若干户，岁贡若干人……人主亲试所通经业，策问理优胜者，乃中高第……国家武德初，令天下冬集贡士于京师，天子制策，考其功业辞艺，谓之进士，已废于行实矣。④

---

① 转引自〔宋〕王应麟：《玉海》卷一一五《唐进士举》，江苏古籍出版社、上海书店1987年据浙江书局影印本，第2128页双行小注。按：考诸其他记载，武德五年应为四年之误。
② 《苏氏演义》卷上，第191页。
③ 〔唐〕裴庭裕：《东观奏记》卷上，影印文渊阁《四库全书》本，第407册，第616页。
④ 〔五代〕牛希济：《贡士论》，载〔宋〕李昉等编：《文苑英华》卷七六〇，中华书局1966年影印本，3986页。

明代著名学者朱国桢也说：

> 进士科起于唐，其数至少，沿于宋至多，亦无定期。唐则许荐，《韩昌黎文集》可考，未几有禁。①

以上诸家所述，或谓唐代进士科系"仍古道"——通过"正名"，恢复周代"进士"称呼——的结果；或谓初创于唐武德年间，都没有说到与隋代有继承关系。"仍古道"，是指进士的名称而言；创于唐初是指科目的具体内容而言，两者并不矛盾。武德时还有一种俊士科，隋代也不见其名，它同样是借用周代"俊士"称号，可作进士科"仍古道"的一个佐证。赵儋等人对唐代科举制度都很熟悉，他们所处时代又较杨绾、杜佑为晚，而所持看法却与薛登迥异。因此，关于进士科创立于隋的第一条理由，是缺乏说服力的。

隋炀帝创立进士科的第二条理由，我认为也难以成立。

炀帝确实爱好诗赋，本人又擅长文辞，但并不能据此作出是他首创了以考诗赋为主的进士科的推断。如前所述，进士科考试内容有一个长期的演变过程，立科初期，它仅试策而已；唐高宗永隆二年（681），应考功员外郎刘思立奏请，加试杂文二篇，"通文律者然后试策"②。自武则天到唐玄宗这段时期，杂文题材才逐渐被固定为诗赋。故考进士以试诗赋为主，是盛唐间的事，与隋炀帝毫不相干。对此，唐代已早有定论③。而后人在追溯进士科试诗赋缘由时，由于缺乏细考，造成了讹误。

最后，考析第三条理由，即所谓隋代已有进士的问题。

房玄龄，两《唐书》皆有传。《旧唐书》说："房乔，字玄龄……年十八，本州举进士……寻薨，年七十。"《新唐书》说他"年十八，举进

---

① 〔明〕朱国桢：《涌幢小品》卷七《进士中制》条，文化艺术出版社1998年点校本，第163页。
② 《新唐书》卷四四《选举志上》，第1163页。
③ 〔唐〕封演：《封氏闻见记》卷三《贡举》条云："国初，明经取通两经，先帖文，乃按章疏试墨策十道。秀才试方略策三道。进士试时务策五道。"影印文渊阁《四库全书》本，第862册，第426页。另见《新唐书》卷四四《选举志上》及《苏氏演义》卷上。

士……薨，年七十一"。房玄龄卒于唐太宗贞观二十二年（648），若按前者推算，举进士时间在开皇十六年（596）；按后者推算，则在开皇十五年。那么，隋文帝是否有可能创立进士科呢？回答是否定的。

诚然，中国自魏晋以降，文学在取士中渐占重要地位。南北朝后期，封建统治者"更尚文词"，选拔官员的条件，除了凭门第，还要看文章，士人们诵诗作文，以争奇斗艳为能事，这种颓靡的文风，与士族地主在政治上、生活上的日益腐朽分不开。但是，到隋统一全国后，情况有了变化。隋文帝为抑制士族势力，加强中央集权，对上层建筑作了许多改革。除废除九品中正制外，又一项重要措施是大力整顿文风。开皇四年，"普诏天下，公私文翰，并宜实录"。当年九月，泗州刺史司马幼之因"文表华艳"，遭到革职治罪的处分，对士人震动极大。据说，从此以后，"四海靡然向风，深革其弊"[①]。这种说法虽有些夸大，但也反映了当时文风的确有了很大转变。因此开皇年间创立以讲究文章华美为取士标准的进士科，并无此种可能。

然而，两《唐书》因何有房玄龄"举进士"的记载呢？这大概与《房玄龄碑》的记述有关。保存在《金石萃编》卷五〇中的《房玄龄碑》碑文，已有多处残缺，不能卒读。但其中"公讳玄龄……年十有八，俯从宾贡"几句尚清楚可辨。该碑立于唐高宗永徽初年，从时间上看，碑文是有关死者生平的第一手资料。两《唐书》作者言房玄龄是隋朝进士，盖源出于此。但是，把"宾贡"理解为"举进士"是不正确的。

按"宾贡"与"宾兴"同义，在古代，是指学有所成，德行卓著的士人，得到"乡举里选"后，由地方官行"乡饮酒礼"，将他们举送京师的一套仪式。[②]两汉以来，它一直是举秀、孝的代名词。直至隋代，仍然如此。如《隋书·循吏·梁彦光传》载：开皇间，梁彦光出任相州刺史时，

[①] 《隋书》卷六六《李谔传》，第1545页。
[②] 在古代，"宾贡"与"宾兴"同义。《周礼注疏》卷一〇郑玄注云："兴，犹举也。民三事教成，乡大夫举其贤者能者，以饮酒之礼宾客之，既则献其书于上矣。"

看到当地豪猾横行，人情险诐，社会极不安定。"彦光欲革其弊，乃用秩俸之物，招致山东大儒，每乡立学，非圣哲之书不得教授……及大比，当举行宾贡之礼，又于郊外祖道，并以财物资之。"通观全文，可以知道，梁彦光重视儒学，目的在于"化民浴俗"，培养进士非其办学本意。加之各乡学延聘的都是山东大儒，授业内容全是儒家经典，学生们精通的当为经业一门。因而，参加"宾贡之礼"者不可能是进士，而是孝廉或明经。由此推测，《房玄龄碑》中的"俯从宾贡"，也是举为孝廉或明经。科举制度兴起后，"乡饮酒礼"渐告废弃，"宾贡"一词多为"贡举"所代替。随着进士科大盛，人们在习惯上就容易把"俯从宾贡"看作赴"贡举"，又转而解释为"举进士"，修撰两《唐书》的人，其失误大概亦类此。殊不知，这样一来，显然又与两《唐书》中多次出现炀帝始建进士科的记载产生了矛盾。因此，碑文不仅不是房玄龄在开皇间举进士的证据，恰恰相反，它证实了两《唐书》中关于房玄龄"年十八，举进士"的这条记载是不可靠的。

再说侯君素，《北史·文苑·李文博传附侯白传》云："开皇中，又有魏郡侯白，字君素，好学有捷才，性滑稽，尤辩俊。举秀才，为儒林郎。"《隋书·陆爽传附侯白传》云："爽同郡侯白，字君素，好学有捷才，性滑稽，尤辩俊。举秀才，为儒林郎。"唐、宋时的一些著作里，对他也偶尔有所提及：如苏鹗言："侯白字君素，魏郡邺人，始举秀才〔于〕隋朝，颇见贵重。"[1]《太平广记》载："隋侯白，州举秀才至京。机辩捷，时莫之比。"[2]

以上所记，足以说明侯君素乃隋之秀才而并非进士。由于《北史》、《隋书》的《侯白传》皆附在他人后面，君素系字行，读书一不仔细，容易把侯白与侯君素误作二人，邓嗣禹在《起源考》中虽也引用过"隋侯

---

[1]《苏氏演义》卷下，第203页。
[2]〔宋〕李昉等：《太平广记》卷二四八《诙谐四》"侯白"条，中华书局1961年影印本，第1919页。

白,州举秀才至京,机智辩捷,时莫之比"这条材料,但不知侯白即侯君素,从而发出"考侯君素……《隋书》、《北史》俱无传……惟《旧唐书》有《侯君集传》,疑'素'为'集'之讹,然阅之亦不类"这种困惑之词。

第三人是孙伏伽,查《北史》、《隋书》皆无传,《旧唐书》本传言其"大业末,自大理寺史累补万年县法曹"。《新唐书》本传也说他"仕隋,以小史累劳补万年县法曹"。清人徐松据《玉芝堂谈荟》所记,考出他系唐武德五年(622)进士①。可见,孙伏伽在隋举进士的事,也不成立。

王定保说:"进士,隋大业中所置也,如侯君素、孙伏伽皆隋之进士也明矣。"②正因为他说得如此肯定,使后人更信以为真,辗转引录作为大业中有进士的重要根据。现在看来,"明矣"实际上并不明。

邓嗣禹对于温彦博并非隋代进士的考辨,虽然得到公认,但有人从中唐著名文学家独及所撰之《张从师墓表》记载,却以为张损之的进士身份证据确凿,不容置疑。可是经过笔者的进一步考证,张损之乃初唐时候人,根本不可能成为隋代的进士。③

再言杨纂。《旧唐书》本传言其"略涉经史,尤明时务……大业中,进士举,授朔方郡司法书佐"。可见杨纂擅长的是时务而并非诗赋,即使大业中已经有了以试诗赋为主的进士科,他也只会被举为秀才而不可能被举为进士。由此可以想见,杨纂的所谓"进士举",实际情况可能与房玄龄相仿佛,只是唐人对被察举到朝廷中去的优秀士人的一种文雅表述,并非真的有进士科之举。因此,杨纂为隋代进士,恐怕并非确凿。

至此,某些史书所谓房玄龄等六人的进士身份,已全部被否定。

综上所述,在当前史学界占统治地位的意见虽然仍然认为进士科首创于隋,并把它作为科举制度起源于隋的主要根据,他们所持理由,说到底只有武后天授年间左补阙薛登所说的:"炀帝嗣兴,又变前法,置进士等

---

① 〔清〕徐松:《登科记考》卷一。
② 《唐摭言》卷一《述进士上篇》,第698页。
③ 参见拙作《张损之并非隋代进士》,载《历史研究》1986年第3期。

科"这么一句话，实在很靠不住。诚然，要彻底推翻旧说，还须继续做一番艰苦的工作。但是，通过以上对现有材料的分析和研究，为主张科举制度的起源和进士科的创立时间都在唐代的观点，是站得住脚的。我以为，对于这个看法虽然尚未为多数人所接受，但相信这只不过是一个时间问题。

(原载《历史研究》1983年第2期)

汉唐科举异同论

徐连达　楼　劲

科举制始于何时？早期说法有二：一曰汉，二曰隋。前者如宋章如愚《群书考索·续集》卷三八《选举》："科目肇于汉，兴于隋，著于唐而备于宋朝。"后者如五代杨九龄《蜀桂堂编事》："科举起于隋开皇。"[1]此后直至现代，诸家之说，不一而足。但无论如何，载籍中有一个现象是值得重视的：即隋唐人士，罕以科举为当时的创举，而常将其比于汉以来的察举。如《唐会要》卷七五《帖经条例》载开元二十五年（717）敕文："今之明经、进士，则古之孝廉、秀才。"直至明代，仍有"（汉）贤良、孝廉举以任用似今之科目"[2]之说。这种现象，纯属古人喜以时制比附古制的文化心态的表现，抑或因为制度上确有一脉相承的线索在内？值得深思。

人们常以隋文帝开皇十八年（598）诏"京官五品以上及总管、刺史并以志行修谨、清平干济二科举人"为科举之始。但此诏实难与周末"遣戍秩上开府以上、职事下大夫以上、外官刺史以上各举清平勤干三人"[3]之诏截然区分；推而溯之，更与西汉文帝二年（前178）诏举贤良方正以来的历代察举诏令如出一辙[4]。则何以此而不以彼为科举之始？实在费解。

---

[1] 引自《十国春秋·后蜀·杨九龄传》。
[2] 《大学衍义补》卷九《清入仕之路》。
[3] 《周书·静帝纪》大定元年诏。
[4] 《汉书·文帝纪》。

又隋炀帝大业年间始设进士为诸科之一[1]，唐、宋相沿，到宋神宗取消诸科、独存进士以后，直至明清，所谓科举，几乎成了举用进士的别名。时人蔽于时制，逐渐以隋设进士为科举之始。此正犹遗剑中流而刻舟以记，不足深论。近代以来，科目既荡而无存，学者得以超乎其上，遂定科举为一整套"分科举人，考试进用"之制。[2]取法乎此，则纵览察举之贤良、孝廉，岂非科目？对策、试经，皆属考试，似乎应该承认科举不起于隋而应始于汉了。但因循至今，科举起于隋说几成定论，而持汉说者则竟成绝唱。倒是不少海外学人多持汉说，且基此而敷演了一篇又一篇的大文章。[3]

对科举制如何界说，也许确实存在着多种可能，但若暂时抛开其起于何时的问题，那么，在时下流行的察举制—九品中正制—科举制的三大段划分中，究竟是否存在某种一以贯之的发展脉络呢？回答应当是肯定的。从正史所载魏晋南北朝时期接续汉代察举制的第一道诏令：魏文帝黄初二年（221）正月"初令郡国口满十万者岁察孝廉一人"[4]，到此期的最后一道诏令：北周宣帝宣政元年（578）八月"诏州举高才博学者为秀才，郡举经明行修者为孝廉，上州、上郡岁一人，下州、下郡三岁一人"[5]，已可概略地说明设科取士仍为此期间的重要选人途径。而《北堂书钞》卷七九引《晋官品令》："举秀才，必五策皆通，为郎中；一策不通，不得选。"亦足见汉代以来察举考试之制的延续状态。故所谓九品中正制，既没有代替也从未能湮没自汉至隋五百余年察举制生生不息的历史内容。很明显，若按察举制—九品中正制—科举制的三段式区分，则察举与科举便不能不截而为二，科举仅为隋来之制；而若从贯穿于各时期的主要线索来看，分科举士、考试进用之制既已具备于汉代而沿行于魏晋，那么，隋唐所做的

---

[1] 韩国磐先生把进士科的设置推定在隋文帝开皇年间。见《关于科举制度创置的两点小考》，载《隋唐五代史论集》，生活·读书·新知三联书店1979年版。
[2] 《中国文化辞典》科举制度条，上海社会科学出版社1987年版。
[3] 如Wolfram Eberhard. *Social Mobility in Traditional China*（《传统中国的社会阶层流动》）. Netherlands：E.J.Brill，1962，P.22。
[4] 《三国志·魏书·文帝纪》。
[5] 《周书·宣帝纪》。

实际上只是使之进一步完备和严密化的工作，便谈不上是创置了。这一问题非通过对史实的辨析即难以落实，而其焦点则终将汇聚于汉唐分科考试之制的异同上，因作：《汉唐科举异同论》。

一

只要不过分拘泥于一些细节，则唐代科举体制具有三大要素：

1. 在整套科目体系中，必须有经常性的、不排除布衣入仕的科目。

2. 整个组织过程具有全国性和统一的步调。即由朝廷主持，在全国范围内通过自上而下、由内及外的行政体系来进行。

3. 在选拔进用过程中，存在着统一举行并具有取舍放留意义的考试环节。

既谓要素，便缺一不可；除此之外，则虽有增减亦无碍宏旨。但征诸史实，三者在汉代察举制中俱已臻成。谨申说如次：

除武举外[①]，唐代的科目体系据《新唐书·选举志》载，常科即有十二种，"皆岁举而常选"，然其要者明经、进士而已。制举则天子特诏举行，以求非常之士。据《册府元龟》卷六四五《贡举部·科目》载：自贞观十一年至开成元年近两百年间，制举凡七十余次，每次一般包括三科以上，则在此期间，制举约均不到三年即行一次，其总科次当在两百以上。

汉代察举科目亦分常科、特科。其特科名目甚多，自文帝二年（前178）诏举贤良，至献帝建安五年（29）诏举至孝，两汉书所载不下数十种。而《新唐书·选举志》已言其与唐制举相类："所谓制举者，其来远矣！自汉以来，天子常称制诏道其所欲问而亲策之。"汉代的常科则自武帝元光元年（前134）"令郡国岁察孝廉各一人"始，其察贡选试之法，按口举送之率，至后汉而臻于完善；另茂才（秀才）科至是亦成为常科，皆岁举常选，与唐略同。

[①] 唐武后长安二年起设立的武举常科既非科举基干，又非选将正途，且不稳定，《新唐书·选举志》言其"选用之法不足道"而略载。本文亦置不论。

再就常科在仕途总格局中的地位而言：唐进士科每岁所取约10—40人不等，明经科则每岁约取100余人。据《旧唐书·刘祥道传》的论载，高宗时每岁入仕总数约1400人，姑依此计算，则唐明经、进士两科约占每年入仕总数的8%—10%①。汉代的孝廉科，若按武帝时规定"郡国岁各一人"计，每年所举已达100余人；若按以后所定200000∶1的举送比例来计算，则岁举孝廉当在200人以上。有统计表明，在汉举孝廉的350余年中，所举总数共约74000余人，为当时其他任何科目所不及。②虽其最后录用为官的数量已难考知，但这样的举送规模，在官少事简，"受诏赴任，每州不过数十"的汉代来说③，不能不说是相当惊人的了。因此，汉代的孝廉常科与唐代的明经、进士科一样，都是当时科目中的主体。又就《后汉书》和《旧唐书》所载传主的履历统计，汉唐各种科目在当时官僚的全部登进途径中所占的比重是出乎意料地接近，这说明汉唐取士各科在当时整个仕途格局中的地位也大致相埒。具体见下表：

朝代	类别	传主总数	有科目履历者数	传主高官数	有科目履历者数
后汉	人数（人）	475	161	307	122
	百分比（%）	100	33.9	100	39.7
唐	人数（人）	1590	531	1246	457
	百分比（%）	100	33.4	100	36.7

备注：1. 该统计严格限于传主，附及者不入；宗室诸子、后妃、宦官、列女传不入。
2. 后汉人获前汉及王莽时期科目履历者，唐代人获隋科目履历者，亦入此表。
3. 举而不就或就而被黜落者不入。
4. 高官指后汉二千石以上、唐四品以上。

---

① 《旧唐书·杨玚传》言："诸色出身，每年向二千余人，方于明经、进士多十余倍。"其比例大体相近。
② 黄留珠：《秦汉仕进制度》，西北大学出版社1985年版，第102页。本文写作中对此书多所取鉴，特此说明。
③ 《通典·选举二》原注。

事实上，汉代察举诸科的名目，多相沿至唐而不废。今将唐代沿用汉代初创的主要科目列于下：

  秀才（茂才）　　（元封五年创）
  明经　　　　　　（西汉中后期创）
  明法　　　　　　（西汉中后期创）
  孝廉　　　　　　（元光元年创）
  贤良方正　　　　（文帝二年创）
  武猛（或勇猛）　（元延元年创）

纵览史载，自汉以来，各科虽代有兴衰损益而其实则同。汉重贤良、孝廉，魏晋以后重秀才、明经，唐代则重明经、进士。至于隋唐新增的进士科，其名原出《周礼》。汉魏间人已有把贡于朝廷的孝廉比作"进士"的习惯。[1]故隋设进士科，初意亦不过比附古制而列科名以取文士而已，其完全从属于汉以来的整套科目体系，与秀才、贤良之类异名同实，相辅为用。至于其后逐渐占有重大地位，到明清几成一尊之势，则又是另一个问题了。

今再取汉、唐诸科入仕者的身份加以辨析，则其大体可知。两汉书诸帝纪所载制举贤良（含直言、文学），自文帝二年（前178）至桓帝永康元年（167）共36次，名臣如晁错、公孙弘、董仲舒等咸从此出。其身份，赵翼《廿二史札记》卷二《贤良方正茂才直言多举现任官》条云："见于列传者唯公孙弘由布衣起。"其实，公孙弘曾为狱吏，倒是严助、疏受、苏章、李法诸人，似皆为布衣而被征为贤良。[2]且观汉代特科诸诏，既有明确限制身份、排除布衣的；[3]也有明令吏、民同举，不分轩轾的；[4]更有

---

[1] 《三国志·吴书·孙坚传》注引《续汉书》。
[2] 皆见两汉书本传。
[3] 《后汉书·安帝纪》永初二年诏。
[4] 《汉书·宣帝纪》元康元年诏。

特诏先举隐逸岩穴之士的；①但一般都仅列方正、有道等标准而不及其身份。应当说，汉代的特科，基本上并不排除布衣。唐代制举，布衣入仕者显然比汉代多，但大量的仍是有出身人，包括明经、进士及第者或现任官、故官等。统计《旧唐书》所载传主的有关情况，曾应制科者总数为106人，其中布衣予举者42人，占39.6%，有出身人予举者64人，占60.4%。

因此，就制科而言，汉、唐都呈现出不排除布衣，同时布衣应举者仍属少数的状态。那么，常科的情况如何？唐常科如明经、进士的身份，在当时吏部选与礼部举相分的规定下②，自然大部分皆为布衣。但参之史传，有出身人应礼部举的亦不乏其例③，尤其是在晚唐强调选人与举人的区分之前，更是如此。④汉代常科如孝廉，有研究表明：其多数也是从未仕的布衣中察举的。据《秦汉仕进制度》归并统计，其中布衣占57.7%，吏占38%，故官占4.3%。这里要说明的是：所谓"吏"，自后汉起，有相当一部分是布衣在被察前必须"试之以职"的结果⑤，这部分吏实际上亦可归入布衣一类。故汉代孝廉身份中布衣所占的比重，当比以上统计数字更大。

据上所述，则汉代实已有常科与特科相辅相成的科目体系，尤其已有孝廉这样主要从布衣中选拔官僚的经常性科目；与唐相比，其在系统性和完备性上固然弗如，但两者之大同小异，似无问题。

汉、唐设科取士之制的组织过程：唐制常科如《册府元龟》卷六三九《贡举部·总叙》所述："大抵铨选属吏部；贡举属礼部；崇文馆生属门下；国子学生属国子监；州府乡贡属长官，职司在功曹、司功。"其具体程序：州县、学校按科选贡，尚书省统一校试，户部集阅，吏部考试（开

---

① 《后汉书·章帝纪》建初五年诏。
② 《册府元龟》卷六四一《贡举部·条制三》。
③ 《旧唐书·王凝传》。
④ 《唐会要》卷七五《进士》所载建中三年敕。
⑤ 《汉官仪》上卷所载永元五年诏。凡本文引《汉官仪》等，皆出《汉官六种》。

元以后考试转至礼部），中式者再经吏部铨选后，报宰相及皇帝统一任命。制举则一般由各地各部门按规定的标准和程序将应举者送至朝廷，经统一甄别后由皇帝亲自策问，再定其等第而任命之，或仅予出身而再经吏部铨选授官。

再看汉制，《通典·选举一》："其时选举于郡国属功曹；于公府属东、西曹；于天台（尚书台）属吏曹尚书，亦曰选部，而尚书令总之。"此后汉之制。前汉则大体由郡国按科贡士至丞相、御史二府，再达于尚书，名目稍异而体制略同。其具体过程如《汉旧仪》上卷所载："刺史举民有茂才，移名丞相，丞相召考。"另《汉旧仪补遗》上卷："郡国举孝廉各一人，谓御史举试。"但武帝以来，察举经州部郡国贡至朝廷后，在公府选署之外当已由尚书操纵其事并奏闻皇帝。《后汉书·左雄传》载，顺帝阳嘉以后孝廉皆须先诣公府课试，再由尚书复核，应即由此而来。当时特科情况似更简捷。因为特科对郡国来说是分科荐举，而对朝廷来说则是按科征召，故多径诣公车门待诏。如《汉书·成帝纪》建始三年（前30）十二月："诏丞相、御史与将军、中二千石及内郡国举贤良方正能直言极谏之士，诣公车，朕将览焉。"此处"诣公车，朕将览焉"之语，在当时特科诸诏中经常出现，而《汉书·谷永传》、《后汉书·马融传》等也均有被举而待召公车或征诣公车的记载。故特科的通例，似为郡国举荐而径赴公车门召见对策。其对策过程，若据谷永于白虎殿对策的情况来推，当由尚书等中朝官具体负责。[①]对策后的署用，则由公府及尚书具体进行[②]。可是，尽管两汉各科、各时期之制存在着一定的差别，但当时察举常科大体皆先由州郡考察举送，再由公府统一校试选署后报尚书及皇帝审核任命；特科则一般先诣公车，对策后再由公府及尚书依其等第署以官职，但此处仍不排除对策前郡国移名于公府或尚书的可能。[③]要之，其一般程序：州部郡

[①]《汉书·谷永传》并参考《杜钦传》。
[②]《后汉书·陈藩传》。
[③]参《后汉书·安帝纪》永初二年诏。

国一环节，公府一环节，尚书及皇帝一环节。①因此，在设科取士步调的统一性和逐层集权的精神上，汉代察举与唐代科举所呈州县—尚书省—宰臣及皇帝的一般程序并无不同。

这里必须指出的是：在汉、唐设科取士的过程中，地方这一环节的地位和作用，显然是汉重于唐。如果进而以为汉代的察举单凭郡国而朝廷无与于取舍，那就有过分夸大之嫌了。关于当时朝廷统一进行的课试黜落之法，下面将要涉及，这里所须强调的是：无论汉代的州郡在察举过程中具有何种地位，都不能因此而忽略其完全从属于专制主义中央集权政体这个大前提。事实上，当时在察举时，郡国除必须按朝廷统一规定的科目和标准来举荐外，还要受一系列有关律令的监督。如高帝十一年（前196）诏举"贤士大夫"时，就规定："有而弗言，觉，免。"②武帝元朔元年（前128）则规定："不举孝，不奉诏，当以不敬论。不察廉，不胜任也，当免。"③稍后设刺史巡察郡国时，其六条问事的第四条即"二千石选署不平"④。后汉时，又规定凡察举之人不符标准，"并正举主"⑤。因此，尽管汉、唐相较，汉代察举中地方的作用要来得更大，但总体上却仍是一种朝廷统一主持下的局面。

汉、唐设科取士之制的考试环节：唐代常科的考试体制初定于武德年间（618—626）⑥，以后仅小有变动。大致举人先经县级初试后送州复试，其中式者贡至朝廷，再由省试定其及第与否。其制度如此。但从具体史料来看，县级初试似无甚实际意义，士子取解实以州试为关键。如《隋唐嘉话》载李绛事、《东观奏记》载李珏事、《集异记》载王维取解事，俱可为证。又《唐摭言》卷二《争解元》："白乐天典杭州，江东进士多奔杭取

---

① 两汉尚书皆直属皇帝而非一独立的行政层级。故百官行文尚书台，皆称臣言顿首死罪，与上书皇帝相同。
② 《汉书·高帝纪》。
③ 《汉书·武帝纪》。
④ 《汉官典职仪式选用》。
⑤ 《后汉书·和帝纪》永元五年诏。
⑥ 《唐摭言》卷一《统序科第》。

解。"在当时士子可"怀牒自投"的规定下，除京兆、同、华等府州为士子云集的"利市"之地外，即使是州级考试，往往也没有多大的实际黜落意义。《唐国史补》下卷载"外府不试而贡，谓之拔解"，便反映了这一点。故唐代常科的逐层考试中，唯省试最为重要。特科则以殿廷策试为关键，至于有关部门在举送时是否先行考试，须由制诏规定而无常法。如《唐会要》卷七六《制科举》载睿宗景云元年（710）十二月制举之诏，即有"咸令所司博采明试，朕亲择焉"之语；而《册府元龟》卷六四五《贡举部·科目》载玄宗天宝元年（742）制举儒学博通和军谋越众者时，则仅令所司"具以名荐"。且唐代制科常有"自举"之例，亦足证特科唯殿廷策试方得其实。当然，唐代对考试环节甚为重视，其制度之构思完密、层次分明、内容规范而防范严格，凡此种种，诚为汉代所不及。但汉代的察举中，却也的确存在着统一的考试环节，并逐渐具有明确的取舍放留意义。

在汉代，作为授官依据的考试并不鲜见，武帝以来的博士弟子射策补官即其显例。另如《说文解字·叙》引汉《尉律》所载学僮课试为史之制，《汉官仪》上卷所载试笺奏而补尚书郎之法，乃至于后汉鸿都门学课试入官的规定，等等。应当说，在这样的气氛下，察举制中出现朝廷统一举行的考试环节是十分自然的。当时诸特科即多以对策或射策为考试方式。贤良如《史记·平津侯主父列传》载："太常令所征儒士各对策，百余人，弘第居下。策奏，天子擢弘对为第一。"明经如《汉书·王嘉传》："以明经射策甲科为郎"。其例甚多。大体武帝以来，此类考试已成察举特科取士的重要环节，故《文心雕龙·议对》说："及孝武，盖明旁求俊乂，对策者以第一登庸，射策者以甲第入仕。斯固选贤要术也。"至若孝廉常科，前引《汉旧仪补遗》上卷载："武帝元年，令郡国举孝廉各一人，诣御史举试，拜为郎中。"又《后汉书·胡广传》："察孝廉，既到京师，试以章奏，安帝以广为天下第一。"注引《续汉书》曰："故事，孝廉高第，三公、尚书辄优之，特劳来其举将。"故汉代察举各科之陆续具备考试环节，这是毋庸置疑的。

那么，此种考试是否具有取舍放留的意义呢？《后汉书·左雄传》载顺帝阳嘉元年（132）定制：郡国孝廉皆先诣公府试以笺奏或家法，再由尚书复之于端门。次年即有广陵孝廉徐淑因才不符实而被谴。此制的来龙去脉，据上引《胡广传》则安帝时或更早，孝廉已有试章奏之制；其后如《后汉书·文苑列传》载高彪在灵帝前后"举孝廉，试经第一"；又《三国志·魏书·文帝纪》载黄初三年（222）正月诏："其令郡国所选勿拘老幼，儒通经术，吏达文法，到皆试用，有司纠故不以实者。"其儒试家法，吏课笺奏与汉并无二致。则顺帝所定之制上承汉武以来课试孝廉之法，下启魏晋之制，实一脉相承而非偶然措置。另《后汉书·顺帝纪》载阳嘉元年（132）七月，"以太学新成，试明经下第者补弟子"。是顺帝前后，察举常科之孝廉、特科之明经，其考试环节皆已具有取舍放留意义。此前或其他科目的情况如何？文献不足，但还是有线索可循的。观汉代特科诸诏，常以公、卿、校尉、二千石各举一人为限，故两《汉书》中，言对策百余人中获第一或高第者甚多。①尽管当时应特科者多现任官，且有对策下第而仍拜郎官之例②，但此百余人果得人人进秩拜官？不无问题。再如孝廉常科，前已述汉武以来所举总数约74000余人，其中布衣和吏员占95.7%，若以《通典》所载后汉光武时全国官僚7656人为基准，定10000人为两汉平均数，再按30年一更替计算，则250年中需朝廷统一选拔任用的官僚总数当不过85000人。由此可见，如果顺帝以前朝廷的统一课试中没有适当的黜落放归之法，仅为多种仕途之一的孝廉科每年一二百人皆登朝做官，这是很难想象的。又《汉书·武帝纪》建元元年（140）丞相绾奏："所举贤良，或治申、商、韩非、苏秦、张仪之言，乱国政，请皆罢。奏可。"《后汉书·申屠刚传》载其在平帝时举贤良方正，对策切直，被

---

① 见《汉书》晁错传、董仲舒传、公孙弘传、严助传、谷永传；《后汉书》鲁丕传、张奂传、刘淑传、赵琦传等。
② 《后汉书·皇甫规传》。疑此处"下第"，实为合格者内部的上、下等第。《文献通考·选举考》载后汉桓帝建和初下诏课试诸生，"高第十五人、上第十六人为中郎，中第十七人为太子舍人，下第十七人为王家郎"，亦属此类。

"罢归田里",皆不失为特科对策黜落之例。又史籍中屡载举孝廉不实者"并正举主之罪"的规定,并可视为顺帝前孝廉课试有一定取舍意义之证。故叶梦得《石林燕语》卷九云:汉贤良对策"并无黜落法",实无根之论,而若再将此语推至察举的全部科目,那就更不足为训了。

因此,现有材料至少表明:汉武以来察举诸科业已陆续具有测量知识和技能,并以之为重要授官依据的考试环节,且日益具有明确的黜落意义。尤其自后汉顺帝起,作为汉代察举制主体的孝廉科考试,已开始在任用时发挥基准的作用。在中国选举制度史上,这一事件的意义也许应当与武帝元光元年(134)初创孝廉常科之举相提并论。[1]

至于地方在贡举之前对被举者的课试,汉制当然不如唐制明确与规范。但大体上,后汉时业已确立了试而后举之制。《汉官仪》上卷载世祖诏:"自今以后,审四科辟召,及刺史、二千石察茂才、尤异、孝廉之吏,务尽选择。择英俊、贤行、廉洁、平端于县邑,务授试以职。有非其人,临计过署,不便习官事,书疏不端正,不如诏书,有司奏罪名,并正举者。"看来前汉察举不实之弊渐深,故光武以后,明帝、章帝续有诏书,大抵皆强调有关部门须对所举茂才、孝廉等"试之以职,乃得充选"[2]。则此处之"试",乃指先辟为掾属,观其行能优劣,然后决定选送与否。故《后汉书》的记载中,常有"召署督邮,举孝廉"[3]、"召署主簿,遂举孝廉"之语[4]。此制固与一般形之于言语笔札的考试之法有异,却也不能视之为简单的辟署任用,而是郡国在察举前依法而行的考察环节,因而也不能不推其为唐代州县试而后举之制的前声。

总之,尽管汉代各科考试环节的创设期拉得较长,各种具体办法也较粗糙而又参差不齐,不如唐制严密,所起作用也不如唐代那样显要。但观

---

[1] 劳干先生誉武帝元光元年此举为"开中国选举制度数千年坚固的基础"。见《史语所集刊》第十七册《汉代察举制度考》,中华书局1987年版。
[2] 《后汉书·章帝纪》建初元年诏,《和帝纪》永元五年诏。
[3] 《后汉书·种暠传》。
[4] 《后汉书·郑弘传》。

乎其要，一般轮廓和基本要点业已形成，规范而严格的唐制，恰恰是汉代发展下来的直接结果。

二

以上汉、唐科举之同。其异何在？换言之，唐代科举的发展变化何在？我们以为，相对于汉，唐制之异不外下列三端：

首先是名目之异。汉、唐的整个政治制度构架在长期发展中既已发生了差异，故设科取士之法在表象上亦随之有所不同，如汉无尚书省而唐无丞相府之类，或名异而实同，或理一而分殊。若仅以此而求汉唐的变化，则仅涉皮相而不求其实，当为论者所不取。

其次是大量技术性的变化。诸如县试州复、集阅互保、分场限时、谒师讲礼等众多细节，多唐有而汉无。唐代科举既经魏晋以来数百年之熏育，且已成为众所趋鹜、放多留少之势，则其制之较汉加细加密，当可断言。如考试方式，汉代各科不一，但多为策试。魏晋以来，策试已渐普及于诸科之中。《晋书·孔坦传》："去年察举，一皆试策……又秀才虽从试策，又泛问经义。"《通典·选举二》云刘宋"凡州秀才、郡孝廉，至皆策试。"《南史·谢超宗传》载宋明帝泰始时确定策秀、孝之格为五问，并得为上，四三为中，二为下，一不合与第。《魏书·明帝纪》熙平元年，"初听秀才对策，第居中上以上，叙之。"《刘桃符传》："举孝廉，射策甲科。"则隋唐以前，秀、孝策试已成通例并趋于完善。故隋置进士科，"当时犹试策而已"①。唐初则明经亦仅试策。《旧唐书·礼仪志》武德七年（624）二月诏："诸州有明一经以上未被升擢者，本属举送，县以名闻。有司试策，皆加叙用。"故《通典·选举三》言唐明经、进士"其初止试策"。直至高宗时刘思立奏议以后，才逐渐形成了各科的帖经、墨义或口问、对策及杂文等分场考试之制。②但此类变化仅及枝叶而不及基干，且

---

① 《旧唐书·杨绾传》。
② 《通典·选举三》。

常游移而不稳定。在总体上就制度的严密化而言，汉较诸唐固然弗如，唐比于清也要大为逊色。

相对于汉，唐代设科取士之制的最大不同，是常科中直接与社会基础的变化相关，并深切影响了当时和后世科举制面貌的一些规定。择其要者，一是怀牒自投，二是举、选相分，三是学校与科举紧密结合。此三者上承汉以来科举制近千年之发展，下创宋以后科举制近千年之基调。汉唐之异，无过于此。谨说如下，以见其详：

《周礼》卷三《地官司徒》：乡老、乡大夫三年大比，"考其德行道艺而兴贤者、能者"。郑司农云："兴贤者，谓若今举孝廉；兴能者，谓若今举茂才。"汉代察举固与《周礼》所载有异，然其尤重德行，基于乡议属实。《后汉书·和帝纪》永元五年（93）三月诏："选举良才，为政之本；科别行能，必由乡曲。"故汉代的孝廉，多先有口碑于乡里，遂被郡国署为掾属而贡举，或径由布衣而荐于朝廷。而后世之人，亦多谓察举为乡里之选。这种状况，自然与汉代家族共同体之风甚浓，"乡邑贤豪"之势颇大相关。[1]至唐，随着社会条件的变化，此种背景已大为淡化，故取士之时，德行稍轻，乡议已颓。[2]其重要表现之一，即常科中有了怀牒自投的规定。《新唐书·选举志》："举选不由馆学者，谓之乡贡。皆怀牒自列于州县。"其实，例如《韩昌黎集·答崔立之书》所云："及来京师，见有举进士者人多贵之，仆诚乐之……因诣州县求举。"案此制之实，则当时州县贡举，本地士子固可"自由报考"，彼处之人亦可取牒而赴此地求举。要之，士子除在法律所限"不当举贡"[3]的范围外，无论德行道艺、族姓门望之优劣高下，皆待县试州复而决定其进退。尽管史载彰彰，实际情况却远非如此自由和平等，且开元以前，乡贡未为时世所重，省试中式者常止一人而已[4]。但制度上的这种规定，至少可以反映当时贡举过程已与士

---

[1]《史记·游侠郭解列传》。
[2]《旧唐书》沈既济传、薛谦光传。
[3]《唐律疏议·职制篇》。
[4]《唐摭言》卷一《乡贡》。

子的素言素行相对脱节、与汉代的重视乡议所去甚远的状态。与之相应，为尽量保证人才质量，朝廷统一部署下的各级考试环节便得到了前所未有的强调，从而也使全部贡举过程的集权性质进一步深化了。因此，以怀牒自投为集中表现，唐制之本于考试，驰驱于文章，与汉制之基于乡议，注重乎德行恰成鲜明对照，此实汉、唐设科举士、考试进用之制的重大差异之一。显然，怀牒自投之法的这种丰富的蕴含，是无论如何也不应忽视的。但另一方面，在整个古代，各种制度总体上都渗透着家族宗法精神，从而呈现出"政系于人"的浓厚色彩。这就不能不使贡举这一国家行政过程，总是同时表现出求举的士子与有权贡举的长官之间的私人性关系，所谓怀牒自投，无非是以一定程序使之规范化了而已。而汉代的察举中，事实上也存在着大量投门请谒、以求举贡的现象。《后汉书·左黄周列传》论当时察举情状："荣路既广，觖望难裁。自是窃名伪服，浸以统竞；权门贡士，请谒繁兴。"又言顺帝以来，"处士鄙生，忘其拘儒，拂巾衽褐，以企旌车之招矣！"凡此种种，皆自求之态，而非人知之谓，与唐人之"觅举"不异。无非因时势不同：自求之术在汉虽出贤者，却视为弊政；在唐则或被清议而竟列为制度。其实虽通而境遇迥异，这也许就是汉唐科举之异的根本症结！

举、选相分是唐制相对于汉的又一重大差异。汉之孝廉，所举多为布衣，余则郡吏；茂才则大略皆公府或州、郡佐吏，偶有平民。要之，当时常科、特科皆吏民同举而不加区分。沿至唐代，特科仍与之相类，常科则有显著差异。

唐代举、选二途：一为礼部贡举，如明经、进士、明法等皆是；一为吏部科目选，如宏词、拔萃、一经、三礼等均然。案之史载，两者虽皆岁举常选，按科考试，许多科目且彼此相通，但却存在着最大的不同：即前者乃白身入仕之途，与试者为举人；后者则系已仕人晋用之道，与试者称选人。《通典·选举三》：贞元五年（789）五月敕："自今以后，诸色人中有习三礼者，前资及出身人依科目选例，吏部考试；白身依贡举例，礼部考试。"《册府元龟》卷六四一《贡举部·条制三》：太和元年（827）十月敕：应开元礼、学究一经、二礼、三史、明习律令科人等，"散试官及白身人，并于礼部考试；其有出身及有官人，并吏部科目选"。所谓吏部科目选，系从吏部的铨试发展而来。这种举、选分流，有出身人与白身人分途而进的做法，大致从武德四年（621）"命诸州学士及白丁应明经、秀才等科"以来即然①，不过，其区分的明确化，却经历了一个相当长的时期。德宗以前，白身应科目选，有出身人应礼部举的情况是广泛地存在着的。《唐会要》卷七五《进士》载建中三年（782）四月敕："礼部应进士举人等，自今以后，如有试官及不合选，并诸出身人有应举者，先于举司陈状，准例考试。"同书卷七四《吏曹条例》载贞元二年（786）五月吏部上奏有"无出身人经制举、宏词、拔萃及第者"之语可证。但德宗以后，这种据与试者有无出身而分别举、选的做法，仍处于前后格文参差互异的状态之中，故文宗时仍在屡加申饬区别。②尽管如此，这种区别官、民，分别举、选之制的实质，是把汉以来设科取士过程中吏、民同举的单轨制，变成了有出身人与白身人分别举、选的双轨制；其发展的方向无疑是使礼部举成为专门为布衣平民而设的仕进之途，这就为宋以来直至明清的科举制定了基调。不待言，在设科取士之制的发展历程中，唐代形成的举、选相分之制，实在有着非同等闲的意义。

当然，汉、唐制度的这一差异，仍是不同背景和时势的产物。汉代缙绅乡愿连络为官的局面虽经魏晋士族当政时期而得到强化，但南北朝起，形势开始出现转折，社会上士庶清浊的等级界限逐渐淡化，国家政权的社会基础便得以进一步扩大，这是唐制贡举中出现布衣专途的大前提。同时，汉代朝廷统一任官与各级长官自行辟署相并行，官必有缺，人事管理简单。至隋唐则"海内一命以上，无复辟署"，原来较为分散的官吏管理权日益集中划一，且官多缺少，朝廷务繁，体制上对官吏的管理遂须相应专门化，这是有官者晋用之道和白身人入仕之途相分而各成体系的又一重

---

① 《唐摭言》卷一五《杂记》。
② 《册府元龟》卷六四一《贡举部·条制三》。

大背景。不过,就唐礼部举系布衣入仕专途而言,汉代的孝廉科在某种程度上也有着类似的性质,在推溯唐制渊源时,这一点仍值得注意。

据《汉书·宣帝纪》黄龙元年(前49)诏,当时六百石以上官已被明确限制不得举为孝廉。后汉初,这种限制且已推至四百和三百石以上官吏。[1]又《汉旧仪》下卷载:"旧制:令六百石以上,尚书调、拜、迁,四百石长、相至二百石,丞相调除。"显然,凡属丞相或尚书统一选署者,皆所谓朝廷拜命、禄秩上通之人,举为孝廉者,所任无非止此。故汉代孝廉身份除未仕者及故官外,多郡国百石之吏。[2]就故官来说,汉代无散官、职事官的严格区别,亦无选集铨注的种种阶梯和条格,做官者一旦免职,便与白身无异。而那些百石之吏,以今日眼光来看,称其已仕或为官固无不可,但在当时,此类实同辟主的门生宾客而非朝廷命士。《汉旧仪》上卷载丞相府属进见之礼:"掾史见(丞相),礼如师弟子。白录,不拜朝,示不臣也。"可见一斑。此所谓"策名委质,唯将军所命"[3],与隋来"大小之官,皆由吏部;纤介之迹,悉属考功"状态下的长官属吏很不相同。因此,汉代的百石之吏或故官,皆可与白身等列,而汉之孝廉科,事实上亦可视为白身人的入仕之途。当然,它与唐制之焕然成形,系统而专门相比,尚处在萌芽或幼稚阶段。

唐代科举与学校的紧密结合,同样是时势与制度互动的结果。自隋以来,参加科举的限制既趋于宽松,各科又以考试为登进之关键,其考试内容亦随之规范化和标准化。但这样一来,却也难免贤愚混杂。士子务于速成,偶中是期。或仅吟诵而鲜问经国救时之术;或但记问而不通治乱兴衰之理;或不务德行,朝登科甲而夕陷刑辟。为挽此弊风,虽有恢复乡举里选、改革考试内容等法,但前者因人多侨处,时过境迁而已不能;后者则往往要牺牲考试的规范化和标准化,亦难大变。故科举与学校的结合,似

---

[1] 《后汉书·光武帝纪》建武三年诏。
[2] 《续汉书·百官志》太尉条本注。
[3] 《三国志·魏书·刘表传》注引《傅子》。

乎便是当时唯一可取的折中之方了。其立制之意，一是就学期间足以考察士子的品德才行；二亦可令其在较长时间内系统学习儒家经典和朝廷仪制。如此，则生徒可获学用结合之效，朝廷也庶几可收德才兼备之士，故大体自唐朝起，尤其中唐以后至宋，把科举与学校相结合，一直是有关纠正科举制弊端的议论主题之一。

唐代科举与学校相结合的要点在于：除弘文、崇文两馆贵族子弟可由门荫或考试直接出官外，其余国子监六学以及地方诸学的生徒，凡在学课试中式，经通业成者，皆分科贡举而赴省试。而凡岁试"三下与在学九岁（律生六岁）而不堪贡者，罢归"①。一言以蔽之：唐代学校生徒系以科举为基本出路。故生徒之入学，实已成科举制的重要阶梯。《唐摭言》卷一《两监》："开元以前，进士不由两监者，深以为耻。"《乡贡》："有唐贞元以前，两监之外，亦颇重郡府学生。"可见其一般状态。又《新唐书·选举志》记天宝十二（753）至十四载，"敕罢天下乡贡，举人不由国子及郡县学者勿举送"。是当时曾有意以学校为科举的唯一阶梯，安史之乱后，"州邑萧条"、"生徒流散"，但宝应二年（763）杨绾奏请"依古察孝廉"时，李栖筠等仍请"兼广学校以明训诱"②。会昌五年（845）正月，"敕公卿、百寮子弟及京畿内士人寄修明经、进士业者，并宜隶名太学；外州寄学及士人并宜隶名所在官学。仍永为常制。"③其精神仍与天宝十二载之敕完全相同。这种以学校为科举之阶梯，使统一培养与分科选贡相结合的方式，显然已开明清"科举必由于学校"之制的先河。

如所周知，汉自武帝以后也存在着由学校而入仕的稳定途径。其制如《汉书·儒林传》所载："博士弟子一岁皆辄课，能通一艺以上，补文学掌故缺；其高第可以为郎中，太常籍奏；即有秀才异等，辄以名闻。其不事学若下材及不能通一艺，辄罢之。"后汉略有更动而大体不变。此制虽亦

---

① 州县学课试之法与国学同。业成者县试州复，然后以乡饮酒礼遣诣省试。
② 《新唐书》卷四四《选举志》上。
③ 《唐摭言》卷一《两监》。

与察举保持着某种联系，如补博士弟子由郡国择"好文学、敬长上、肃政教、顺乡里"①者，实为一察举过程；其生徒之射策甲乙科则与察举之明经颇类；②而茂才异等者由太常奏荐亦与察举茂才略同，同时也存在着生徒被举为孝廉之例；③但无论如何，汉代的太学却并非察举之必经阶梯，而是在学校入仕与按科察举双轨并行的前提下，两者才保持着一定的关联性。故时势不同，汉、唐学校之地位性质亦不相同。质言之：汉代学校既无补救察举之弊的性质，亦无察举阶梯的地位；其已开统一培养之风，却未纳入统一设科取士的轨道。故唐制科举与学校的紧密结合，既是自汉至唐学校之制的重大发展，亦为汉、唐科举制度的重大差别。

从总体上说，随着社会的发展，当科举入仕的身份限制减少、考试环节的地位增高、其基础趋于广阔而其过程的集权程度大为强化时，必然会出现竞争加剧，放多留少的局面，从而其整套制度的加强和完善便成自然之势。从上述制度的变化来看，汉、唐科举之异，确系适应社会条件的发展而产生，但这种差异却并未导致按科举士、考试进用之制的根本变化，其主要点上存在着相当明显的渊源关系。故应当说：此制自汉至唐的更替正犹自唐至清的演进那样，基本上一以贯之而无本质的不同。

三

至此，似已可对汉、唐科举的异同作一简要归结，并稍加阐发以结束此文：（1）在科目体系、组织步骤、考试环节三大要素上，汉代的察举与唐代的科举基本一致。故察举，科举，一也！皆朝廷统一部署下以按科举士、考试进用为特征的官僚选拔制度。（2）与汉制相较，唐制以怀牒自投，举、选相分，科举与学校的紧密结合三端为重大的发展。但其在汉与明清科举制间承上启下，从属于按科举士、考试进用之制发展的总过程。

---

① 如劳干《汉代察举制度考》将其列入察举诸诏中。
② 《后汉书·徐防传》。
③ 《后汉书·臧洪传》。

(3) 汉、唐科举皆在不断完善之中。科举诸要素在汉代只是粗具，魏晋时期此制虽保持着发展的脉络，却在士族和军人集团的双重影响下处于低潮。故汉代实为科举的初创期，唐代则系其完善期。

就此，我们认为，只要不拘于"察举"、"科举"名词上的纠缠，便应当承认科举始于汉说。若以为"察举"、"科举"二词已约定俗成，那么，对自汉至清两千年来一以贯之的设科取士之制来说，至少也必须用同样一以贯之的思路来对待，而切不可因字面不同而断然将其裁为两截。我们还以为：制度是由社会条件来规定的，但若必以为科举乃隋唐条件的产物，那就显得过于胶固了。因为，一旦朝廷统一署用官僚成为必要并达到相当规模，便总须有一种统一的选拔制度与之相适应。故大一统集权政体的形成，乃是科举制得以产生发展的基本前提。春秋战国世卿制崩溃，这种前提已开始形成，而显然自原始部族的选举模式中演化来的推举或荐举，便是当时选官现成可取的方式之一。此类事例和议论，如：《庄子·达生篇》："孙休宾于乡里，逐于州部。"《韩非子·问田》："公孙亶回，圣相也，而关于州部。"《春秋谷梁传》昭公十九年（前643）："名誉既闻，有司不举，有司之罪也；有司举之，王者不用，王者之过也。"但时值新旧转换，加之国小民寡、官少事简、战争不绝，故当时的荐举，乡里推选、各种私人性推荐和行政部门的正式举荐等方式各自进行而缺乏系统性，并未形成一定的轻重主次结构。但毫无疑问，在各种荐举过程中，总是以下面的推荐和上面的甄核录用为核心环节，这就为后世提供了继续展开和发展的广阔基础。秦灭六国统一天下以后，虽多有创作，这方面却少有建树。看来，从各种荐举方式中发展出一套按科举士、考试进用之制，除大一统政权这一总背景外，还需要下列两个基本条件：一是社会的观念形态，即某种官方价值观的确立并被社会普遍认同，才能围绕此而出现各种科目尤其是经常性的科目；同时朝廷的甄核过程亦赖此得到较为明确和稳定的标准，从而把一般性的荐举变为由朝廷统一指定和掌握的按科而举。二是政治体制的集权化加强到一定程度，使朝廷能够按自己的标准对各地举主在人才取舍上可能出现的差异作有效的限制，原来流于一般化的甄核过程才能上升为明确而又具有黜落意义的考试环节。一旦这两个条件在统一帝国中具备以后，在科举制产生的深层原因上，实际上已没有什么不可逾越的障碍了。至于土地占有形态及人身依附关系的强弱等等，虽可视为科举制盛衰的重大原因，却实在不是它之所以产生的必需条件。显然，秦祚过短，汉初草创，诸事繁纷，加上一段时期内功臣专政，上述两大条件直至汉武帝独尊儒术并厉行专制集权时，方才基本成熟。元光元年（前134），在观念和标准上强调"孝悌廉正之行"的孝廉常科的诞生，以及对策等考试方式在察举制中的逐渐推广，便是这种条件成熟的反映。以此为标志，历史悠远的荐举制便别开生面，派生了一种新的按科考试选官的制度——科举制。

当然，汉代的科举，毕竟印上了许多其母体的胎斑，尤其基于乡议的状态，即带有原始推举模式的浓厚遗风，这就往往使各科的举送为强宗豪右所垄断，或者走向另一极端，成为权贵请托或矫情饰志者的捷径，从而影响了朝廷借此以统揽人权、选取真才的社会效用。后汉以来，此风尤炽。故魏晋的九品中正制，其立制初意，亦无非因时势而收乡议之权以成集权之用，使之与察举相辅相成。但当时军阀相争、人民流离，血缘共同体固因士族集团而得强化，中央与地方军阀之势也相应而消长。在世家大族安流平进，军人集团因功为官的风气下，九品中正制迅速蜕化而成为士族进身的专途；按科举人、考试进用之制则虽具文愈备而难得其实。但社会毕竟总要发展，至隋唐，士族势力既已衰落，中央集权进一步发展，文臣治国的原则再次得到强调，魏晋以来在艰难竭蹶中发展下来的科举具文便被重新收拾起来，演化成中国古代社会后半期中占主导地位的选官方式，从而构成了隋唐继往开来历史使命中的重要一环。

（原载《历史研究》1990 年第 5 期）

第二编

宋代的科举改革

　　科举制度虽确立于唐，但这仅仅是因为唐代首先实行了举人投牒自进之制，开设了以进士、明经为主的取士科目，定期举行州县试（即发解试）和礼部试（省试）二级考试，从形式上看，除没有确立殿试制度和制度尚欠严密以外，与宋元以后的科举并无太大不同。实际上却大谬不然，举其大者有三：一是唐代科举，存在着以往察举制的严重弊病，取士权在很大程度上操纵在以大官僚、大贵族为首的门阀士族手中；二是考试制度既不严密，也不健全，为考官徇私，考生舞弊留下了很大空间；三是由科举选拔出来的人才甚少，即使进士及第者，授官既不优渥，其前程与恩荫出身者没有大的差别。历任文宗、武宗两朝，以门荫入仕的宰相李德裕（787—850）甚至公开宣称："朝廷显官，须公卿子弟为之。何者？少习其业，目熟朝廷事，台阁之仪，不教而自成。寒士纵有出人之才，固不能闲习也。则子弟未易可轻"（《新唐书·选举志上》）。唐代进士多恩出私门，他们对朝廷并无好感，从而严重地削弱了中央集权。一般落第进士对这样的选举制度更是愤愤不平，有人为此走上反抗唐政权的道路。

　　宋朝建立后，针对唐代科举取士中的各种弊病和教训，进行了一系列改革。从而使科举制度的优越性发展到了臻于完善的地步。

本编所收第一篇论文,是关履权先生的《宋代科举考试制度的变化与地主阶级》。关先生是"文革"后最早研究宋代科举的学者之一,论文第一部分简要地介绍了宋代科举的全过程。第二部分比较详细地论述了北宋政府进行科举改革的原因,他说:"科举考试是地主阶级选拔官吏的一种制度,也是封建社会上层建筑的重要组成部分,反映了地主阶级的要求和利益;宋代科举制的这些新的规定,与唐宋之际地主阶级的演变很有关系。"但是,论文对科举改革的具体措施只是作了简略的介绍。论文突出唐宋阶级关系的变化,是引起北宋科举改革的根本原因,这恐怕与作者当时所处的时代背景有一定关系。

第二篇论文是穆朝庆先生的《北宋时期的科举改革》。论文分两部分:第一部分是讨论北宋针对唐朝科举的薄弱环节和积弊所进行的改革,包括罢"公荐";抑制乡举里选之风;罢"公卷",取舍以试卷论定;殿试的确定和别试的普遍化;立糊名、誊录之法;健全考选机构。第二部分是关于具有时代特色的改革:包括广开仕进之路,大胆起用新进士;怀柔政策的加强;抑权贵,扬寒俊等。

第三篇论文是张希清先生的《宋代科举封弥誊录制度述论》。试卷实施封弥(一称"糊名")、誊录是宋代科举中最重要的一项措施,意义重大。论文对封弥、誊录的渊源、创立和推广经过、具体内容都作了详细介绍。后面还附带说了两件事:一是部分士大夫反对试卷实行封弥,但最后并未取得成功;二是誊录之法推行后产生了新的作弊手段及政府对其采取的防弊措施。

宋代科举考试制度的变化与地主阶级

关履权

一

隋文帝时取消了三国曹魏开始实行的"九品中正官人法"，设立"秀才科"，①各州每年选送三人到京师，考取其中优秀的为秀才，任命为官。隋炀帝大业年间又设立"进士科"。进士科由地方官提名报考，士人也可以自由报名，参加考试，竞争高下。这就是科举考试的开始。

科举是分科举拔人才的意思。从两汉开始，选拔官吏的方法主要是"察举"和"征辟"。"察举"是由州、郡等地方官在自己管治地区内考察选拔人才推荐给中央政府，经过考核，任以官职。"征辟"则是由皇帝或地方长官直接进行征选，魏文帝曹丕时，改为"九品中正"制，"九品中正"是在各州设大中正，各郡设小中正。大、小中正在他们所管辖地区内分九等选拔人才，中央政府再根据大小中正所评定的等次授给官职。"察举"、"征辟"或"九品中正"都是以"乡举里选"的办法来甄别人才，是一种选举制度。从隋开始，历经唐、宋、元、明、清的科举制，以考试成绩区别高下，是一种考试制度。"察举"或"九品中正"制的实施，易为豪门世族地主所操纵，"尊世胄，卑寒士，权归右姓"①。较高级的官职都为世家所垄断。"其起自单族匹士而显贵者盖所罕见"②。铨选官吏的大权

---

① 〔宋〕欧阳修、宋祁：《新唐书》卷一九九《柳芳传》。
② 〔宋〕马端临：《文献通考》卷三四《选举考七》。

在世族地主手中，成为巩固门阀势力的工具，严重削弱了皇权，也不利于封建统治者扩大政权基础。因此，到了隋朝，便产生了科举考试制度，这种科举考试是封建统治者对选拔官吏方法的改进。

宋代的科举，大体上沿袭唐朝，分贡举和制举两种。贡举由礼部主办，设进士、九经、五经、开元礼、三史、三礼、三传、学究、明经、明法等科。贡举也称常选，投考的士子，先经本州考试及格，保送至礼部，这叫作"发解"。礼部考试及格，再参加殿试；殿试及格，方为"及第"，面授官职。宋初太宗曾定四年一试，仁宗时改为隔年举行一次，到英宗治平三年（1066），始定为三年一试，以后成为定制。"常选之外，又有制科，有童子举，而进士得人为盛"①。制举亦名特科，是贡举的一种补充。因为贡举三年举行一次，对于优秀分子，恐仍有遗漏，所以制举由皇帝临时下诏举行，不定期，赴考者亦不必经过地方的保送。

"宋承唐制，抑又甚焉"②。宋代官吏的考选，虽然大体上沿用唐的科举考试制度，但比较起来，却有不少的变化。

第一，科举录取名额增多了。仅科举项目即有进士、九经、五经、开元礼、三史、三礼、三传、学究、明经、明法等科，"进士"之外，其他各科合称"诸科"，另外还有武举。宋代科举仍与唐代一样以进士科为主，但取录的人数则比前代增多了。隋唐时期初设进士科，岁取不过三十人。宋太祖时进士登科的也不多，一般是岁取十名左右，最多的一次是开宝八年（975）取进士三十一人。宋太宗逐步放宽，太平兴国二年（977），御殿复试礼部所上及格人姓名，取进士一百零九人。端拱元年（988），召不及第进士及诸科复试，又取数百人。真宗咸平三年（1000），取进士四百零九人，进士以外诸科一千一百二十九人。北宋中期由科举入仕的人数更多，仅仁宗一朝，十三次科举，即取进士四千余人、诸科五千余人。南宋每科进士及第一般都在四五百人左右。宋朝的进士分为三等：一等称及

---

① 〔元〕脱脱等：《宋史》卷一五五《选举一》。
② 《宋史》卷一六一《职官一》。

第，二等称赐进士出身，三等称赐同进士出身。应试者，家不重谱牒，身不重乡贯，不讲门第身份。北宋末年，僧道百家也可应试。科举考试在宋代扩大了。

唐代科举考试录取后，只是取得做官的资格，还要经吏部再考核后选优授予官职。宋代一经考试及第即可授官，不需经吏部考核。宋代初年，殿试时还淘汰了一些人，但后来凡在礼部考试及格后，殿试只是评定他们的等第，全部授给官职。而且这些科举出身的人，所授的多是高官。"本朝自太平兴国以来，以科举罗天下士，士之策名前列者或不十年而至公辅……东坡送张子平序，以谓仁宗一朝，十有三榜，数其上之三人，凡三十有九，其不至于公卿者，五人而已。"①

第二，确定殿试制度。皇帝亲自主持考试，称作"殿试"。殿试在唐代武则天时曾举行过，但未成为定制。宋太祖开宝六年（973），有落第的考生告发考官取录不公，太祖便亲自在讲武殿命题重试，从此以后，殿试便成了定式。殿试推行之前，全由考官主考，一经取录，考官往往称为考生的"宗师"或"座主"，进士也自称为考官的"门生"。改由皇帝殿试后，"御试进士不许称门生于私门"，都称为"天子门生"，改变"自唐以来，恩出私门，不复知有人主"②的故习。宋太祖晚年曾说："向者登科名级，多为势家所取，致塞孤寒之路，甚无谓也。今朕躬亲临试，以可否进退，尽革畴昔之弊矣。"③这是中央集权专制主义加强的反映。

第三，严格考试的各种规则。首先，宋代规定不准朝廷官员推荐考生应试。宋太祖乾德元年（963）九月规定："诏礼部贡举人，自今朝臣不得更发公荐，违者重置其罪。"④其次，唐代的考试每年定期举行，宋初尚无定期，后来才定为三年一次。宋代为了防止试场作弊，还实行"糊名"（弥封）、"誊录"。"糊名"又称弥封，或封弥，是将试卷上考生的名字封

---

① 《文献通考》卷三一《选举考四》。
② 〔宋〕王栐：《燕翼诒谋录》卷一。
③ 〔宋〕李焘：《续资治通鉴长编》卷一六，开宝八年二月戊辰条。
④ 《续资治通鉴长编》卷四，乾德元年九月丙子条。

掩，评卷后再行开视。这种办法开始于唐，但只在吏部试时实行，到宋代才普遍推行，仁宗明道二年（1033）七月，"诏诸州，自今考试举人，并封弥卷首"[1]。这时，糊名考试不仅施行于殿试、省试，而且普遍施行于诸州的发解试了。"誊录"亦称"易书"，开始于宋，是考生交卷后，命一人照录一篇，防止阅卷者认识考生的笔迹。"易书之制，立于祥符；而诸州易书，自景祐四年始"[2]。这是说，"誊录"开始于真宗大中祥符年间，而仁宗景祐四年（1037）始在州试中推行。据说实行之后"识认字画之弊始绝"[3]。当时人欧阳修曾说：

> 国家取士之制比于前世最号至公……以谓王者无外，天下一家，故不问东西南北之人，尽聚诸路贡士，混合为一，而惟才是择，又糊名誊录而考之，使主司莫知为何方之人，谁氏之子，不得有所憎爱厚薄于其间。[4]

"糊名"和"誊录"的做法虽不能说是"最号至公"，但在实行之初，对防止主考官的徇私舞弊确是起了一定的作用。

第四，限制知贡举（主考官）的权力。唐代基本上规定吏部考功郎中、员外郎或礼部侍郎为主考官。而宋代的主考官则是临时差遣，年年不同，任何官员均可充当；而且还有"权知贡举"，也就是副主考若干人，互相监督。

宋朝对主考官的限制，还有一种叫作"锁院"的办法。太宗淳化三年（992）下令，规定知贡举官一接到命令，马上要住进贡院里去，不能回家，避免别人的请托，这称作"锁院"。

第五，限制大官僚及世家子弟的考试。食禄之家子弟初试后还要复试一次。如太祖乾德三年（965）诏：" '食禄之家，有登第者，礼部具姓名

---

[1]《续资治通鉴长编》卷一一二，明道二年七月乙亥条。
[2]〔宋〕王应麟：《玉海》卷一一六《选举·科举·宋朝登科记》。
[3]〔宋〕吴曾：《能改斋漫录》卷一《糊名考校》。
[4]《文献通考》卷三一《选举考四》。

以闻，令复试之'。自是，别命儒臣于中书复试，合格乃赐第"①。主考官的子弟亲戚赴考时，还另设考场，另派考官，称为"别头试"。这种做法原来在唐代已实行，"宋朝谓之别试。所试有别头，自唐开元始也"②。另据《新唐书》载："开元二十四年，礼部侍郎亲故移试考功，谓之别头"③。别头试在唐开元年间时，只限于省试，也不是定制。北宋"太宗雍熙二年（985）正月，"始令试官亲戚别试者，凡九十八人"④。其后，别头试成为定制，范围也扩大了，州试、省试都实行。

二

科举考试是地主阶级选拔官吏的一种制度，也是封建社会上层建筑的重要组成部分，反映了地主阶级的要求和利益；宋代科举制的这些新的规定，与唐宋之际地主阶级的演变很有关系。

从西汉后期开始到东汉时期形成的世家豪族地主，以及魏晋南北朝、隋唐时期的门阀士族地主是当时统治阶级中的当权派。唐代士族地主的势力虽然比魏晋南北朝时期有所减弱，但并未全衰，仍然有很大的政治特权和很高的社会地位，他们可以世袭爵位和封户，占夺大量的田地和众多的部曲、佃客和奴婢。唐初，创业君臣，俱是贵族⑤。"太宗尝以山东士人尚阀阅，后虽衰，子孙犹负世望，嫁娶必多取货，故人谓之卖昏"⑥。而"见居三品以上，欲共衰代旧门为亲，纵多输钱帛，犹被偃仰"⑦。唐太宗在贞观十六年（642）下过一道诏书说：

> 氏族之盛，实系于冠冕；婚姻之道，莫先于仁义。自有魏失御，

---

① 《宋史》卷一五五《选举一》。
② 〔宋〕高承：《事物纪原》卷三《别试》。
③ 《新唐书》卷四四《选举志》。
④ 《续资治通鉴长编》卷二六，雍熙二年正月癸亥条。
⑤ 〔宋〕王溥：《唐会要》卷三六《氏族》。
⑥ 《新唐书》卷九五《高俭传》。
⑦ 〔后晋〕刘昫：《旧唐书》卷六五《高士廉传》。

> 齐氏云亡，市朝既迁，风俗陵替。燕、赵右姓，多失衣冠之绪，齐、韩旧俗，或乖德义之风。名虽著于州闾，身未免于贫贱。自号膏粱之胄，不敦匹敌之仪。问名惟在于窃赀，结褵必归于富室。乃有新官之辈，丰财之家，慕其祖宗，竞结婚媾，多纳货贿，有如贩鬻。或贬其家门，受屈辱于姻娅；或矜其旧族，行无礼于舅姑。积习成俗，迄今未已。①

唐高宗显庆初年，宰相李义府想让他的儿子与赵魏一带的世家大族结婚，但赵魏地区的名门大族，嫌李义府门第低，不肯和他结亲，李义府因此向皇帝告状，高宗便下诏说：

> 后魏陇西李宝，太原王琼，荥阳郑温，范阳卢子迁、卢浑、卢辅，清河崔宗伯、崔元孙，前燕博陵崔懿，晋赵郡李楷，凡七姓十家，不得自为昏。②

天子的命令并没有使他们屈服，"王妃、主婿，皆取当世勋贵名臣家，未尝尚山东旧族。后房玄龄、魏征、李勣与昏，故望不减，然每姓第其房望，虽一姓中，高下县隔。李义府为子求昏不得，始奏禁焉。其后天下衰宗落谱，昭穆所不齿者，皆称'禁昏家'，益自贵，凡男女皆潜相聘娶，天子不能禁，世以为敝云"③。可见其势力的顽固。这是唐前期的情况。唐后期士族地主也仍然存在相当大的势力，如博陵"崔氏，咸通、乾符间，昆仲子弟，纡组拖绅，历台阁，践藩岳者，二十余人。大中以来盛族，时推甲等"④。从以上史料看来，唐代门阀士族的势力比之魏晋南北朝时期虽然已经减弱，但是，他们死而不僵，并未完全衰落，寒门庶族地主阶级的知识分子，入仕得官仍极困难。如唐末黄巢之所以起义，屡试不

---

① 《唐会要》卷八三《嫁娶》。
② 《新唐书》卷九五《高俭传》。
③ 《新唐书》卷九五《高俭传》。
④ 《旧唐书》卷一七七《崔琪传》。

第就是其中一个原因。

在"唐宰相三百六十九人，凡九十八族"①中，出身于士族地主的约占三分之一，他们把持朝政，垄断仕途。有利于庶族地主的科举考试制度，仍然受到这些士族地主的控制。如唐代科举考试及第后，不一定立即授官，士子们必须奔走请托，通关节，找门路，才能取得合意的官职。马端临引江陵项氏曰：

> 风俗之弊，至唐极矣。王公大人巍然于上，以先达自居，不复求士。天下之士，什什伍伍，戴破帽，骑蹇驴，未到门百步辄下马，奉币刺再拜，以谒于典客者，投其所为之文，名之曰"求知己"，如是而不问……则有执贽于马前自赞曰：某人上谒者。嗟呼，风俗之弊，至此极矣！此不独为士者可鄙，其时之治乱盖可知矣。②

长庆元年（821），唐穆宗说："访闻近日浮薄之徒，扇为朋党，谓之关节，干扰主司。每岁册名，无不先定"③。唐文宗时，段文昌也说："今岁礼部殊不公，所取进士，皆子弟无艺，以关节得之"④。关节、门路，实际是掌握在公卿士族手中。出身于高门士族的宰相李德裕对唐武宗说的一段话，便是一个最好的证明，武宗说：

> 我比闻……朋贵势，妨平人道路……德裕曰……然朝廷显官，须是公卿子弟，何者，自小便习举业，熟朝廷间事，台阁仪范，班行准则，不教而自成，寒士纵有出人之才，登第之后，始得一班一级，固不能熟习也。则子弟成名，不可轻矣。⑤

仍然受到士族地主权贵势力操纵的唐代科举考试制，显然已不适应逐步增

---

① 《新唐书》卷七五下《宰相世系表》五下。
② 《文献通考》卷二九《选举二》。
③ 《旧唐书》卷一六八《钱徽传》。
④ 《能改斋漫录》卷一《关节》。
⑤ 《旧唐书》卷一八上《武宗纪》。

长的庶族地主阶级的政治要求了。

唐代的世家大族也与魏晋南北朝时期的门阀士族一样，有他们自己的门生弟子，很有实力。欧阳修曾说："唐为国久，传世多，而诸臣亦各修其家法，务以门族相高。其材子贤孙不殄其世德，或父子相继居相位，或累数世而屡显，或终唐之世不绝"①。王明清也说："唐朝崔、卢、李、郑及城南韦、杜二家，蝉联珪组，世为显著，至本朝绝无闻人"。②

郑樵说得更详细：

> 自隋唐而上，官有簿状，家有谱系。官之选举，必由于簿状；家之婚姻，必由于谱系……凡百官族姓之有家状者，则上之官，为考定详实，藏于秘阁，副在左户。若私书有滥，则纠之以官籍，官籍不及，则稽之以私书。此近古之制，以绳天下，使贵有常尊，贱有等威者也。所以人尚谱系之学，家藏谱系之书。自五季以来，取士不问家世，婚姻不问阀阅，故其书散佚，而其学不传。③

谱系之学的兴替反映了中国封建社会门阀士族地主阶级力量的消长。"姓氏之学，最盛于唐"。④

以上表明，唐代士族地主的势力并未消失，黄巢起义冲击之后，经五代而宋，谱系之书散佚，谱系之学不传，才"不复以氏族为事"⑤。氏族就是士族或世族，到宋代，士族势力才最后垮台。

概括起来说，"察举"、"征辟"或"九品中正"，重视家世族姓，是维护世家士族地主利益的选任制度，科举考试则不问家世，是代表庶族地主利益的选任制度，它的变化发展是随着士族地主的没落垮台、庶族地主势力的逐步上升相适应的。

---

① 《新唐书》卷七一上《宰相世系表》一上。
② 〔宋〕王明清：《挥麈录》卷二。
③ 〔宋〕郑樵：《通志》卷二五《氏族略第一·氏族序》。
④ 《通志》卷二五《氏族略第一·氏族序》。
⑤ 〔宋〕赵彦卫：《云麓漫钞》卷三。

从隋开始，门阀士族地主已经衰落，"九品中正"制已为科举考试制度所代替。经隋唐至宋，随着士族地主势力的没落以至垮台，科举考试制不断在发展变化。例如代表新兴的庶族地主阶级利益的武则天，曾经一度扩大科举考试的取录和试行殿试，但由于唐代士族地主势力还未完全消失，武则天下台以后，科举考试制的一些改革，也随之取消。到宋代，由于商品经济的发达，土地买卖频繁，契约租佃制扩大，士族地主势力垮台，非身份性地主及中小地主相对增加。统治阶级的当权派再也不是身份性的士族地主，而是非身份性的官僚地主。两宋时期的宰相大多数是非身份性庶族地主，由科举进士出身，如赵普、薛居正、宋琪、吕蒙正、张齐贤、陈尧叟、陈尧佐、王钦若、李至、李沆、吕夷简、宋庠、文彦博、王安石、章惇、李纲、虞允文、叶衡、周必大、陈宜中、文天祥等，他们与唐代那些以门荫入仕或世袭的宰相不一样。宋代这些官僚地主，不是先世门第的高低，而是现有官职的大小与占有土地的多少，决定他们的政治地位。"在这里，政治的权力地位是按照地产来排列的"①。庶族地主当权以后，为了冲破士族地主对仕途的控制，增加了科举考试录取名额，且一经取录，立即授官。通过科举吸收大批地主阶级或其他阶层知识分子，参加政权；使他们对赵宋皇朝竭尽忠诚，巩固了赵宋政权的统治基础。这就是宋代科举考试制所以扩大的社会基础。

宋代科举考试制度的改革和扩大，又与当时地主阶级土地占有形态及剥削方式的变化有关。

宋代商品经济比唐代更加发达。商业资本在顽固的封建专制主义的统治下，得不到正常的出路，不能投资于扩大再生产。富商大贾纷纷广置田产，大量兼并土地，成为大商人兼大地主。地主又可以成为官僚，官僚地主也经营商业以牟取暴利。官僚、地主、豪商三位一体，亦官、亦商、亦地主。这些三位一体的官僚、豪商、地主，是宋代最有权势的阶层，兼并

---

① ［德］恩格斯：《家庭、私有制和国家的起源》，载《马克思恩格斯选集》第四卷，人民出版社1972年版，第169页。

土地比其他的地主更加猖狂，这就更加速了土地的集中，使地主土地的私有制更加深化了。

由于土地的买卖和兼并的频繁，土地所有权转换迅速，即使是集中连成大片的土地也很快分散为零星片段。因此，当时封建地主的土地占有便突出地成为地权集中而地段分散的状态。正如韩世忠说的："今内地州县田土，皆系民户税业，虽有户绝逃弃，往往畸零散漫……其田远近不同，既不接连，难相照管"①。后来朱熹推行经界法时也说，产田、官田、职田、学田、常平租课田，"诸色之田，散漫参错，尤难检计"②。由于地段的参错分散，地主阶级要想照从前那样继续实行部曲佃客制，将农民束缚在田庄集中控制是有困难的，因此，便采取分田出租的剥削方式。

另一方面，也由于唐末农民大规模的起义和宋代农民不断的起义，魏晋南北朝至隋唐时期的豪门士族地主阶级彻底崩溃了，依附于豪门士族地主阶级的部曲佃客剥削制度也随之瓦解，农民争得了一定的人身自由，如北宋仁宗天圣五年（1027）十一月的诏令："自今后客户起移更不取主人凭由，须每田收田毕日，商量去住，各取稳便，即不得非时衷私起移。"③南宋高宗绍兴二十三年（1153）六月诏令："民户典卖田地，毋得以佃户姓名私为关约，随契分付。得业者亦毋得勒令耕佃，如违，许越诉。"④宋代的官僚地主阶级不能不采取新的剥削制度，扩大了契约租佃的剥削方式。

宋代地主阶级普遍采取的契约租佃制的剥削，改变了从前身份性地主的着重对农民的政治、军事性的人身束缚，转而为以经济剥削为主，超经济的人身束缚强制为辅，这就更加需要封建官府的支持，依靠封建政权的力量，保证他们的剥削利益。事实也是如此，宋代官府经常直接出面，由州县的"巡尉司"帮助地主追租讨债，对佃客极尽苛榨之能事，替地主向

---

① 〔清〕徐松辑：《宋会要辑稿》食货二之一二。
② 《朱子大全集》卷一九《条奏经界状》。
③ 《宋会要辑稿》食货一之二四。
④ 〔宋〕李心传：《建炎以来系年要录》卷一六四，绍兴二十三年六月庚午条。

农民催租索债成为宋代县官的职责。"在法十月初一日已后，正月三十日已前，皆知县受理田主词诉，取索佃户欠租之日"。如南宋理宗时平江府吴县（江苏苏州）的巡尉司，经常接到诸司及州县送下的代地主追索私田的"帖牒"，每天不下数四，"一帖牒动追数十家，甚至百五六十家"。"率五七十人为群以追之，每一户被追，则一保被劫，生生之计，悉为一空"。官府军队"追愈急"，佃客"拒愈甚"，"非佃伤官兵，则官兵伤佃，否则自缢自溺"①。这就是恩格斯所说的："这个阶级借助于国家而在政治上也成为占统治地位的阶级，因而获得了镇压和剥削被压迫阶级的新手段"②。宋代这些不是凭门第出身世袭官位权势的非身份性地主，强烈地要求进入仕途，争取统治权，以政治地位和权势来保证对农民的剥削。宋代科举考试制度的不断改革变化，正是适应了当时这些非身份性地主阶级的需要。

宋代科举制度比唐代严格，体现了专制主义中央集权的加强，例如确定殿试，实行"糊名"、"誊录"，不准朝廷官员推荐考生，食禄之家的子弟必须复试。主考官的子弟或亲戚另设考场，另派考官，实行"别头试"。限制主考官的权力，实行"锁院"等做法，都是为了防止少数势官大族的操纵，保证庶族地主的统治利益，以换取他们对政权的支持。但是，这种改革，却又加速了非身份性的庶族地主，特别是中小地主阶层势力的膨胀，因而扩大了官僚大地主阶层与中小地主阶层之间的矛盾，使宋代统治阶级内部的矛盾斗争更加突出，社会的矛盾更加复杂和尖锐。

马克思曾经提到中世纪的加特力教会，"不分阶级，不分家庭出身，不分财产，在人民中间挑选出一些特别优秀的分子来形成教会的各个享有特权的等级，把这当作是一个巩固教会统治权和镇压世俗社会的主要手段一样。一个统治阶级越是能把被统治阶级中的优秀分子吸收进来，它的统治就会越是巩固，越是险恶"③。宋朝统治者也像加特力教会那样，不分

---

① 〔宋〕黄震：《黄氏日抄》卷七〇《再申提刑司乞将理索归本县状》。
② 〔德〕恩格斯：《家庭、私有制和国家的起源》，载《马克思恩格斯选集》第四卷，人民出版社1972年版，第168页。
③ 〔德〕马克思：《资本论》卷三。

阶层，不分出身，不分财产，通过科举扩大取录名额，中小地主阶层以至一些被统治阶级中的杰出人物，也被吸收到统治政权中来，扩大了统治基础，但是随着每年录取名额的扩大，当官的越来越多，冗官冗费不断增加，机构臃肿，吏治败坏，统治阶级内部矛盾尖锐，统治力量反而下降，这就是统治越是巩固，却越是险恶。这是宋代统治者所始料不及的，也是封建社会政治制度本身无可避免的必然结果。

（原载《中国史研究》1984年第4期）

北宋时期的科举改革

穆朝庆

科举制诞生于隋,发展于唐,成熟于宋。宋代科举制度的重大改革和建树,多完成于北宋期间,南宋则多因其成法。

北宋的科举改革,具有深刻的历史背景。北宋时期,政府不再干预地主对于土地的买卖和占有。中小地主通过购买土地,发家致富。另外,工商业经济也空前繁荣发展起来。新兴的地主和工商业者随着经济地位的提高,他们迫切要求登上政治舞台。宋统一之后,鉴于唐代以来贵戚专权、武人跋扈等历史教训,为了不重蹈覆辙,统治者采取了一系列加强中央集权的措施。科举从唐代以后就成为重要的仕进之途,但取士大权常为权贵所操纵。北宋统治者为了配合各种加强中央集权政策的推行,就必须牢牢掌握取士权,排除权贵的干预,通过科举广泛吸收地主阶级的中下层参加政权。隋唐的科举制是从魏晋的九品中正制脱胎而来的。在它身上还保留着浓厚的等级制和荐举制的色彩,阻碍了地主阶级中下层势力的上升。唐代的科举条制也很不完善,为徇私舞弊留下许多缺口。在唐代的科举成法已经无法满足北宋社会发展需要的时候,改革也就成为一种历史的必然了。

一、针对唐代科举制的薄弱环节和积弊进行改革

(一)罢"公荐",抑制乡举里选之风

所谓"公荐",就是荐举制在科举制中的残余。唐代,知贡举官赴贡

院时，允许台阁近臣"公荐"某某举人，美其名曰：采众望。由于臣僚之间的从属、亲戚、党派、贿赂等关系，去取之际不能无私。举子能否及第与其家世和经济地位有着直接联系，科场实际上为权贵所垄断。另外，公荐制的存在迫使举子们在考试之前奔走于权贵之门。同时，知举官掌握着举子的实际命运，和及第举子也就结成了恩师与弟子的关系。建隆三年（962）九月，首诏：今后"及第举人不得呼知举官为'恩门'、'师门'及自称'门生'"①。这仅是从举人角度采取的措施，触末而未及本。次年正月，又诏："礼部贡举人，今后朝臣不得更发'公荐'，违者重置其罪。"②以后又多次重申这一禁令，从法律上否认了公荐制的合法性。

（二）罢"公卷"，取舍以试卷论定

唐代科举，为了能够了解举子有无真才实学，不以科场一日之技为凭。特规定举人在考前将平日所作文章诗赋送礼部，称谓纳公卷。目的是观其素业，作为录取时的参考。结果适得其反，一方面举人所纳"公卷"多假借他人之手；另一方面知举官为了使某举人中选，往往以"温公卷"之名，借以掩饰礼部考试的荒谬。此制宋初也依然沿袭，至景德二年（1005）十二月，礼部贡院言："昨详进士所纳'公卷'，多假借他人文字，或用旧卷装饰重行书写，或被佣书人易换文本，是致到省，无凭考校。"③因此，建议以后举人亲自投纳，并于试卷上写上家状，待与"公卷"对照程式和字迹，以辨真伪，予以处置。同时，差知举官于考试前一月先入贡院，考校"公卷"，分为等第。"如事业殊异者，至日更精加试验，所冀抱艺者不失搜罗，躁进者难施伪滥。"④但是，随着科举诸项条制的日益完善，取舍几乎全以考场试卷为准，所纳公卷已失去本来意义和作用，因此，庆历元年（1041）八月，在权知开封府贾昌朝的提议下，始"罢天下

---

① 〔宋〕李焘：《续资治通鉴长编》（以下简称《长编》）卷三，建隆三年九月丙辰条。
② 〔清〕徐松辑：《宋会要辑稿》选举三之一。
③ 《宋会要辑稿》选举三之七。
④ 《宋会要辑稿》选举三之八。

举人纳公卷"①。试卷成为唯一的学业优劣凭证,根绝了由"公卷"所产生的弊端。

(三)殿试的确立和别试的普遍化

殿试即是防止礼部知举官作弊的措施。唐代,武则天曾于洛阳宫殿策问举人,但未成常制。宋太祖开宝五年(972)闰二月,权知贡举扈蒙奏上礼部考试合格进士十一人、诸科十七人。太祖破常例将合格举人召对于讲武殿,然后下诏放榜。次年,翰林学士李昉权知贡举。三月辛酉,武济川、刘濬以应对失次被黜。同时,落第进士徐士廉等击登闻鼓,"诉昉用情,取舍非当"②。经复试之后,徐士廉果然中举,证明指控属实,即降李昉为太常少卿,其他考官也均坐罪。此后,殿试遂为定制。

别试是一种以避亲为主,兼有照顾性质的考试方法。唐代开元二十四年(736),因考功员外郎李昂权轻为举人诋诃,始移贡举于礼部,由礼部侍郎知贡举。此后则把礼部侍郎亲故移试于考功,称"别头试"(简称"别试")③,宋代不仅把别试作为一种制度,而且在省试和解试中普遍推行。别试的避亲范围一般以五服内亲为界。和州府解试同级的别头试以路为单位,由转运司负责,也称"漕试"。应试条件是:"士有亲戚仕本州,或为发解官,及侍亲远宦,距本州二千里。"④寄居远乡临解试不能按时返回者,必须在官员的保举下,才能参加别头试。和礼部考试同级的别试设有别试所,作为考选官员子弟亲属的考场。由于别试的取人比例高于其他考场,所以,冒充官员子弟参加别试者时而有之。

(四)立糊名、誊录之法

糊名法初创于唐,但未成常制。⑤在糊名法实行之前,由于考官可以看到试卷上举人籍贯姓名,用情取舍极为方便。因此,既助长了请托、贿

---

① 《长编》卷一三三,庆历元年八月丁亥。
② 《长编》卷十四,开宝六年三月辛酉条。
③ 〔元〕脱脱等:《宋史》选举一。
④ 参阅〔唐〕杜佑:《通典》选举三。
⑤ 参阅〔宋〕欧阳修、宋祁:《新唐书》选举志上。

赂之风，又为权臣子弟登第提供了便利条件。宋代糊名法又叫"封弥"或"弥封"，是自上而下先后实行的。

殿试糊名，始于太宗淳化三年（992）。据《长编》卷三三载：

> （淳化三年）三月戊戌，上御崇政殿覆试合格进士。先是，胡旦、苏易简、王世则、梁灏、陈尧叟皆以所试先成擢上第，由是士争习浮华、尚敏速，或一刻数诗，或一日十赋。将作监丞莆田陈靖上疏，请糊名考校，以革其弊，上嘉纳之。于是，召两省、三馆文学之士，始令糊名考校，第其优劣，以分等级。

省试糊名，始于真宗咸平二年（999）。据《长编》卷四四载：

> （咸平二年正月）乙丑，命礼部尚书温仲舒知贡举，御史中丞张咏，刑部郎中知制诰师颃同知贡举，刑部员外郎董龟玉、太常寺博士王涉同考试及封印卷首，仍当日入院。礼部贡院封印卷首自此始。

州郡试糊名，始于仁宗明道二年（1033）。据《长编》卷一一二载：

> （明道二年七月乙亥）诏：诸州自今考试举人。并封弥卷首，乃委转运司所部选词学并公勤者为考试、监门、弥封官。

开封府、国子监及别试糊名，始于仁宗景祐四年（1037）。据《长编》卷一二〇载：

> （景祐四年六月，从韩琦之请。）诏：开封府、国子监及别头试，自今封弥、誊录如礼部。

糊名法实行之后，虽然避免了考官直接识名取人，但仍有辨认字迹、拆换卷首之弊的存在。因此，又创誊录法。誊录法也是自上而下先后推行的。殿试誊录首见用于景德二年（1005）对河北举人的考试。[1]

---

[1] 参阅《宋会要辑稿》选举七之九。

省试誊录。《宋史》选举一载:

（大中祥符）八年，始置誊录院，令封印官封试卷付之，集书吏录本，监以内侍二人。

州试誊录，据日本学者荒木敏一考证，始于仁宗景祐四年（1037）。[①] 开封府、国子监及别头试誊录，亦始于仁宗景祐四年。[②]

为了防止誊录人有意或无意错誊文字，造成举子幸与不幸，后来又设"对读官"，负责誊文校对工作。

糊名法和誊录法是北宋科举改革中的两项重要措施，其效果也是比较显著的，大中祥符元年（1008）正月，真宗和王旦等大臣谈论时称："今兹举人颇以糊名考校为惧。然有材艺者皆喜于尽公。"[③]有趣的是欧阳修在嘉祐间知贡举，欲黜落刘几、取李荐均未能得逞[④]。因此，治平元年（1064）他在和司马光辩论如何取人时也不得不承认，"其无情如造化，至公如权衡"[⑤]。苏轼在知贡举时也曾欲取其素知的李荐，由于封弥之故，错取为章持。[⑥]有诗云："惟有糊名公道在，孤寒宜向此中求。"[⑦]

（五）健全考选机构

唐代的知贡举官常为一人，权力极重，往往可以决断取舍。宋初，知贡举官也是一人，开宝六年（973），李昉知举徇私事败。开宝七年，权停贡举。开宝八年，开科场，即设权同知贡举官，以分权势。以后，同知贡举官有多达十人者。目的之一是互相监督有无越轨行为；之二是分工负责，使考选工作更加严密。南宋嘉定十三年（1220），干脆将一名同知贡

---

① 详见日文杂志《京都学艺大学纪要》，1964年10月号。
② 见《长编》卷一二〇。
③ 《长编》卷六八，大中祥符元年正月癸未。
④ 参阅〔元〕盛如梓：《庶斋老学丛谈》下卷。
⑤ 〔宋〕欧阳修：《欧阳文忠公集》卷一一三《论逐路取人札子》。
⑥ 详见〔宋〕陆游：《老学庵笔记》卷一〇。
⑦ 〔宋〕李心传：《建炎以来系年要录》（以下简称《要录》）卷一四四，绍兴十二年三月乙卯条。

举官改为"监试",职任更加明朗化①。同时,为了防止知贡举官受贿或受人请托,自淳化三年(992)苏易简权知贡举起,受诏后即赴贡院理事。②大中祥符四年(1011)以后,并遣人伴人锁宿,隔绝和外界的联系。③

其次是考场其他官员的增置与分工。宋初只在考场内设有主考官监考。雍熙二年(985),又于考场外廊庑下设"巡掉"(也称巡视官),监视内外私相传递卷子者。贡院大门口设有"监门",不准随便出入来往。

另外,北宋前期考试结束后,点检试卷、编排字号、弥封卷首等程序未设专职负责人员,往往一人兼数职。景德四年(1007)十二月,始定"凡礼部封印卷首及点检程式别命官"④。从此缩小了官员的舞弊范围。

评判试卷,采取二次详定法。不论是省试还是殿试,宋代都设有初考官、复考官及综合两次评定结果的详定官。试卷封弥后,交初考官定等,定毕再封弥,然后交复考官重定。最后,由详定官会合两次评定结果,取其相近者为之。

二、具有时代特色的改革

(一)广开仕进之途,大胆起用新进士

唐代,每次科举取进士多在二十人左右,诸科三十人左右,唯有咸亨四年(673)取进士七十九人,此外无再逾越者。

宋太祖一朝,平均每次取进士仅十人左右,而太宗太平兴国二年(977),一跃取进士一百零九人,诸科二百零七人,特奏名一百九十一人。考取士突然增加数倍,主要是由于太祖、太宗的文治国策确立之后,迫切需要健全各级官僚机构,加强政权建设。因此,振兴科场,广泛取士。太宗以后的历朝皇帝也都留意科举,取士逐年递增。北宋末年,一次取进士竟达八百余人,超过唐代开元全盛日二十九年间所取进士(不足八百人)

---

① 详见《宋会要辑稿》选举六之三六。
② 《长编》卷三三,淳化三年正月辛丑条。
③ 见《宋会要辑稿》选举三之一〇。
④ 见《长编》卷六七。

之总和。

在任官之捷上，一方面表现为免除唐代的吏部选，一方面表现为任官重。太祖时授官品位还较低，开宝八年（975），状元王嗣宗仅授秦州司理参军。至太宗太平兴国二年（977），始命第一、第二等进士和《九经》授将作监丞、大理评事，通判诸州。并且赐新及第进士绿袍靴笏，直接释褐任官、免除了唐代及第后往往待选十年之久的困顿之期，自此也成为定制[①]。仁宗景祐元年（1034），进士又分为五甲：第一甲前三名授将作监丞、通判诸州；第四、第五名授大理评事、签书诸州节度判官事；第六名以下授秘书省校书郎、知县。第二甲为两职官。第三甲为初等职官。第四甲为试衔判司簿尉[②]。嘉祐三年（1058），迫于官滥，始减授官恩例。但是，在此之前，科举名列前茅者，十年左右常至宰辅之位。"仁宗一朝十有三榜，数其上之三人，凡三十有九，其不至于公卿者，五人而已。"[③]叶清臣、曾公亮、王尧臣、韩琦、欧阳修、王安石、刘挚、章惇等名臣，皆在其间登第。

（二）怀柔政策的加强

自从科举制实行之后，它所肩负的本来使命是为统治者擢拔俊秀贤才。然而，宋代科举不仅择其秀，而且收其庸，兼而顾之，别具匠心。

唐代科举，不仅取士少，而且由于权贵的垄断，所以，在科场竞争中，大多数举子难免于落选的厄运。但是，那些家世门第低下的士子们，不得不把荣贵的希望寄托在科场。因此，乃有身在科场数十年者。然而，一旦功名利禄的幻想破灭之后，士子们则或是看破红尘，愤世嫉俗，隐遁空门，去追求世外桃源。或是愤愤之下，揭竿而起，以武力去创建功名。或者投身异境，引狼入室，去颠覆现存政权。唐初对落第举子也曾采取了一些安抚措施，即在落第后设"曲江宴"示以关怀。但自唐中期以后，

---

① 参阅《宋会要辑稿》选举一之五。
② 参阅《宋会要辑稿》选举二之七。
③ 〔宋〕洪迈：《容斋随笔》卷九《高科得人》。

"曲江宴"则变为新及第进士的庆祝宴，无人再去安抚落第举人。所以，"唐末进士不第，如王仙芝辈'唱乱'。而敬翔、李振之徒，皆进士之不得志者也"。

复辙可鉴，宋太祖立国之后，便对知识分子采取了"广开科举之门，俾人人皆有觊觎之心，不忍自弃于'盗贼奸宄'"①。开宝三年（970）三月，诏礼部检阅进士、诸科十五举以上者，共得司马浦等一百零六人，特赐以"出身"，规定以后不得以此为例②。太祖这样做的目的在于收五代以来久举不第的士子于囊中，使其拥护赵宋政权。然而，此年冬天十二月，江南人樊若水因举进士不第，投奔宋廷，并上书献取江南之策，特赐以进士出身③。同时，也为宋统治者再次敲响了警钟。为避免此类逆子再出于本境，太宗太平兴国二年（977），又赐十五举以上特奏名一百九十一人。此后，特奏名的条件逐渐放宽：

景德二年	进士五举以上。
大中祥符八年	进士六举，诸科九举。
天圣二年	进士六举，年五十；诸科八举，年六十。
天圣五年	进士五举，年五十；诸科六举，年六十。

殿试本来是最后一次把关考试，取士比例或三分之一，或二分之一，或三分之二。因此，有累经礼部取中而后被殿试黜落者。举子张元屡被殿试摈弃，"以积忿降元昊，大为中国之患。朝廷始囚其家属，未几复纵之"。群臣将其原因归咎于殿试黜落。于是，嘉祐二年（1057）三月，诏："进士与殿试者皆不黜落。"殿试的作用仅仅是排定名次高下而已。宋人评此制之立，"是一叛逆之贼子为天下后世士子无穷之利也"④。

从特奏名的创立，到殿试的概不黜落，统治者对士子的每一步退却，

---

① 〔宋〕王栐：《燕翼诒谋录》卷一。
② 参阅《长编》卷一一，开宝三年三月壬寅条。
③ 参阅《宋会要辑稿》选举九之三。
④ 《燕翼诒谋录》卷五《殿试士人不黜落》。

都是在于戒其背叛或谋反。特奏名的基本条件是年龄、举数和考试级别，需要的是其忠实于科场，而不问其有无真才实学。因此，称特奏名为"恩科"。此科设后，"士子潦倒不第者皆觊觎一官，老死不止……英雄豪杰皆汩没消靡其中而不自觉，故乱不起于中国而起于夷狄"①。统治者用特奏名手段，达到了驯服和驾驭知识分子的目的。但是，特奏名的推恩之滥却是造成宋代官冗的重要原因之一。而特奏名所得几乎尽为蛀虫。元祐三年（1088），苏东坡评曰："朝廷所放恩榜几千人矣，何曾见一人能自奋励有闻于时，而残民败官者不可胜数。"②这是对特奏名极为公允的评价。

（三）抑权贵扬寒俊科举向中下层开放

科举在某种意义上是统治者借以分配权力的手段之一，在权力分配之际，充满着地主阶级内部各阶层之间的矛盾和斗争，核心问题乃是为世家所垄断还是开放于中下层。北宋所采取的一系列加强中央集权的措施，正是借鉴于唐代的贵戚专权、党争、武人跋扈等，因而，在科举改革方面，体现了抑势家扬寒俊的指导思想。

罢"公荐"、"公卷"及其他改革，对权贵势力已有一定的限制作用。此外还采取了一些防范和裁抑相结合的具体措施。首先是复试的制度化和对势家子弟采取别坐就试。太祖乾德六年（即开宝元年968年）三月，权知贡举王祐选拔了十名合格进士，其中第六名是翰林学士承旨陶穀之子陶邴。陶穀入殿向太祖谢恩，太祖却对其子的中第深表怀疑，问左右臣僚曰："闻穀不能训子，邴安得登第？"唯恐考官徇私，随令于中书覆试。经再试后，邴仍然及第。但仍下诏：

> 造士之选，匪树私恩，世禄之家，宜敦素业……自今举人凡关食禄之家，委礼部具析以闻，当令覆试。③

---

① 《燕翼诒谋录》卷一《进士特奏》。
② 〔宋〕苏轼：《东坡奏议》卷四《论特奏名》。
③ 《长编》卷九，乾德六年三月癸巳条。

真宗大中祥符元年（1008），省试落第举人周叔良等上讼知举官朋附权要，取势家子弟四十余人。四月殿试时，真宗曰："举贡谤议，前代不免。朕今召所谓势家子弟者，别坐就试"。①

其次是对势家子弟的直接裁抑。太宗雍熙二年（985）宰相李昉之子宗谔、参知政事吕蒙正的从弟蒙亨、盐铁使王明的儿子王扶、度支使许仲宣的儿子待问皆登进士第。太宗曰：

> 此并势家，与孤寒竞进，纵以艺升，人亦谓朕为有私也！②

于是，皆罢之。仁宗皇祐元年（1049），状元本应是沈遘，因沈遘是有官人，所以易为第二名，把原第二名冯京改为第一。③

所谓寒俊，并非社会最下层的劳动人民，实指地主阶级中下层的读书人。他们的政治地位不高，经济地位也不稳固，所以常有被形势之家兼并和欺凌的风险。宋统治者为了扩大统治基础，加强皇权，因此，对他们比较器重。

首先是经济上的恩赐。省试和殿试均在京师，而距京数千里之外的西川、山南、荆湖等处的寒士，常有因经济困难而不能赴举者。开宝二年（969）十月，诏：

> 西川、山南、荆湖等道，自今发遣举人，往来并给券。④

即举子来往路途之费均由国家负担。但是，此制后因有举人乘机经商犯禁而废。⑤

其次是政治上的信任。真宗天禧四年（1020）九月，取续解进士，姚随等十九人授奉职，周普等二十九人授借职，何从易等八人该授诸州长、

---

① 《长编》卷六八，大中祥符元年四月壬寅条。
② 《长编》卷二六，雍熙二年正月己未条。
③ 参阅〔宋〕叶梦得：《石林燕语》卷八。
④ 《长编》卷一〇，开宝二年十月丁亥条。
⑤ 参阅《燕翼诒谋录》卷一《进士试礼部给公券》。

马，特补借职，并且于近家处差遣。真宗曰：

> 此皆孤寒之士，应举年深，俾之效官，必能干事。①

北宋通过在科举中对权贵的防范和裁制，有效地遏止了唐代以前那种贵族世家的形成。

以上对北宋科举制度诸种改革的论述，可以概括为两点：

第一，北宋的科举制度是唐代的继续和发展，通过诸类条制的改革和确立，最终否定了荐举制存在的历史意义，摧垮了势家对科场的垄断。同时，弥补了许多借以徇私舞弊的漏洞，在其阶级面前体现了任人唯贤的原则。既配合了专制主义政策的推行，又为中下层知识分子的参政提供了可能性和现实性。

第二，在取士方针上，北宋统治者不仅选拔地主阶级中的优秀分子参政，而且还设"恩科"笼络学业不精而又久举不第的士子，科举在择贤任能的职能外，又变成引诱和驾驭知识分子的特殊工具。

（原载《史学月刊》1982年第5期）

---

① 《宋会要辑稿》选举二之六。

宋代科举封弥誊录制度述论

张希清

封弥、誊录制度是宋代科举考试的一大发明。对此，前辈学者和当代同仁多有论述[①]，但还有一些问题需要补充说明，现不揣浅陋，试加论述，以就正于方家。

一、封弥、誊录制度的创立和推行

（一）封弥、誊录制度的渊源

封弥，又称糊名，这一考试制度的渊源可以追溯到唐代，但当时大概先用于制举考试。《通典》卷一五《选举典三》载："其制诏举人，不有常科，皆标其目而搜扬之。试之日，或在殿廷，天子亲临观之。试已，糊其名，于中考之。文策高者特授以美官，其次与出身。"《新唐书》卷一二五《张说传》云："永昌中，武后策贤良方正，诏礼部尚书李景谌糊名较覆。（张）说所对第一，后署乙等，授太子校书郎，迁左补阙。"

稍后，糊名又用于吏部铨试。《通典》卷一五《选举典三》载："武太后又以吏部选人多不实，乃令试日自糊其名，暗考以定等第。糊名自此始

[①] 关于宋代科举封弥、誊录制度，主要有以下论著：[日]荒木敏一：《关于宋代的糊名法》，《京都学艺大学纪要》1964年10月号；[日]荒木敏一：《宋代科举制度研究》第二章第七节《糊名法及誊录法》，同朋社1969年版；徐规、何忠礼：《北宋的科举改革与封弥制》，《杭州大学学报》1981年第1期；又见徐规：《仰素集》，杭州大学出版社1999年版，第490—508页；穆朝庆：《宋代糊名法和誊录法的若干问题》，《中州学刊》1983年第5期；何忠礼：《宋代封弥制考辨》，《杭州大学学报》1987年第3期；祝尚书：《宋代科举糊名誊录制度考论》，《宋代科举与文学考论》，大象出版社2006年版，第175—189页。

也。"但到天册元年（695）十二月二十二日，"武后以为非委任之方"①，遂下敕曰："……其常选人自今已后，宜委所司依常例铨注。其糊名入试，及令学士考判，宜停。"②大约三十年后，唐玄宗在吏部铨试中又恢复了糊名试判。《唐会要》卷七五《杂处置》载："（开元）十五年九月，敕：'今年吏部选人，宜依例糊名试判，临时考第奏闻。'"唐代制举和铨试糊名考试大概都只是实行了很短的时间。

直到五代后周广顺二年（952），赵上交知贡举，糊名才开始用于科举省试。《宋史》卷二六二《赵上交传》载："广顺初，拜礼部侍郎。会将试贡士，上交申明条制，颇为精密，始复糊名考校。擢扈载甲科，及取梁周翰、董淳之流，时称得士，转户部侍郎。明年，再知举，谤议纷然。时枢密使王峻用事，常荐童子，上交拒之。峻怒，奏上交选士失实，贬商州司马。"赵上交被贬，省试糊名亦随之被废。

（二）宋代封弥、誊录制度的创立和推行

1. 封弥制度的创立和推行

宋代科举糊名考校始于太宗淳化三年（992）的殿试。《续资治通鉴长编》（以下简称《长编》）卷三三载："（淳化三年）三月戊戌（四日），上御崇政殿，覆试合格奏名进士。先是，胡旦、苏易简、王世则、梁颢、陈尧叟皆以所试先成，擢上第，由是士争习浮华，尚敏速，或一刻数诗，或一日十赋。将作监丞莆田陈靖上疏，请糊名考校，以革其弊，上嘉纳之。于是，召两省、三馆文学之士，始令糊名考校，第其优劣，以分等级。"《宋会要辑稿》选举七之五、《玉海》卷一一六《景德考试新格》记载略同。对于殿试封弥始于淳化三年，学界亦无分歧。不过，这已经是宋朝建国32年之后的事情了。

而对于省试实行封弥的时间，则有多种意见。徐规、何忠礼认为：

---

① 〔宋〕欧阳修、宋祁：《新唐书》卷四五《选举志下》。
② 〔宋〕王溥：《唐会要》卷七五《杂处置》。

"省试糊名始于大中祥符元年（1008）。"①荒木敏一认为，始于景德四年（1007）。②其根据都是《长编》卷六七、景德四年十二月癸卯（十一日）纪事："凡礼部封印卷首及点检程试别命官，皆自此始。"及李焘的原注："按《周起传》云，起创糊名之法；又《陈靖传》，亦云糊名考校始于靖。盖靖先请用之殿试，起复用之礼部，故起首为封弥官也。"穆朝庆则认为，省试封弥始于咸平二年（999）③。其根据是，《宋会要辑稿》选举一九之三记载："（咸平）二年正月十日，命礼部尚书温仲舒等知贡举，刑部员外郎董龟正、太常博士王陟同试举人及封印卷首，仍当日入院。"《长编》卷四四记载略同，李焘又云："礼部贡院封印卷首，自此始。"

徐规、何忠礼与荒木敏一的意见并不矛盾，不过是景德四年（1007）十二月任命周起、滕元晏为封弥官，大中祥符元年（1008）正月省试实施糊名考校罢了。真正的分歧在于徐规、何忠礼与穆朝庆之间。即省试糊名究竟是始于大中祥符元年，还是咸平二年？二者之所以有如此分歧，关键在于对"封印卷首"一词的解读不同。穆朝庆认为，"封印"即"封弥"；何忠礼认为："此处的'封印'，当不作'封弥'理解，而是'印署'之意。因为它起有记验与限制的作用，故亦可称为'封印'。"④

检阅宋代文献，除上引《长编》卷四四和《宋会要辑稿》选举一九之三记载"封印卷首"外，在景祐元年（1034）之前，至少还有11处可以见到"封印卷首"（或称"封弥卷首"）一词。现不惮其烦，征引如下：

（1）（咸平三年）三月十七日，帝御崇政殿试礼部奏名进士……又命国子博士雷说、著作佐郎梅询于后殿封印卷首。（《宋会要辑稿》选举七之五至六，《长编》卷四六略同）

（2）（景德四年）闰五月二十九日，帝问宰臣等："天下贡举人几

---

① 徐规、何忠礼：《北宋的科举改革与封弥制》，《杭州大学学报》1981年第1期；徐规：《仰素集》，杭州大学出版社1999年版，第490—508页。
② [日] 荒木敏一：《宋代科举制度研究》第二章第七节《糊名法及誊录法》，同朋社1969年版。
③ 穆朝庆：《宋代糊名法和誊录法的若干问题》，《中州学刊》1983年第5期。
④ 何忠礼：《宋代封弥制考辨》，《杭州大学学报》1987年第3期。

何?"王旦曰:"万三千有余人。"帝曰:"约常例奏名几何?"曰:"大约十取其一而已。"帝曰:"当落者不啻万人矣。必慎择其有司。"旦曰:"至于封印卷首,若朝廷差官,于理亦顺,然须择素有操执者。凡进士、诸科试卷,悉纳封印院糊名,送知举官考校,仍颁其式。知举官考定等第后,复令封之,俟覆考毕,参校其得失。"(原系年为景德三年,是年无闰月。据《长编》卷六五,《文献通考》卷三〇《选举考三》改)①

(3)(景德四年)十二月癸卯(十一日),先是,上尝问辅臣以天下贡举人数。王旦曰:"万三千有余,约常例,奏名十一而已。"上曰:"若此,则当黜者不啻万人矣。典领之臣,必须审择,晁迥亮畏,当以委之,周起、王曾、陈彭年皆可参预。"冯拯曰:"封印卷首,若朝廷遣官主之,于理亦顺,尤宜用素有操守之人。"旦曰:"滕元晏于士大夫间少交游。"上曰:"今当以朱巽代周起知举,令起与元晏同掌封印事。"于是,命翰林学士晁迥、知制诰朱巽、王曾、龙图阁待制陈彭年同知贡举。既受诏,上谕以取士之意,务在至公,擢寒俊有艺者。又命监察御史严颜、张士逊监贡院门,都官员外郎乔颜、太常博士郑骧、太常丞陈既济巡试铺,太常丞、直集贤院任随、著作佐郎陈覃点检进士程试,大理寺丞马龟符等六人考校诸科程试。又命知制诰周起、京东转运使、祠部员外郎滕元晏封印举人卷首,用奉使印;殿中丞李道监封印院门。进士、诸科试卷,悉封印卷首,送知举官考校,仍颁其式。知举官既考定等级,复令封之进入,送覆考所考毕,然后参校得失。凡礼部封印卷首及点检程试别命官,皆始此。元晏,中正子。士逊,光化军人也。(李焘原注:"按《周起传》云,起创糊名之法;又《陈靖传》亦云糊名考校始于靖。盖靖先请用之殿试,起

---

① 〔清〕徐松辑:《宋会要辑稿》选举三之八。

复用之礼部,故起首为封弥官也。")①

(4)(大中祥符四年)七月七日,武成王庙考试官杨侃言:"所试服勤词学经明行修举人,未敢只依旧令小试官更互封弥卷首,乞别差人。"从之。②

(5)(天禧三年)正月九日,以翰林学士钱惟演权知贡举,命国子监直讲马龟符、刑部详覆官王(名与御名音同)、大理寺丞张峤、大理寺详断官赵继武、国子监说书卢自明、冯诚为考试官,户部员外郎兼太子右谕德鲁宗道、直龙图阁冯元封印卷首,秘阁校理李垂、国子监丞王准点检试卷,集贤校理陈宽、馆阁校勘晁宗懿覆考诸科试卷,直史馆陈从易、国子博士李成务考试知举官亲戚举人。③

(6)(天圣元年)闰九月十二日,命侍御史高弁,职方员外郎、判三司开拆司吴济,直集贤院胥偃考试开封府举人;监察御史王轸封弥卷首。殿中侍御史王硕、直史馆张观考试国子监举人;直史馆章得象太常寺考试亲戚举人,监察御史张亿封印卷首。(弁等后坐拆举人策卷及莽卤解策词,同进士疑误。弁降两官,济、偃、轸各降一官,诸州监当。)④

(7)(天圣二年)正月二十一日,以御史中丞刘筠等权知贡举,龙图阁待制滕涉、判三司户部勾院、刑部郎中李若谷封印卷首。⑤

(8)(天圣五年)正月十二日,以枢密直学士刘筠等权知贡举……工部侍郎赵稹、监察御史鞠泳充封印卷首。⑥

(9)(天圣八年)正月十四日,以资政殿学士晏殊等权知贡

---

① 〔宋〕李焘:《续资治通鉴长编》(以下简称《长编》)卷六七;〔宋〕马端临:《文献通考》卷三〇《选举考三》。
② 《宋会要辑稿》选举一四之二四、《长编》卷八三,略同。
③ 《宋会要辑稿》选举一九之六至七。
④ 《宋会要辑稿》选举一九之七至八。
⑤ 《宋会要辑稿》选举一九之八。
⑥ 《宋会要辑稿》选举一九之八至九。

举……右司谏范讽、监察御史崔暨封印卷首。①

（10）（明道二年）八月十二日，命三司盐铁判官杨日华、直史馆郑戬、开封府推官明镐考试开封府举人，侍御史郭劝封印卷首。②

（11）（景祐元年）正月十六日，以翰林学士章得象等权知贡举，侍御史蒋堂、右正言滕宗谅封印卷首。③

由上引11条宋代史料可知，"封印卷首"（或称"封弥卷首"）一词不但见于咸平二年（999），此后又见于咸平三年、景德四年（1007）、大中祥符四年（1011）、天禧三年（1019）、天圣元年（1023）、明道二年（1033）和景祐元年（1034）。这11条宋代史料中的"封印卷首"（或称"封弥卷首"）均指"封弥"（或曰"糊名"），宋人不至于将"封印"与"封弥"混淆到如此程度。所以，我认为省试封弥应该始于咸平二年。至于《长编》卷六七、《文献通考》卷三〇景德四年十二月纪事所载"凡礼部封印卷首及点检程试别命官，皆始此"，大概是在咸平二年至景德四年间的省试中，"封印卷首"（封弥）尚未"别命官"，而由其他考试官兼管，如咸平二年的封印卷首官董龟正和王陟即是"同试举人及封印卷首"④；到景德四年十二月，才开始任命周起、滕元晏专门负责"封印卷首"（封弥），即封印卷首"别命官"自此始吧。

关于解试实行封弥的时间，《长编》卷八三载："（大中祥符四年）七月辛卯（二十日），开封府考试举人。旧制，试官更互封弥卷首，直集贤院杨侃等请别差官。从之。"《宋会要辑稿》选举一四之二四载："（大中祥符四年）七月七日，武成王庙考试官杨侃言：'所试服勤词学经明行修举人，未敢只依旧令小试官更互封弥卷首，乞别差人。从之。"据此，在大中祥符四年（1011）之前，开封府解试已经"令小试官更互封弥卷首"；

---

① 《宋会要辑稿》选举一九之九。
② 《宋会要辑稿》选举一五之九。
③ 《宋会要辑稿》选举一九之一〇。
④ 《长编》卷四四，咸平二年正月乙丑条；《宋会要辑稿》选举一九之三。

此后，始别差官专门负责封弥卷首。

又据《宋会要辑稿》选举一五之九载："（明道二年）七月十二日，诏自今诸州府军监考试解发举人，一依先降条制，应在试解发人处，兼令依省试例，封弥卷首后考校过落。"《长编》卷一一二载："（明道二年）七月乙亥（十二日），诏诸州自今考试举人，并封弥卷首，仍委转运司于所部选词学并公勤者为考试、监门、封弥官。"可见，至迟明道二年（1033），封弥制度即广泛推行于诸州府军监的解试。

2. 誊录制度的创立和推行

科举考试实行封弥之后，尚未能完全杜绝试卷考校中的作弊。因为，考试官还可以通过辨认笔迹得知试卷出自何人之手。为了堵塞这一漏洞，于是又创立了誊录制度。吴曾《能改斋漫录》卷一《糊名考校》云：

> 取士至仁宗始有糊名考校之律，虽号至公，然尚未绝其弊。其后袁州人李夷宾上言，请别加誊录。因著为令，尔后识字画之弊始绝。

由此看来，誊录制度似乎始创立于仁宗时期，实则不然。《宋会要辑稿》选举七之九载：

> （景德二年）五月十三日，帝御崇政殿，试礼部奏名河北举人，内出题《建用皇极赋》、《昭德塞违诗》、《汉文宣二帝政理孰优论》。帝召王钦若等一十一人于内阁糊名考校，分为六等。别录本，去其姓名，召两制、尚书、丞郎、两省、给谏、馆阁官凡三十人，分处殿东、西阁覆考之。帝遣中使宣谕，令尽公平，无得压降等第，令钦若总详之。是夕，内阁十人于殿后及试诸科举人，糊名考定如例。得进士范昭已下一百四十六人，第为三等，并赐及第、同出身、同学究出身。

《长编》卷七一亦载："大中祥符二年六月庚戌，上御崇政殿亲试，仍别录本考校。"可见，"别录本"即是誊录。誊录也是首先从殿试开始的，殿试誊录始于景德二年（1005）。

至于省试何时誊录，《长编》卷八四载：

> （大中祥符八年）正月甲午……是岁，始置誊录院，令封弥印官封所试卷付之，集书吏录本，诸司供帐，内侍二人监焉。命京官校对，用两京奉使印记，复送封印院，始送知举官考校。（置誊录院，《实录》未见，疑本脱，当考其月日。）

《玉海》卷一一六及《宋史·选举志》亦云，大中祥符八年，省试始置誊录院。据此，省试誊录起码不迟于大中祥符八年（1015）。

关于开封府解试的誊录，天禧二年（1018）十月三日，开封府发解官任布等上言："望依南省例誊录进士试卷，及前一日先进诗、赋、论题目，御笔点定。"真宗诏曰："题目依奏进入，余不许。"[①]即真宗未允许开封府解试实行誊录。此后近二十年间，未见解试誊录的记载。《长编》卷一二〇载：

> （景祐四年）六月丙申（二十五日），诏开封府、国子监及别头试，自今封弥、誊录如礼部。从左司谏韩琦之请也。

《宋会要辑稿》选举一五之一〇所载略同。据此可知，在任布建言近二十年之后，到仁宗中期，誊录制度才在开封府、国子监及别头试的解试中实行。至于诸州府军监解试的誊录，《玉海》卷一一六云："诸州易书，自景祐四年始。"或许较开封府、国子监解试稍晚，但大概不会晚于下次开科考试的庆历元年（1041）。

从以上可以看出，封弥、誊录制度的创立与推行至少有两个特点：一是首先创立于殿试，然后逐步推行于省试、解试；二是封弥、誊录制度从创立到普遍推行经历了一个相当长的过程，从太宗淳化三年（992）殿试封弥，到仁宗景祐四年（1037）诸州府军监解试誊录，前后经历了太宗、真宗、仁宗三朝46年。

[①]《宋会要辑稿》一五之二；《长编》卷九二，天禧二年十月壬辰条。

二、封弥、誊录制度的主要内容

（一）封弥、誊录的机构与官员

根据大中祥符四年（1011）十一月颁布的新定御试条制，负责"去其卷首乡贯状，以字号第之"即封弥者为"编排官"；负责"誊写校勘"即誊录者为"封弥官"。① 后又单独设立对读官负责"校勘"，则封弥官仅负责"誊写"试卷。如嘉祐六年（1061）殿试，翰林学士贾黯、侍御史知杂事范师道、右司谏赵抃3人为编排官，傅求、王陶2人为封弥官，胡稷臣、苏衮、傅尧俞、张次立、宋迪、周孟阳6人为对读官。② 宝祐四年（1256）殿试，"中顺大夫、行大理少卿高衡孙，朝散郎、尚书吏部员外郎兼资善堂赞读皮龙荣"2人为编排官，"朝请大夫、新除大理寺主簿张槃（梦），朝散郎、干办行在诸司粮料院张蕴"2人为封弥官，"承直郎、差充提领户部犒赏酒库所干办公事陈应星，从政郎、添差两浙路转运司干办公事陈问，从政郎、监行在省仓下界斛面官唐再炳，从政郎、监行在车辂院门余孟成，文林郎、差充两浙西路转运司准备差遣魏正子"5人为对读官。③ 又如咸淳七年（1271）殿试，"朝议大夫、新除太府少卿邓益，朝散郎、尚书吏部员外郎、右司陈纬"2人为编排官，另有对读官、封弥官各若干人。④ 从目前搜集到的材料看，殿试未见设有誊录官，或许两宋一直遵守大中祥符四年（1011）十一月颁布的新定御试条制。

而省试则有封弥官、誊录官、对读官。如咸淳七年（1271）省试有封弥官6人、誊录官3人、对读官24人。当年别院试、四川类省试也均设有封弥官、誊录官、对读官。⑤

负责封弥的机构或场所称为"封弥院"，或称"封印院"、"封弥所"；

---

① 《长编》卷七六、大中祥符四年十一月丙子条。
② 〔宋〕刘昌诗：《芦浦笔记》卷五《赵清献公充御试官日记》。
③ 《宝祐四年登科录》卷一。
④ 〔元〕刘埙：《隐居通议》卷三一《前朝科诏》。
⑤ 《隐居通议》卷三一《前朝科诏》。

负责誊录的机构或场所称为"誊录院",或称为"誊录所";负责校对的机构或场所称为"对读所"。天圣七年(1029)十月,"诏铸封弥院印三面,誊录所印三面,发解印三面,送礼部收管,遇科场给付逐处使用"①。官员、机构、印信的设置更为完备。

(二)封弥、誊录的程序

关于封弥、誊录的程序,《长编》卷七六载:

> (大中祥符四年)十一月丙子(七日),上御崇政殿亲试……内出新定《条制》:举人纳试卷,内臣收之;先付编排官去其卷首乡贯状,以字号第之;付封弥官誊写校勘,用御书院印;始付考官,定等讫;复弥封送覆考官,再定等。编排官阅其同异,未同者再考之;如复不同,即以相附近者为定。始取乡贯状字号合之,乃第其姓名、差次并试卷以闻,遂临轩唱第。

据此可知,封弥、誊录的程序为:第一步,由编排官去掉卷首的乡贯状,即应举人姓名、年龄,曾祖、祖、父三代姓名,籍贯等,以字号作为顺序次第;第二步,交由封弥官誊录、校对;第三步,交初考官评定等第;第四步,将初考官所定等第封上,送覆考官再评定等第;第五步,由编排官对比初、覆考官所定等第的异同,如果不同,即再详阅试卷,确定其中一个相近的等第;第六步,调取乡贯状的字号,与试卷字号相合,即以其姓名、次第和试卷一并上报给皇帝,然后唱名,赐进士及第。

此后,殿试设详定官,负责确定进士等第,编排官专管封弥编号。详定官或从初考,或从覆考,不别立等第。如《梦溪笔谈》卷一云:"旧制,御试举人,设初考官,先定等第;复弥封之,以送覆考官,再定等第;乃付详定官,发初考官所定等,以对覆考之等,如同即已,不同,则详其程文,当从初考,或从覆考为定,即不别立等第。"嘉祐六年(1061),王安石为详定官,奏请皇帝之后,始可别立等第。

---

① 《宋会要辑稿》选举六之五一。

解试、省试封弥、誊录程序与殿试略同。《梦粱录》卷二《诸州府得解士人赴省闱》云：

> 所纳卷子，径发下弥封所封卷头，不要试官知士人姓名，恐其私取故也。却于每卷上打号头，三场共一号，方发往誊录所誊录卷子。依字号书写，对读无差，方纳入考试官各房考校。如卷子考中，发过别房覆考，如称众意，方呈主文，却于誊录所吊取真卷，点对批取，定夺魁选。伺候申省奏号揭榜取旨，差官下院拆号放榜。

据此，省试第一步，由封弥所封住卷首乡贯状，在试卷上打字号；第二步，由誊录所誊录试卷，校对无误；第三步，送初考官评定等第；第四步，发送别房覆考；第五步，呈送知贡举，于誊录所调取真卷，确定录取名次；第六步，申报尚书省，拆号放榜。

（三）封弥字号

《长编》卷七六、大中祥符四年（1011）十一月丙子（七日）载："编排官去其卷首乡贯状，以字号第之。"那么宋代是如何编号的呢？据《宋会要辑稿》记载，北宋时期，一般是"于《玉篇》中取字为号"，如大中祥符二年殿试，"仍以高等十卷，付宰臣重定。王旦请以珽字号者为第一，帝然之。因阅晁迥等所正，以珽为首卷，即梁固也"。[1]该榜状元梁固的字号为珽，即是取自《玉篇》卷第一、玉部第七。

又如嘉祐六年（1061）殿试，"奏乞送熰字号卷重详定。封弥关详定五号，奏取旨。御药院关奏，圣旨：看详定夺靷、狌、鮠、䱱、蚋五号等第"[2]。所谓熰字号卷，即是状元王俊民的殿试卷[3]，此字取自《玉篇》卷第二十一、火部第三百二十三。圣旨看详定夺的五个字号，"靷"字取自《玉篇》卷第二十六、革部第四百二十三，"狌"字取自《玉篇》卷第二十

---

[1]《宋会要辑稿》选举七之一一。
[2]《芦浦笔记》卷五《赵清献公充御试官日记》。
[3]〔宋〕王安石：《王荆文公诗笺注》卷二九《和杨乐道韵六首·后殿朝次偶题》。

一、多部第三百十五，"觓"字取自《玉篇》卷第二十六、角部第四百二十，"觯"字取自《玉篇》卷第二十六、角部第四百二十，"蚋"字取自《玉篇》卷第二十五、虫部第四百一。

南宋时，封弥撰号与北宋有所不同，大概为了防止泄漏和便于编排顺序，一般以三个字组成一个字号，"字号用《千字文》"①。如高宗绍兴二十七年（1157）三月殿试，宣谕宰臣沈该等曰："……朕前日谕考试官，令取直言，置之上列，非为虚文，可将'任贤辉'字号卷居第一。"②"任贤辉"即状元王十朋殿试卷的字号。又如孝宗隆兴元年（1163）二月十七日，翰林学士承旨、知制诰、知贡举洪遵等言："考校'已康感'字号试卷，学问源渊，论议切直，为前后场之冠，已考入魁选，偶策卷误犯哲宗旧讳。"诏楼钥特降末等头名③。"已康感"即是楼钥殿试卷的字号。

后来，改为"以三不成字凑成一号"。庆元五年（1199）又基本改为三成字。《宋会要辑稿》选举五之二二载：

> 庆元五年六月，臣僚言："……至若封弥撰号，例以三不成字凑成一号，盖防漏泄也。殊不知点画之间，便有同异。夫字号用《千字文》，且如'方'之与'文'，阙其一画，不知其为方耶？为文耶？以至'目'之与'且'，'才'之与'寸'，亦然。若不全成，何以区别？前后差误，率皆由此。乞应封弥撰号，并用全字，以绝差误之失。"礼部勘当："除母头十千等，仍用不成字外，余依所乞。"从之。

嘉定七年（1214）九月四日，通判临安府孔元忠言：

> 准差监类试所门兼撰号，检会试卷封弥打号，母头既同，从来以《千字文》排去，其间相类，可以添改。如"乃"可为"及"，"王"可为"玉"，"白"可为"百"，"止"可为"正"，"心"可为"必"，

---

① 《宋会要辑稿》选举五之二二。
② 《宋会要辑稿》选举八之九。
③ 《宋会要辑稿》选举四之三六。

"比"可为"此","旦"可为"且","璧"可为"璧","义"可为"又","中"可为"甲"之类,共一五十四字。万一或出奸弊,甲能文乙不能文,或有请嘱,将甲乙两卷"及"字、"玉"字中选字号,却以"乃"字、"王"字试卷添一笔持出,有司仓猝,但见草卷、真卷一同,不假以文比对,便行开拆,何缘辨白?岂不为试者之不幸!乞下封弥所,不许重行施用,并下礼部、国子监契勘。

既而,礼部言:"国子博士曾焕等看详:孔元忠点检得字画相类不合兼用,所乞委是允当。如遇试场,即合遵守施行。"诏从其请,孔元忠所列举的154个字画相类的字,在封弥撰号时不再使用。①

三、封弥、誊录制度的论争与废复

殿试、省试实行封弥、誊录制度之后,立即得到上至皇帝、宰相,下至应举人的赞扬。景德四年(1007)闰五月,真宗降诏榜下礼部贡院,说明"所以杜绝私请、搜扬寒秀之意,举人见者咸喜"。十二月丙辰(二十四日),真宗与宰相王旦等谈及此事,王旦等曰:"昨颁《考较新格》,周行中颇有议论,且言中书不能守科场大体,但疑春官有私。及诏榜出,天下士乃知陛下务尽至公,恐多遗才,故更此条贯也。"②第二年,第一次施行《考校新格》,真宗对封弥考校的结果也很满意。大中祥符元年(1008)正月癸未(二十一日),宋真宗曾对宰相王旦等说:"今兹举人,颇以糊名考校为惧,然有材艺者,皆喜于尽公。"③大中祥符八年三月戊戌(十八日),赵安仁等上礼部合格人数、姓名。真宗又对宰相王旦说:"今岁举场,似少谤议。安仁等适对,朕亦以此语之矣。"王旦说:"条式备具,可守而行,至公无私,其实由此。"④其条式主要即是指封弥、誊录制度。

---

① 《宋会要辑稿》选举六之二三至二四。
② 《长编》卷六七,景德四年十二月丙辰条。
③ 《长编》卷六八,大中祥符元年正月癸未条。
④ 《长编》卷八四,大中祥符八三月戊戌条。

但此后对是否实行封弥、誊录，还有一些议论和反复。一次是在庆历新政之时。庆历三年（1043）九月丁卯（三日），范仲淹、富弼等应诏上奏曰：

> 三曰：精贡举……又外郡解发进士、诸科人，本乡举里选之式，必先考其履行，然后取以艺业。今乃不求履行，惟以词藻、墨义取之，加用弥封，不见姓字，实非乡里选举之本意也……臣请重定外郡发解条约，须是履行无恶、艺业及等者，方得解荐，更不弥封试卷。其南省考试之人，已经本乡询考履行，却须弥封试卷，精考艺业。①

于是，仁宗命翰林学士宋祁等修订贡举考试条制。庆历四年三月十三日，翰林学士宋祁等言：

> 国子监、开封府发解，就试人数既多，其进士、诸科卷子并依旧封弥、誊录外，诸州发解，已令知州、通判、职官、令录等保明行实，更不封弥、誊录。②

仁宗批准了宋祁等拟定的贡举新制，即诸州解试，"更不封弥、誊录"。庆历四年十一月，知谏院包拯上奏曰：

> 天下郡学自罢听读之后，生徒各以散去，一旦诏下，投牒求试者比比皆是，长吏等又安能——练悉行实哉？不免只凭逐人递相保委，然而诈伪猥杂者亦无由辨明；兼每州用试官一员，是天下试官逾三百余员，必恐未能尽得其人，而悉心于公取也。或缘其雅素，或牵于爱憎，或迫于势要，或通于贿赂，势不得已因而升黜者有矣，又何暇论材艺、较履行哉！洎取舍一谬，则是非纷作，不惟抑绝寒素，窃虑天下因此构起讼端多矣。况封弥、誊录，行之且久，虽非取士之制，稍

---
① 《长编》卷一四三，庆历三年三月戊戌条。
② 《宋会要辑稿》选举三之二四。

协尽公之道,若今来诸州发解举人,且令仍旧封弥、誊录考校,于理甚便。①

庆历新政推行不到一年,即遭夭折,科举新制尚未施行,即被废罢,诸州解试依旧封弥、誊录。《长编》卷一六四载:

> 庆历八年四月丙子(八日),诏:"科场旧条,皆先朝所定,宜一切无易。"时礼部贡院言:"(庆历)四年,宋祁等定贡举新制,会明年诏下,且听须后举施行。今秋赋有期,缘新制,诸州军发解,但令本处官属保明行实,其封弥、誊录,一切罢之。窃见外州解送举人,自未有封弥、誊录以前,多采虚誉,苟试官别无请托,亦只取本州曾经荐送旧人,其新人百不取一。自封弥以后,考官不见姓名,即须实考文艺,稍合至公……伏惟祖宗以来,得人不少,考较文艺,固有规程,不须变更,以长浮薄。请并如旧制。"故降是诏。②

第二次集中议论封弥、誊录是在王安石变法时。熙宁二年(1069)四月,诏议科举。五月,苏颂上奏曰:

> 所谓考试关防太密,弥封、誊录是也。夫弥封、誊录,本欲示至公于天下,然则徒置疑于士大夫,而未必尽至公之道,又因而失士者亦有之。何则?国家取士,行实为先。今既弥封、誊录,考官但校文词,何由知其行实?故虽有瑰异之士,所试小戾程式,或致退落;平时常负玷累,苟一日之长可取,便预收采。士之贤否,而进退之间系乎幸与不幸,往往是矣,是岂朝廷之本意耶……为今之便,则莫若去弥封、誊录之法,使有司得专参详考察。一则主司知朝廷委任不疑,益务尽心;二则负实学者得以自明,程文小疵,不虞见弃;三则浅陋

---

① 〔宋〕包拯:《包拯集校注》卷一《请依旧封弥誊录考校举人》。
② 据《宋会要辑稿》选举三之三一校改。

之人，固无侥幸之望。至公之道，无大于此。①

司马光在熙宁二年五月应诏所上《议学校贡举状》中，则针锋相对地指出：

> 议者又曰："宜去封弥、誊录，委有司考其文辞，参以行实而取之。"臣独以为不然。夫士之德行，知州县者尚不能知，而有司居京师，一旦集天下之士，独以何术知之？其术不过以众人之毁誉决之。孔子曰："众好之，必察焉；众恶之，必察焉。"夫众人之毁誉，庸讵足以尽其实乎？必如是行之，臣见其爱憎互起，毁誉交作，请托公行，贿赂上流，谤讟并兴，狱讼不息，将纷然淆乱。朝廷必厌苦之而复用封弥、誊录矣。夫封弥、誊录，固为此数者而设之也。譬犹筑防以鄣泽水也，今不绝其源而徒去其防，则横流之患愈不可救矣。②

连反对王安石罢诗赋而专以经义、论、策取士的苏轼也说：

> 今议者所欲变改，不过数端……或欲举唐室故事，兼采誉望而罢封弥……此数者，皆知其一而未知其二者也。臣请历言之……唐之通榜，故是弊法，虽有以名取人、厌伏众论之美，亦有贿赂公行、权要请托之害。且使恩去王室，权归私门，降及中叶，结为朋党。通榜取人，又岂足尚哉？③

王安石变法对贡举制度实行了重大改革，但主要是贡举科目和考试内容方面的改革，而封弥、誊录制度，在庆历四年（1044）之后，一直奉行，从未废罢；庆历新政之时，所要废罢者也仅仅是诸州解试中的封弥、誊录，而开封府、国子监解试及省试、殿试中的封弥、誊录是照行不误

---

① 〔宋〕苏颂：《苏魏公文集》卷一五《议贡举法》。
② 〔宋〕司马光：《温国司马文正公文集》卷三九《议学校贡举状》。
③ 〔宋〕苏轼：《上神宗答诏论学校贡举之法》，载〔宋〕赵汝愚编：《国朝诸臣奏议》卷七九；
〔宋〕苏轼：《苏轼文集》卷二五。

的。到熙宁二年（1069）之后，连废罢封弥、誊录的议论也极少了。

封弥、誊录制度一旦创立就受到绝大多数人的赞扬，具有强大的生命力，主要是它确实对防止评阅试卷作弊起到了关键作用。正如英宗治平元年（1064），欧阳修在《论逐路取人札子》中所说：

> 糊名、誊录而考之，使主司莫知为何方之人、谁氏之子，不得有所憎爱薄厚于其间。故议者谓国家科场之制，虽未复古法，而便于今世，其无情如造化，至公如权衡，祖宗以来不可易之制也。①

欧阳修的话说得虽然有点太绝对了，但毫无疑问是很有道理的。人称"小东坡"的唐庚（1070—1120）也说："自国初以来，三易取士之法，然要之不离文字晦名、易书暗考而明取之。虽无出长入治之利，亦无毁誉比周之害矣。其人略如此。"②

在实践中，封弥、誊录制度也充分显示了"无情如造化，至公如权衡"的作用。举例来说，嘉祐四年（1059），欧阳修为殿试考官，决心黜落刘几，而刘几却中了状元。《梦溪笔谈》卷九载：

> 嘉祐中，士人刘几累为国学第一人，骤为怪险之语，学者翕然效之，遂成风气。欧阳公深恶之。会公主文，决意痛惩……有一举人论曰："天地轧，万物茁，圣人发。"公曰："此必刘几也。"戏续之曰："秀才剌，试官刷。"乃以大朱笔横抹之，自首至尾，谓之"红勒帛"。判"大纰缪"字，榜之。既而，果几也。
>
> 复数年，公为御试考官，而几在庭。公曰："除恶务本，今必痛斥轻薄子，以除文章之害。"有一士人论曰："主上收精藏明于冕旒之下。"公曰："我已得刘几矣。"既黜，乃吴人萧稷也。是时试《尧舜性之赋》，有曰："故得静而延年，独高五帝之寿；动而有勇，形为四罪之诛。"公大称赏，擢为第一人。及唱名，乃刘辉。人有识之者曰：

---

① 〔宋〕欧阳修：《欧阳文忠公集》卷一一三《论逐路取人札子》。
② 〔宋〕唐庚：《眉山唐先生文集》卷六《名治论》。

"此刘几也,易名矣。"公愕然久之。

还有一个有名的例子:元祐三年(1088),苏轼知贡举,苏门六君子之一的李廌应举。苏轼特意要使他及第,但结果李廌却落第而归。为此,苏轼作诗以送之。其诗题为《余与李廌方叔相知久矣领贡举事而李不得第愧甚作诗送之》,诗云:

> 与君相从非一日,笔势翩翩疑可识。平生漫说古战场,过眼终迷日五色。我惭不出君大笑,行止皆天子何责。青袍白苎五千人,知子无怨亦无德。买羊酤酒谢玉川,为我醉倒春风前。归家但草凌云赋,我相夫子非癯仙。①

此外,那些废罢封弥、誊录制度的理由都是难以成立的。概括起来,其理由大概有二。

其一是:实行封弥、誊录,"不能守科场大体,但疑春官有私"②;罢之,"则主司知朝廷委任不疑,益务尽心"③。事实上,正如包拯所说:诸州解试,"每州用试官一员,是天下试官逾三百余员,必恐未能尽得其人,而悉心于公取也"④。所以不得不防。而实行封弥、誊录制度,并不会妨碍考官尽心尽力,反而会使考官排除各种请托干扰,尽心精选英才。

其废罢封弥、誊录的理由之二是:"外郡解发进士、诸科人,本乡举里选之式,必先考其履行,然后取以艺业。今乃不求履行,惟以词藻、墨义取之,加用弥封,不见姓字,实非乡里选举之本意也。"⑤实际上,宋代在参加解试的资格中,已经规定了履行等方面的种种要求,如未犯杖以上刑责,非曾为僧道胥吏,无期周尊长丧服,身不被废疾等等,并且五人为

---

① 〔宋〕苏轼:《苏轼诗集》卷三〇《余与李廌方叔相知久矣领贡举事而李不得第愧甚作诗送之》。
② 《长编》卷六七,景德四年十二月丙辰条。
③ 《苏魏公文集》卷一五《议贡举法》。
④ 《包拯集校注》卷一《请依旧封弥、誊录考校举人奏》。
⑤ 《长编》卷一四三,庆历三年三月戊戌条。

保，立有"保状"，如果在品行方面不合格，本人要受到严厉惩罚，同保应举人也要负连带责任。这样，并非"不求履行，惟以词藻、墨义取之"，而是有效地解决了"履行"与"艺业"的矛盾，不会出现苏颂所担心的"平时常负玷累，苟一日之长可取，便预收采"的情况，也不是像南宋后期的王柏所说："至糊名之法行，而士之进退一决于三日之虚文，虽纲常沦坏之人，贩缯屠狗之辈，不必择也。"①

如果不实行封弥、誊录，考试官也很难亲知每位应举人的履行，所谓的"考其履行"不过是"采虚誉"罢了。那样就会如包拯所说："或缘其雅素，或牵于爱憎，或迫于势要，或通于贿赂，势不得已因而升黜者有矣，又何暇论材艺、较履行哉！"②即使不受请托，也会出现"亦只取本州曾经荐送旧人，其新人百不取一"③。这样，必然会"爱憎互起，毁誉交作，请托公行，贿赂上流，谤讟并兴，狱讼不息"④。要解决这些问题，又必然回到实行封弥、誊录制度。正因为如此，它才成为"祖宗以来不可易之制"。

四、封弥、誊录制度下的作弊与防弊

封弥、誊录制度在科举考试的实践中，确实起到了防止考校试卷作弊的积极作用。但是，宋代作为一个科举社会，科场的胜败得失，必然牵动数以十万计的举人之心。《容斋四笔》卷八《得意失意诗》载：

> 旧传有诗四句夸世人得意者云："久旱逢甘雨，他乡见故知。洞房花烛夜，金榜挂名时。"好事者续以失意四句曰："寡妇携儿泣，将军被敌擒。失恩宫女面，下第举人心。"此二诗，可喜可悲之状极矣。

"及第"和"落第"已经成为宋人的"四喜"、"四悲"之一。因此，

---

① 〔宋〕王柏：《鲁斋集》卷一一《题吕申公试卷》。
② 《包拯集校注》卷一《请依旧封弥、誊录考校举人奏》。
③ 《长编》卷一六四，庆历八年四月丙子条。
④ 《温国司马文正公文集》卷三九《议学校贡举状》。

宋代科举制度尽管已经十分完备而严密，但是，"道高一尺，魔高一丈"，仍有人千方百计作弊。对于封弥、誊录制度来说也是如此。宋人认为："贡举莫重于省试，利害关系莫重于封弥。"①实行封弥、誊录制度之后，作弊的手段主要有密约暗号、预买题目、拆换试卷、誊录灭裂等，宋朝政府也相应地采取了各种防弊的措施。

（一）密约暗号

封弥制度实行之后不久，就出现了密约暗号的作弊事件。《长编》卷五九载：

> （景德二年）四月丁酉（二十日），枢密直学士刘师道责授忠武行军司马，知制诰陈尧咨单州团练副使。先是，师道弟几道举进士，礼部奏名，将廷试。近制，悉糊名校等。尧咨为考官，教几道于卷中密为识号。几道擢第，或告其事，诏落籍，永不得预举。上初欲含容，不复穷理其事，而师道固求辨理，诏东上阁门使曹利用、兵部郎中边肃、内侍副都知阎承翰诣御史府杂治之，坐论奏诬罔，与尧咨并及于责。大理寺王湛者，咸平五年登进士第，与几道同，至是，狱词连及，亦削官。

殿试考官陈尧咨教枢密直学士刘师道的弟弟刘几道在试卷中密约暗号，因而及第。事发之后，均被严惩。此类弊案，时有发生。《宋会要辑稿》选举一六之三二至三三载：

> 嘉定十一年十一月十一日，诏荣州（治今四川荣县）发解监试官承直郎、签判何周才特贷命，追毁出身以来文字，除名勒停，免真决，不刺面，配忠州牢城，免籍没家财；考试官石伯酉、扈自中、冯夤仲各特降一资，并放罢；刘颐并徒二年私罪，赎铜二十斤，仍照举人犯私罪不得应举；杨元老徒二年私罪，荫减外，杖一百，赎铜十

---

① 《宋会要辑稿》选举六之三七。

斤；刘济特送五百里外州军，刘颐、杨元老特分送三百里外州军，并编管。

以周才充发解监试，受刘光赇赂，用杨元老之谋，约以策卷中三"有"字为暗号，取放光之子颐改名宜孙，及其孙济二名。既为赵甲经漕司告试院孔窍之弊，下遂宁府鞫得其实，具按来上，从大理拟断。于是，臣僚言："周才、光等罪犯皆得允当，伯酉、自中、夤仲不合擅令周才干预考校，又听从取放，乞并镌罢。"故有是命。

荣州解试监试官何周才受贿"约以策卷中三'有'字为暗号"，录取刘光之子刘颐、之孙刘济二人得解，受到"除名勒停"、"配忠州牢城"等刑罚。这些都是揭露出来的案件，未暴露的恐怕更多。其所以如此严惩，也是为了杀一儆百。

（二）预买题目

所谓"预买题目"，就是将科举考试题目甚至答案预先泄漏给应举人。《宋会要辑稿》选举六之一六载：

夫差官考校，逐州对号，以防请嘱；今富室子弟先期计会漕胥，密知考官姓字，要之于路，潜行贿赂，预买题目，暗为记号，侥幸中选，铜臭得志，而真材老于岩穴矣！此考官鬻解之弊。

元祐三年（1088），苏轼知贡举，为了能让门人李廌及第，据说还采取了类似"预买题目"的作弊手段，只不过交换的是人情而不是金钱。《鹤林玉露》甲编卷之五《李方叔》云：

元祐中，东坡知贡举，李方叔就试。将锁院，坡缄封一简，令叔党持与方叔，值方叔出，其仆受简置几上。有顷，章子厚二子曰持曰援者来，取简窃观，乃《扬雄优于刘向论》一篇。二章惊喜，携之以去。方叔归，求简不得，知为二章所窃，悵惋不敢言。已而果出此题，二章皆模仿坡作，方叔几于阁笔。及拆号，坡意魁必方叔也，乃章援。第十名文意与魁相似，乃章持。坡失色。二十名间，一卷颇奇，坡谓同列曰："此必李方叔。"视之，乃葛敏修。时山谷亦预校文，曰："可贺内翰得人，此乃仆宰太和时，一学子相从者也。"而方叔竟下第。……余谓坡拳拳于方叔如此，真盛德事。然卒不能增益其命之所无，反使二章得窃之以发身，而子厚小人，将以坡为有私有党，而无以大服其心，岂不重可惜哉！

南宋人罗大经竟然将苏轼这种"有私有党"的舞弊行为称赞为"真盛德事"，岂非咄咄怪事！由此更可以看出封弥、誊录的作用和意义重大。

南宋时期，"预买题目"更为普遍。《癸辛杂识》后集《私取林竹溪》载：

> 林竹溪希逸，字肃翁，又号鬳斋，福清人。乙未吴榜由上庠登第，凡三试，皆第四。是岁，真西山知举，莆田王迈实之预考校。……林居与王隔一领，素相厚善。省试前，林衣弊衣邀王车，密扣题意。王告以必用"圣人以天下为一家"，要以《西铭》主意，自第一韵以后，皆与议定……至引试日，题将揭晓，循例班列拈香，众方对越，闻王微祝云："某誓举所知，神其鉴之！"是时乡人林彬之元质亦在试中，上请，以乡音酬答，亦授以意。亦预选云。

此为理宗端平二年（1235）省试事，如为解试，作弊就更容易了。

（三）拆换试卷

封弥、誊录制度实行后的主要作弊手段是"拆换试卷"，即淳熙五年（1178）知贡举范成大所说的"拆换卷子之弊"，"谓如甲知乙之程文优长，即拆离乙文换缀甲家状之后"。①

造成换易卷首的原因是多种多样的，宋朝政府也有针对性地采取了多种措施。

第一，本来为了防止换易卷首，在乡贯状与试卷正文之间加盖有压缝

---

① 《宋会要辑稿》选举五之四。

墨印，但"缘其印狭长，往往可以裁去重贴"。针对这种情况，范成大建言：

> 臣等今措置于卷首背缝添造长条朱印，以"淳熙五年省试卷头背缝印"为文，仍斜印之，使其印角横亘家状、程文两纸，易于觉察。乞自后应干试院依此施行。①

孝宗采纳了这一建议。

后来，虽有卷缝长条背印之设，"而条印不印卷身，多印家状，亦有不及缝者，亦有全不印至封弥处者。又有封弥后写奉试，及作文处全无正面缝印者，公然掇换"。

嘉定六年（1213）五月一日，臣僚言：

> 封弥试卷，必有簿籍，抄记姓名，以备点对打号。寻常漏泄拆换，皆出于此。若对卷打号，监官亲临封记，不入吏手，则弊倖可革。兼真卷对毕，发归封弥所，合置橱封锁。或遇钩卷，监开以防偷窃。今乃置之架上，并无关防，安得不有换易之事？乞自后锁院，先令临安府就封弥所夹截库屋，可以封锁置架。开库，监官亲监，庶革前弊。从之。②

嘉定十三年（1220）四月二十七日，刑部员外郎徐瑄等对严格防止在试卷中舞弊，提出了一系列建言：

> 乞下部委郎官一二员监印背，须管印至封弥后第一、第二缝背面齐全，仍要锁院前一日印绝，不得于贡院用印。候引试日，榜示帘前，如无印缝，许即陈乞补印，仍逐卷用主行人印记。如仍前简漏，重行断降。有情弊，送狱根治。

---

① 《宋会要辑稿》选举五之四至五。
② 《宋会要辑稿》选举六之一四。

另外，针对书铺所纳试卷多不合格，而给举人舞弊带来便利，卷缝长条背印，又建言：

> 书铺纳卷，多不依式。或卷身行数"奉试"字外，只写"第一道"字，幅纸尽绝，其作文处，已入第二幅。又粘缝占寸许，合掌连粘，亦为揭起再粘之地。并合榜示士人，如有欺弊，帘前自陈改正；违者，封弥出别项架阁。如系取中，辩验稍涉掇换，取旨驳放。

第二，封弥试卷，严置号簿。《宋会要辑稿》选举六之一三至一五载：

> 嘉定六年五月一日，臣僚言：一、封弥试卷必有簿籍，抄记姓名，以备点对打号。寻常漏泄拆换，皆出于此。若对卷打号，监官亲临封记，不入吏手，则弊奸可革。兼真卷对毕，发归封弥所，合置橱封锁。或遇钓卷，监开以防偷窃。今乃置之架上，并无关防，安得不有换易之事？乞自后锁院，先令临安府就封弥所夹截库屋，可以封锁置架。开库，监官亲监，庶革前弊。

嘉定十三年（1220）四月二十七日，刑部员外郎徐瑄等又建言：

> 封弥所置号簿纳卷，书姓名、三代注籍稽考。日前付之吏手，至拆榜全不用及，只将草卷对真卷拆取，号簿遂为虚设，掇换窜易，皆无所考。乞监封弥卷首院门官衔内，添专拘号簿，封锁卧内，直候台官拆榜，赍置知举前，将真卷对簿，见姓名三代同，然后书榜。仍於卷身第二幅纸角添写字号，以备参对，可革掇换。[①]

第三，亦有对换整个试卷而作弊者："掇换之弊，亦有未试前，先将直本白卷寄封弥、誊录吏贴收藏，入试却请备卷。吏贴受嘱，专俟钓卷，全篇誊上。其元纳备卷，却行毁匿，遂无稽考。"嘉定十三年（1220）四

---

① 《宋会要辑稿》选举六之三七。

月二十七日，刑部员外郎徐瑄等又建言：

> 乞合备卷之时，先具姓名，报封弥所，于簿内明注第几场系请备卷。候拆榜，如系真卷，不系备卷，即行根究。①

第四，拆换试卷之弊，往往有书铺参与，对书铺必须严加约束。嘉定十三年（1220）四月二十七日，刑部员外郎徐瑄等又建言：

> 书铺无非熟于奸弊之人。凡富室经营，未有不由书铺。设有官吏公心，弊亦难绝。乞于未纳试卷之前。约束书铺，三人结保，如一名造弊，并三名决配籍没。乞严赐施行，专为省试约束，札付礼部，候将来省试年分，预期检举。②

不久，礼部根据刑部员外郎徐瑄等人的建言，拟定了相应的封弥、誊录条制，得到宁宗的批准，使封弥制度更加严密。

（四）誊录灭裂

誊录制度下的另一大弊病是"誊录灭裂"。开禧三年（1207）十一月二十一日，国子博士朱著言：

> 誊录善否最关考校。尝闻有司委官校字，不过书云"某县誊录人姓名"数字，其能否未甚别也。一时急于集事，未免苟容，以纸封臂，往往文具。掌誊录者率皆宣差局务，忽焉被命，莫得而稽。及课工程，善书者或规避，不善者多强勉。始焉靳靳成字，夜以继日，卤莽灭裂，十脱四五，颠倒句读，反覆涂窜，有不可晓者。胥有利焉，则择善者而授之书。其或文字本工，传抄多失。对读之官目力不逮，而考校督迫，工而失者有之，不工而得者亦有之。③

---

① 《宋会要辑稿》选举六之三八。
② 《宋会要辑稿》选举六之三九。
③ 《宋会要辑稿》选举五之三四。

这里所说大概是省试的情况，省试尚且如此，其他州府解试可想而知。那么如何防止这一弊病呢？国子博士朱著建言：

> 欲去斯弊，莫若于选差局务数内，先期下临安守臣，选委通判，责以拣择，就臂印押。凡誊录之事，悉以委之。彼知此责，实身任焉，乌合之辈，亦自知警。是说果行，则昔弊自革矣。①

宁宗令礼部勘当。礼部言："所陈关防场屋积弊，委为切当。乞下逐处遵守施行。"宁宗遂从礼部之请，批准施行。

嘉定元年（1208）正月九日，臣僚上言，造成誊录、对读之弊的主要原因，在于对读、誊录人的素质低下，且待遇太差。防弊之法，在于提高其素质和待遇。《宋会要辑稿》选举六之一至二载：

> 嘉定元年正月九日，臣僚言：仰惟国家数路取士，得人最盛，莫如进士设科。近年奸弊滋甚……
> 一、试卷去取，虽赖考官精明，而誊录、对读尤当加意。誊录脱误，对读卤莽，文义舛讹，必误考校。每举所差对读官员数特多，正欲订正誊录脱误，以便考校。惟是差官不加选择，虽昏耄衰病亦使备数。所以待遇者，又皆简薄，位次狭隘疏漏，上雨旁风，不能自庇，而幕帘、器用、油烛、薪炭之属，亦多不备，何以责其尽心？遂致草卷虽经对读，脱误尚多，帘内考校倍觉费力。乞加选择，无以昏耄衰病者充数。凡所供备，如位次、幕帘、器用、油烛、薪炭之属，无得苟简。择之精，待之厚，傥不敬谨其事，罚亦不贷。
> 一、誊录试卷所差誊录人，率是雇代充应，只求雇直稍轻，虽疾病、癃老不惯书写，俱不暇问。当其誊写之初，老病与不善书者尚能强勉，数日之后，精力疲苶，多不成字，再三详访，方见意义。若多脱误，又不可读，实为深害。乞令礼部下所属须管选择惯熟书写、精

---

① 《宋会要辑稿》选举五之三四。

力强健之人充应,仍令长吏保明。(长吏谓县押录、州府之都吏。)如更循袭充数,仰誊录所申试院,牒报元差官司,将承行长吏断勒……从之。

誊录灭裂的另一个原因,在于誊录强度太大。《吹剑录外集》载:

> 余见贡院誊录人言,每日卷子若干,限以时刻,迟则刑责随之。日夜不得休息,饥困交攻,眼目涩赤。见试卷有文省字大涂注少者,则心目开明,自觉笔健,乐为抄写。

如何防止誊录灭裂之弊?对于违犯条制者,则严刑处罚。如庆历八年(1048)四月十四日,礼部贡院言:"……本院投名充佣笔书写人,并依元定人数,不得夹带不系元雇人数入院。如违,知情并犯人并行严断……"诏依所奏[1]。绍兴十五年(1145)四月三日,"诏太学博士杨邦弼御试进士,对读试卷有所脱漏,罚铜十斤"[2]。光宗绍熙元年(1190)五月二十四日,臣僚言:"……其誊录人,自今须十名为一甲,并要亲身,不许和雇代名。如有代名之人,许甲内自陈,其不首者,他日事发,并同犯人坐罪。"诏从之。[3]

南宋后期,随着政局的变化,科举作弊愈益严重。但宋朝政府并未放弃防弊的努力,特别注意封弥、誊录的有效施行。《宋史》卷一五六《选举志二》云:

> 至理宗朝,奸弊愈滋……举人之弊凡五:曰传义,曰换卷,曰易号,曰卷子出外,曰誊录灭裂。迨宝庆二年,左谏议大夫朱端常奏防戢之策,谓:"……士人暮夜纳卷,易于散失。宜令封弥官躬亲封镝卷匮,士人亲书幕历投匮中。俟举人尽出院,然后启封,分类抄上,

---

[1]《宋会要辑稿》选举三之三二。
[2]《宋会要辑稿》选举八之四三。
[3]《宋会要辑稿》选举一之二二。

即付誊录所。明旦，申逐场名数于御史台检核。其撰号法，上一字许同，下二字各异，以杜讹易之弊。誊录人选择书手充，不许代名，具姓名字样，申院覆写检实……"帝悉从之，且命精择考官，毋仍旧习。

以上可以看出，实行封弥、誊录之后，虽然也难免产生这样或那样的弊病，但其作弊要困难多了。而且，宋朝政府进一步采取了一系列防弊措施，只要认真执行，还是颇为有效的。但是，权臣擅政，政治黑暗之时，即使实行封弥、誊录，仍然防不胜防。如高宗时，秦桧专权，绍兴十二年（1142），殿试考试官奏名其子秦熺为第一；绍兴二十四年，又以其孙秦埙为省元和殿试奏名第一，均以有官人不得为状元，才降为第二、第三，但仍享受状元的恩例。

据《建炎以来系年要录》卷一六六载：

绍兴二十四年三月辛酉（八日），上御射殿策试正奏名进士。先是，秦桧奏以御史中丞魏师逊、权礼部侍郎兼直学士院汤思退、右正言郑仲熊同知贡举。吏部郎中、权太常少卿沈虚中，监察御史董德元、张士襄等为参详官。师逊等议以敷文阁待制秦埙为榜首，德元从誊录所取号而得之，喜曰："吾曹可以富贵矣。"遂定为第一。榜未揭，虚中遣吏逾墙而白秦熺。及廷试，桧奏以士襄为初考官，仲熊覆考，思退编排，而师逊详定。虚中又密奏，乞许有官人为第一……

于是师逊等定（秦）埙为首，（张）孝祥次之，（曹）冠又次之。上读埙策，觉其所用皆桧、熺语，遂进孝祥为第一，而埙为第三，赐孝祥以下三百五十六人及第至同出身。

董德元从誊录所索取秦埙试卷字号，沈虚中锁宿贡院而派吏人向秦熺暗通消息，这些都是公然违背科举之法的。正如南宋人吕中在《大事记》中所说："桧子既尝为举首，又以其孙埙为举首，上觉之，遂居第三。进士榜中，悉以亲党居之，天下为之切齿，而士子无复天子之臣矣。"但是，秦桧的阴谋只能得逞于一时，绍兴二十五年（1155）十月秦桧病死，绍兴二十六年八月，"诏敷文阁直学士秦埙……所带阶官并易'右'字，左宣义郎曹冠……并驳放"①。即取消了他们的科举出身。②

通过实行封弥、誊录制度，保证科举考试的"平等竞争"，从积极方面来说，有利于从中选拔出经国治世的优秀人才，推动社会的发展；从消极方面来说，有利于平息落第者的愤怒，化解落第者的怨恨，保持社会的稳定。宋人诗云："惟有糊名公道在，孤寒宜向此中求。"③因此，封弥、誊录制度一直为元、明、清三代所继承。直至今天，在高等学校入学考试、公务员录用考试等考试中仍然在实行类似的封弥（糊名）制度。我们研究宋朝的封弥、誊录制度，不仅具有学术价值，而且具有现实意义。

> （本文系为纪念中国科举停废百年而作，曾提交2005年9月举行的"科举制与科举学国际学术研讨会"，原载《科举制的终结与科举学的兴起》，华中师范大学出版社2006年版）

---

① 〔宋〕李心传：《建炎以来系年要录》卷一七四，绍兴二十六年八月戊寅条。
② 参见拙著《秦桧与科举》，载《岳飞研究》（第3辑），中华书局1992年版。
③ 《建炎以来系年要录》卷一四四，绍兴十二年三月乙卯条，注引朱胜非《秀水闲居录》。

第三编

宋代的进士科考试

　　宋代科举分科取士，有常举、制举、武举、词科、童子举等。常举指每三年一次的进士科和明经诸科考试。熙宁变法改革科举，明经诸科被罢废，常举只存进士科，由于进士科得人最盛，授官最优，故最为朝野所瞩目。

　　进士科从宋太祖开宝六年（973）以后，实施三级考试：发解试—省试（礼部试）—殿试（御试）。本编论文，是对进士科考试全过程的研究和论述。

　　首先是发解试，这是士子参加进士科考试的第一级考试，因为考试时间在秋天，所以又称"秋试"。发解试种类繁多，对应试者有一定的政治条件和地域条件限制。其中，州郡发解试参加的士子最多，试官水平不一，朝廷鞭长莫及。发解试是三级考试中最复杂、最容易出现弊端的考试。侯绍文先生《宋代科举之解试》以为："解试者，为由地方州、县贡入礼部之一种考试。解试制度，唐代已有，延至宋代，则种类繁多，名目浩夥，为常贡三类中，最为复杂之一种考试。"接着，他对六种形式的发解试，一一作了阐述，它们分别是：州郡发解试①、开封府试、国子监试、锁厅试、别头试、宗子试。

赵冬梅老师《北宋科举解额考》一文，首先论述了北宋每次科举解额发生变化的原因，认为如要深入了解科举在宋代社会的作用，解额的变化为我们提供了依据。接着论述了进士与明经两科解额的分配办法，认为解额在数量上的发展和科目的分配方面的变化还与进士额与诸科额的消长及明经额的置废有关。论文认为：解额按地域分配，这是解额区别于省、殿试录取额的主要特点。论文没有指出宋代解额不均之害，而认为："解额本来是介于求解人数和取士数之间的中介数额，它的存在只是要把省试的规模限制在合理范围之内，但它却被赋予了丰富的内涵，起到了取士额所无法起到的作用。"这与一般研究者的评价有所不同。

何忠礼在《宋代省试制度述略》一文中，首先强调了省试的重要性，认为在整个进士科的考试中，只有省试才称得上是最关键的一场考试，故宋人有"贡举莫重于省试"②的说法。接着，论文对礼部贡院的设置、省试科场条制、知贡举和同知贡举的产生办法、考官的锁宿制度、帘内官和帘外官的职责、举人进入礼部贡院的考试情况、考试科目、防弊措施、录取情况等，作了简要介绍。

穆朝庆先生的《论宋代的殿试制度》一文，分四个方面对宋代殿试作了全面研究和论述：一是殿试的历史渊源及其确立的社会原因；二是宋太祖的科举改革与殿试制的确立；三是殿试的程序与戒规；四是殿试的特点与影响。以上几个方面内容，对研究宋代殿试制度都有很好的参考价值。惟本文对仁宗嘉祐二年（1057）以后殿试基本上不再黜落的原因，尚缺乏探讨。

---

① 按作者作"秋试"。笔者以为，秋试乃全部发解试的总称，言州郡发解试为秋试，恐不妥。
② 〔清〕徐松辑：《宋会要辑稿》选举六之三七，上海古籍出版社2014年点校本，第5377页。

宋代科举之解试

侯绍文

宋之常贡，亦称常科。又谓之正科。所谓正科者，以别于制科而言，因宋代制科，当时被人称作特科也。①两宋之常贡，在宋代科举中，包括制举、武举、童子举与常贡，实占最重要之分量。宋代皇帝所最重视者为常贡，而为当时士子趋之若鹜者为常贡，而有宋一代人才产出最多者亦为常贡。其为后世科举所遗留之典章制度，足供应用与法守者，亦端赖有常贡之一科。按宋朝自太祖赵匡胤建隆元年（960）受后周禅让，即天子位，至帝昺崩于崖山（1279），共三百二十年。此三百二十年中，就常贡之变迁言，可分三个阶段，也就是三个时期：第一个时期，由宋朝开国至仁宗庆历三年（1043），共八十四年，为常贡保守时期；由仁宗庆历四年，至钦宗靖康元年（1126），共八十三年，为学校与常贡互为消长时期；由南宋高宗建炎元年（1127），至南宋亡国（1279），共一百五十三年，为学校与常贡并存时期。按常贡考试分为三大类：即一为解试，二为省试，三为殿试，兹先将常贡中之解试，分别叙述于后：

解试者，为由地方州、县贡入礼部之一种考试。解试制度，唐代已有，延至宋代，则种类繁多，名目浩夥，为常贡三类中，最为复杂之一种考试。兹试述说如下：

（一）秋试：即地方试，以在秋季考试而得名，为解试中最普通之一

---

① 宋《避暑录话》卷下曰："故事制科……中选而后召试，得召者不过三之一，即用为崇文馆编校书籍，遂见进用，不复更外任，盖犹愈于正科也。制科为特科。"

种，相当后世之乡试。乡试之名，南宋始有①，亦相当常贡之"甄录试"也。秋试以前，由各县长官，考察地方行艺之士，保送于州，州之长贰，复核属实，再保送本道②，考试官举行"类试"③，而后解送礼部。在太祖初年之办理解试，诸州以本判官试进士（为报考进士科者，非已获功名之进士。以下诸科亦是报考诸科者），录事、参军试诸科，或不晓经艺，即以次官充任，而判官监之。试纸长官印署面给之。帖经对义，监官试官，对考通否，逐场定去取。凡试日发现怀挟所业经义，及遥口相授者，即时遣出。所试合格，取通多业精者为上，余次之。解文、首具元请解及已见解人数，所试经义，朱书通否，监官试官署名于其下。进士文卷，诸科义卷帖由，并随解文送贡院。其有残废笃疾，并不得预解，或应解而不解，不应解而解，监官试官为首罪，停所任。如查有受赂情事，则论以枉

---

① 乡试。《宋史·选举志》载："南宋淳祐元年，时淮南诸州郡，岁有兵祸，士子不得以时赴乡试。且漕司分差试官，路梗不可迳达。"南宋时已有乡试之名称。
② 本道。所谓道，系沿唐代地方制称"道"而来，其实在宋太宗时已改称"路"。太宗至道三年（997）时分十五路。仁宗时，析为十八路。神宗时，析为二十三路。徽宗增为二十六路，路置经略安使，掌一路兵民之事。又置转运使司，掌一路之财赋。
③ 类试。其意分以下两种：（一）类试即各路之转运使试。在宋未置路以前，由州办理解试。及建立路制以后，由州审查以后，尚须保送到路，就转运使类试。所谓类试，即按进士或诸科考试后，分类上之于礼部也。（二）又一类试之意义见《续通典》：在该书载有"类试"名称，其注云："景祐四年，从贾昌朝议，有亲戚仕本州及或为发解官，及侍父祖远宦距本州二千里，宜敕转运司选官'类试'，由是诸路始有别头试。"是即别头试亦由转运司举行也。南宋高宗时，无开封府试（即解试），而代之以两浙转运司试。在建炎初，驻跸扬州，时方用武，念士人不能至行，下诏诸道《即路》提刑转运司选官、即置司州军引试，使副使或判官董之。建炎三年（1129），左司谏唐辉上言："今诸道类试，专委宪臣，奸弊滋生，才否贸滥，士论嚣然，甚不称更制设科之意，请并还礼部。"遂罢诸道类试。四年，复川、陕试如故。绍兴元年（1131），当祀明堂，复诏诸道类试，择宪漕或帅守中文学之人总其事。此类试疑为诸道之类省试。在南宋时代有的类试即相当于省试。如《宋史》载云："绍兴二年，廷试得张九成以下二百五十九人……九成以类试、廷策俱第一名，命特进一官。"是张九成参加之"类试"，即相当于省试也。至各路之转运司试，亦有"寓试"及"漕试"之称：如南宋以建都临安，无开封府解试，而代之以两浙转运司试，两浙转运司试，因亦有"寓试"之称。寓试最盛时，终场可满五千人。寓试者，谓准客籍人入试也。在《元史·选举志》附录云："宋自景祐以来，百五十年，虽无兵祸，常设一寓试名额，以待四方游士。"至"漕试"名称，则以转运司管漕运而得名，亦为"解试"。顾氏《日知录》卷一六载："宋之乡试，曰解试，或曰漕试。"《赣州府志》曰："乡试在宋为漕试，谓之发解。"

法之罪，由长官奏裁。

（二）开封府试：开封府为宋之京兆，等于一国之首都。宋之常贡，起初皆由本贡发解，嗣后若乡贯阻越，得以开封府投牒，奏候朝官。在太宗太平兴国四年（979），卢之翰举进士，不得解，诣登闻自陈，诏听附京兆府"解试"，盖开封府之解试，或兴自太宗时代也。及至真宗时，士子为发解便利起见，虽非开封府籍者，亦冒充开封籍，如真宗咸平元年（998），孙仅榜五十人，自第一至第十四人，惟第九名刘烨为河南人，余皆籍隶开封府，其下二十五人亦然。①按开封府试，相当于后世之顺天"乡试"；但就此冒籍一点而言，则似乎微有不同（应顺天乡试者，仍保留原籍）。开封府解试，亦有弥封与誊录。据《宋史·选举志》载称："仁宗景祐时，诏开封府，国子监及别头试，弥封（宋时以弥封为封弥）誊录如礼部。"韩魏公之家传记载：则言开封府之有誊录司，自韩魏公建议始。韩魏公在开封府举人时。礼部贡院已置有封弥、誊录二司，开封府解试则只有封弥官，而无誊录官，故韩魏公始建议。如是，则是开封府之解试是先有封弥，继有誊录，此与《宋史·选举志》所载，开封府同时设置封弥誊录者，亦微有不同也。开封府解试，在北宋时代颇兴盛，名臣巨卿，多出其间，如二宋中之宋庠，即以开封府解试，取为殿试第一名者。黄庠就举国子监、礼部皆第一，名动京师，所作程文流传外夷。惜乎两宋建都临安，开封府沦陷，因之开封府解试，亦无存焉。

（三）国子监试：宋之发解考试，无论北宋与南宋，皆有借贯于国子监者。按宋时国子监，就其职掌分析说：可有两种性质，一为管辖学校的机构，称国子监。一为教养生徒的场所，称国子学。所谓国子学者，实是国家的最高学府。在真宗景德二年（1005），礼部贡院上言："请诸色举人，各归本贯取解，不得寄应及权买田产立户，诸州取解，发寄应举人，

---

① 《文献通考》引容斋洪氏曰："按登记科，孙仅榜五十人，自第一至第十四人，惟第九名刘烨为河南人，余皆贯开封府，其下二十五人亦然。不应都市人中选如是其多，疑外方人寄名托籍为进取之便耳。"

长吏以下请依例科罪，犯者罪亦如之。有乡里遐远，久住京师，许于国子监取解，仍须本乡命官委保，判监引验，乃得附学发解日奏。"景德三年，许文武升朝官嫡亲，附国学取解，此即胄试[①]之始也。

在大中祥符二年（1009），礼部贡院言："准诏议定国子监、两京、诸路以五次解到举人内，取一举数多者，自今十之三，永为定式。诏令于五年最多数中，特解十之五，庸振淹滞，以广搜罗。"在仁宗天圣四年（1026），诏开封府、国子监及别头试，封弥、誊录一如礼部（即省试）。是国子监之解试，在仁宗朝始有弥封与誊录。马氏《文献通考》载："旧制，开封府发解三百余额，国子监额不及其半。至是（即神宗熙宁八年）合试而通取之。"熙宁十年（1077），定宗子之非袒免以外者，例许应举于国子监。

徽宗时，设辟雍于国郊，以处贡生，而三舍考选法，乃遍天下。即于大学设三舍，初入学者为外舍，由外舍升内舍，由内舍升上舍。及宣和（徽宗第六次改元）三年（1121），诏罢天下三舍法，开封府及诸路，并以科举取士；惟太学仍存三舍法，以甄序课试，遇科举仍自发解。

南宋高宗建炎元年（1127），国子监人就试于留守司，御史一人董之。国子监人愿就本路试者听（见《文献通考》）。及高宗第二次改元绍兴，在十三年（1143）时，初立同文馆解试。凡在行朝去本贯实及千里以外者，许附试于国子监（见《文献通考·选举考》）。至孝宗乾道四年（1168），罢同文馆试。由是可知南宋时代之同文馆解试，亦附试于国子监也。

（四）锁厅试：锁厅试亦为解试之一种。据《续通典》载："锁厅试"下注云："见（现）任官应进士举者。"真宗天禧二年（1018），诏自今锁厅应举人，所在长吏，先考试艺，合格者听解，如至礼部不及格，当停见任。原诏，"当停见任"下有云："其前后考试官，举送长官，皆重置罪。"

[①] "胄试"与"牒试"相仿佛，为大臣及臣僚子弟之应试者而设。定出额数较宽，以便于录取。据《续通典》卷一八载，胄试始于景德三年（1006），升朝官嫡亲许附国学取解。则系在朝官员之嫡系亲属一种优待考试也。

按邓嗣禹所著之《中国考试制度史》有云："按'锁厅试'者，言现任官锁其官厅，前往应试也。"此与《诗话总龟》所载："黄通累举不第，年六十犹欲锁厅。"意义相同。从中可知，宋之现任官而非进士出身者，可以应省试，图上进。但须在本署中由长官先来一个考试（考其行艺），长官认为合格者，则保送礼部，到礼部参加省试，若不录取，则停其现任官，且其本署长官，亦重置罪。此种处置，未免较苛。故其规定，至仁宗天圣时，始除去之。[①]惟以宋代初年，对有官人之应考试，总是受到抑制的。如仁宗朝虽予有官人之应考者免停现职之优待；但有官人应考试，倘考取第一名，则应让予第二人，此是仁宗皇祐元年（1049）之规定，以后虽至宋亦相沿为例，未曾改易也。[②]

南宋时代，"锁厅试"定出解额，有时亦与其他解试合并举行；惟自绍定四年（1231），命官锁厅及避亲举人分场考试，寒士惮之。所谓寒士者，当非有官人。当初避亲人与锁厅人同试，而取额或宽，自与锁厅人分场考试，而避亲人仅七人取一人（见《宋史·选举志》），则取额太窄，于是寒士为之胆寒也。

（五）别头试："别头试"有称之为"类试"者，其实"类试"之意，应属于转运司之一种考试。转运司按报考进士与诸科分类考试后，然后将及格者送之于礼部，再应礼部之省试。至"别头试"之名称，则见之于宋仁宗时。《续通典》载：仁宗景祐四年（1037），"从贾昌朝议，有亲戚仕本州及或为发解官，及侍父祖远宦，距本州二千里，宜敕转运司选官类试，由是诸路始有别头试"。此纯是便利士子发解之一种考试，亦为防范

[①] 锁厅试。真宗天禧年间下诏，试锁厅者，州长吏先校试、合格始听取解，至礼部如不及格，停其官。据《宋史·选举志》载："仁宗天圣时，旧制，锁厅试落辄停官，至是，始诏免罪。"所谓免罪者，即考不取亦不停官也。

[②] 仁宗皇祐初，沈遘以荫为郊社斋郎（有官人），举进士，廷唱第一，大臣谓已官者，不得先多士，乃以遘为第二，通判江宁府，自是为一例。按仁宗皇祐元年（1049），进士四百九十八人，诸科五百五十人，制科一人。省元冯京，状元同。冯京之状元，即由沈遘让与者。南宋高宗绍兴五年（1135）三月，御试奏名汪应辰第一。初，考官以有官人黄中第一，帝访诸沈与求。与求以沈遘与冯京故事对，乃更擢应辰为魁，遂为定制。

应考士子与发解官有姻亲关系，而串通为关节也。

在"别头试"之前，尚有"别试"一名称，亦与别头试相类似。别试之名称，见之于仁宗朝，至于别试之名称，则见之于太宗与真宗两朝。如《钦定续通典》载有：雍熙二年（985），以三小经附明法科，准考官姻族别试，是太宗朝已有别试之名称。又《宋史·选举志》云："真宗即位复试，而高句丽始贡一人。先是国子监，开封府所贡士，与举送官为姻亲，则两司更互考试，至是始命遣官别试。"是为真宗时有"别试"之名称证明。盖太宗、真宗两朝之别试，是专为应考士子与考官有姻戚者所设立之一种考试，至仁宗时，则推而广之，又加入侍亲在二千里以外者，而名称亦变为"别头试"。其实所谓"别试"与"别头试"，都为解试中之一种防弊考试也。

仁宗时之别头试，除考官为姻戚外，则须远客二千里以外，不及二千里者，则不必参加别头试。如《避暑录话》称："欧阳文忠公为举子时，客随州，参加秋试，试题为'左氏失之诬论'。"欧阳为江西庐陵人，随州在湖北，欧公之得参加正式秋试，而未参加别头试者，或以未作客在二千里以外也。否则因欧阳公非宦家子弟，与考官亦非姻亲也。在仁宗朝又定出，开封府、国子监及别头试，封弥、誊录一如礼部。

及南宋时代，别头试又变为一种"牒试"。"牒试"之名，见载于《宋史·选举志》高宗绍兴五年（1135）。原文称："旧法随侍见任守倅等官，在本贯二千里外，曰满里子弟。试官内外有服亲及婚姻家，曰避亲。馆于现任官门下，曰门客。是三等人许牒试，否则不预，间有背本宗而窜他谱，飞赇而移试他道者，议者病之。"

绍兴六年（1136），诏牒试应避者，令本司长官州守倅县令委保，诡冒者连坐。

孝宗乾道四年（1168），以参加"牒试"者稍滥，于是裁定《牒试法》，文武臣添差官除亲子孙外，并罢。其行仕职事官，除监察御史以上，余并不许牒试。按南宋之牒试，亦为有官人亲属之一种便利考试，其主办考试之地方，亦为诸路转运司。嗣以考试发生流弊①，遂于理宗绍定四年（1231）罢之。

到理宗嘉熙年间，其应郎官以上监司守倅之门客，及姑姨同宗之子弟，与游士之不便于归乡就试者，并混同试于转运司，各从所寓县给据，径赴司纳卷，一如乡举之法，家状各书本贯，不问其所从来，而定其名为"寓试"，以四十名为额，就试如满五十人，则临时取旨增放。

以上所谓门客、姑姨同宗子弟与游士，并混同试于转运司，因亦有"混试"之称。另外尚有两种"混试"，名称虽同，而内容情形不同。一种为"国子监混试"。所谓国子监混试者，以混试于国子监而得名，当理宗嘉熙元年（1237），虽诸路转运司及诸州、军、府所取待补国子生，自明年（嘉熙二年）并附国子监混试。又有一种"混试"，则为"制置司混试"。在理宗嘉熙元年，京西已失，诸州、军士子多徙寓江陵鄂州，上命京湖制置司于江陵地方，别立贡院，取德安州、荆门军、归、峡、复三州，及随、郢、均、房等京西七郡士人，别差官混试，用十二郡元额，混取以优之。

（六）宗子试：在《续通典》载称："凡祖宗祖免亲，已命附锁厅试，非祖免以外，例许应国子监礼部，皆别试。廷试策问与进士同。别考列举不中，年及四十以闻，而录用之。"至绍兴二十九年（1159），孙道夫极论请托之弊，乃敕御史一员监之。

邓嗣禹《中国考试制度史》称："神宗熙宁十年（1077），始立宗子试法。"马氏《文献通考》卷三一亦称："凡祖宗祖免亲已命者，附锁厅试，非祖免亲以外，例许应举国子监。礼部皆别试别取，十人取五，试者虽

---

① 牒试发生流弊。《钦定续通典》卷二一《选举·杂议论》有载：理宗宝庆间，漕试蔽弊，礼部侍郎曹颜约奏曰："科举之弊，莫甚于牒试；而牒试之弊莫甚于作伪。盖解额之有广狭，士子之有众寡。广而寡者，固已安其分，则狭而众者，必思所以为之计。朝廷以承平日久，士子日盛，设为牒试之法，宽其取之门。末节细故，未暇深察，于是改乡里以就他人之贯，改三族以认他族之亲。甚者改其祖父，改其姓氏，若得若失，尚未可知，而欺君之罪已昭昭不可掩矣。今国子监牒试，其弊尚少，臣不知其本末，未敢遽议，惟漕试之弊，积习既久，士大夫互相欺诈，恬不为怪，坏士子之心术，莫甚于此。"

多，解毋过五十人，廷试策问与进士同。而别考累举不中，年及四十以闻，而录用之。"此所谓宗子入试法也。

仁宗皇祐元年（1049）六月三日，叔诏进所为文，试学士院，赐进士及第。仁宗曰："前此未有。"皇祐五年五月二十六日，诏宗室通一经者，试之。神宗元丰二年（1079）三月丁亥，诏以经义论试宗室。六月十五日，秘阁考试宗室。七月三日，叔盎赐出身。四月七日，汜之等，秘阁试论文。六年十月，令绵等，秘书省试经义。（以上见于《玉海》卷一一六）。从此知宗室子应试法者，即皇帝宗亲分别考试，而考试科目，又较一般考试为简略，此种考法，名为避免与普通士子争胜，实则有所优待也。

细释宗子试，为单独成立之一种考试系统，即将皇室宗亲，不论年龄长幼辈分大小，按其服制远近分为两种：第一种，是祖宗袒免亲已受命官者，随同现任官一齐应锁厅试，由锁厅试及格，上之礼部，礼部及格后，再应殿试，则与一般进士之进身相同。第二种，是非袒免以外亲族，此种宗亲，先应国子监试，及格后再应礼部试。凡国子监试及礼部试，均要别试别取，与一般应考者不同。其取额有一定限制，不得超过五十人。至礼部考取合格者，则应殿试，其策问与一般进士应考相同，此宗子考试大概情形也。

（节录自氏著《唐宋考试制度史》，台湾商务印书馆1973年版）

北宋科举解额考

赵冬梅

所谓解额，就是解试合格举送礼部参加省试的举人数额。宋代科举的常科考试分解试、省试、殿试三级。解试由各州（府、军）、转运司和国子监主持，分别考试，录取一定名额的举人，解送朝廷。这个名额就是解额。在整个科举制度中，解额因其细小从未受到研究者重视。本文试对解额作一具体而微的考证，弄清解额的数量演变、科目分配以及地域分布等情况。

本文所讨论的解额仅限于全国范围常科考试，不涉及"东封取人"、"别试河北举人"等局部特别考试；全国性科举考试中，又限于开封府、国子监、诸路一般举人的解额，而锁厅试及宗室取应的解额不影响我们对解额的总体估计，因此不予讨论。

一、解额的数量演变

全国总解额在宋代文献中一般表述为"南省就试举人"、"秋赋到省举人"的数量等。以真宗大中祥符元年（1008）为界，北宋解额可以分为前后两个发展时期，前期的特征是解无定额，后期的特征为定额取解。

太祖、太宗两朝至大中祥符元年（1008）以前，宋代科举制度仍处于探索阶段，取人数目无一定之限，每两次开科场的时间间隔长短不齐，解额呈现不固定的特征。

太祖一朝，取士数明显少于此后八朝，解额数目无明确记载。据《续资治通鉴长编》卷一四，开宝六年（973）三月辛酉条记载：这一榜新及第进士、诸科共38人，省试终场下第者360人，以及第与终场下第人数合计，得省试终场人数为398人。考宋代科举，解试、省试均由多场考试组成，"当考试之时，有纰缪不合格者，并逐场去留"①，在所有各场考试中均未遭黜落者，是为终场。终场人数应少于秋赋到省举人数。在得到新的材料之前，我们尚不能确定太祖朝的解额数，可以肯定的是，这个数字势必远远低于以后的解额数。

从太宗朝开始，科举之门大开，解额数目激增，有据可查的解额数略见下表：

年　代	解额数目（人）	资料来源
太平兴国二年（977）	5200	《文献通考》卷三〇选举三，考二八四
太平兴国八年（983）	10260	《续资治通鉴长编》卷二四，春正月壬戌
淳化三年（992）	17300	《续资治通鉴长编》卷三三，春正月辛丑
咸平五年（1002）	14562	《续资治通鉴长编》卷五一，三月己未
景德二年（1005）	13000+	《续资治通鉴长编》卷六〇，七月丙子

那么，这个时期制定解额的依据是什么呢？《宋会要辑稿》选举一四之一六至一七记载：

> 至道三年，翰林院承旨宋白等议曰："国家封域至广，州郡甚多，每岁举人动以万数。将惩滥进，理在精求。欲乞不限两京、国学及诸道州府，应新旧进士诸科举人每秋赋……每进士一百人只解二十人，九经已下诸州共及一百人只解二十人赴阙……内州府不及一百人处亦令约此数目解送，但十分中只解送二分。"

诏依所奏。"十分解二"是为了"惩滥进"，那么至道三年（997）以前的取解方法应宽于此。"十分解二"的取解比例只实行了一举［咸平元

---

① 〔清〕徐松辑：《宋会要辑稿》选举一四之一七。

年（998）榜］，这一年的解额数未知。咸平元年五月，又根据臣僚奏请改为"不定分数，只严示诫惩"①。

景德二年（1005）七月，龙图阁待制戚纶提出"十分之四"的取解比例，专解"旧人"，即曾经参加过科举考试的举人。②这个取解比例只实行于大中祥符元年（1008）一举。

综上所述，在解额发展的前期，应举人数直接影响解额的增减，二者之间有时存在一定的比例关系。

以大中祥符二年（1009）"限岁贡之常数"诏为开端，开科的时间间隔经历了四岁、间岁、三岁三次变动，最后固定为三岁一开科场，成为后世之定制，科举制度逐步成熟，解额进入其发展的后期——定额取解时期。定额的数目，经历了四次变化：

1. 四岁贡举阶段。大中祥符二年（1009）至仁宗嘉祐元年（1056），四岁一开科场。大中祥符二年五月二十四，真宗发布"限岁贡之常数"诏：

> 朕惟崇儒术，博访贤能，因有司之上言限岁贡之常数，永言俊茂宜广搜罗，其令礼部于五年最多数内，特解及五分。

这则诏书是针对礼部的奏请而发的。礼部奏请"于五次解发举人内，取一年最多者为数，今后解十之三"③，诏书将比例提高到十分之五，二者制定解额的根据同样是以前某一次科场的解额数，而不是当年科场的应举人数。

定额的具体数字，文献中无直接记载，下面，就已知材料作粗略估计。《宋会要辑稿》选举一四之二一，翰林学士晁迥等言：

> 望令国子监、两京、诸路取咸平三年至景德四年凡五次解数内，

---

① 《宋会要辑稿》选举一四之一七。
② 〔宋〕李焘：《续资治通鉴长编》卷六〇，景德二年七月丙子条。
③ 《宋会要辑稿》选举一四之二〇。

以一年最多者定解十之五。①

考咸平三年（1000）至景德四年（1007）只有三次科场，而咸平元年至景德四年刚好五举，疑上引咸平三年应为元年。这五举之中，已知解额的只有咸平五年（14562人）和景德二年（约13000人），"最多者"仍未知。以咸平五年解额"解十之五"，则为7000余额。

对于四岁贡举阶段解额的推断，另一可循的依据是景祐元年（1034）的省试录取规定。《续资治通鉴长编》卷一一四载景祐元年正月癸未诏曰："其令南省就试进士、诸科十取其二"。据此，可以根据礼部奏名人数反推当年的解额。《宋会要辑稿》选举一之一〇至一一只记录了进士奏名的数字，诸科奏名人数不详。下表将据《文献通考》卷三二《选举五》所附《宋登科记总目》中诸科登科人数粗略估算解额；此期殿试有黜落，登科人数少于礼部奏名人数；因此，实际解额应大于估算得数。

（单位：人）

年　　代	进士奏名额（录取额附）	诸科录取额	解　额
景祐元年（1034）	661（499）	481	＞5710
宝元元年（1038）	499（310）	617	＞5580
庆历六年（1046）	715（538）	415	＞5650
皇祐元年（1049）	637（498）	550	＞5933
皇祐五年（1053）	683（520）	522	＞6025

根据上表，保守地估计，四岁贡举阶段全国解额应为6000人—7000人

---

① 《宋会要辑稿》载晁迥奏于大中祥符四年（1011）五月二十七日。按：《宋会要辑稿》晁迥奏与《续资治通鉴长编》景德二年（1005）七月戚纶奏文字多雷同，亦有"是年得解免解进士仅三千人，诸科万余人"之语。查大中祥符四年不贡举，五年贡举举子尚未解试，晁迥无从知是年解额。《宋会要辑稿》的系年恐有误。《续资治通鉴长编》卷六七景德四年十月有"翰林学士晁迥等上考试进士新格"，不知与《宋会要辑稿》所载晁迥上奏是否为同一事。晁迥奏议的系年仍待考。但晁迥奏中的新解额计算方法无疑属于定额取解的四岁贡举阶段。

左右。

《续资治通鉴长编》卷一六四，庆历八年（1048）四月丙子载礼部贡院的上奏中提到"举人每至尚书省，不下五七千人"；同书卷一八六，嘉祐二年（1057）十二月戊申条载："四年一贡举，四方士子客京师以待试者六七千人"，正好可以验证我们的推测。

2. 间岁贡举阶段。仁宗嘉祐二年（1057），因四岁贡举时间间隔过长，弊端丛生，改为间岁贡举，直至英宗治平二年（1065）。间岁贡举，"进士、诸科悉解旧额之半"①。"旧额"指四岁贡举阶段的解额，根据上文的推断，为6000—7000人，则间岁贡举阶段的解额约为3000—3500人。

3. 三岁贡举阶段。间岁贡举只实行了五举，便因"里选之牒仍故而郡国之取减半，计偕之籍屡上而道途之劳良苦"②等原因被废止，从治平三年（1066）起改为三岁贡举。三岁贡举的解额，"于未行间岁之法已前率四分取三"③。治平四年正月二十二日，礼部贡院又详定了新解额的计算方法：

> 欲将贡举条制内解额自至和二年后不曾增添者，即用为旧额，依今敕施行（按，指四分解三分）。若曾经增添者，更将新添人数并在贡举条制元额内通计为数，然后于四分中解三分，永为定额。④

这个计算方法是为方便诸州军计算解额而发布的。全国总解额，至和二年（1055）以前间有增添，规模最大的一次增额是庆历五年（1045）三月，增天下进士解额359人⑤，这359人，从上引新解额计算方法来看，已经列入贡举条制，成为法定解额的一部分。至和二年之后，又有一次规模较大

---

① 《续资治通鉴长编》卷一八六，嘉祐二年十二月戊申。
② 〔宋〕马端临：《文献通考》卷三一《选举四》，考二九一。
③ 《续资治通鉴长编》卷二〇八，治平三年冬十月丁亥。
④ 《宋会要辑稿》选举一五之一七。
⑤ 《宋会要辑稿》选举一五之一三。

的增额，即嘉祐五年（1060），增进士额139人①。将四岁贡举解额与后来增额合计，四分取三，得三岁贡举阶段解额大致在5000人左右。

4. 宣和三年（1121）以后。宋徽宗崇宁三年（1104），废科举改用学校升贡，在各地普遍设学，客观上起到了普及教育的作用。宣和三年恢复科举，解额出现大幅度增长，宣和六年解额达15000人②，接近太宗、真宗朝的较高数字。

解额的数字让我们更具体地认识到北宋科举的规模和影响。邓广铭先生云："科举制度在两宋期内所发挥出来的进步作用，所收取到的社会效益，都是远非唐代之所可比拟的。"③唐宋解额的数字对比堪为这一论断的一个注脚。唐代解额数目曾达到每岁二三千人④，而到了宋初，解额直逼两万，经过定额调整之后，三岁贡举的解额仍达5000人，并且在北宋末年再度达到15000人。数字向我们揭示：宋代社会存在着一个庞大的得解举人群体。得解举人已初步获得某些特权，例如"公罪听赎"等⑤，成为一种既不同于官也不同于一般民众的特定身份。得解举人群体在地方政治、社区管理、文化传播等方面发挥作用，是王朝统治的基层支持力量。而这个群体是宋朝政府通过科举造成的。要想深入研究科举在宋代社会的作用，必然要探讨得解举人群体的活动及影响。解额则为我们从总体规模上认识这个群体提供了依据。

二、解额的科目分配

解额在数量上的发展还伴随着解额在科目分配方面的变化——进士额

---

① 《宋会要辑稿》选举一五之一五，嘉祐五年二月七日载诸路州军进士添额甚详，总其数为139人。《续资治通鉴长编》卷一九一，嘉祐五年二月丙寅只录总数为135人。今从其详者。
② 〔元〕脱脱等：《宋史》卷一五五《选举志一》。
③ 邓广铭：《宋代文化的高度发展与宋王朝的文化政策——〈北宋文化史述论稿〉序引》，《邓广铭学术论著自选集》，首都师范大学出版社1994年版，第164页。
④ 吴宗国：《唐代科举制度研究》第三章《唐代科举制度之一：常科》，辽宁大学出版社1992年版，第42页。
⑤ 《续资治通鉴长编》卷七七，大中祥符五年二月戊申。

与诸科额的消长和明经额的置废。

宋初诸科额远高于进士额。景德二年（1005）的解额13000人中，进士额仅占3000人，而诸科额则高达10000人以上。①

由于习进士业的举人增多，各地陆续出现进士额少人多，诸科解人不足额的现象，例如：

1. 天圣七年（1029），知许州钱惟演上言本州旧有进士解额31人，诸科解额106人；本年度诸科只解到8人，远未满额，进士合格者达46人，超过原有解额。钱惟演提出"欲试诸科额三十人添进士额十五人"，结果获得了8人的进士增额。②

2. 景祐元年（1034），知青州夏竦请求在本州进士解额22人外添解14人，来充填诸科缺额人数，获批准。③

3. 景祐元年（1034），知永兴军范雍提出在本府进士解额9人外添解8人，获批准。④

4. 嘉祐五年（1060），准祫享赦书，普遍增加进士解额绝少州军的进士解额，其中：苏、明、常、衢、睦五州，增11人；歙、饶二州，增4人；洪州、建昌军，增8人；福、建、泉、南剑、汀、漳诸州和邵武、兴化二军，共增45人；广、韶、新、端、康五州，增8人；桂、宾二州，增8人；益、眉、陵、绵、汉、嘉、邛诸州和永康军，共增32人；遂、资、果、普、合、昌诸州和广安军，共增20人；渝州和云安军，增3人。总计诸州共增进士解额139人。⑤

至嘉祐间岁贡举阶段，进士解额已超过诸科解额。根据本文的考证，间岁贡举的解额总数为3000余人。据司马光在治平元年（1064）所上的

---

① 《续资治通鉴长编》卷六〇，景德二年七月丙子。
② 《宋会要辑稿》选举一五之七。
③ 《宋会要辑稿》选举一五之九。
④ 《宋会要辑稿》选举一五之九。
⑤ 《宋会要辑稿》选举一五之一五。

《贡院乞逐路取人状》,这3000余额中,进士额常不下2000余人。①

嘉祐三年(1057),设明经科,发解用诸科解额。熙宁四年(1071),废明经,而以明经额解进士,实际上是以部分诸科解额解发进士。《续资治通鉴长编》卷二二〇,熙宁四年二月丁巳条载:

> 量取诸科解名增解进士,以熙宁二年解明经数为率。如举人数多于熙宁二年,即每十人更取诸科额一人,诸科额不及三人者听依旧。不解明经处,每增二十人,如十人法。

根据这条规定,进士额对诸科额的侵夺要大于原明经额。

元丰八年(1085),诸科额再次被削减,只剩下元额的十分之一,用来发解那些不能改习进士的旧应诸科举人。②削减幅度之大,以至于济、博、棣三州诸科举人因为"无额可解"上诉礼部。③

熙宁四年(1071)之后诸科与进士解额的消长是王安石贡举改革的效果之一。王安石贡举改革的重要措施是废诸科、专用进士一科取士,禁止新人报考诸科。

诸科解额随着旧应诸科举人的消亡(录取或自然死亡等)逐渐并入进士解额,这个过程,至崇宁元年(1102)基本宣告结束。《宋会要辑稿》选举一五之二八载:

> 崇宁元年八月八日,礼部言:"臣僚奏,五路诸科旧人见在应书者已无几,愿以所存诸科解额悉解进士,使熙宁诱进诸科向习进士之意,至是始得纯一。欲遍行指挥,应有诸科解额今来无人取应者,并许并入进士解额。"从之。

此后,尚有零星诸科残余,至政和六年(1116)彻底消亡④,解额由进士、

---

① 〔宋〕司马光:《司马光奏议》卷一五,王根林点校,山西人民出版社1986年版,第160页。
② 《宋会要辑稿》选举一五之二四。
③ 《文献通考》卷三一《选举四》,考二九四。
④ 张希清:《宋代贡举科目述论》,油印本,第29—30页。

诸科两类变为进士一科。

吴宗国先生在《唐代科举制度研究》中指出，科举发展的总趋势之一是：诸科逐步衰落，逐步集中到进士科。[①]诸科、进士解额的消长变化，从一个侧面证实了这种趋势的存在。上文的叙述从解额层面上勾勒出诸科衰落直至消亡的大致过程，这个过程提示我们：投考人数的减少是诸科衰落的直接动因，换言之，是举人的应试意向决定了诸科的衰亡。王安石贡举改革只不过适应并用法令的形式推动了已有的发展趋势。

三、解额的地域分布

解试由各地分别主持，解额按地域分配。这是解额区别于省、殿试录取额的主要特点。解额中诸科额的地域分布简单地说是西北多而东南少，由于诸科在科举中不占重要地位，它的地域分布素来不是人们关注的问题，下文将着重讨论进士额的分布情况，为行文方便，本部分中提到的解额特指进士额。

司马光的《贡院乞逐路取人状》中比较完整地保留了嘉祐三年（1058）、五年、七年三次科场部分地区解额[②]、录取额的数字，据以列表如下：

（单位：人）

发解区域 \ 比较内容 \ 年份	嘉祐三年 解额	嘉祐三年 录取数	嘉祐五年 解额	嘉祐五年 录取数	嘉祐七年 解额	嘉祐七年 录取数	三年总录取比率
国子监	118	22	108	28	111	30	4.2∶1
开封府	278	44	266	69	307	66	4.7∶1
河北路	152	5	缺	缺	154	1	51∶1
河东路	44	0	41	1	45	1	63∶1

---

① 吴宗国：《唐代科举制度研究》第十五章《科举发展的趋势》，辽宁大学出版社1992年版，第298页。
② 司马光原文为得解免解进士，数目略多于解额。

续表

比较内容＼年份＼发解区域	嘉祐三年 解额	嘉祐三年 录取数	嘉祐五年 解额	嘉祐五年 录取数	嘉祐七年 解额	嘉祐七年 录取数	三年总录取比率
陕西路	缺	缺	123	1	124	2	82∶1
京东路	157	5	150	5	缺	缺	30.7∶1
广南西路	38	1	63	0	63	0	164∶1
广南东路	97	3	84	2	77	0	51∶1
梓州路	63	2	缺	缺	缺	缺	31∶1
利州路	26	1	缺	缺	28	0	54∶1
夔州路	28	1	32	0	缺	缺	60∶1
荆湖南路	69	2	69	2	68	2	34∶1
荆湖北路	缺	缺	24	0	23	1	47∶1

嘉祐时期，宋朝分为十八路，司马光列举了国子监、开封府和十一个路的情况，其余七个路是：两浙、江南东、江南西、福建、淮南、益州[①]和京西。"进士举业文赋唯闽、蜀、江、浙之人所长"[②]，福建、益州、江南东、江南西、两浙诸路的解额与录取率当属中上流。宋人在谈到发解状况时，往往以京东与京西连称；京东、京西、陕西、河北、河东五路，地近辽夏，风俗相近，人多质厚少文，昧于文辞，解额状况当相去不远。淮南的解额与录取率，应当略低于江浙地区。因此，我们可以根据上表并参考其他资料推测嘉祐时期解额分布的大致。又，每一地区在不同时期解额会有数量变动，但由于解额的数量变化是由中央统一调度调整的，局部的变动基本不会改变全国解额的分布情况，因此，我们又可以从嘉祐时期的情况一窥北宋九朝解额地域分布的概况。

北宋解额的地域分布可以分为如下两种类型：

[①] 嘉祐四年（1059）改称成都府路。
[②] 〔宋〕范纯仁：《上神宗乞设特举之科分路考校取人》，载〔宋〕赵汝愚编：《国朝诸臣奏议》卷八〇，文海出版社影印宋刻明印本，第2790页。

1.解额与录取率成正比的地区，解额数目基本反映当地的文化教育水平。其中，开封府、国子监和江、浙、闽、蜀诸路，高解额与高录取率并存；梓、利、荆湖南、荆湖北、夔等路，解额和录取率均较低。

东南诸路是北宋最富庶、最发达的地区之一，读书应举者众多，取解标准高。欧阳修在《论逐路取人札子》中指出："东南州军取解者，二三千人处只解二三十人，是百人取一人。"①陆佃亦云："而川、浙、福建、江南往往五六十人取一人。"②

开封府与国子监的高解额，除文化发达这一原因外，更得益于其独特的地理位置。省、殿试出题者皆"两制、三馆之人"，在京举人接近考官，"追趣时好，易知体面，渊源渐染，文采自工"③容易考中，如咸平元年（998）录取进士50人，38名贯开封府籍④。在京取解易中的便利吸引大批外地举人寓籍京师，在开封府或国子监投牒取解，大量寓籍举人的存在是在京解额与录取率极高的另一原因。

荆湖南、北及梓、利、夔诸路，经济文化相对落后。南宋人陈亮曾著文论"荆襄之地"的衰败："本朝二百年之间，降为荒落之邦，北连许、汝，民居稀少，土产卑薄，人才之能通姓名于上国者，如晨星之相望。"⑤衰败如此，解额自然不高。

2.河北、河东、陕西、京东、京西和广南东、广南西路，极低的录取率与高解额并存。京东、京西、陕西、河北、河东五路，解试录取率远高于东南诸路，每五六名举人中就有一人可获取解。⑥显然，在上述地区，解额与文化发达程度并不相称。

那么，造成这种高解额与低录取率并存现象的原因是什么呢？欧阳修

---

① 〔宋〕欧阳修：《欧阳修全集·奏议集》卷一七。
② 〔宋〕陆佃：《陶山集》卷四《乞深川、浙、福建、江南等路进士解名札子》。
③ 〔宋〕司马光：《贡院乞逐路取人状》。
④ 《文献通考》卷三〇《选举三》，考二八六。
⑤ 《宋史》卷四三六《儒林·陈亮传》，第12936页。
⑥ 《陶山集》卷四《乞添川、浙、福建、江南等路进士解名札子》。

在《论逐路取人札子》中论云：

> 今广南东、西路进士，例各绝无举业，诸州但据额发解，其人亦自知无艺，只来一就省试而归，冀作摄官耳。朝廷以岭外烟瘴，北人不便，须藉摄官，亦许其如此。

如欧阳修所言，在广南东、西两路，高解额的作用是为当地土著提供参加省试的机会，以便积累资格出任摄官。其目的，一方面，笼络当地土著；另一方面，缓解岭外地方官缺乏的状况，加强中央对边远地区的控制。一句话，两广地区的高解额是中央的优惠政策造成的。河北、河东、陕西、京西、京东五路高解额的原因与之相同。五路进士，虽然不至于"绝无举业"，但在文辞方面绝对无法同东南进士竞争，及第的可能性不大。宋代科举在正奏名之外，还有特奏名，即举人积累举数、年龄等资历，通过比较优容的考试获得出身。[①]举数，即得解到省的次数。在河北等七路设置与其文化水平不相称的高解额为当地举人提供了众多的到省机会，使他们即使考不中也可以通过特奏名方式出仕，一沾恩泽。

取士选官是科举的目的，但科举并不等同于今天的公务员资格考试，宋朝政府巧妙地使科举成为巩固统治的有效工具。解额本来是介于求解人数和取士数之间的中介数额，它的存在只是要把省试的规模限制在合理范围之内，但它却被赋予了丰富的内涵，起到了取士额所无法起到的作用。

（原载《北大史学》第5辑，北京大学出版社1998年版）

---

① 张希清：《论宋代科举中的特奏名》，载《宋史研究论文集》，河北教育出版社1985年版。

宋代省试制度述略

何忠礼

宋代科举自太祖开宝六年（973）创立殿试制度以后，始分三级进行：首先是州郡、开封府、国子监的发解试，其次是礼部的省试，最后是皇帝的亲试——又称御试或殿试。省试合格者称奏名进士，他们在后来的殿试中登第的比例很高，尤其自哲宗朝起，殿试再无一人遭到黜落，即使文理纰缪乃至犯帝王名讳者，亦可置于末名。因此，殿试在科举考试中主要体现了皇帝亲掌取士权这一政治意义，实际作用并不大。虽发解试因解额甚窄而竞争十分激烈，但举人得解并不算有了功名，他们在省试中一旦失利，仍是一领白衣，下次再想参加科举考试，在一般情况下，还得从发解试开始。在整个科举考试中，只有省试才称得上是最关键的一场考试，故宋人有"贡举莫重于省试"[1]的说法。

不过，迄今为止，有关文章虽然多次涉及宋代省试的问题，但大都只是一般性的介绍，而对礼部贡院及其设施、科场条制、考官与举人的活动、省试的利弊等一系列问题，似乎尚缺乏专文研究，笔者为此拟就有关问题作些论述，不当之处，请大家指正。

一

宋代省试由礼部主持，其考试场所称为礼部贡院。北宋的礼部贡院

---

[1]〔清〕徐松辑：《宋会要辑稿》选举六之三七，上海古籍出版社2014年点校本，第5377页。

"犹取具临时"①，场所屡经变更。宋初，循唐、五代旧制，礼部贡院暂寄寓于尚书省以礼部南院为主的部分建筑，礼闱事毕，贡院也随之不存。太宗朝时，随着应举人数的大幅增加，以尚书省作为礼部贡院已不敷使用，于是一度借用武成王庙为之②。太平兴国七年（982）九月，新作尚书省于孟昶故第后③，又恢复了国初旧制，将礼部贡院迁回尚书省，此后一百年间基本上无变化。神宗元丰五年（1082），新官制行，还六曹职事，尚书省事务加剧，由原孟昶故第改建的这座尚书省，已显得十分破旧而不堪使用。是年五月，诏建新省，旧省开始关闭。从此以后，礼部设置于尚书省的历史便宣告结束。

元丰八年春，省试借用开宝寺为之，不料正值锁院考校期间，突然寺火大发，试官、吏卒被焚死者达四十余人，"凡本部贡笺与夫所考试卷，须臾灰烬，略无遗者"。这场大火，使开宝寺作为礼部贡院，第一次就不果而终。于是，"诏以太学为贡院"，重新进行省试。④

据李焘《贡院记》谓："……崇宁弥文，创建外学，以待四方所贡士，则礼部贡院自是特起，不复寓他所矣。"魏了翁《普州贡院记》亦谓："礼部之有贡院，自唐开元始。国朝科举，虽袭唐旧，而贡院之或废或置，或毁或复，至崇宁而后有定所。"⑤以上两人之言，都告诉我们，礼部贡院自哲宗朝寓于太学后，至徽宗崇宁年间，又移至太学的外学——辟雍，并一直延续到北宋灭亡。

南宋绍兴年间，秦桧当政，为粉饰太平，提倡文治，他既建贡院，又

---

① 李焘《贡院记》谓："国朝贡举，率循唐旧……而贡院则犹取具临时。"载〔宋〕扈仲荣等辑：《成都文类》卷四六，影印文渊阁《四库全书》本，第1354册，第804页。
② 〔宋〕李焘：《续资治通鉴长编》（以下简称《长编》）卷二二，太平兴国六年九月壬寅条，田锡奏疏，中华书局2004年点校本，第497页。
③ 《长编》卷二三，太平兴国七年九月末条，第528页。
④ 〔宋〕庞元英：《文昌杂录》卷六，大象出版社2006年《全宋笔记》本，第2编，第6卷，第179页。
⑤ 〔宋〕魏了翁：《鹤山集》卷四四《普州贡院记》，影印文渊阁《四库全书》本，第1172册，第502页。

造太学,"大抵皆宏壮"①。从此以后,礼部贡院遂脱离太学,最终有了一个独立而固定的场所,其基本结构为:

> 贡院置大中门,大门里置弥封、誊录之所及诸司官,中门内两廊各千余间廊屋,为士子试处。厅之两厢,列进士题名石刻,堂上列省试赐知贡举御札,及殿试赐详定官御札,并闻喜宴赐进士御诗石刻。②

这种形制,也为后来明、清两代的礼部贡院所由仿。

不过,从整个宋代的礼部贡院来看,无论是北宋前期的"取具临时",或是北宋后期至南宋的趋向固定,与明、清两代的礼部贡院相比较,都要苟简得多。

首先,宋代礼部贡院内的场屋,是连片设席的。太宗雍熙二年(985)正月二十四日,针对当时应试举人"动盈万计,奸伪之迹,朋结相连,或丐于他人,或传以相授,纷然杂乱,无以辨明"的状况,"诏礼部贡院,应《九经》、诸科举人,并令参杂引试,人贴科目、字号,间隔就座,稀次设席,轮差官二人在省门监守,分差官于廊下察视,勿容朋比,私相教授,犯者永不得赴举"③。之所以要对举人应试作如此严格的监视,就与他们的座席相互毗邻,考试时容易"私相教授"有关。欧阳修在仁宗嘉祐二年(1057)任知贡举期间所作之《礼部贡院阅进士就试》诗中,有"无哗战士衔枚勇,下笔春蚕食叶声"④之句,也是对举人座次相邻的生动写照,如果不是考试连片设席,哪里能听得到考生们的下笔之声。

有些学者根据《梦粱录》有礼部贡院内"两庑各有千余间廊屋"的记

---

① 《宋会要辑稿》职官一三之一三,第3376页。
② 〔宋〕吴自牧:《梦粱录》卷一五《贡院》,大象出版社2017年《全宋笔记》本,第8编,第5册,第240页。
③ 《宋会要辑稿》选举三之五,第5287页。
④ 〔宋〕欧阳修:《欧阳修全集·居士集》卷一二《礼部贡院阅进士就试》,中华书局2001年点校本,第205页。

载，就认为南宋举人在省试时已有了一人一间的试所，与明、清时候的号舍已不相上下，这实在是一个误解。按这里所谓的"廊屋"者，并非互不相通的单间屋子，而是用木柱支撑，没有墙壁或木板间隔的简易房子。既然廊屋之间是相通的，举人的座次实际上仍然连成一片。宁宗嘉泰三年（1203）十一月十三日，左正言林行可言省闱弊病时奏称："曩时案设一定，不敢越次，今不唯移案，且越廊而东西；曩时寸纸不容，不敢交语，今不唯往来，且夫交臂于廊庑。"开禧元年（1205）正月二十九日，有臣僚言："窃唯礼闱之所禁者，曰代笔，曰挟书，曰传义，曰继烛，法令照然，皆所当戢。比年玩习为常，移易卷案，挟带书册，往往有之……"[1]既然士子在考试时可以往来交语，移易卷案（书案），可见他们的座席与座席之间并无间隔，这与北宋连片设席的情况基本上是一致的。朱熹《试院杂试五首》云："长廊一游步，爱此方塘静。"[2]也说明这"千余间廊屋"，不过是一排长廊而已。只是到明代以后，一方面为了更严格地防范举人通同舞弊，另一方面也由于每场的考试时间，已由宋代的一日延至二日，场屋既是试所，又是举人坐卧、饮食之地，为此有必要建立一人一间的号舍。近人商衍鎏的《清代科举考试述录》一书，对此介绍颇详，兹不赘述。

其次，宋代的礼部贡院不仅没有像明、清礼部贡院的至公堂、明远楼那样高大的建筑，而且内部的陈设颇为简单，即使考试用的书案，亦须举人自己送纳。《长编》卷六〇，景德二年（1005）七月丙子条载龙图阁待制戚纶与礼部贡院的奏疏中称："今请除书案外，不［许］将茶厨、蜡烛等入。"大中祥符四年（1011）五月二十七日，翰林学士晁迥等准诏详定礼部贡院条制，建议"仍预于贡院纳书案"[3]，都说明举人须自己准备供考试用的书案。唐宋时候的书案十分矮小，举人必须席地而坐方能伏案书

---

[1]《宋会要辑稿》选举五之二八至三〇，第5355页。
[2]〔宋〕朱熹：《朱熹集》卷一《试院杂试五首》，四川教育出版社1996年点校本，第36页。
[3]《宋会要辑稿》选举三至九，第5289页。

写，故携带尚称便利。北宋礼部贡院内的士子试处，既无桌子，亦无凳子，可谓四壁皆空，倒给选择临时性的贡院带来不少方便，这也是可以借用寺院等场所作为礼部贡院的重要原因之一。这里附带说一下，礼部贡院不备桌、凳的情形，尚可追溯到唐代。唐宪宗元和八年（813），前进士舒元舆在《上论贡士书》中说到举人在省试时的遭遇，其谓：

> 试之日，见八百人尽手携脂烛、水炭，洎朝晡餐器，或荷于肩，或提于席……试者突入，棘闱重重，乃分坐庑下，寒余雪飞，单席在地……有司坐举子于寒庑冷地，是比仆隶已下，非所以见征贤之意也。①

可见，唐时举人应礼部试，不仅无桌、凳，有时候甚至书案也没有一个，举人们只能伏在草席上书写，经过近一昼夜的考试，他们就难免要"褒衣博带满尘埃"了。

宋室南渡，虽说很快建立起了独立而固定的礼部贡院，大概因为相沿成习的缘故，仍需事先"收买试篮、桌椅之类"②以供考试之用。使用桌椅虽比书案方便，却更为笨重，这对举人来说，实在是一件不小的负担，这恐怕就是宋代绝大多数赴省试的举人，身边都要带一个仆人的重要原因。两宋的场屋如此苟简，当为一般人所难以想象。

二

唐自开元二十四年（736）后，贡举归属礼部，原则上由礼部侍郎领贡院，出任知贡举，偶由他官兼领者，则称权知贡举。由于主司皆有常人，"则既预知之矣；不惟预知也，亦可预谒之；不惟预谒也，亦可预托

---

① 〔明〕黄淮、杨士奇编：《历代名臣奏议》卷一六三《舒元舆奏议》，上海古籍出版社1989年据明永乐本影印本，第2144页。
② 《梦粱录》卷二《诸州府得解士人赴省闱》，第102页。

之"①。考官要搞徇私活动，真是易如反掌。北宋前期，贡举名义上也属礼部，但官、职、差遣分离的结果，使"三省、六曹、二十四司，类以他官主判，虽有正官，非别敕不治本司事"②。故当时的礼部尚书和侍郎都无所职掌，而另设判礼部一人，"兼领贡院，掌受诸州解发进士、诸科名籍及其家保状、文卷，考验户籍、举数、年齿而藏之"，也就是为省试做好一切考前的准备和考后的卷宗、什物等保管工作。"若朝廷遣官知举，则主判官罢，事毕，以知举官卑者一员主判"③。元丰官制改革后，上述情况才有所改变。

北宋建立后，为防止主司皆有常人所带来的弊端，并加强其权威性，一般任命六部尚书、两制等文学侍从之臣为之，故多称权知贡举。开宝八年（975），太祖除任命王祐为权知贡举外，又任命知制诰扈蒙、左补阙梁周翰、秘书丞雷德骧三人权同知贡举。后来，不仅权同知贡举设有多人，就是权知贡举也往往不止一人，这样既减轻了主考官的考校负担，也分散了他们的事权。北宋末年，随着政治腐败的加深，科场舞弊也日益严重，为加强对主司的监督，朝廷开始任命台谏官一人出任权同知贡举。到了南宋，监试官的设置逐渐成为制度，至于他们作为权同知贡举，是否兼任考校，抑或专司监督，中间则几经变化，始终未成定规。

除权知贡举和权同知贡举外，礼部贡院中还有担任各种职务的其他官员。

一是封弥官，又名封印卷首官。封弥官始设于大中祥符元年（1008），任务是对试卷点数登记，然后截去写有姓名、年甲、三代、乡贯、举数等内容的卷首，别以字号第之，然后送誊录官誊录。因为封弥的任务繁重，加之保密的需要，后来多设立封弥院以行之。

二是誊录官。大中祥符八年，礼部贡院始置誊录院，任务是将经过封

---

① 〔宋〕章如愚编：《群书考索》续集卷三八《官制门·选举》，影印文渊阁《四库全书》本，第938册，第483页。
② 〔元〕脱脱等：《宋史》卷一六一《职官一》，中华书局1977年点校本，第3768页。
③ 《宋史》卷一六三《职官三》，第3852页。

弥处理的卷子，付予所雇佣的书手进行誊录，经过核对无误后，标以相同字号，送考官考评。大约从南宋时候起，试卷改用红笔誊录，故称朱卷，原来的试卷则称真卷或墨卷。

三是点检试卷官。其任务相当于初考官，负责对试卷引文必须遵循的硬标准，即程式的要求进行考校，对那些犯有明显错误的试卷（如字数不到、题目脱漏、犯讳等）先行黜落。故当时人以为，点检试卷官名为点检，实为初考。哲宗绍圣元年（1094），应臣僚奏请，将点检试卷官二十人分属各主试官，使之相通考校，这样既均劳逸，又更精审。[①]

四是参详官。其任务是协助权知贡举和权同知贡举对经过点检后的试卷作进一步考校以决定省试名次，所以参详官有时又被称为复试官。

此外，尚有负责监礼部贡院门的监门官，纠察场屋违纪行为的巡铺官，及前面已经提到的封弥官和誊录官等。

权知贡举和权同知贡举、点检试卷官、参详官因直接参与试卷的考校，故设席于帘内，称帘内官或内帘官。其余与考校试卷无关的官员，设席于帘外，称帘外官或外帘官。在锁院期间，严禁帘外与帘内官交通往来，以防止相互勾结，徇私舞弊。

礼部贡院内，除上述各种名目的考试官和工作人员外，还有皇帝派去监督考试的内侍及大量供驱使奔走的仆役和人吏。科场条制愈趋严密，所需人员就愈多，据笔者粗略估计，自真宗朝起，礼部贡院里的考试官和其他各类人员，总计有数百名之多，他们大都住在贡院之内，这就要求贡院有更多的屋宇。

宋初知贡举虽无常人，但简任后并不立即入院锁宿，使他们有时间接受请托，故其行动颇受朝廷猜疑。"然为主司者亦大不易，徇请求则害公，绝荐托则获谤"[②]。太宗淳化三年（992）正月初六日，翰林学士承旨苏易简等一经被任命为权知贡举后，再不敢回家，而是迳由殿陛入贡院，以避

[①]《宋会要辑稿》选举一九之二〇，第5631页。
[②]《长编》卷八三，大中祥符七年九月戊戌条，载宋真宗语，第1896页。

请托,"后遂为常制"①。真宗大中祥符七年(1014)八月二十三日,更下诏:"自今差发解、知举等受敕讫,即令阁门祗候一人引送锁宿,无得与僚友交言,违者阁门弹奏。如所乘马未至,即以厩马给之。"②神宗熙宁五年(1072)十二月,宋廷进一步作出规定:"应发解、省试,于锁院一月前不许官员乞假出外,差官毕仍旧。"③这种对科举的重视程度和对考官的防范之严,是前所未有的。

主试官进入礼部贡院后,最初六七日是出试题的时间,接着进行考试,每日一场,考三场或四场,余下便是考校试卷、定等、核对字号,最后是拆封出榜。锁院天数视考官人数和试卷多少而定。仁宗庆历二年(1042)二月初五日,知制诰富弼在《乞罢殿试疏》中说到省试有"三长",其一即为"贡院凡两月余,日研磨差次,必俟穷功悉力,然后榜出"④。欧阳修在《归田录》卷二谓:"嘉祐二年,余与端明韩子华……同知礼部贡院……凡锁院五十日。"又,洪迈《容斋四笔》卷八载:"黄鲁直以元祐三年为贡院参详官,有书帖一纸,云:'正月乙丑锁太学,试礼部进士四千七百三十二人。三月戊申具奏进士五百人。'乃是在院四十四日。"据此可知,礼部贡院的锁院时间,长的可达二月余,短的亦需四五十日。

考官在锁宿期间,除得暴病,可"委监门使臣与无干碍官视其所苦,速令归第"⑤以外,其他不论发生何种情况,都严禁外出。英宗治平三年(1066)九月,曾巩锁宿景德寺,试国子监进士,恰值爱女病故,后来他亲撰《二女墓志铭》,对自己"不得视其病,临其死"⑥深表哀痛。当然,此时的曾巩,仅是一名发解试考官而已,若对礼闱官员,其严格程度更是

---

① 《长编》卷三三,淳化三年正月丙申条,第733页。
② 《长编》卷八三,大中祥符七年八月丙子条,第1892—1893页。
③ 《宋会要辑稿》选举一九之一六,第5629页。
④ 《宋会要辑稿》选举三之二二,第5296页。
⑤ 《长编》卷八四,大中祥符八年二月丁巳条,第1917页。
⑥ 〔宋〕曾巩:《元丰类稿》卷四六《二女墓志铭》,中华书局1984年点校本,第636页。

可想而知。

礼部贡院有"平安历"之设，让考官与家人在锁宿期间互报平安，以免挂念，当然这种"平安历"还须经过监门官的仔细检查，确认其内容"不过以报平安者"，才允许出入。除此以外，考官与外界的任何联系皆被隔绝。在宋代政治生活中，这种严格的锁宿制度有时竟可被用来作为党争的工具。哲宗元祐六年（1091）正月，省试在即，蜀党大臣欲起用同伙邓伯温为尚书右丞，但害怕以直言敢谏著称的侍御史孙升上疏反对，于是竭力推荐他出任权同知贡举，朔党首领刘挚了解蜀党用心，"疑升必论列，故谋以此五十日拘之也"①。于是大加反对。结果，孙升未入贡院为权同知贡举，邓伯温也没有被擢任尚书右丞。

宋代众多的法律、禁令，对官员来说，大都形同虚设，不起作用，惟有锁宿制度却执行得颇为严格，这与帝王亲自派出内侍，加强对主考官的监督是分不开的。史载："杨文公入省校试天下士，既出，真庙问云：'闻卿都堂帘中哄笑，何故？'对曰：'有举人上请，尧舜是几事？臣答以疑时不要使。因此同僚皆以为笑。'上为之动容。"②足见由于派往礼部贡院的内侍密报，皇帝对考官们的一举一动、一言一笑皆了若指掌。在这种情况下，考官在贡院中的徇私舞弊活动也就不得不有所收敛。

严格的锁宿制度，对于过惯了悠闲生活的士大夫来说，无疑十分难受，形之于笔墨、见之于吟咏者时或有之。仁宗嘉祐二年（1057），出任权知贡举的欧阳修对锁宿礼闱深感寂寞无聊，便与同僚互相唱和以打发时日。他先后作诗二十二首，其中有的诗篇就抒发了对锁宿制度的不满。

北宋政府尽管对考官们在贡院中的活动立下众多禁令，防范甚严，但科场舞弊犹如水银泻地，无孔不入，要想禁绝就绝无此中可能。如真宗咸平三年（1000），权同知贡举王钦若收受举人贿赂一案，就是一个十分典

---

① 《长编》卷四五四，元祐六年正月己巳，第10882页。
② 〔宋〕高晦叟：《珍席放谈》卷下，大象出版社2008年《全宋笔记》本，第3编，第1册，第194页。

型的例子。后来事败，御史台"请逮钦若属吏"，而"钦若方被宠顾"，在真宗的庇护下，遂使该案不了了之。①

主考官在考前先与熟识之举人定下暗号，也时或有之，如邵博《邵氏闻见后录》卷二〇载：

> 杨大年（亿）为翰林学士，适礼部试天下士。一日，会乡里待试者，或云："学士必持文衡，幸预有以教之。"大年作色拂衣而入，则曰："于休哉！"大年果知贡举，凡程文用"于休哉"者，皆中选。而当时坐中之客，半不以为意，不用也。

至于知贡举凭个人好恶在取舍中容私的情况，也时有出现。如陆游《老学庵笔记》卷一〇载：

> 东坡素知李廌方叔。方叔赴省试，东坡知举，得一卷子，大喜，手批数十字，且语黄鲁直（庭坚）曰："是必吾李廌也。"及拆号，则章持致平，而廌乃见黜。

应当指出，像杨亿和苏轼，在宋代称得上是正直廉洁的官员，他们尚且如此，如果换成别人，则徇私舞弊更是可想而知。一些权势子弟的作弊活动，也大多在上自权知贡举，下至巡铺官的纵容、包庇下得逞。如仁宗至和二年（1055）十月，据尚书屯田员外郎朱景阳奏称：

> 礼部试日，以巡铺官察士子挟书、交语，私相借助，而贵游子弟与寒士同席，父兄持权，趋附者众，巡铺官多佞邪希进之人，为之庇盖，莫肯纠举。都堂主司，纵而不诘。上下相蒙，寒士寡徒，独任臆见。譬如战斗，是以一夫之力而当数百人也。请令寒士与锁厅者同场别考，则势均力敌，可绝偏私。

---

① 参见《长编》卷五一，咸平五年三月庚戌条，第1119页。

对此，最高统治者却不以为然，最后以"奏寝不报"①了事。

此外，礼部贡院中也有一些与考校无关的事务性官吏依仗权势，"苛扰殆至，诟骂侵辱"无辜举人，甚至"暗投文字，诬执士人，以幸赏典"②的情况出现，这同样是对科场秩序的干扰，受害者必然为贫寒子弟无疑。

当然，造成礼闱取士不公的原因是多方面的，除了形形色色的舞弊活动以外，也与试卷太多，考官目力有限，考校不能精审有关。加之，考的是诗赋、论策，其好坏并无绝对标准，即便考官完全出自公心，由于看法不一，对士子来说，仍有幸与不幸之弊。正如仁宗朝大臣夏竦在《议贡举奏》中所说："若万方上计，肩键贡闱，衣冠鳞萃而万数，卷轴山积而亿计。良楛相杂，精稗交半。铨品之官，不逾五员，考试之限，不越三旬。虽周、孔无以施其鉴，荀、孟无以展其才。况主司不一，好尚差殊……故工拙之状，多乖外望。致躁竞之士，腾口谤议。"③为此，他提出让转运使先对士子慎择精选，知举官要增至十员，考校时间要延长一季等多项建议，但后来基本上也未被采纳。

三

宋初省试时间，除太宗太平兴国三年（978）曾在秋季举行外，一般都是在春季。自真宗大中祥符五年（1012）起，固定为正月锁院，三月出榜并殿试。高宗建炎元年（1127）十二月，南宋政府鉴于战乱道阻，举人难赴行在省试，命各路提刑司选官于转运司所在州分别择日取士，称类省试。绍兴五年（1135）始设礼闱于临安，惟四川因远离行在，所以仍然保持类省试。绍兴二十七年五月，臣僚以为类省试缺乏监督，弊端太多，"议罢之，悉令赴南省"。国子祭酒杨椿上疏以为："蜀士多贫，而使之经

---

① 《长编》卷一八一，至和二年十月己酉条，第4381页。
② 《宋会要辑稿》选举四之一〇，第5322页。
③ 《历代名臣奏议》卷一六四《夏竦奏议》，第2149页。

三峡、冒重湖,狼狈万里,可乎?欲去此弊,一监司得人足矣。"①遂规定:除守倅子弟、宾客力可行者赴省外,其他人可在四川参加类省试。类省试旧以九月,绍兴二十九年(1159),朝廷因四川制置司奏请,以蜀地去行在远,恐举人赴殿试不及,遂改为八月锁院②。南宋绍兴年间,省试时间早则正月,晚则六月,并无定规,一般要等到四川举人到达临安后才举行。孝宗即位后,恢复了正月锁院的旧制。淳熙十三年(1186)十二月,有臣僚以为,若正月引试,"天寒晷短,笔砚胶冻,不能尽其所长"③,建议推迟省试时间,此后省试改为二月一日举行。理宗淳祐十一年(1251),又有大臣奏请,欲将省试时间延至三月,朝议以"远方士子,留滞逆旅"④不便,不从其请。直至理宗朝末年,由于蒙古军的大举入侵,在蜀地残破、战乱不息的情况下,四川士子已很难赴行在参加省试,所以省试时间又延至三月举行。⑤

凡获得发解资格的举人,至迟于入闱前二个月左右赴京师,先找一个客栈或寺院安顿下来,然后通过书铺,向礼部呈上解牒、家保状、公卷,以便让礼部官员对举人的资格作出审查。投纳公卷是相沿唐、五代时期的做法,供礼部"采名誉,观素业"之用。自实行封弥、誊录之法后,"一切考诸试篇",投纳公卷已失去意义。所以到仁宗庆历元年(1041)八月十一日,应权知开封府贾昌朝之奏而被罢去。

与此同时,举人还要通过书铺投纳试卷用纸。李唐以降,历经宋、元、明三代,凡省试所用的试卷,皆须举人自备,并事先于卷首写上姓名、年甲、三代、乡贯、科目、场次等。在入闱前数日,向礼部贡院投纳。按《宋会要辑稿》选举四之四○载,孝宗乾道二年(1166)二月二十

---

① 〔宋〕李心传:《建炎以来朝野杂记》(以下简称《朝野杂记》)甲集卷一三《类省试》,中华书局2000年点校本,第262页。
② 《朝野杂记》甲集卷一三《诸路同日解试》,第265页。
③ 《宋会要辑稿》选举五之九,第5345页。
④ 〔元〕佚名:《宋史全文》卷三四,淳祐十二年八月己未条,中华书局2016年点校本,第2816页。
⑤ 《梦粱录》卷二《诸州府得解士人赴省闱》,第102页。

八日，礼部言："四方举人，纸色参差，深恐未便，欲依旧下所属增价买高厚连纸，务令如法，仍将纸样从本部印押，封送主司并誊录所……从之……并令更纳草卷一幅，依式装界，以备誊录。"说明自孝宗朝以后，举人不仅要投纳试卷用纸，同时还要提供誊录用纸。所以要事先投纳试纸，与礼部为减轻自己的负担不无关系，但主要原因恐怕还是在于试卷卷首要举人亲书，内容又多，写毕还得封印，这一系列程序，需要在考试前完成，以不妨碍正式考试之故。

宋代自太宗朝起，扩大科举取士，每次参加省试的举人，动辄在万人上下，为不使举人在入闱后找不到自己的座次，大中祥符四年（1011）五月二十七日，应翰林学士晁迥等人奏请，礼部贡院"于试前一日排定座次，榜名告示。至日，监门据姓名引入，依次就坐，不得移易"①。为防止举人作弊，座次尽可能打乱地区和科目，故而这种座位榜又称"混榜"。

礼部贡院大门，待举人清晨入院毕即关闭，到申时（下午三时至五时）后开门，放举人出院。所纳卷子，先行封印，截取卷首，并于卷子上打三不成字为号，三场或四场试卷共为一号，方送至誊录所誊录。卷子誊录和对读毕，先后送点检试卷官和参详官考校，如称众意，再送权知贡举或权同知贡举，由他们决定录取与否及名次高低。举人考试毕，皆在都城静候消息。最后，贡院申省奏号，皇帝差内侍赴贡院拆号放榜，公布省试录取名单，是为奏名进士。第一名奏名进士在尔后的殿试中如不遭黜落，多有升甲恩例，至南宋则成定规，前十名亦如之。②

有资格参加省试的举人人数，每举皆不相同，核之有关史籍记载，北宋时期，最多的是真宗咸平元年（998），"两京及诸道州府解送举人，将近二万"③。最少是仁宗庆历年间，每举约二千人左右，其他除宋初外，每举"恒六七千人"④。发解人数的多少，既与科举间隔时间长短有关，

---

① 《宋会要辑稿》选举三之九，第5289页。
② 《梦粱录》卷二《诸州府得解士人赴省闱》，第102页。
③ 《宋会要辑稿》选举一四之一七，第5539页。
④ 〔宋〕马端临：《文献通考》卷三一《选举考四》，中华书局2011年点校本，第901页。

也与免解人数多少有关。北宋后期至南宋，对各州解额的分配，有了严格限制，全国总人数一般控制在三四千人左右。省试录取名额，包括进士、诸科在内，每举也都不同：太祖朝自数人至上百人不等；太宗朝以后，少则二百余人，多则上千人，一般在五六百人左右。

礼部奏名进士尚须通过殿试才能登第，但是作为例外，如果皇帝本人处于谅闇（守丧）时期，照例不举行殿试，而以省元为榜首，真宗朝的孙仅、仁宗朝的宋庠、英宗朝的彭汝砺、神宗朝的许安世、徽宗朝的李釜、高宗朝的黄公度、孝宗朝的木待问、宁宗朝的莫子纯等人，皆为其例。①

熙宁变法以前，每举科目分进士与明经诸科两大类。进士科以考诗赋、论、策为主，又"以为诗赋声病易考，而策、论汗漫难知"②，所以主要以诗赋取士。诸科则以考帖经、墨义为主。熙宁变法以后，罢诗赋、帖经、墨义和明经诸科，进士科改试经义、论、策。从元祐三年（1088）起，进士科分经义进士和诗赋进士两科，各考四场。经义进士前两场分别试大经（《礼记》、《周礼》、《左氏春秋》）和中经（《周易》、《尚书》、《公羊》、《谷梁》、《仪礼》），余两场试论、策；诗赋进士第一场也试经义，第二场试诗赋，第三、四场同经义进士。绍圣元年（1094），罢诗赋进士，专治经术，不过所试经义前后又有所变化。到南宋绍兴末年，进士科再分两科，各试三场：经义进士第一场试经义，第二场试论，第三场试策；诗赋进士第一场试诗赋，第二、三场同经义进士，始成定制。

宋初，试题皆考试时临时公布，让举人自己抄录，遇有疑问，可以走近帘前，向主司上请。后来又雕印给之。仁宗天圣二年（1024）二月，有官员奏请在贡院雕印试题时，对一些题意不明、容易上请的地方，进行雕版，"分明解释，在逐人卷子内，依次给散"。但这个建议没有被采纳，"只令依旧施行"③。诗赋之作，贵在创新，非聪明博学之士难成佳篇，

---

① 《朝野杂记》甲集卷一三《谅闇罢殿试》，第274页。
② 《宋史》卷一五五《选举一》，第3613页。
③ 《宋会要辑稿》选举三之一四，第5292页。

策、论则需通古今之变，除非宿构，场屋之中亦很难剿袭。明经诸科既然考的是帖经、墨义，它们类似于今天的填空题和问答题（回答经文及注疏），两者皆以背诵为工，考试时夹带、传义都十分方便，所以在场屋中对这些应试者的防范尤为严格。据《梦溪笔谈》卷一载："礼部贡院试进士日，设香案于阶前，主司与举人对拜，此唐故事也。所坐设位，供帐甚盛，有司具茶汤、饮浆。至试学究，则悉彻帐幕、毡席之类，亦无茶汤，渴则饮砚水，人人皆黔其吻，非故欲困之，乃防毡幕及供应人私传所试经义，盖尝有败者，故事为之防。欧文忠有诗：'焚香礼经士，彻幕待经生。'以为礼数重轻如此，其实自有谓也。"直至熙宁变法以后，明经诸科被罢废，"彻幕待经生"的情况才宣告结束。

仁宗朝前期，虽然规定礼闱中帘内官与帘外官不得交通，但在长达数十天的锁宿期间，他们仍有可能找到种种借口见面。应进士科的举人，对题意不明允许上请，也容易出现与考官私相交通的情况。为此，仁宗宝元二年（1039）十一月初五日，下诏礼部贡院："自今省试举人，设帘都堂中间，而施帷幕两边，令内外不相窥见。点检试卷官及吏人非给使，毋得辄至堂上。其诗、赋、论题，并以注疏所解揭示之，不许上请。或题义有疑当请者，仍不得附近帘前。"①至此，不仅内、外帘官的交往完全断绝，举人与帘内官的接近也受到严格限制。

此外，礼部贡院还采取了其他一些措施，以防范举人在省试时的舞弊活动：一是严禁夹带书籍和其他文字进入场屋。为此，不准举人"将入茶担、火燎，汤茶官备，试诗赋日，止许将入切韵、押韵韵略，余书悉禁"②。举人在贡院中所需砚水、点心和饭食之类，全由巡廊军卒供应或货卖。试日，有怀挟书册到省门及到场屋被搜获者，不计多少，立即取消应试资格，"进士殿二举，诸科殿五举"③。二是禁止张烛夜试。举人天明

---

① 《长编》卷一二五，宝元二年十一月壬辰条，第2938页。
② 《宋会要辑稿》选举三之九，第5289页。
③ 《宋会要辑稿》选举三之一一，第5290页。

进入试场，天黑以前必须纳卷出院。按唐、五代时，允许举人夜试，一般以三条烛为限。后唐长兴二年（931）曾一度改令昼试。后晋开运元年（944），应工部尚书、权知贡举窦贞固奏请，又恢复了夜试[1]，并一直实行到宋初。太宗朝以后，由于应试举人骤增，考场秩序甚难维持，如果继续实行夜试，举人的作弊活动将更加难以防范，遂于真宗大中祥符四年（1011）彻底禁绝之。

不过，礼部贡院中的舞弊行为可谓禁不胜禁，这中间，考官和胥吏利用职务之便进行徇私舞弊固然是重要的一个方面，而举人方面花样百出的作弊行为，尤其是传义、挟书、代笔三项，其严重性也不容低估。

宋代场屋连片设席，使得考试传义十分方便。礼部贡院尽管对相同乡贯和科目的举人，参差排列座次，但举人在抬首举足之间，仍可凭暗号传递消息，有的则将写有答案的纸团抛给对方。仁宗天圣八年（1030），欧阳修在省试中因同情一位患病的李姓举人，竟将自己的答卷放到那人的书案之上，供他"拆拽回互，尽用之不妨"。不久，"榜出，欧公作魁，李亦上列"[2]。传义之普遍，由此可见一斑。挟书的手法则更加巧妙，他们或"雇请一人虚作举人名目，依例下家状，入科场，只令怀挟文字。人至试院，其程试则他人代作，事不败则赖其怀挟，共相传授；事败，则不过扶出一人。既本非应举之人，虽败，别无刑责，而坐获厚礼"[3]。更多的举人是将用蝇头细字抄札或刊印成的小册子，藏入衣服、鞋袜或用具之中，偷偷携入考场以备检阅。北宋后期，院门搜查已徒具形式，挟书之风大盛，每次"引试既毕，遗篇蠹简，几至堆积"[4]。进入南宋，挟书已呈半公开化，从而造成场屋内"蝇书满庭，莫之惮也"[5]的局面。代笔之弊，在北宋省试中尚不多见，到南宋绍兴年间，一些士人始"凭借多赀，密相

---

[1]〔宋〕薛居正等：《旧五代史》卷八三《后晋书少帝三》，中华书局1976年点校本，第1098页。
[2]〔宋〕王铚：《默记》卷中，中华书局1981年点校本，第21页。
[3]〔宋〕欧阳修：《欧阳文忠公集·奏议集》卷一五《条约举人怀挟文字札子》。
[4]《宋会要辑稿》选举四之七。
[5]《宋会要辑稿》选举六之三五。

贿结",以数千缗之代价,雇佣枪手"六七人,共撰一名程文"[1],以求得逞于场屋。此风后来愈演愈烈,宁宗嘉定十二年(1219)据右谏议大夫李楠奏称:当时省试代笔中选人数,竟达到"十常二三"[2]的程度,不过其说不无夸大的成分。

综上所述,至唐代才正式形成的科举制度,发展到宋代已臻于完善。其中,以最具决定意义的省试而言,不仅到南宋初年已建立起独立而固定的礼部贡院,而且科场条制日趋完备。首先,从礼闱官员来看,人数大量增加,分工更加细密、明确;其次,对考官和举人两个方面有可能产生的各种舞弊行为,都作了严密防范,并收到了成效。从宋代省试的全过程来看,在一定程度上体现了科举考试公平竞争的特点,有利于寒士由此途脱颖而出,这对于人才的选拔和政治的清明都是有益的,因而受到当时许多有识之士的称道。它的许多做法,不仅为元、明、清三代所仿效,对今天也不无借鉴意义。

当然,宋代省试中存在的问题也不少:一是礼部贡院在北宋尚"取具临时",至南宋仍颇为苟简,尤其是连片设席的结果,使举人易于作弊。二是应省试的士子太多,既给场屋增加了混乱,也给考校工作带来了困难。另外,无论礼闱条制如何严密,考官和举人的各种舞弊行为依然防不胜防,并随着政治腐败的加深而更加严重。以上这些,都对省试取士的公平性造成一定损害。

(原载《中华文史论丛》第51辑,上海古籍出版社1993年版)

---

[1]《宋会要辑稿》选举四之二九。
[2]《宋会要辑稿》选举六之三三。

论宋代的殿试制度

穆朝庆

唐五代间的科举取士，礼部贡院考试即是最高一级的选拔，一切取舍权力归礼部掌握。北宋开宝六年（973）正式确立殿试制，礼部贡院考试仅仅成了殿试的预试。皇帝直接控制科举，不仅剥夺了礼部的取士权，而且部分剥夺了吏部的任官权。可以说，殿试制度的确立和成熟在科举制度发展史上具有划时代的意义，它标志着我国封建社会取士任官制进入一个新的历史阶段。因此，本文试对宋代殿试制度的历史渊源、产生的社会原因、程序与戒规、特色和影响等问题略作探讨，舛误之处，敬请读者批评指正。

一、殿试的历史渊源及其确立的社会原因

顾名思义，殿试即是以皇帝的名义在宫殿内举行的考试，故尔又称其为"廷试"或"亲试"。在殿试出现之前，就曾有过皇帝亲自命题，让贤良对策的先例。如汉文帝、汉武帝都有过这种做法。

科举制问世后，武则天曾在载初元年（689）二月，于洛城殿策问举子。杜佑《通典》卷一五《选举三》云："殿前试人自此始"。但这仅是尝试而已，未成定制。直至北宋开宝六年（973）才一行而不废，鼎然成为一种新制。偶然吗？否。马克思主义认为：任何政治变革都是社会矛盾长期运动和斗争的结果。科举制是封建地主阶级内部的取士制度，它的变革正是封建社会经济形态变动后统治阶级内部各阶层之间力量对比发生变化的直接结果。因此，必须把殿试制度的产生放在唐宋之间的政治经济生活

中作一动态的分析，而不能孤立的、静止的就殿试而论殿试。这里，主要考察一下宋初的社会状况与唐五代间的科举积弊。

1. 宋初的社会状况

自唐中期以降，均田制已名存实亡，土地私人占有日益发展。从唐到宋的几百年间，土地在旷日持久地买卖与掠夺下转移频繁，沿着兼并的道路径直发展。在这种土地占有形态下成长起来的中小地主阶层，与旧的士族世家不同，他们本身并没有更多的法律特权可供享用。政治上的权贵无疑可以获得经济上的殷富，然而经济上的富有并不完全等于政治上的显贵。因此，为了巩固其自身的经济地位和满足其无限贪婪的财富欲望，必然谋求政治权力。五代以来，除军功之外，摆在他们面前最有魅力的即是由科举入仕。

2. 唐五代间科举中的积弊

科举制的确立和发展虽然是对魏晋九品中正制的历史否定，但在唐代的入仕诸途中，科举仅是一途而已。唐玄宗时，杨玚上奏云："且以流外及诸色仕者岁二千，过明经、进士十倍。"[1]即是这条狭窄的仕途上，亦是云遮雾障，论其弊之甚者有三。

首先是"公荐制"的合法存在。所谓"公荐"，就是每岁科场考试之前，允许在朝官僚向知举官推荐人选，所荐人物不是行贿买通者，即是其中意者。唐穆宗长庆元年（821），宰相段文昌因多受杨浑之所纳古帖秘画，不仅向知举钱徽面托，而继"以私书保荐"[2]。足见，这一做法的实质乃是给统治阶级上层保留政治特权。

其次为"座主"与"门生"之间的恩遇关系。座主即谓知举官，门生则指举子。唐五代间的知举官多为隔年预选或由礼部侍郎连任，举子在考试之前通过各种渠道与其取得联系，及第后必须到其家中谒拜谢恩。门生既然是靠座主提携入仕的，那么，一旦登上要位，切莫忘记富贵自何而

---

[1]〔宋〕欧阳修、宋祁等：《新唐书》卷一三〇《杨玚传》。
[2]〔后晋〕刘昫：《旧唐书》卷一六八《钱徽传》。

来。报恩之心，眷眷常怀。时人谓："凡号门生而不知恩之所自者，非人也。"①封建时代的宦途更为坎坷不平，为子孙后代计宜，座主对门生则不能无所寄托，有诗谓："二百一十四门生，春风初长羽毛成。衰翁渐老儿孙小，它日知谁略有情。"②由于这种非同寻常的关系存在，故有"座主门生沆瀣一家"③之说。

其三则是礼部取士权重，朋党借以相倾。唐朝初年，贡举事宜由吏部考功员外郎主持，至开元年间始移于礼部，由礼部侍郎知举。举子对知举官"则预知之矣。不惟预知之矣，亦可预谒之；不惟预谒也，亦可预托之。贵者以势托，富者以财托，亲故者以情托"④。欲使其秉公取舍，岂不难哉。追逐科场者愈众，知举官——礼部侍郎的地位亦愈显赫，所以，唐宪宗时韦贯之常称"礼部侍郎重于宰相"⑤。后唐时裴皞作诗曰："宦途最重是文衡"⑥。在某种意义上说，科场又是分配政治权力的场所，朋党之争势必波及科举取士。知举官常常按照个人的政治倾向，乘机采取党同伐异的手段培植党羽，"如牛李之党，由于钱徽典举之日，至于互相磨轧者四十余年"⑦。其结果则是"恩去王室，权归私门"⑧。

总之，改革科举中的流弊，摧垮势家贵族对科场的垄断，不仅是日益壮大的中小地主阶层的共同愿望，也是社会发展的不可抗拒的历史潮流。

二、宋太祖的科举改革与殿试制的确立

赵宋政权诞生后，就开始汲取历代兴亡的经验，整顿纲纪。但是，选

---

① 〔宋〕祝穆：《古今事文类聚》前集卷二十八《仕进部·座主》。
② 〔宋〕谢维新：《古今合璧事类备要》前集卷二十八《仕进门·托孤门生》。
③ 〔宋〕钱易：《南部新书》戊部。
④ 〔宋〕章如愚：《群书考索》卷三八《官制门》。
⑤ 《新唐书》卷一六九《韦贯之传》。
⑥ 参见〔宋〕欧阳修：《新五代史》卷五七《裴皞传》；《古今合璧事类备要》卷三九《仕进门·门生》。
⑦ 《群书考索》卷三八《官制门·科举》。
⑧ 〔宋〕苏轼：《上神宗答诏论学校贡举之法》，载〔宋〕赵汝愚编：《国朝诸臣奏议》卷七九。

官任吏乃是推行一切政治法令的先决条件。太祖希望通过科举从地主阶级各阶层中选拔优秀分子参预政权建设，扩大政权的阶级基础，提高国家这一阶级压迫机器的工作效能。欲达上述目的，就不能对唐五代以来科举中的积弊熟视无睹，听之任之。殿试确立前的十余年间，主要采取了以下几项改革措施。

第一，禁止举子与知举官互称"恩门"和"门生"，切断私人恩遇关系。建隆三年（962）三月一日，诏曰：

> 国家悬科取士，为官择人，既擢第于公朝，宁谢恩于私室。将惩薄俗，宜举明文。今后，及第举人不得辄拜知举官，子孙弟侄如违，御史台弹奏。……放榜时并须据才艺高低从上安排，不得以只科为贵，兼不得呼春官为"恩门"、"师门"，亦不得自称"门生"。①

申明科举为国家选官，要以材艺为取舍标准，不容徇私，更不允许"擢第于公朝"，食国家俸禄，而去感戴私人恩德。

第二，废罢"公荐"制，排除权贵势力左右科举。乾德元年（963）正月二十八日下诏："礼部贡举人，今后朝臣不得更发公荐，违者重置其罪"②。废弃这一在合法外衣下行徇私之实的腐朽制度，目的即是扫荡汉魏选举遗风，凭材取舍，对士子一视同仁。

第三，防范知举官徇情于权贵，对官僚子弟另行覆试。唐代，为了审查礼部所取举人的质量，另由中书"详覆"，但并非常制。宋太祖乾德二年（964）翰林学士承旨陶穀因为其子求第事败而被罚两月俸禄③。至乾德五年（967）二月，礼部所取进士合格者经中书覆试后，方才赐以及第。开宝元年（968）三月，礼部取进士十人，而陶穀之子陶邴又居第六。太祖疑为请托所致，即令中书覆试。覆试虽然合格，但仍下诏诫曰："造士

---

① 〔清〕徐松辑：《宋会要辑稿》选举三之二。
② 并见《宋会要辑稿》选举三之二；〔宋〕李焘：《续资治通鉴长编》（以下简称《长编》）卷四。
③ 详阅《长编》卷五。

之选，匪树私恩，世禄之家，宜敦素业。如闻党与，颇容窃吹，文衡公器，岂宜斯滥！自今举人凡关食禄之家，委礼部具析以闻，当令覆试"①。此制的复活，是限制权贵子弟滥占科第的有效措施。

第四，剥夺礼部侍郎的知举权。唐五代间除礼部侍郎知举外，已有以别官任事的先例，称"权知贡举"。鉴于礼部侍郎权重，宋初开贡举以后，则均以他官主持。考察殿试确立前的十三次贡举中，知举官无一人为礼部侍郎，亦无一人连任。为了进一步分割知举官的权力，开宝八年（975）又增设"权同知贡举官"。②

上述诸项改革，旨在禁绝唐五代以来科举中的不轨行为，同时，覆试制的实行和礼部侍郎知举权的取缔，实质上已为科举最后纳入皇权的轨道扫清障碍，殿试制的确立也就指日可待了。

开宝五年（972）闰二月壬辰，权知贡举扈蒙按惯例将所取进士、诸科举子姓名上奏，以待中书覆试。然而，太祖却亲临讲武殿一一召对，尔后排列名次，"始下诏放榜，新制也"③。这就是殿试确立的前奏曲。

开宝六年（973）三月辛酉，太祖依例于讲武殿召对礼部所取举子。其中武济川和刘浚两人材质鄙陋，而且应对语无伦次，被当场黜落。武济川则是权知贡举李昉的同乡，太祖风闻李昉取士徇情，又逢落第进士徐士廉等控告李昉取舍不公。因此，随命从终场落第举子中选择一百九十五人，和礼部原取举人一同再考。太祖不仅亲命"未明求衣赋"和"悬爵待士诗"④两题，且亲审试卷，共取一百二十七人，"自兹殿试遂为常式"⑤。

三、殿试的程序与戒规

从纵的方面考查，殿试的各种规章制度大部分是在神宗以前设置的，

---

① 《长编》卷九。
② 《长编》卷一六。
③ 《长编》卷一三。
④ 《宋会要辑稿》选举七之一。
⑤ 《长编》卷一四。

尔后则处于修补守成的态势。下面把殿试划为四个阶段，主要典章则放在有关阶段内加以论述。

1. 准备阶段。主要有择官、命题、排座等项工作。

择官。殿试官员的选差和职任经过一个由少到多、由兼到专的发展过程。太宗淳化以前，除权知贡举官外，一般仅差考试官。淳化三年（992），始有糊名官。真宗景德四年（1007）增设试卷编排官。天禧三年（1019），将编排官所管事务一分为二，另设专职详定官。仁宗景祐五年（1038）四月，又置点检试卷官。至此，殿试考选官员的设置基本定型，以后变动不大。南宋《宝祐四年登科录》记载的殿试差官人数和分工情况如下：详定官三人、编排官二人、初考官三人、添差初考官三人、覆考官三人、添差覆考官三人、初考检点试卷官一人、覆考检点试卷官一人、对读官五人、封弥官二人、巡铺官二人。

宋代无论是省试，还是殿试，对考选官的选择都很严格，概括起来有三个条件。一是有才学。景祐元年（1034）二月四日，中书门下奏："今后殿试举人，差初考、覆考、详定官，并委中书选择有文学官充。"[1]二是要廉洁奉法，忠诚可靠。三是知举官员避亲。殿试避亲一事在北宋未见明文规定，南宋嘉定元年（1208）四月三日，有臣僚提议道："……奏名之士，陛下亲策于廷，访以治道。去取之意虽尽出于陛下，而有初考、覆考、编排、详定等官。其子弟亲属预试者，元无避亲之法，间或名在前列，往往人得而议之，而彼亦安于无法，不以为私。乞自今廷对当仿后省覆试之制，行下礼部开具应在朝之官有服亲过省、见今趋廷对者并与免差，庶几杜绝倖门，昭示公道。"[2]下诏行之。殿试官员的慎重选择和细密的职任分工，有利于提高取士质量，防止营私舞弊。

命题。应试考题或差臣僚商定，或有皇帝亲撰，但总的要求有二：一是不得与诸州解试和省试考题重复。如真宗时，命题之前"悉取三京天下

---

[1]《宋会要辑稿》选举八之三二。
[2]《宋会要辑稿》选举八之二二。

州郡发解题目及诸科义题一一阅视，虑于重出也"①。二是严防试题泄露。仁宗时，"每至廷试之年，其所出三题，有大臣在三京与近畿州郡者，多密遣中使往取之，然犹疑其或泄也，如'民监'本是诗题，'王者通天地人'本是论题，皆临时易之"②。

排座。科场是竞争的场所，以伦理道德自命的举子们也常不顾廉耻。考场上，"奸伪之迹，朋结相连。或乞于他人，或传以相授，纷然杂乱，无以辨明"③。太宗雍熙二年（985），始命礼部考场排座。但至真宗初年，殿试尚未固定座位。举子有入场前商定坐在一起者，亦有考场上临时换更座位者，互相抄袭，试卷难以反映出每人的真实水平。因此，大中祥符元年（1008）四月殿试，"初于殿廊设帐，列座席标其姓命。又揭榜表其次序，令视讫就座"④。入场后禁止更易，违者即置以法。

2. 考试阶段。主要包括考试时间、考试内容（本文仅论述进士科）、考场纪律等。

殿试在南宋宁宗以前多在三月，宁宗后又多在四五月间进行。举子在入场时要经过检查，"不得将文字书册入殿门"⑤。考试时间以白昼为限，临晚交纳试卷，禁止点烛夜试。

初行殿试，考试内容均为一赋一诗两题。太平兴国三年（978），"进士加论一首，自是以三题为准"⑥。但马端临却云：

> 按选举志言，是年试进士始加论一首。然考登科记所载，建隆以来逐科试士皆是一赋、一诗、一论，凡三题，非始于是年也。⑦

马氏所考误矣！殿试自开宝六年（973）方始，焉有殿试三题自建隆以来

---

① 《宋会要辑稿》选举七之一三。
② 〔宋〕朱弁：《曲洧旧闻》卷一。
③ 《宋会要辑稿》选举三之五。
④ 《宋会要辑稿》选举七之一〇。
⑤ 《宋会要辑稿》选举八之三一。
⑥ 《长编》卷一九。
⑦ 〔宋〕马端临：《文献通考》卷三〇《选举考三》。

之说？所谓三题，乃指省试。神宗熙宁三年（1070）后，殿试废弃诗赋论，而以策代之。

唐代礼部取士，试题并"不皆有所出，或自以意为之"①。若有疑难处，允许向监考官提问，称谓"上请"。宋行殿试后，犹袭此制。淳化三年（992）三月，殿试出"后言日出赋"、"射不主皮诗"、"儒行论"三题。举子孙何等不知赋题出处，"相顾惶骇，阁笔不敢措词。人数之上请，因相率叩殿槛乞指示"②。考场上喧问之声不断，殊失帝王尊严。

大中祥符元年（1008）殿试，则"仍录题解摹印以示之"③。明晓题义，以避免举子上请。至仁宗景祐元年（1034）三月，即诏："御试进士三题，据出处义理，令御药院随题目雕印。至日各赐一纸，更不令解元上请。"④

另外，考场上严禁传递试卷、代笔、代身入试等作弊行为，一经捕获，即时驱逐出场，轻则殿举，重则至永不得赴举。严厉制裁，以儆效尤。

3.试卷处理评审阶段。包括编号、糊名、誊录、初考、覆考、详定等程序。

景德四年（1007）修定的《亲试进士条制》中，对试卷处理作了如下规定：

……试卷，内臣收之，付编排官，去其卷首乡贯状，别以字号第之；付封弥官誊写校勘，用御书院印；付考官定等毕，复封弥，送覆考官再定等，编排官阅其同异，未同者再考之；如复不同，即以相附近者为定，始取乡贯状字号合之，即第其姓名，差次并试卷以闻。⑤

---

① 〔宋〕叶梦得：《石林燕语》卷八。
② 《宋会要辑稿》选举七之五。
③ 〔宋〕洪迈：《容斋随笔》卷三《进士试题》。
④ 《宋会要辑稿》选举八之三二。
⑤ 《宋史》卷一五五《选举一》。

事物总是不断发展和完善的。天禧三年（1019），殿试增设专职参详官（又称详定官）之后，试卷处理又作了相应变动：

> 举人纳卷，先付编排官去卷首乡贯状，以字号第之；付封弥官誊本比较，始付考官；定等讫，复封弥，送覆考官再定等；仍送参详官启封，阅其同异，参详著庭；始付编排官取乡贯状，以字号合之，第其姓名差次试卷以闻，即放榜焉。①

详定官之设是将原编排官之职责分而任之，如此，详定官虽最后参同初覆考官所定等第，但"不获见举人姓命书翰，编排官虽见姓名而不复升降，用绝情弊"②。

神宗朝，对殿试评卷工作又作了两项比较重要的新规定。一、修改试卷誊录评审法。真宗、仁宗两朝，试卷均由封弥官誊录一份，经初考官评后再由覆考官重评，初考和覆考是先后分别进行的。熙宁三年（1070）正月二十八日，诏曰："中书门下令别定御试举人封弥式送御药院，仍本院誊录两本，分送初覆考官。"③两份考卷分交初考和覆考评审，实际上已无先后之别。二、授权详定官可以别立等级。最初规定，详定官只是参照初覆考官的意见择其一而已，无权另立等级。但是，有些试卷往往等第高低悬殊，从高则举子侥幸中第，从低则举子自然被黜。嘉祐间（1056—1063）王安石充殿试详定官，"始乞不用初覆考两处等第，别自立等"④。但没有形成法律文字。熙宁三年三月，正式下诏："御试，详定所如今来初覆考官考到试卷内等第相远者，更酌中别立等第。"⑤

4. 分甲赐官，既是殿试的收尾阶段，也是中举士子备受崇宠的阶段。

分甲即分等。淳化以前多分为三等，淳化三年（992）以成绩优劣又

---

① 《宋会要辑稿》选举七之一三。
② 《长编》卷九三。
③ 《宋会要辑稿》选举八之三四。
④ 《宋会要辑稿》选举八之四一。
⑤ 《宋会要辑稿》选举八之三五。

分作五等，"五等之分自此为始也。天圣五年（1027）始曰甲"[1]。按甲次分别赐以"及第"、"出身"、"同出身"三种学术头衔。皇帝仅是决定状元和前数名的人选，其他名次均由考选官排定。但从记载看，太祖、太宗两朝对状元的选择并非以才学而定。如太宗雍熙二年（985）殿试，梁颢第一名交卷，"帝嘉其敏速，以首科处焉"[2]。自从实行糊名法之后，始改变这种轻率的决定方法，在赐第之前，"必召见其高第数人并见，又参择其材质可者，然后赐第一"[3]。

赐官。唐代科举取中后并不随即授官，"释褐"赐官乃为宋代之新制。太宗太平兴国二年（977）正月，"赐新及第进士、诸科绿袍、靴笏，时未命官先解褐非常制也"[4]。"解褐"即"释褐"，意思是脱掉民服，更以官服。赐官品位按甲次别之，但并无定制。太祖开宝八年（975），状元王嗣宗仅授秦州司寇参军，州官以冷眼相视。太平兴国二年（977），因各级官府普遍缺官之故，"第一、第二等进士并《九经》授将作监丞、大理评事，通判诸州；同出身进士及诸科并送吏部免选，优等注拟初资职事判司簿尉。宠章殊异，历代所未有也"[5]。至仁宗朝以后，由于冗官之弊已日甚一日，所以授官品位逐渐降低，第五甲同出身者一般不再直接命官，而于吏部守选。

对于每次取中的士子，帝王们无不以礼待之，常赐以诗、书、笺等物，还赐钱供宴，让他们游乐畅欢。所有市恩手段，均是为了笼络士子，培养他们对皇朝的忠心，踏上宦途后，以效犬马之劳。

四、殿试的特色与影响

殿试制度的确立和完善是和专制主义的加强同步进行的，它既是取士

---

[1] 〔宋〕高承：《事物纪原》卷三《五甲》。
[2] 《事物纪原》卷三《唱名》。
[3] 《长编》卷八四。
[4] 《宋会要辑稿》选举二之一。
[5] 《长编》卷一八。

任官的一种特殊形式，又是驾驭地主阶级知识分子的有力工具。因此，它一经确立后就被元明清三代相继因袭，对宋以下九百余年的政治经济生活产生了深远的影响。在此，仅就宋代殿试制度的特色和对当时社会的影响从三个主要方面作一浅析。

1. 殿试的两重性及其转化。所谓两重性，一是指取士的严密性，二是指市恩的腐朽性。

太祖曾自诩他开殿试后，"尽革畴昔之弊"[1]。太宗也声称他主殿试是"欲博求俊义于科场中"[2]，作为兴文抑武的致治之具。历经真宗、仁宗两朝，又不断完善了各种规章制度。这些史实表明，统治者企图通过改革来堵塞漏洞，从科场中选拔德才兼备的人材参预政治，与其共治天下。

但是，统治者也同时把殿试作为收容天下士子之心的重要工具。太祖在初行殿试之后即诏：

> 国家悬科取士，校艺求人，有司虽务于搜罗，积岁不无其漏落。所以，亲临考校，精辨否臧，或悯其年深，或允其才进，咸登于上第，谅克叶于至公。[3]

诏文竟直言不讳地称殿试取人有两个标准：一是"悯其年深"；二是"允其才进"。并且认为，这种良莠兼顾的取士原则是至公合理的。殿试市恩的消极面也不断发展，由次要地位逐步上升到主要地位。其标志有四：一、太祖于开宝三年（970）将曾经十五举的落第士子特予推恩，首开"特奏名"之例，以后历朝沿袭，成为宋代弊法之一。此途一开，"士子潦倒不第者皆觊觎一官，老死不止"[4]。二、仁宗至和年间接受富弼提议的一举三十年推恩之法，"使久困场屋（者）差足自慰，景迫桑榆者聊以自

---

[1]《长编》卷一六。
[2]〔宋〕彭百川：《太平治迹统类·太宗圣政》。
[3]《宋会要辑稿》选举七之一。
[4]〔宋〕王栐：《燕翼诒谋录》卷一。

娱"①。三、殿试不黜落制的问世。嘉祐以前，殿试均有落选者。当时远方士子千里迢迢赴京应试，屡被黜落则感到前途无望，有的竟投河自尽②，以示抗议；也有像张元之类铤而走险，叛奔西夏。因此，自嘉祐二年（1057）始，殿试之后，不论成绩优劣，概不黜落，只排甲次而已③。四、南宋高宗建炎二年（1128），废皇帝亲定前十名试卷之制，全部事宜均由殿试考选官员论定④。从上述四个方面看，不黜制的实行，则是以取材为主向以市恩为主转变的契机。宋人周密曾评曰："至于廷试未尝有黜落者，尽以官贳命之，才与不才者混矣，是科场取士之弊也。"⑤

2.殿试制度的确立不仅剥夺了礼部贡院的取士裁决权，而且割断了知举官和举子间的恩遇关系。唐五代间，举子中第后必须到知举官家中谢恩，修门生之礼。而宋行殿试后，举子则在殿下向皇帝拜谢，成为皇帝的门生。《挥麈录》卷三记有这样一个故事：

> 刘器之晚居南京，马巨济涓作少尹。巨济廷试日，器之作详定官所取也。而巨济每见器之未尝修门生之敬，器之不平，因以语客。客以讽巨济，巨济曰：不然！凡省闱解送则有主文，故所取士得以称门生。殿试盖天子自为座主，岂可复称门生于它人！幸以此谢刘公也。客以告器之，器之叹服其说，自是甚愧。

富弼在批评殿试时云："若曰礼部放榜则权归有司，临轩唱第则恩出主上，则是忘取士之本而务收恩之末也"⑥。富公此言可谓中的之矢，但在殿试未行不黜落之前，对于防范知举官徇情滥取和势家左右科场，还是卓有功

---

① 《宋会要辑稿》选举八之二八。
② 参阅《古今合璧事类备要》卷三七《科举门》。
③ 参阅《燕翼诒谋录》卷五。
④ 〔宋〕李心传：《建炎以来系年要录》卷一七载：建炎二年九月庚寅，故事，殿试上十名，例先纳卷子御前定高下。及是御药院以例奏，上不许。曰：取士务至公，既有初覆考、详定官，岂宜以朕一人之意更有升降，自今勿先进卷子。
⑤ 〔宋〕周密：《癸辛杂识》前集《科举论》。
⑥ 《文献通考》卷三一《选举考四》。

绩的。

3. 殿试及第即赐官，部分取代了吏部的选官权。唐五代的科举职能仅仅是选拔士子，科举取中只是说明已获得步入官场的身份证，至于做什么官，何时做官，均由吏部掌管。唐代科举及第后在吏部守选长达十年、二十年之久者并不罕见。而宋则不然，科举获得了直接授官的权力，第一次实现了科举取士和任官的统一，在中国封建社会选官史上是一次重大变革，标明科举制度已经发展成熟为一种凌驾于礼部和吏部之上的选官制度。这一制度的出现，主观上是宋代皇权发展的必然要求，但在客观上也顺应了当时地主阶级中下层急于登上政治舞台的社会思潮。通过科举一次完成其从一般寒士到赫赫品官的地位飞跃，为他们在政治舞台上的活动提供更多的时间和空间，有利于摧垮世家贵族垄断政权的局面。同时，科举常把数以百计的新进士子像输血一样输入国家机器的动脉，亦利于官僚队伍的新陈代谢。但也毋庸否认，这种取士任官制的产生，也是造成宋代冗官之弊的重要原因。

（原载《许昌学院学报》，1984年第1期）

第四编

宋代的明经、制举和武举

　　自唐朝以来，明经诸科，考的是帖经、墨义，它们皆以背诵为功，用处不大。到真宗朝，官员们对此已啧有烦言，强烈要求改变此种考试内容。真宗为此下诏，对诸科考试能讲述大义（对经文的意思进行阐发）者，从优录取。受此鼓励，研习和讲述大义之人逐渐增加。嘉祐二年（1057）十二月，朝廷下诏，另置明经科，以试大义为主，其他诸科则仍照旧。行至熙宁四年（1071），明经、诸科皆被废除，进士科则废诗赋而改试经义。从某种意义上来说，就是将明经科、诸科的考试要求，合并到进士科中去，将两科合并成为一科。对以上这些看法，何忠礼《略论宋代的明经科》都作了较为详细的论述，并纠正了人们对宋代明经科的一些模糊认识。

　　在宋代，制举、武举是常举以外最重要的两个科目。

　　制举又称制科，渊源于两汉。自汉武帝起，帝王为了某种需要，大多会临时设置一些科目，录取所需人才。考生通过他人推荐或自荐，参加策试。唐代制举盛行，科目甚多，但大多虚应故事，并无实际意义。五代时，制举一度遭到停罢。后周显德四年（957），虽下诏要以贤良方正等三科取士，却无人应举。聂崇岐先生《宋代制举考略》一文，对宋代制举作了十分翔实而精辟的研究，水平之高、价值之大，可以说迄今尚未有人超过。论文共分以下几个方面：宋代制举之沿革及科目，应举者之资格及看详事例，考试（阁试、御试），科分及待遇，宋人对制举之称谓及意见。论文还对书判拔萃、博学宏词皆非制科作了论证。对两宋制举开科年月、登科者姓名、等第、原官、迁官等列表作了记载，颇便有关研究者学习和参考。

武举始于唐武则天长安三年（703）。唐代对武举比较重视，除战争等特殊原因停罢过几次外，基本上每年随进士、明经一起举行。入宋，为抑制武人等原因，武举迟迟未行。后由于北宋与西夏的战争多次遭到失败，宋廷于天圣八年（1030）六月举行第一次武举，又于庆历三年（1043）设置武学，用以培养和选拔军事人才。但在重文抑武的环境下，无论是武举或武学，实际上都不受重视。进入南宋，武举、武学虽未中辍，但终宋之世，就是培养不出一个足以称道的良将。方震华先生的《文武纠结的困境——宋代的武举与武学》一文，充分反映了宋代武举与武学的这种非文非武的尴尬，最终导致以书本教育与纸笔考试选拔将才，与选拔文武皆备军事人才之目的大相异趣，致使"武"成为"文"的附庸，限制了国家军事力量的发展。论文作者的研究重点，是"文""武"的纠结和对武举、武学不振原因的探讨，所以对武举应试和武学教学没有展开具体论述。

略论宋代的明经科

何忠礼

"明经"一词，原为明于经术的意思。司马迁在《史记·儒林董仲舒传》中，有所谓"明于《春秋》"的记载，实肇明经意义之端。东汉初年卫宏所撰之《汉官旧仪》卷上载："刺史举民有茂才，移名丞相，丞相召考，取明经一科、明律令一科、能治剧一科各一人。"明经科一词，才见于史册，由此亦可推知其正式成为取士科目的时间，大约自西汉武帝始。

在两汉历魏晋、南北朝到隋代的七百余年间，明经一直与秀、孝齐名，是重要的察举科目，得举者甚众，成为士人跻身仕途的主要途径之一。

李唐嗣兴，改行科举取士，参酌前代旧制，所设常举科目主要有二：一是以诗赋取士的进士科；一是以经术取士的明经科。北宋熙宁年间，王安石实行变法，改革科举制度，罢废明经诸科，独存进士科，并以经义考试代替诗赋考试，这些皆为后来元、明、清三代所仿效。进士科一旦改试经义，实际上就成了名副其实的明经科。故清人有称乡试前五名为经魁，称会试中式之贡士为明经者。

无论是科目的兴废，还是考试内容的变化，宋代的明经科不仅是明经科本身发展过程中的一个重要转折点，而且对当代和后世的选举制度都有颇多影响，所以值得引起重视。

一、明经科在北宋的设置时间

明经科渊远流长，一般学者认为，宋代自其立国之初起，就有明经科之设①，而这种认识又因马端临《文献通考·选举考三》和《宋史·选举志一》中的下列一段记载而得到加强：

> 初，礼部贡举，设进士、九经、五经、开元礼、三史、三礼、三传、学究、明经、明法等科，皆秋取解，冬集礼部，春考试。

其实，这条记事是有失误的。按所谓九经，指《周易》、《尚书》、《诗经》、《左传》、《礼记》、《周礼》、《孝经》、《论语》、《孟子》。五经指《诗》、《书》、《礼》、《易》、《春秋》。开元礼指唐开元中（713—741）萧嵩等人所撰之礼书。三史指《史记》、《汉书》、《后汉书》。三礼指《仪礼》、《周礼》、《礼记》。三传指《左传》、《公羊》、《谷梁》。凡试一经者则称学究，其中又分《毛诗》、《周易》、《尚书》三科。然而，所谓明经，究竟考何种经文，上述两书皆语焉不详，使人对北宋初年是否开设过明经一科产生了怀疑。

为搞清北宋初年的科目情况，有必要先对唐、五代所设科目作一番考察。

据《新唐书·选举志上》载：唐时"其科之目，有秀才、有明经、有俊士、有进士、有明法、有明字、有明算、有一史、有三史、有开元礼、有道举、有童子。而明经之别，有五经、有三经、有二经、有学究一经、有三礼、有三传、有史科。此岁举之常选也"。由此可见，明经作为一个选举科目，虽起源于西汉，但到唐代的科举考试中已不再是单独一科，而是对以经义取士的科目之总称，在明经这一总的科名下，又分设为若干个考一经或几经的科目。五代时，情况再度发生变化，从后唐天成三年（928）二月的一道敕文可以看出，当时明经又成了一个单独的科目，与包

---

① 如1988年由高等教育出版社出版的《中国文化史概要》第七章《科举考试》说："宋代基本是沿袭唐制，但又有所发展……宋初科目比唐时还多，除进士、明经等外，又有九经、五经、三经、三礼、三传等十来个科目。"

括也考经义的其他诸科相并列。①明经一旦自成一科以后，其所试内容必然会与九经、五经、三经、二经等以经义取士的诸科相重复，出现名异而实同的问题。故后晋天福五年（940），礼部侍郎张允奏称："但今广场大启，诸科并存，明经者悉包于九经、五经之中，无出于三传、三礼之外，若无厘革，恐未便宜。其明经一科，伏请停废。"诏依所请。开运元年（944），下诏复置。②到后周显德二年（955）五月，翰林学士、礼部侍郎、知贡举窦仪又以与张允同样的理由，再次奏罢明经科。③

北宋建立之初，科举条制一依显德二年旧贯，时窦仪以礼部尚书再入翰林为学士，因其学识渊博，甚得宋太祖器重，当时许多制度，皆经他详定，故几乎没有重新恢复明经科的可能。又，在《文献通考·选举考三》和《宋史·选举志一》中，对进士、九经、五经、开元礼、三史、三礼、三传、学究、明法等科，都一一指出了它们的考试内容和场次，惟有"明经"一科独缺这些方面的内容，这也是宋初不设明经科的一个有力证据。

当然，北宋中期以前人，亦时有提到应明经试者，但实际上皆泛指诸经科而言。关于这一点，我们只要对《宋会要辑稿》、《续资治通鉴长编》（以下简称《长编》）及宋人文集、笔记中的有关记载稍作留意，是不难得出这一结论的。④

那么，明经科在北宋究竟始设于何时？考《长编》卷一八六载，仁宗嘉祐二年十二月戊申（五日）下诏谓："又别置明经科，其试法，凡明两经或三经、五经者，各问墨义大义十条，两经通八，三经通六，五经通五

---

① 参见〔宋〕王溥：《五代会要》卷二三《科目杂录》，上海古籍出版社2006年以江苏书局本为底本的参校本，第372页。
② 参见〔宋〕薛居正等：《旧五代史》卷一四八《选举志》，中华书局1976年点校本，第1979—1980页。
③ 参见《旧五代史》卷一一五《周世宗纪二》，第1531页。
④ 〔宋〕李焘：《续资治通鉴长编》（以下简称《长编》）卷一〇九，天圣八年八月癸巳条载："资政殿学士晏殊言：'唐明经并试策问，参其所习，以较才识短长。今诸科专取记诵，非取士之意也。'"在这里，晏殊就将当时诸科视作与唐代明经科同样的科目。中华书局2004年点校本，第2542页。

为合格,兼问《论语》、《孝经》十条,策三条,分八场,出身与进士等。"说明宋代到嘉祐二年(1057),才单独有明经科之设。另据《宋史·王岩叟传》载:"仁宗患诗赋致经术不明,初置明经科。岩叟年十八,乡举、省试、廷对皆第一。"按王岩叟卒于哲宗元祐七年(1092),享年51岁,由此推算,他以明经及第时间是在嘉祐四年,该年正是宋廷下诏设置明经科以后的第一次科举,从而证明《长编》所记之可信。由此看来,《文献通考·选举考三》及《宋史·选举志一》言宋初已有明经科的记载皆误。

二、宋代明经科与其他诸经科的区别

始设于仁宗嘉祐二年的明经科,是否有其特点,抑或重蹈五代所置明经科的覆辙,仅仅是对其他诸经科的重复而已?为了回答这一问题,首先要了解当时设置明经科的原因何在。

众所周知,唐代明经诸科的考试皆以帖经、墨义为主。所谓帖经,就是将试卷中被掩去的经文填上,类似于今天的填空题;墨义则继承两汉以降考明经的传统,只问经文及其注疏,不允许士子自由发挥其中的内涵,或别作一番解释。两者都以背诵为工,无须通晓经文义理,故人贱其科,授官亦不优。这种状况,在北宋前期的帖经、墨义考试中也是如此。如仁宗朝宰相吕夷简,于真宗咸平年间(998—1003)应进士举时,其中的一道墨义为:"子谓'子产有君子之道四焉',所谓四道者何也?"回答则曰:"对:'其行己也恭,其事上也敬,其养民也惠,其使人也义'。谨对。"[①]全部答案出自《论语》卷三《子产章要旨》,回答时不允许有一字之改动,否则即为不通。

对于这种考试方法,宋代士大夫啧有烦言,自真宗朝末年起,要求改革的呼声日渐高涨。天禧元年(1017)九月,右正言鲁宗道上言:"进士所试诗赋,不近治道,诸科对义,但以念诵为工,罔究大义。"宋真宗回答道:"前已降诏,进士兼取策论,诸科有能明经者,别与考校,可申明

[①] 〔宋〕王栐:《燕翼诒谋录》卷二《举人命题》,中华书局1981年点校本,第11页。

之。"①就是说，当时朝廷对鲁宗道等人提出的问题已经有所注意，并采取一定措施：即进士须"兼取策论"，诸科虽仍以帖经、墨义为主，但对能"明经"者，也就是通晓经文大义之人，允许"别与考校"，以示优待。然而，应诸科的士人，一直以来都以背诵为能事，现在要他们体会"圣贤"言语的意思，解释对答，或引以他说，或断以己意，却大感困难，故士人在相当一段时间里，对于这样的考试尚无人敢于问津。

至仁宗朝，宋有天下已六十余载，由于社会的安定，经济的发展，科举制度的推动，学术文化日益繁荣，在学术领域里，逐渐形成了新的儒家学派——宋学。宋代儒家学者对唐代贞观年间钦定的以《五经正义》为代表的经学旧说产生了怀疑，对汉唐学者专门从事的章句训诂之学表示出厌倦，群儒奋起，开创了以己意解经、趋重于阐发经典中义理内涵的新时代。这种局面的出现，反过来对科举考试内容产生了影响。天圣三年（1025）九月十六日，朝廷下诏：若有明习经义的举人，"即具名闻，当议别遣官试验，特与甄擢"②。重申了对通经文大义者的鼓励。

科举考试是一根硕大无比的指挥棒，封建政府的倡导，极大地刺激了士人们对经义教与学的积极性。不久，大儒胡瑗开始"以经术教授吴中"③。另一大儒孙复，四举进士不第，"退居泰山，聚徒著书，以治经为教"④。接着，有"闽中四先生"之称的陈襄、陈烈、郑穆、周希孟等人，也以经术教授闽中。他们都有一套良好的教学方法，又深谙经术，两者相得益彰，使他们众多的弟子能得逞于场屋。于是，习经义者渐众。

仁宗庆历年间，富弼、贾昌朝、蔡襄、范仲淹、宋祁等人先后上疏，要求改革科举制度，其中尤以欧阳修之言最具代表性，他说："夫上之所好，下之所趋也。今先策论，则文辞者留心于治乱矣；简其程式，则闳博者得以驰骋矣；问以大义，则执经者不专于记诵矣。故为先策论过落，简

---

① 《长编》卷九〇，天禧元年九月癸亥条，第2082页。
② 〔清〕徐松辑：《宋会要辑稿》选举一二之二九，上海古籍出版社2014年点校本，第5508页。
③ 《宋史》卷四三二《儒林二·胡瑗传》，第12837页。
④ 〔清〕黄宗羲等：《宋元学案》卷二《泰山学案》，中华书局1986年点校本，第72页。

诗赋考式，问诸科大义之法，此数者其大要也。"① "庆历新政"虽然失败，但臣僚对改革科举考试的要求并未中辍。皇祐五年（1053）闰七月二十日，朝廷遂下诏，首次将大义列为诸科的必试内容，并对试格作了如下规定：

> 能以本经注疏对而加以文辞润色发明之者为上，或不指明义理，但引注疏备者次之，并为通明；若引注疏及六分者为粗；其不识本义或连引他经而文意乖戾、章句断绝者为否。并以四通为合格。②

很显然，由于诸科初试大义，所以对应试者的要求较低。经过一段时间的试行以后，遂有嘉祐二年（1057）十二月戊申颁布"别置明经科"的诏书，并规定对明经科考试的一系列具体要求。至此，明经科终于从诸科中脱胎而出，成为一个独立的科目。

要之，北宋嘉祐年间设置的明经科，是随着宋学的兴起而出现的，它是宋代儒家学者抛弃汉唐学者专事经学笺注的传统，转到以己意解经的学风在科举考试中的反映。因此，它并非像五代时期一度设置过的明经科，是对其他诸经科的简单重复，而是有很大不同：一是彻底废除帖经，减轻了士子背诵经文、注疏的负担；二是增加策试，以考察士子才识；三是减少墨义，增试大义，即要求士子在熟习经文的基础上，搞通其本意，发明其义理内涵；四是对考取明经的人授官优渥，从而体现出朝廷希望士人将学问重点转移到经术方面来的强烈意图。

三、熙宁变法后明经科的罢废

宋神宗即位不久，即命群臣讨论贡举利病。于是宰执及馆阁近臣纷纷上疏，提出改革意见。刚刚上台执政的王安石，力图利用被他改造过的经术来推行自己的政治主张，以达到统一变法思想之目的。熙宁二年

---

① 〔宋〕欧阳修：《欧阳修全集》卷一〇四《详定贡举条状》，中华书局2001年点校本，第1594页。
② 《宋会要辑稿》选举一二至三一，第5509页。

（1069），王安石提议在进士科考试中废除诗赋，改试经义，他说：

> 今人才乏少，且其学术不一，一人一义，十人十义，朝廷欲有所为，异论纷然，莫肯承听，此盖朝廷不能一道德故也……若谓此科尝多得人，自缘仕进别无他路，其间不容无贤。若谓科法已善则未也。今以少壮时，正当讲求天下正理，乃闭门学作诗赋，及其入官，世事皆所不习，此乃科法败坏，人才致不如古。①

熙宁四年（1071）二月丁巳，诏依中书所请，"定贡举新制：进士罢诗赋、帖经、墨义，各占治《诗》、《书》、《易》、《周礼》、《礼记》一经，兼以《论语》、《孟子》。每试四场：初本经；次兼经并大义十道，务通义理，不须尽用注疏；次论一首；次时务策三道，礼部五道。中书撰大义式颁行"②。同时，罢废明经、诸科。殿试原试诗、赋、论三题，从熙宁三年起，改为试策一道。

自真宗朝后期开始酝酿，历经四十年之久，到仁宗朝末年才设置的明经科，只经过了短短的十几年时间，即与诗赋、诸科一起被罢废，或者说为进士科所取代。唐以来众多的取士科目，最终被合并成进士一科，并为南宋及元、明、清三代所由仿。对于此中原因，当然不能用五代时候的那种理由作解释，也并非完全是由于王安石个人之故，而是有着更为深刻的内在原因，这就是必须从宋代士大夫普遍重视经术的时代背景及进士科考试内容的发展变化中去寻找答案。

首先，科举罢帖经、墨义，改为以大义、论、策取士，乃是北宋后期至南宋广大儒家学者的共识，故以试经义（大义）为主的进士科完全取代明经、诸科的做法，并未受到当时政治斗争的太大影响。

元丰八年（1085）三月，宋神宗去世，以司马光为代表的保守派上台执政，各项新法被废除，惟有科举改革的成果基本上得到保留。哲宗元祐

---

① 〔宋〕马端临：《文献通考》卷三一《选举考四》，中华书局2011年点校本，第907页。
② 《长编》卷二二〇，熙宁四年二月丁巳条，第5334—5335页。

元年（1086），司马光在《起请科场札子》中，历数以帖经、墨义试明经，以诗赋、论策试进士的各种弊病后说：

> 神宗皇帝深鉴其失，于是悉罢赋、诗及经学诸科，专以经义、论策试进士，此乃革历代之积弊，复先王之令典，百世不易之法也……以臣所见，莫若依先朝成法，合明经、进士为一科，立《周易》、《尚书》、《诗》、《周礼》、《仪礼》、《礼记》、《春秋》、《孝经》、《论语》为九经，令天下学官依注疏讲说，学士博观诸家，自择短长，各从所好。[1]

司马光之言，实反映了改革科举已成为时论之所向，因而在其他新法皆被废除的情况下，其在科举中废除明经、诸科，考试经义的新法尚能继续获得保留。

尔后，洛、朔、蜀三党围绕是否要恢复诗赋考试的问题，曾有过激烈的争论，从而将进士科分为经义进士和诗赋进士两科。但正如马端临所言："尊经书，抑史学，废诗赋，此崇、观以后立科造士之大旨。"[2]此后，以试经义为主还是试诗赋为主的争论尽管十分激烈，但都"未尝不兼经"[3]。至南宋，已将进士科一分为二，即以试经义为主的经义进士和以试诗赋为主的诗赋进士两科，并成为定制。入元以后，随着理学在思想界统治地位的进一步巩固，更加强了科举中考经义的历史趋势，至此，进士科终于完全成了以试经义为主的科目，与明经科已无两样。

其次，策、论的经义化和经义的时文化，令试官评卷逐渐有了统一的标准，使进士科以经义、策论取士成为可能。

在"秉笔者如林，趋选者如云"的北宋社会，科场竞争十分激烈，应发解试的士人，有些州郡竟多达万人左右，应省试者也动辄在四五千人至

---

[1] 〔宋〕司马光：《司马光集》卷五二《起请科场札子》，四川大学出版社2010年点校本，第1081页。
[2] 《文献通考》卷三一《选举考四》，第917页。
[3] 《文献通考》卷三二《选举考五》，第924页。

万人以上，要在成千上万的举人中，仅录取数百名进士和明经诸科，若无统一的评卷标准，确实不是一件易事。明经、诸科以帖经、墨义取士，虽屡遭人诟病而迟迟不废，就是因为它以背诵经文、注疏的正确与否，容易评出成绩的好坏和高低。同样，在以往的进士科中，一般舆论虽主张废诗赋而用策论，或诗赋、策论并重，但终"以为诗赋声病易考，而策论汗漫难知；祖宗以来，莫之有改"①。至于采用经文大义取士，因为允许引用诸家之说，参以已意，乃至"全不顾经文，务自立说"②，试官评卷时，若无一定标准，必然是仁者见仁，智者见智，难以分出高低。

熙宁变法以后，在进士科考试中，不仅策论的重要性有所增加，而且出现了经义化的倾向。当时的策题可分两类：一类是以治道得失、生民利病方面内容发为问目，称时务策；一类是以经旨史文发为问目，称经义策或经史策。早在仁宗朝时，经义策在策题中已占有相当比重，如嘉祐二年欧阳修知贡举，他在《南省试进士策问三首》中，就是以《周礼》为主要策问内容。③司马光在英宗治平四年（1067）出任权知贡举时所出的省试策题，要求举人对《孟子》的"尽信书，不如无书"说及《礼记·曲礼》中所谓"礼不下庶人，刑不上大夫"说的正确性进行评述，各抒己见。④省试中论题的内容，大致亦类此，如嘉祐二年、四年、六年的殿试试题，分别为《重巽命论》、《易简得天下之礼（理）论》、《水几于道论》，都与经文有关。⑤熙宁以后，省、殿试中的经义策更加盛行，即使是时务策和一般论题，也得用经术加以修饰，才有可能考取高第。

策、论的经义化，既增加了考试难度，又限制了士子下笔时引用和论述的范围，再加上原来"贡举条制"中有关"犯不考式"、"犯点抹式"及字数多少的规定，以策、论好坏作为录取与否的依据，虽然尚有一定困

---

① 《宋史》卷一五五《选举一》，3613页。
② 〔宋〕黎靖德编：《朱子语类》卷一〇九《论取士》，中华书局1986年点校本，第2693页。
③ 《欧阳修全集》卷四八《南省试进士策问三首》，第677—678页。
④ 《司马光集》卷七二《策问十道》，第1469页。
⑤ 《宋会要辑稿》选举七之一七至一八，第5397—5539页。

难,但一旦以大义或诗赋决定去留后,以策、论定高下就成了可能。

到北宋后期,对大义的评定也有了一定的标准。

从文体来看,熙宁四年改革科举制度,与进士罢诗赋、帖经、墨义的同时,"中书撰大义式颁行",成为士人在经义考试中必须遵循的格式。对于这种"大义式",今天虽然已不知其详,但从王安石为当时士子考经义所撰的范文——《非礼之礼》、《王霸》、《性情》、《勇惠》、《仁智》①等篇可以看出,它们虽不强求对仗排偶,但已引入古散文的章法和唐诗以来的格律,有破题、承题及若干个比,从而开后世八股文的先河。这种文体后来经过张庭坚、马涓、杨万里、吕祖谦、陈傅良、叶适、汪立信、文天祥等人的发展,除了文论和引征比喻较自由外,基本上奠定了明、清时文——八股文的基础。

再从内容看,宋代大义呈文虽主张"推明义理之学",不拘一家之说,但实际上在统治阶级的倡导下,士人从自己的功利目的出发,撰作时仍大有趋奉,如熙宁八年朝廷颁布了由王安石父子及门人陆佃等所撰之《三经新义》,一时学者无不传习,"凡士子应试者,自一语以上,非《新义》不得用"②。元祐年间,禁王学,"以救文弊"。绍圣元年(1094)至南宋绍兴前期,王学又一度盛行。绍兴七年(1137)六月,诏应尚书省之请,"命举人呈文,许通用古今诸儒之说,及自出己意。但文理优长,即为合格"③。南宋后期,理学空气弥漫朝野,朱熹的《四书集注》成为士人应试的标准答案,从而奠定了元代以后考《四书》文的基础。于是,进士科无论是试大义或策论,都有了统一的评卷标准。

综上所述,自两汉中期儒家思想成为封建社会的正统思想以后,明习儒家经典与入仕做官紧密地结合了起来,明经成了重要的察举名目或取士

---

① 〔宋〕王安石:《王安石全集·临川集》卷六七,复旦大学出版社2016年点校本,第1215—1219页。
② 《长编》卷四〇八,元祐三年二月癸巳条小注,第9939页。
③ 〔宋〕李心传:《建炎以来系年要录》卷一一一,绍兴七年六月丙辰条,上海古籍出版社2018年点校本,第1871页。

科目。因为汉、唐诸儒偏重于名物制度与章句训诂，不允许对经文本身进行争论和阐发，故所谓明经，不过是背诵经文、注疏而已，在唐代已受人轻视。唐时，进士科以试诗赋为主，诗赋之作贵在创新，可以见文才，所以受人推重，一旦登第，非明经诸科出身者可比。但只凭诗赋取士，既无补于政事，又助长了浮华浇薄的文风，与尊孔读经的儒家传统思想更是格格不入，行之数百年后，流弊越来越严重。入宋，随着科举制度的发展和新儒学的兴起，无论明经诸科或进士科的变革已经不可避免。作为第一步，到仁宗嘉祐二年，出现了以试大义为主的明经科，以区别于以往主要是试帖经、墨义的诸科。第二步，以熙宁变法为契机，罢诗赋、帖经、墨义和明经、诸科，进士科以试大义为主，兼及策、论，明经科实际上已被合并于进士科。南宋时候，虽有试诗进士之设，但经义却越来越受到重视。与此同时，随着策、论的经义化和经义的时文化，以经义取士的弊病开始露出端倪。

元代科举，"罢诗赋，重经学，定为新制"①，试题皆由《四书》内出题，并以朱熹的《四书集注》为标准答案。至此，进士科完全演变成为明经科。入明以后，"科目者，沿唐宋之旧（按：其实沿元代之旧），而稍变其试士之法。专取四子书及《易》、《书》、《诗》、《春秋》、《礼记》五经命题试士。盖太祖与刘基所定。其文略仿宋经义，然代古人语气为之，体用排偶，谓之八股，通谓之制义"②。宋元时候具有八股文倾向的时文，终于发展成为道地的八股文，并为清代所沿袭。"八股之害，等于焚书，而败坏人才，有甚于咸阳之郊所坑者"③，后果十分严重。这种情况的出现，追根溯源，起自北宋神宗朝的科举改革：欲废明经、诸科而反使进士科成了明经科，欲罢帖经、墨义、诗赋而陷入以八股文取士的泥沼。这是以王安石、司马光为代表的宋代儒家学者所始料未及的。但是，如果从亡宋以

---

① 〔明〕宋濂等：《元史》卷八一《选举一》，中华书局1976年点校本，第2018页。
② 〔清〕张廷玉等：《明史》卷七〇《选举二》，中华书局1974年点校本，第1693页。
③ 〔清〕顾炎武：《日知录集释》卷一六《拟题》，岳麓书社1994年集释本，第591页。

后，特别是从明代起，理学思想泛滥、封建专制主义强化、防止科场舞弊、评卷标准化的需要等方面来看，八股文的出现既有其内在的因素，也是历史发展的一种趋势。

（原载《杭州大学学报》1992年第4期）

宋代制举考略

聂崇岐

制举兴于汉，盛于唐，而余绪延及于宋；虽与贡举同为选士之典，犹分别而称，原有异也。汉世州郡岁举秀才孝廉，上于公府，后世称之为贡举。倘国有大事，皇帝思闻人所欲言，每特下制诏，令举贤良方正能直言极谏之士，以求时政缺失，询民间隐瘼，后世名之曰制举。盖贡举为常选，而制举则必待诏而行。迄于有唐，贡举既有明经进士等科，制举亦为目綦繁，多至百数[1]。宋之贡举，初法于唐，后乃稍变；而制举亦较唐代多所损益，若方以汉之贤良，其相差几不可以道里计矣。

科举典籍，列朝具备；其专考制举沿革者盖少。第汉制尚简，关于贤良典故，《两汉会要》已足参考；而徐松《登科记考》，亦可窥唐制之梗概。惟有宋三百余年，制举情况，尚无专述可观。不揣固陋，略就暇晷参稽所得，排比成编，用请益于精熟天水一朝掌故者。

一、宋代制举之沿革及科目

宋太祖受周禅，武事之余，颇重文教，因于乾德二年（964）正月诏设贤良方正等科，曰：

……炎刘得人，自贤良之选；有唐称治，由制策之科。朕耸慕前王，精求理本，焦劳罔怠，寤寐思贤，期得拔俗之才，访以经国之

---

[1] 王应麟谓唐制举有八十六科。清徐松《登科记考》谓有百余科。今从徐说。

务。其旧置制率三科：一曰贤良方正能直言极谏，二曰经学深厚可为师法，三曰详闲吏理达于教化……自设科以来，无人应制。得非抱倜傥［者］耻局于常调，效峭直者难犖于有司，必欲直对朕躬，以伸至业？士有所郁，予能发焉。今后不限内外职官……黄衣布衣，并许直诣阁门，进奏请应；朕当亲试，以进时贤。所在明扬，无隐朕意！①

是为宋设制举之始。先是，周世宗显德四年（957）十月，曾应张昭之请，斟酌唐制，置贤良方正能直言极谏，经学优深可为师法，详闲吏理达于教化三科。②惟抵周之亡，迄无一人应诏。乾德之设制举，盖重申前朝之令，故诏词有"旧置制举三科……自设科以来，无人应制"之语，而所置科目，亦胥同于显德也。

太宗之世，制举无闻。真宗咸平时，既屡试应制陈言之士，覆于景德二年（1005）七月，用盛度等议，损益旧令，增广制科，其诏曰：

……朕纂绍丕图，宪章前古……尚虑耿介之秀，遗逸于丘园；高尚之姿，隐沦于屠钓……倜傥进善之未周，或俟时而兴叹。今复置贤良方正能直言极谏，博通典坟达于教化，才识兼茂明于体用，武足安边，洞明韬略运筹决胜，军谋宏远才任边寄等科……许文武群臣草泽隐逸之士，应此科目。③

是为景德六科。迨大中祥符元年（1008），时方东封西祀，粉饰升平，以天书符端，夸示四夷，于是上封者言，"两汉举贤良，多因兵荒灾变；今受瑞建封，不当复设"。④因之六科一时悉罢。后此二十年间，迄未复

---

① 〔清〕徐松辑：《宋会要辑稿》选举一〇之六，北京图书馆影印本。
② 〔宋〕薛居正等：《旧五代史》卷一一七，页八下，五洲同文书局石印本。
③ 《宋会要辑稿》卷一〇之一〇至一一。李焘《续资治通鉴长编》（卷六〇，页一六上，浙江书局本），王应麟《玉海》（卷一一六，页一八下，浙江书局本），马端临《文献通考》（卷三三，页七下，图书集成公司本），皆与《宋会要辑稿》同。唯徐度《却扫编》（卷下，页三上，《学津讨原》本），多详明吏理达于从政一科，而亦曰六科，其为误增甚明。又陈均《皇朝编年纲目备要》（卷七，页七下，日本影印宋本）无武足安边而有详明吏理可使从政，亦误。
④ 〔宋〕李焘：《续资治通鉴长编》（以下简称《长编》）卷六八，浙江书局本，页一六。

置焉。

仁宗天圣七年（1029）闰二月，夏竦等请复制举，广其科目，以收贤才。于是下诏酌改景德之制，置贤良方正能直言极谏，博通典坟达于教化，才识兼茂明于体用，详明吏理可使从政，识洞韬略运筹决胜，军谋宏远材任边寄六科；又置高蹈丘园，沉沦草泽，茂材异等三科：是为天圣九科。①此后历二世，四十余年，制举从未罢废。虽景祐中，"宰相以贤良……多名少实，欲一切罢之"②，然以众意未同，迄未见诸施行。

神宗绍统，新党秉政，凡百事务，胥为更张，因"进士已罢辞赋，所试事业，即与制举无异；至于时政阙失，即士庶各许上封言事"③，遂于熙宁七年（1074）五月，将旧日贤良各科，并诏停罢。时庙堂之议，尚未金同，特以当轴者忌贤良对策，每过切直，推行新政，恐受阻害，废之之心，已非一日，故虽有冯京之异议，终不敌吕惠卿等之决心④，斯亦新旧凿枘之一端也。

哲宗初元，旧党得势，一切施为，力反熙宁，因之停罢方及十年之制举，又用刘挚等议，重为设置⑤；第所复者，仅贤良方正能直言极谏一科而已。⑥洎绍圣元年（1094），哲宗亲政，修憾元祐，贤良之科，又被停废。⑦自是以还，三十余年，元祐之学，悬为厉禁，制举诸科，终北宋之世，遂不复置。

高宗南渡，士大夫以靖康之祸，归罪新党。于是绍圣以来之所是者，今多以为非；而昔之所非者，今多以为是。政事更张，胥含此意；而贤良

---

① 《宋会要辑稿》选举一〇之一六。
② 〔宋〕刘敞：《公是集》卷四一，页一二下至一四上，《武英殿聚珍版丛书》本。
③ 《长编》卷二五三，页七下。
④ 《宋会要辑稿》选举一一之一四。又《琬琰集删存》卷三，页二五下，1938年引得编纂处铅印本。
⑤ 〔宋〕刘挚：《刘忠肃集》卷四，《畿辅丛书》本，页一六下。
⑥ 《宋会要辑稿》选举一一之一五。
⑦ 《宋会要辑稿》选举一一之一七。

方正能直言极谏一科,遂于绍兴元年(1131)正月,又得复置①;迄於南宋之季,百余年间,未再废焉。

二、书判拔萃博学宏词皆非制科

《宋史·选举志》于制举一节,杂叙书判拔萃及博学宏词,颇似二科亦属制举。第观宋代,虽偶有误称拔萃为制举之人,但为数綦少,余多视为单独一科,不与制举相混。至于博学宏词,则向无目为制举者。《宋史》一误再误,致一代典制,真相不明,是岂容不辨!

考《宋会要》分列制举及书判拔萃于两部,可见二者不容混为一谈。又据诸书所记,若李焘《续资治通鉴长编》,陈均《皇朝编年纲目备要》,王应麟《玉海》,皆云太祖建隆三年八月即置书判拔萃,越二载,乾德二年(964)正月,始设"制举三科"。夫书判拔萃不冠制举而独冠制举于三科者,是当时不以书判拔萃属之制举明矣。且陈均记仁宗临轩策士,有曰:"天圣八年……六月亲试书判拔萃及武举……秋七月,策制科。"②马端临述宋登科人数,亦云:"天圣八年……制科二人,拔萃一人……景祐元年……制科三人,拔萃四人。"③二氏皆以书判拔萃及制科并列,未予合而为一。余如吕祖谦述宋制举不列书判之科④,徐度记宋制亦无拔萃之目:凡此种种,皆足为宋人不以书判拔萃为制举之明证⑤。徒以天圣七年(1029)增广科目,中有拔萃武举,后人不察,遂误列拔萃于制科之中,因是苗昌言条奏制举,乃立"天圣十科"⑥之号。讹谬相传,遂有《宋史》之舛误焉。

博学宏词,初曰宏词科,立于绍圣初元,本为预储两制人材而设,与

---

① 《宋会要辑稿》选举一一之二〇。
② 〔宋〕陈均:《皇朝编年纲目备要》卷九,日本影印宋本,页一五下。
③ 《文献通考》卷三二,页九下。
④ 〔宋〕吕祖谦:《历代制度详说》卷一,《续金华丛书》本,页二上。
⑤ 〔宋〕徐度:《却扫编》卷下,《学津讨原》本,页三下至四上。
⑥ 〔宋〕马端临:《文献通考》卷三三,图书集成公司本,页九下。十科者,乃并拔萃于上述天圣九科而言。

制举之以振拔非常之士为目的者，用意迥异。故陈均记宏词及制科置罢曰："绍圣元年……五月……立宏词科……九月罢制科。"①马端临记宋登科人数曰："绍圣三年……制科三人，宏词科八人。"②《南宋馆阁录》记汤思退、李壄题名曰："汤思退字进之……博学宏词进士出身……李壄字仲言……制科出身。"③三者皆宏词制科并举，未尝相混：可知宋人本不视二科为一类。《宋史》久以芜杂乖谬著，今益可见其讹误之一斑矣。

三、应制举者之资格及看详事例

乾德之设制举也，以国基初造，需材孔殷，为广招徕，于资格之限制不得不宽，故其诏有"今后不限内外职官，前资现任，黄衣布衣"④，皆得与试之语。咸平之际，仕途渐狭，制举诸科遂诏禁以"贴馆职及任转运使者"⑤充选。馆者，昭文馆，史馆，集贤院之谓。宋世，三馆为储材之地，凡带馆职者，若直昭文馆，直史馆，直集贤院，以及集贤校理之类，率不数年即跻清显；而转运使监刺诸州，亦为重任，非浮沉于下僚者比，无须藉制举以求登庸也。

天圣增益科目，于取士之途，虽广辟多门，而资格之限制，则较前加甚，其诏曰：

> ……今复置贤良方正能直言极谏，博通坟典明于教化，才识兼茂明于体用，详明吏理可使从政，识洞韬略运筹决胜，军谋宏远材任边寄六科。应内外京朝官，不带台省馆阁职事，不曾犯赃，及私罪轻者，并许……应上件科目……又置高蹈丘园，沉沦草泽，茂才异等三科。应草泽及贡举人非工商杂类者，并许……应上件科目。州县体量，实有行止，别无玷犯……转运使覆实，审访乡里名誉……其开封

---

① 《皇朝编年纲目备要》卷三四，页五下，又页八上。
② 《文献通考》卷三二，页一〇上。
③ 〔宋〕陈骙：《南宋馆阁录》卷七，《武林掌故丛编》本，页一上，又页七上。
④ 《宋会要辑稿》选举一〇之六。
⑤ 《宋会要辑稿》选举一〇之七。

> 府委自知府审访行止……委实文行可称者，即……送尚书礼部……具名奏闻。①

非但旧日所禁者，不得应举，即带御史台、中书、门下、尚书三省职事者，亦皆屏于制科之外；且分职官、布衣于两试，择材则更及乎私行，不似往昔之只兢短长于一日矣。

越四年，景祐初元，法又稍变。时仁宗亲政未久，乐事更张，以臣下建请酌改天圣之制，乃于二月下诏，曰：

> ……贤良方正能直言极谏等六科，自今应京朝官，幕职州县官，不曾犯赃罪，及私罪情轻者，并许应。内京朝官须是太常博士以下，不带省府推判官、馆阁职事，并发运、转运、提点刑狱差任者。其幕职州县官，须经三考以上；其见任及合该移入沿边不搬家地分及川广福建等处者，候迴日许应。高蹈丘园……三科，应进士诸科取解不获者不得应。②

盖其限制，一是凡职官须持躬廉谨；二是京朝官阶位须不在太常博士以上，且不兼各省判官、开封等府推官判官，又无三馆，龙图秘阁等职，更非各路监司；三是节度观察两使推官，各州府司士司法等参军，各县知县丞尉主簿，莅官须及三考；四是沿边及川广州县以情形特殊，向不许携眷赴任之地，见任官及应即轮选者，须待任满；五，布衣必须乡举获隽。以上数资必须相合，始得与试。嗣以条例过严，举人裹足，不得不稍宽其制，因于庆历六年（1046）九月诏许幕职州县官不及三考亦得应举③，复于嘉祐二年（1057）九月制准"太常博士而下充台省阁职及提点刑狱以上差使选人，不限有无考第……并听奏举"④，终以所试较难，问津者迄不

---

① 《宋会要辑稿》选举一〇之一六。
② 《宋会要辑稿》选举一〇之二一。
③ 《宋会要辑稿》选举一〇之二五。
④ 《宋会要辑稿》选举一一之五。

甚多也。

哲宗初政，仅复贤良，旧日成规，势须更易。于是职官布衣既合为一试，幕职州县官未经考者亦得与于考试。①洎高宗再设制科，其诏书有"不拘已仕未仕，命官不拘有无出身"②皆得应试之语，惟特申严择材以行之旨，不许犯赃私罪人充数而已。此后百余年间，条贯迄无更变，绍兴之令，遂奉行至有宋之亡焉。

至于应制举之事例，初亦甚简，后乃渐繁。乾德之设三科，既令州郡举送，复任怀材抱器者，自行荐达，并许直诣阁门，进其所业③，以须召献。洎乎景德，法令稍更，初之许直诣廷对者，至是必须先经中书门下，试其可否，以名奏闻，然后御试。盖"考其否臧必先于公府，刈其翘楚乃扬于王庭"④；古制如斯，今应遵守。惟自荐之制，则仍率由旧章，因而不改。夏竦为丹阳主簿《上章圣皇帝乞应制举书》，其辞曰：

> ……若陛下必择狂夫之言，思纳愚者之虑，垂旒下拱，渴待忠说，则臣愿以贤良方正能直言谏科召赴明试……若陛下以枕石漱流为达，则臣世居市井；若陛下以金榜丹桂为材，则臣未忝科第；若陛下以鸠杖骀背为德，则臣始逾弱冠；若陛下以荷戈控弦为勇，则臣生本绵弱；若陛下令臣待诏公车，条问急政，对扬紫宸，指陈时事，犹可与汉唐诸儒，方辔并轨而较其先后。⑤

大言不惭，殊非谦以自牧之道。特以国家典制如斯，世风随化，甚至南面者"再三激赏"⑥，是无怪众人之金不以非矣。

天圣之际，条格渐多，应举者不论有官无官，皆须缴进策论五十首，

---

① 《宋会要辑稿》选举一一之一五。
② 《宋会要辑稿》选举一一之二〇。
③ 《宋会要辑稿》选举一〇之六。
④ 《宋会要辑稿》选举一〇之一一。
⑤ 〔宋〕夏竦：《文庄集》卷一六，《四库全书珍本》初集，页一上至三上。
⑥ 〔宋〕吴处厚：《青箱杂记》卷五，《涵芬楼铅印》本，页三。

且诏：

> ……应内外京朝官……乞应……科目……所业……委两制看详。如词理优长，具名闻奏……差官试论……合格即御试……草泽及贡举人……乞应科目……所业本州看详，委实词理优长，即上转运使……选有文学再行看详。其开封府委自知府……选有文学佐官看详。委实文行可称者，即以文卷送尚书礼部委判官看详，选择词理优长者，具名闻奏……差官试论……合格即御试。①

此外，更限自荐者仅有官人许直诣阁门，布衣应诏则须在本贯投状。其事例之繁杂，较初设科时之简易，真不啻霄壤之别也。

庆历六年（1046），宰相贾昌朝与参知政事吴育不和，以育才识兼茂登第，遂兼恶及贤良方正等科；停罢既势有未能，裁抑乃不容稍缓；因用监察御史唐询之议，奏准禁止自举，凡应制科者，率须由人论荐②，不得投牒自请。从此自荐之制遂废。惟识拔真材，本属难事，荐人应选，亦岂易言。范仲淹一世伟人，其《举丘良孙应制科状》③有"学术稽古，文辞贯道"之语，而欧阳修《论举馆阁之职札子》④乃有丘氏"偷窃他人文字，干谒权贵以求荐举"之奏。欧阳公久以忠谠知名，其言当非无据。夫以范公之明，尚不免见欺于人，则碌碌者当更不必论列；而制举必须由人举送始得应试之能否胜于自荐，则殊为疑问矣。

神宗而后，制举两废两复，其应试资格虽已由严而稍宽，第投报程序，则依仍天圣、庆历旧贯，迄于宋室之亡，二百余年，未尝一加更易焉。

---

① 《宋会要辑稿》选举一〇之一六。
② 〔宋〕刘攽：《彭城集》卷三八，《武英殿聚珍版丛书》本，页一上至二上。
③ 〔宋〕范仲淹：《范文正公集》卷一八，岁寒堂刊本，页五上。
④ 〔宋〕欧阳修：《欧阳文忠公全集》卷一〇一，《四部备要》本，页六下。

四、考试上——阁试

周显德中设制举，由吏部掌其事，其布衣则须先由州府考试，方得解送。①宋初置三科，废布衣州府之试，许一体与命官直诣阁门，进其词业，自请应举；看详合格，即与殿试。盖以斯典久废，其事不得不易也。迨真宗时制即稍变，《宋会要辑稿》曰：

> 咸平三年四月十五日，赐应制举人林陶同进士出身。陶既试学士院，不及格。帝方欲招来俊茂，故特奖之。②

可知当时已增学士院一试。至景德增科，又申命由"中书门下先加程试，如器业可观，具名闻奏"③，然后临轩亲策。惟学士院为掌诏令机关，中书门下又大政所从出，皆不宜于考试场所；故天圣七年（1029）遂改差官试于秘阁④——秘阁者，皮藏图籍之所也。自是以后，因而不改；故宋人记述，每有阁试之辞。至孝宗乾道中，始又命应制举人就试于中书焉。⑤

咸平学士院之试，其制不详。景德中书门下程试则为论六首，一日完成。迄于南渡，无论试于秘阁，试于中书，皆未更易。惟六论字数则自天圣之后，每首限五百字以上，方为合格。⑥其论题范围，主为《九经》、兼经、正史，旁及七书、《国语》、《荀子》、《杨子》、《孟子》、《管子》、《文中子》等书；正文之外，群经亦兼取注疏。⑦如嘉祐六年（1061）秘阁试题：一曰《王者不治夷狄》，出《春秋》隐公二年《公羊传》何休注；二曰《刘恺丁鸿孰贤》，出《后汉书》卷六七《丁鸿传》及卷六九《刘恺传》；三曰《礼义信足以成德》，出《论语·子路篇·樊迟学稼》包咸注；

---

① 《文献通考》卷三三，页七下。
② 《宋会要辑稿》选举一〇之七。
③ 《宋会要辑稿》选举一〇之一一。
④ 〔元〕脱脱等：《宋史》卷一五六《选举二》，浙江书局本，页一七下。
⑤ 〔宋〕岳珂：《愧郯录》卷一一，《学海类编》本，页八上。
⑥ 《宋会要辑稿》选举一〇之一六。
⑦ 《宋会要辑稿》选举一一之一九，又一一之二一。

四曰《形势不如德》，出《史记》卷六五《吴起传赞》；五曰《礼以养人为本》，出《汉书》二二《礼乐志》；六曰《既醉备五福》，出《毛诗·大雅·生民》之什《既醉章》郑玄笺①。六题之中，三经，三史，三正文，三笺注；而首论为经——此则隐示尊儒崇道之意，为历科所遵行，未之或改者。若论题之必采义疏与否，向由试官裁定：主宽易者，每多避而不取，好艰深者，常故务用隐僻。迨元祐七年（1092）始明令毋于正义出题②，绍兴二年亦下诏权罢疏义③。迨孝宗初政，雅志求贤，更命并传注而废之④，以诱多士。第为时不久，法又再变：淳熙五年，既以臣僚之请，复用注疏⑤；后七年，又用李巘之言，祇取正文⑥。二十年中，制度数易，亦可见士大夫意见之分歧，持衡者之毫无定策矣。

至阁试六题，又有明数暗数之分。岳珂曰：

> 绍圣元年阁试《舜得万国之欢心论》，出《史记·乐书》："舜弹五弦之琴，歌南风之诗而天下治。夫南风之诗者，生长之音也，舜乐好之；乐与天地同意，得万国之欢心，故天下治也。"此谓暗数。《谨事成六德论》，出《毛诗·皇皇者华》笺注。此谓明数。⑦

盖直引书之一二句，或稍变换句之一二字为题者为明数；颠倒书之句读，窜伏首尾而为题者为暗数。明数尚易知，暗数则每扑朔迷离，令人难明究竟，故李焘讥之，谓"类于世之覆物谜言"⑧。旧制，六题明暗相参，暗数多不过半。迨淳熙四年（1177）秘阁之试，典试者承近习贵珰之旨，故

---

① 苏轼《东坡后集》卷一〇（端方刻《七集》本）及苏辙《栾城应诏集》卷一一（《四部丛刊》本）皆有六论。
② 《宋会要辑稿》选举一一之一九。
③ 《宋会要辑稿》选举一一之二二。
④ 〔宋〕李心传：《建炎以来朝野杂记》卷一三，《涵海》本，页二上。
⑤ 《建炎以来朝野杂记》卷一三，页六下。
⑥ 《宋会要辑稿》选举一一之三七。
⑦ 《愧郯录》卷一一，页七上。
⑧ 〔宋〕叶绍翁：《四朝闻见录》丙集，《知不足斋丛书》本，页三五上至三六下。

难其考，皆出暗题，致无人及格。①嬖近之意，以为阁试不入等即不能殿武，可免举人对策直言相攻；其用心可谓毒而且巧。第士大夫不思为国求才，反甘为佞幸及阉人鹰犬，岂不大可痛心也哉！

阁试所试各论，文中必须述题之出处，又须全引题之上下文。其不知题之出处者，自不得为"通"，即知出处而不全引上下文亦为"粗"而不得为全通。②旧制，六论以四通为及格。迨淳熙中，因已废注疏出题，阁试过易，增为五通。③是后未再增减。试卷"通"足合格，又须分等。等有五，而虚其一二两等，第三等即为上，及第四等即得召试。惟景祐前后，此制稍变，张方平《举朱寀充馆阁职名》曰：

> ……臣等昨奉敕差赴秘阁考试制举人等，内有应贤良方正能直言极谏科国子监直讲朱寀，所试六论，考中第四等下。据旧制，阁试第四等下并预廷对。只因景祐中年第四等人数稍多，报罢之。以此寀承近例，不得召试。④

可知第四等又分上下。景祐以前，及第四等下者即得召应殿试，至景祐以后必第四等上始能对应廷策也。

咸平学士院，景德中书门下之试，所差试官不详。天圣以后秘阁，及乾道以后中书诸试，典试之官，有前执政，如皇祐元年（1049）之丁度⑤，皇祐五年之高若讷⑥，皆从参知政事罢任不久。有风宪官，如景祐五年（1060）之晏殊⑦，如庆历二年（1042）之贾昌朝⑧，皆现任御史中丞。有

---

① 《建炎以来朝野杂记》卷一三，页六上。
② 《愧郯录》卷一一，页七下。
③ 《建炎以来朝野杂记》卷一三，页三下。
④ 〔宋〕张方平：《乐全集》卷三〇，《四库全书珍本》初集，页四下至五下。
⑤ 《宋会要辑稿》选举一一之一。
⑥ 《宋会要辑稿》选举一一之二。
⑦ 《宋会要辑稿》选举一〇之二二。
⑧ 《宋会要辑稿》选举一〇之二四。

两制官，如天圣八年（1030）之盛度①，熙宁三年（1070）之司马光②，皆现任翰林学士；元祐三年（1088）之彭汝砺③，绍圣元年（1094）之朱服④，皆现任中书舍人。有馆职，如景祐元年之王举正⑤，时方直集贤院，皇祐五年之杨察⑥，时方直史馆。有尚书省官，如元祐三年之苏辙⑦，时方为户部侍郎；绍圣元年（1094）之刘定，时方为左司郎中⑧。更有时差事务繁冗之三司使⑨，如嘉祐二年（1057）之张方平是也。盖试官之点派，必皆选文学知名之士，初不限官阶之大小，特主试者资历稍崇峻耳。

试官之中，有主试，有参详；此外更差监封弥，监誊录，及对读，监门，巡铺等官。如淳熙四年中书之试，所差官有：

> 中书舍人钱良臣为制举考试官，太常少卿兼崇政殿说书齐庆胄，左司谏萧燧并为参详官，宗正寺主簿胡南逢为监封弥官，大理寺主簿陈资深为监誊录官，武学谕王蔺为对读官。⑩

其制多仿贡举。至试官之数，皆视应制举人多寡而定，淳熙四年（1177）七月中书后省奏曰：

> ……昨来召试止系李垕一名，宣差制举考试官一员，参详官一员。今召试四人，稍多，欲于参详官内，增差一员，比附省差知等举〔举等〕官例。⑪

---

① 《宋会要辑稿》选举一〇之一八。
② 《宋会要辑稿》选举一一之一二。
③ 《宋会要辑稿》选举一一之一五。
④ 《宋会要辑稿》选举一一之一九。
⑤ 《宋会要辑稿》选举一〇之二一。
⑥ 《宋会要辑稿》选举一一之二。
⑦ 《宋会要辑稿》选举一一之五。
⑧ 《宋会要辑稿》选举一一之一九。
⑨ 《宋会要辑稿》选举一一之五。
⑩ 《宋会要辑稿》选举一一之三三。
⑪ 《宋会要辑稿》选举一一之三三。

考历次阁试,试官有时四人,有时三人,有时二人,而以四人时为多;若二人则只天圣八年及乾道七年两次,三人亦仅淳熙四年(1177)及十三年两次而已。

阁试虽不若贡举礼部试之严,惟试官选派,亦皆至"临期特降御笔点差",至引试前一日,即宣押入院,然亦有"锁院引试"限于一日者。① 此无他,恐不肖者舞弊也。

五、考试下——御试

宋人谓阁试及格曰"过阁"。制举人过阁,即由皇帝亲试,故曰"御试"。又以御试多在崇政殿或集英殿,故又称"殿试"。乾德初设三科,仅有御试,"试策一道,以三千字以上,取文理俱优,当日成者为入等"②。此制历南北两宋,相沿不改。惟有时文字虽字数不足,亦可例外录取,如景祐元年,张方平对策不及三千言,特擢为秘书省校书郎知昆山县是也。③

御试策题,多由两制拟呈皇帝择选④,亦常命宰相代撰⑤。其题初颇伤于繁冗,如咸平四年(1001)四月贤良制策曰:

> ……传曰:"三皇步,五帝骤;三王驰,五霸鹜。"斯则皇帝王霸之异世,其号奚分?步骤驰鹜之殊途,其义安在?称诏之旨,临御之方,必有始终,存诸典故。加以姬周始之三十六王,刘氏承之二十五帝,受授之端,治理之要,咸当铨次,务究本原。而又周有乱臣,孰为等级;秦非正统,奚所发明?勒燕然之石者,属于何官?剪阴山之

---

① 《宋会要辑稿》选举一一之三三。
② 《宋会要辑稿》选举一〇之六。
③ 此据《宋会要辑稿》选举一〇之二三。唯《续资治通鉴长编》卷一一四,页一八下谓吴育所对不及三千字,特擢之。按此科育入第三等,为制举上第,似不应以字数不足者充其选。故从《会要》。
④ 《宋会要辑稿》选举一〇之一三。
⑤ 《宋会要辑稿》选举一一之二二。又岳珂《愧郯录》卷一一,页九下。

虏者，指于何帅？十代之兴亡足数，九州之风俗宜陈。辨六相之后先，论三杰之优劣。渊骞事业，何以始于四科？卫霍功名，何以显于诸将？究元凯之本系，叙周召之世家，述九流之指归，议五礼之沿革。《六经》为教，何者急于时？百氏为书，何者合于道？汉朝丞相，孰为社稷之臣？晋室公卿，孰是廊庙之器？天策府之学士，升辅弼者谓谁？凌云阁之功臣，保富贵者有几？须自李唐既往，朱梁已还，经五代之乱离，见历朝之陵替。岂以时运之所系，教化之未孚耶？或者为皇家之驱除，开我朝之基祚耶？是宜考载籍之旧说，稽前史之遗文，务释群疑，咸以书对！①

支离琐碎，颇类今日大学入学试验之国学常识。以此取士，而曰能得非常之人，宁非奇谈？故在当时，有识之士，已多加非难。天圣八年（1030）五月，范仲淹《上时相议制举书》曰：

　　……今朝廷……兴复制科……斯文丕变，在此一举。然恐朝廷命试之际，谓所举之士皆能熟经籍之大义，知王霸之要略，则反屏而弗问。或将访以不急之务，杂以非圣之书，辨二十八将之功勋，陈七十二贤之德行，如此之类，何所补益？盖欲肆其所未至，误其所常习，不以教育为意，而以去留为功……如此则制科之设足以误多士之心，不足以救斯文之弊……愿相府……昌言于两制，如能命试之际，先之以《六经》，次之以正史，该之以方略，济之以时务，使天下贤俊翕然修经济之业，以教化为心，趋圣人之门，成王佐之器，十数年间，异人杰士必穆穆于王庭矣。②

而继此更有直上封事言制科策题者，李焘曰：

---

① 《宋会要辑稿》选举一〇之八。〔宋〕杨亿：《武夷新集》卷一二，《浦城遗书》本，有咸平四年四月制策二道，与此不同。至八月之制策，则系用亿所撰者。
② 《范文正公集》卷九，页一上至二下。

皇祐元年……上封者言……近来御前所试策题，其中多典籍名数，及细碎经义，乃是又重欲宋其博学，竟不能观其才用，岂朝廷求贤之意耶？乞将来御试策题中，止令关治道，系安危，用之则明昌，舍之则危弱，往古之已试，今之可行者十余条，限三千字以上。或所对文理优长，识虑远深，其言真可行于世，其论果有补于时者，即为优等。若文意平常，别无可采者，即为末等……所有名数及细碎经义，更不详问。如此则不为空言，可得实效。①

自此封事进达后，随即下诏，命撰策题官，"先问治乱安危大体，其余所问经义名数，自依旧制。"②以是嘉祐二年（1057）制策曰：

　　……方今庶务小康，至化犹郁；兵戎虽戢，馈饷颇劳；学校虽兴，礼让殊鲜。官冗而浮食者众，民疲而失职者多。阴阳爽和，青沴间作；经渎弛于常道，淫雨溢于旧防。赋调尚繁，昏垫靡息。岂朕明有未烛，德有未孚？致咎之来，在予为惧！自昔继体守文之君，承前圣之烈，藉累世之资，致囷空之隆，腾颂声之美，惟建武中兴，极修文德；贞观特起，骤致太平。岂天时之协符，将人事之胥济？功业迟疾，奚其不同？侧席求怀，望古盈愧……今公卿大夫，与朕总万略，美风俗，而吏治未甚淳，民德未甚厚，豪右逾制，奸猾冒禁，以至守宰之任，循良罕闻，厨传侈于使客，徭役迫于下贫，始有愁叹之声，未弭郁堙之气。岂躬化之弗类，而图治之匪章欤？昔晁错举于贤良，公孙对以文学，深陈政道，并先术数。仲父治国之器，内史诏王之柄，咸重格训，将安设施？至于《春秋》之称一元，《洪范》之推九类，何行而正其本，何施而建其极？③

其设题发问，颇有两汉之旧，较之咸平四年制策，真改善多多矣。

---

① 《长编》卷一六七，页六上至下。
② 《长编》卷一六七，页六上至下。
③ 〔宋〕胡宿：《文恭集》卷二九，《武英殿聚珍版丛书》本，页一上至二下。

乾德、咸平诸科制策是否一题，其制不详。天圣增复九科，贤良茂才同试异策，迨景祐元年（1056）又合而为一。①洎五年六月详定科场条贯所言，乃诏："置良方正能直言极谏，博通典坟明于教化，才识兼茂明于体用，及茂材异等四科并同试策题；详明吏理可使从政，洞识韬略运筹决胜，军谋宏远才任边寄凡三科，各为策题。"②惟应后三科者綦少，且无一过阁与殿试者，故今所见景祐以后策题胥为前四科制策焉。

对策之制，必须"先引出处，然后言事"③。引出处者，引原策题之谓也。如熙宁三年孔文仲策曰：

> 对：臣伏惟陛下下明诏，降清问，讲求万事之统……臣诚愚暗不知大体，惟陛下省纳焉。圣策曰："在昔明王之治天下……"臣闻天下之术有大小，而人君用之有先后……圣策曰："朕承祖宗之业……"此见陛下虚心访道之诚……臣尝闻之……明欲被于万物，化有孚于四方，未有不自治心始也……圣策曰："盖人君即位必求端于天下而正诸己……"此见陛下畏天饬己恐惧修省之盛德也。臣闻……④

大致除首尾外，皆分段逐引题文，然后发挥己意；不如是则不能入选。此制当真宗时已然⑤，至南渡未改，第不知乾德时如何耳。

御赋差官典试，亦如阁试，有两制，有侍从，资序高低不一，其人数亦不全同。如乾德四年（966）八人，咸平四年（1001）八月七人，景德二年⑥（1005）四人，天圣以后则率六人。其职务分配，景德以前不详，

---

① 《宋会要辑稿》选举一〇之一八至二二，天圣八年贤良何咏，茂材富弼，同试异题。景祐元年，贤良苏绅，体用吴育，茂材张方平同题。
② 《宋会要辑稿》选举一〇之二三，作景祐五年。《长编》卷一二二，页四上，及《玉海》卷一一六，页三七下，皆作宝元元年。考此诏下于六月，至十一月方改元宝元，故从《会要》，称景祐五年。
③ 《宋会要辑稿》选举一一之二二。
④ 〔宋〕孔文仲：《舍人集》卷一，《豫章丛书》本，页四上至二三下。
⑤ 景德四年，夏竦登贤良第，其对策已如此。见〔宋〕夏竦：《文庄集》卷一二，页一上。
⑥ 《宋会要辑稿》选举一〇之六，又一〇之九，又一〇之一二。

天圣八年（1030）始创历科遵行之例，官分初考制策官，覆考制策官，及详定编排官，皆为二人。①盖全依贡举殿试之制。惟有时因诸官意见纷歧，亦每临时差官重定，嘉祐六年（1061）司马光《论制策等第状》曰：

> 臣近蒙差赴崇政殿后覆考应制举试卷，内圂、毡两号所策辞理俱高……臣与范镇同议，以圂为第三等，以毡为第四等，详定官已从覆考。窃知初考官以为不当，朝廷更为之差官重定，复从初考，以毡为不入等。②

此次于六试官之外，另行差官，本出于不得已，乃特例，非永制。至封弥誊录亦与阁试无异，上所引司马光奏章，"圂、毡"盖即封弥暗号，是亦可见宋代考试制度之一斑矣。

御就制举，为国家大典，故上自宰执，下至带职庶僚，皆须陪侍③。欧阳修参知政事时有《崇政殿试贤良晚归》诗曰：

> 槐柳依依禁御长，初寒人意自凄凉。凤城斜日留残照，玉阙浮云结夜霜。老负渔竿贪国宠，病须樽酒送年光。归来解带西风冷，衣袖犹沾玉案香。④

御试皆一日完结，故大臣率须平明即入，抵晚方还；若有职司者则更不必论矣。王珪有《被诏考制科呈胡武平内翰》三首，其一曰：

> 奉诏金门草圣题，平明趋过殿西墀。宫床赐笔宣名早，赭案焚香上策时。时论只应收俊杰，皇心非不监安危。玉堂词客承恩久，几度曾来醉御卮。⑤

---

① 《长编》卷一〇九，页八上。
② 〔宋〕司马光：《司马温公文集》卷七，康熙四十七年夏县署刊本，页九上至一〇上。
③ 《宋会要辑稿》选举一一之三〇。
④ 《欧阳文忠公全集》卷一四，页一下。
⑤ 〔宋〕王珪：《华阳集》卷三，《武英殿聚珍版丛书》本，页七下。

两诗并睹，犹依稀可见当年情景也。

制举目的，既为拔取非常之材，国家待遇自不能不较贡举为优异，故景德三年有令开封府待投牒制举人以客礼之诏；①而殿试时，更为举人"于殿廊张幕为次，垂帘设几，大官赐膳，酒醪茶荍无不毕供"②。洎天圣而后，其制渐坏。景祐元年，宋庠《上贤良等科廷试设次札子》，请复旧制曰：

> 窃见近者试制策举人并武举人于崇政殿，皇帝陛下亲跸，留神永昼，严门异席……诚见圣心核真伪进英豪之审也。然臣以谓有司……苟从便易，乖戾旧章……甚不称求贤之意。伏睹贤良方正苏绅等就试之日，并与武举人杂坐庑下。洎搞辞写卷皆俯伏毡上。自晨至晡，讫无饮食。饥虚劳瘵，形于叹嗟。虽仅能成文，可谓薄其礼矣。又况武举人等，才术肤浅，流品混淆，挽弩试射，与兵卒无异；使天子制策之士，并日较能，此又国体之深讥者也……伏愿申诏近臣，检详旧史，作为定式，付于攸司……仍乞或有武举杂科，不令同日就试。③

奏上，即诏"御试制科举人，自今张幕次于殿庑，仍令大官给食。武举人以别日试之"④。惟有时仍难尽满人意，故李觏庆历二年（1042）应茂材异等下第《寄祖秘丞》诗曰：

> ……旷日及孟秋，皇慈始收试。崇崇九门开，窈窈三馆秘。主司隔帘帷，欲望不可跂。中贵当棂闱，搜索遍靴底。呼名授之坐，败席铺冷地。健儿直我前，武怒足防备。少小学贤能，谓可当宾礼。一朝在槛阱，两目但愕眙。⑤

---

① 《长编》卷六二，页四下。
② 〔宋〕宋庠：《元宪集》卷三，《湖北先正遗书》本，页一上。
③ 《元宪集》卷三，页一上。
④ 《长编》卷一一四，页二一下。
⑤ 〔宋〕李觏：《直讲李先生文集》卷三五，《四部丛刊》本，页七上。

牢骚满腹,情见乎词,是所谓优礼者,亦不过尔尔。

御试亦分五等,上二等向不授人,第三等即为上第。其等第由初考官拟定,覆考官加以审核,然后由详定官编排。如元祐五年(1090)御试贤良,《宋会要》述其经过曰:

> 王普所对策,初考第四等次,覆考第四等,详定从覆考。司马槱初考第五等,覆考第四等次,详定从初考。王当初考第五等,覆考不入,详定从初考。①

倘详定官与初覆考意见过为不同,亦每临时差官编排,如上引司马光《论制策等第状》所述,即属于此种情形者。

御试中等,常有因故被摈弃者。郑獬《荐汪辅之状》曰:

> 臣伏见守京兆法曹参军……汪辅之,进士出身,应才识兼茂明于体用科,策试已中选,为台官沈起妄有弹奏,遂不蒙朝廷恩。②

李焘述辅之被弹之故曰:

> 嘉祐四年八月乙亥,御崇政殿试应才识兼茂明于体用科……汪辅之……入等。监察御史里行沈起言其无行,罢之。③

是因行检不修被斥者。王珪《邵安简公亢墓志铭》曰:

> ……公讳亢……应贤良方正科……试崇政殿,除建康军节度推官。会有欲中伤宰相者,遂密言公与连姻,命遂中格。人莫知所以然。盖宰相张士逊子娶邵氏,邵偶与公同姓耳。宰相既不能自辨,公亦无言而去。④

---

① 《宋会要辑稿》选举一一之一九。
② 〔宋〕郑獬:《郧溪集》卷一二,《湖北先正遗书》本,页一〇上。
③ 《长编》卷一九〇,页七上。
④ 《华阳集》卷三七,页一九上。

是为人误认与宰相联姻被斥者。按宋代贡制两举，皆有避亲嫌之例。惟此本无亲，而妄遭摈弃，则未免可惜矣。

六、科分及待遇

汉策贤良，唐试制举，向无定期；宋初亦然。故乾德二年（964）四月初试之后，四年五月又试，中间仅隔二年。此后停三十四年，至咸平四年（1001）乃又开科，且于四月八月，一年两试。至庆历六年（1046），始更变旧章，诏制科并随贡举，于是贤良之选，逐亦有固定年岁。惟月日则仍无定：如皇祐五年（1053）为八月十五日，治平元年（1064）为九月十二日，熙宁三年（1070）为九月二十四日；元祐六年（1091）为九月八日[1]，前后相差，至有在一月以上者；特其时均为秋季耳。

宋代制举之诏虽数下，而御试则仅二十二次[2]，入等者不过四十一人。今表列登科诸人于下，并附等次科目及官职焉。

年月	科名	姓名	等第	原官	迁官
乾德二年五月	贤良方正	颖贽		博州军事判官	著作佐郎
咸平四年二月	贤良方正 同上 同上	查道 王曙 陈越	四 四次 四	秘书丞 定国军节度推官	右正言直史馆 著作佐郎 将作监丞
咸平四年八月	贤良方正 同上 同上 同上	何亮 孙暨 孙仅 丁逊	四次 四次 四 四	秘书丞 怀州防御推官 舒州团练推官 成安县主簿	太常博士 光禄寺丞 光禄寺直集贤院 同上
景德二年九月	贤良方正 同上	钱易 石待问	四次 四次	光禄寺丞 广德军判官	秘书丞 殿中丞

---

[1]《宋会要辑稿》选举一〇之二五，又一一之二、一一之一〇、一一之一二、一一之一六。
[2] 乾德四年、皇祐五年均曾亲策制举，但无及格者，故表中仅列二十科。

续表

年月	科名	姓名	等第	原官	迁官
景德四年闰五月	贤良方正 同上	陈绛 夏竦	四次 四次	著作佐郎 丹阳县主簿	右正言 光禄寺丞通判别台州①
天圣八年七月	贤良方正 茂材异等	何咏 富弼	四 四次	太常博士	祠部员外郎通判永兴军 将作监丞知长水县
景祐元年六月	贤良方正 茂材异等	苏绅 吴育 张方平	四次 三	太常博士 大理寺丞	祠部员外郎通判洪州 著作佐郎直集贤院通判湖州 校书郎知昆山县
景祐五年七月	贤良方正 同上	田况 张方平	四 四次	太子中允 校书郎	太常丞通判宣州② 著作佐郎通判睦州
庆历二年八月	才识兼茂	钱明逸	四次	殿中丞	太常丞通判庐州
庆历六年八月	贤良方正	钱彦远	四	太常博士	祠部员外郎知润州
皇祐元年八月	贤良方正	吴奎	四	殿中丞	太常博士通判陈州
嘉祐二年八月	才识兼茂	夏噩	四	明州观察推官	光禄寺丞
嘉祐四年八月	才识兼茂 贤良方正	陈舜俞 钱藻	四 四	明州观察推官 宣德县尉	著作佐郎 校书郎无为军判官
嘉祐六年八月	贤良方正 才识兼茂③ 同上	王介 苏轼 苏辙	四 三 四次	著作佐郎 福昌县主簿 渑池县主簿	秘书丞知静海县 大理评事签书凤翔判官公事 校书郎商州军事推官

① 《宋会要辑稿》未言通判台州事,此据王珪《夏文庄公竦神道碑》(《华阳集》卷三五,页五上)。又司马光《涑水纪闻》(卷三,页七上),谓竦应制举登科,拜大理评事,通判台州。秩满,迁光禄丞,直史馆。恐不甚确。

② 范纯仁《太子太保宣简田公神道碑》(《范忠宣公集》卷一六,岁寒堂刊,页三下),谓以著作佐郎举贤良,迁太常丞,通判江宁府。王安石《太子太傅致仕田公墓志铭》(《临川集》卷九一《四部丛刊》本,页一下),同范文。

③ 《宋会要辑稿》谓二苏应贤良方正科。沈进《西溪集》(卷五,页八上,浙江书局本),有《应才识兼茂明于体用科新授河南府渑水县主簿苏辙可试秘书省校书郎充商州军事推官制》。

续表

年月	科名	姓名	等第	原官	迁官
治平元年九月	贤良方正 同上	范百禄 李清臣	三 四	著作佐郎 和川县令	秘书丞 秘书郎
熙宁三年九月	贤良方正 同上 同上	吕　陶 孔文仲 张　绘	四 三 四次	太常博士 台州司户参军 太庙斋郎	升一任堂除差遣 发赴本任 判司部尉
元祐三年九月	贤良方正	谢　悰	四次		赐进士出身，除初等职官
元祐六年九月	贤良方正 同上 同上	王　普 司马棹 王　当	四 五 五	左宣德郎知合江县 河中府司理参军	迁一官除签判差遣赐同进士 出身堂除初等职官 堂除簿尉
绍圣元年九月	贤良方正 同上 同上	张　咸 吴　俦 孙　旸	五① 五 五	剑南西川节度推官华州州学教授 左通直郎	宣德郎签判差遣 升一任与堂除 初等职官堂除
乾道七年十一月	贤良方正	李　垕	四		制科出身

据上表，可得统计如下：一、布衣登科者七人：陈越、富弼、张方平、谢悰、王当、陈赐、李垕，余三十四人均为职官。二、再登科者一人，张方平。三、策及三等者四人：吴育、苏轼、范百禄②、孔文仲③。四、兄弟登科者四人：钱明逸、钱彦远及苏轼、苏辙，而二苏又同一年。五、父子登科者三人：钱易及彦远兄弟。六、一族登科者四人：钱藻及钱易父子。若尤为世所称道者，则孙暨、孙仅昔状元及第又登制科是也。

---

① 《宋会要辑稿》谓三人皆入第三等。唯毕沅《续资治通鉴》（卷八四，中华书局《聚珍仿宋》本，页一上至下），谓列第五等。由各人升擢观之，以《续资治通鉴》为是。

② 《宋会要辑稿》选举一一之一一，谓百禄列四等，考范祖禹《资政殿学士范公墓志铭》（《范太史集》卷四四，《四库全书珍本》本，页二下）谓百禄策入三等，以不为宰相所喜，故仅迁一官。盖试官定为三等，后又改为四等也。

③ 苏颂《中书舍人孔公墓志铭》（《苏魏公集》卷五四，道光壬寅刻本，页一上至二下）言文仲策为当道所恶，不得推恩。王辟之《渑水燕谈录》（卷六，涵芬楼铅印本，页三下），及其他宋人记述，叙此事者无甚多，亦新旧之争一段公案也。

又据表，每有应诏者资格同，对策等第同，而迁擢不同者。如夏竦、苏辙，同以县主簿应诏，同以第四等次登科，而竦则擢光禄寺丞通判台州，辙仅迁校书郎商州军事推官；两者相较，相差一级。又如富弼、谢悰同以布衣应诏；同以第中等次登科，而弼则授将作监丞知长水县，悰仅赐进士出身，除初等职官：二人待遇，亦不一致。抑又何哉？此无他，前后制度不同故耳。

考宋待制策登科者，若布衣则照进士之例：策入三等者视进士第一人，四等视第二第三人，四等次视第四第五人，且有时更加优遇。如大中祥符元年（1008）贡举，进士第一人释褐授将作监丞，第二第三人并授大理评事，皆与通判差遣；第四第五人并授节度观察两使推官。[①]而陈越、富弼一入四等，一入四等次，均由布衣直授将作监丞，几如进士第一人及第：此皆属破格者。

至对有官人登制科者，则依等第升擢：入三等者多与超擢，入四等者，率升一资，入四等次者稍与迁转；惟有时亦不守典则。如钱易、石待问均列四等次，而一由光禄寺丞擢秘书丞，一由广德军判官迁殿中丞，依《宋史》[②]所述迁转之制，二人皆升两资。此不循常制之例也。

宋以三馆为储材之地。太宗时，进士第一第二人初及第即有授馆职者。[③]真宗时，制举登科，亦常即授直史馆或直集贤院之类。其后制虽稍变，但"进士第三人以上及第者，并制科及第者，不问等第，只一任回"[④]尚可与馆职之试，待遇虽低而未甚低也。迨仁宗末年乃大杀其制。

初，嘉祐二年（1057），定间岁贡举之法。朝议以科举烦数，高第之人倍聚，擢任恩数，宜损于旧，于是三年闰十月下诏曰：

……高第之人，日常不次而用，若循旧例，终至滥官，甚无谓

---

① 《长编》卷六八，页一四下。
② 《宋史》卷一六九《职官志》页一上至下及页一六。
③ 端拱二年进士第一人陈尧叟，第二人曾会，释褐即为光禄寺丞直史馆。见《长编》卷三〇，页一二上。
④ 《欧阳文忠全集》卷一一四，《又论馆阁取士札子》，页六上。

也。自今制科入第三等与进士第一除大理评事，签书两使幕职官，代还升通判，再任满试馆职。制科第四等与进士第二第三除两使幕职官，代还改次等京官。制科入第四等次与进士第四第五除试衔知县，代还迁两使职官。①

此较旧制，约降一等。迄神宗时，新政渐兴，又与减损，熙宁二年（1069）十二月诏曰：

> 今后制科入第三等，进士第一人及第者，第一任回，更不与升通判差遣，及不试充馆职，并令审官院依例与差遣。②

比之嘉祐，又降一等。洎哲宗初政，诸事多反熙宁，制科待遇，又同嘉祐③，惟增第四等次赐进士出身，第五等间赐同进士出身耳。

高宗重置贤良，旧章多加改订，命"凡策列四等以上赐制科出身，第五等赐进士出身，不入等亦加恩与簿尉差遣"④。盖较元祐以来之制，又稍整齐划一。是后终宋之世，未再更变焉。

其他关于制科待遇之琐细记录，尚有足述者：一曰：召试馆职，必须有人荐送。张方平赋性孤介，不事造请，第二次制举登科后，通判任满，以无举主，未得召试⑤，是其一例。二曰：召试馆职，制科出身者可用策论代诗赋。叶梦得曰：

> 祖宗故事……制科一任回，必入馆，然须用人荐，且试而后除。进士声律固其习，而制科亦多由进士，故昔试诗赋一篇。唯富郑公以茂材异等起布衣……既召试，乃以不能为诗赋恳辞；诏试策论各一首。自是遂为故事。制科不试诗赋自富公始。至子瞻复不试策而试论

---

① 《长编》卷一八八，页一四下。
② 《宋会要辑稿》选举一一之一二。
③ 《宋会要辑稿》选举一一之一五。有元祐六年七月诏书，与嘉祐三年诏同。
④ 《宋会要辑稿》选举一一之一二二。
⑤ 张方平《乐全集》附王巩所撰《行状》。

三篇。①

三曰：制科出身，可免远官。李焘曰：

> 嘉祐八年十二月己卯，诏以国子博士陈舜俞制科第四等，著作佐郎安焘……进士第三人，与免远官，自今著为例。②

四曰：制科出身，为记注候选之人。李焘又曰：

> 治平元年十二月丙午……上问修起居注选何等人。中书对近例以制科、进士高等，与馆职有材望者兼用。③

凡此皆为言掌故者，不可不知也。

七、宋人对制举之称谓及意见

制科之设，本为拔取非常之材，故历朝辄重视焉；宋代甚至有录御试策卷进御及焚於陵庙之举。欧阳修曰：

> 真宗尤重儒学，今科场条例皆当时所定。至今每亲试进士，已放及第，自十人以上御试卷子，并录本于真宗影殿前焚烧。制举登科者亦然。④

其制至南渡未改。《宋会要辑稿》曰：

> 御试举人唱名毕，其正奏名士第一甲策文并写作册进御，并进德寿宫，及焚进诸陵。今李垕策文，伏乞指挥。诏依例修写。⑤

此在上者之重视也。又宋人多称制举为大科。盖其考试，远较进士、明经

---

① 〔宋〕叶梦得：《避暑录话》卷上，涵芬楼铅印本，页一下。
② 《长编》卷一九九，页一七下。
③ 《长编》卷二〇二，页一五下。
④ 〔宋〕欧阳修：《归田录》卷二，涵芬楼铅印本，页一下。
⑤ 《宋会要辑稿》选举一一之二九。

为难，非博闻强记者弗敢轻试，故大之也。富弼祭范仲淹文曰：

> 某昔初冠，积公海陵……未知学文，公实教之；肇复制举，我惮大科，公实激之。①

范纯仁祭富弼文曰：

> 呜呼我公，一代师臣……策中大科，王佐之资。②

陈师道赠苏轼兄弟诗并注曰：

> 大科异等固其常。注，东坡兄弟皆应贤良科。③

此大科一词之见于诗文者。王铚曰：

> 夏英公……官丹阳主簿，姚铉作浙漕，见其人物文章，荐试大科，遂知名。④

文莹曰：

> ……钱子高明逸，始中大科，知润州。⑤

吴处厚曰：

> ……江南李觏通经济，有文章，应大科，召试第一。⑥

邵伯温曰：

> ……富韩公初游场屋，穆伯长谓之曰："进士不足以尽子之才，

---

① 《范文正公集》附《褒贤集》卷一，页一七下。
② 〔宋〕范纯仁：《范忠宣公集》卷一一，岁寒堂刊，页六下。
③ 〔宋〕陈师道：《后山诗注》卷一，《四部丛刊》本，页九下。
④ 〔宋〕王铚：《默记》卷中，《学海类编》本，页五上。
⑤ 〔宋〕文莹：《湘山野录》卷下，《学海类编》本，页八上。
⑥ 《青箱杂记》卷七，页三下。

当以大科名世。"……范文正公……曰："有旨以大科取士……已同诸公荐君矣。"又为另辟一室，皆大科文字。①

此大科一词之见于诸家笔记者。至南渡后，更有用诸章奏者。《宋会要辑稿》曰：

……监察御史潘伟言，制举以待非常之才……既号大科，欲孚众望，必乡评共许，士行无瑕，无愧斯名，始可应举。②

盖英宗与吴奎问答，已有制举为大科之事③。上既如此，自无怪臣下之靡然从风矣。

宋人既以重视制举，称为大科，而亦间予各种科目以简称，如贤良方正能直言极谏科，有时简称贤科。《文庄集序》曰：

……由文章，取贤科，位宰执……在本朝有郑国文庄夏公。④

又多称为贤良。刘敞曰：

……吴君长文……以明经选于礼部……调……广西军判官……举贤良，对策直言。⑤

曾巩曰：

……职方郎中维……举贤良，不就。⑥

吕祖谦曰：

---

① 〔宋〕邵伯温：《邵氏闻见录》卷九，涵芬楼铅印本，页一上。
② 《宋会要辑稿》选举一一之三四。
③ 《长编》卷二〇九，页八下。
④ 《文庄集》前所附。
⑤ 《公是集》卷五三，《翰林学士吴君前夫人赵氏墓志铭》，页一五下。
⑥ 〔宋〕曾巩：《元丰类稿》卷四二《虞部郎中戚公墓志铭》，《四部丛刊》本，页一下。

> ……乾德二年，贤良，颖赟。①

若茂材异等科，则简称茂材。李觏曰：

> ……今兹窃幸诏举茂材，州郡不明，以妄庸人充赋。②

王辟之曰：

> 眉山苏洵少不喜学……年二十七始发愤读书。举进士，又举茂材，皆不中。③

惟亦有称他科为贤良者。如李觏应茂材异等科，而萧注与觏书④，有"足下应贤良，预第一人召试"之语。又如汪辅之应材识兼茂明于体用科，而郑獬《留别汪正夫》诗⑤有"正夫方举贤良"之注。是盖以贤良为诸科之首，故以之混称他科耳。

以上乃对科名本身而言。若对应举人，亦每好用简称。如登贤良方正能直言极谏者，每被呼为贤良。蔡襄回范百禄曰：

> ……伏审入造明庭，恭承大问，擢升异等，光骇从闻。伏以贤良秘丞，学臻本原，言有阃域。⑥

吴处厚曰：

> 公（夏竦）举制科，庭对策罢，方出殿门，遇杨徽之。见其少年，遽与语曰，老夫他则不知，唯喜吟咏，愿丐贤良一篇，以卜他日之志。⑦

---

① 《历代制度详说》卷一，页二下。
② 《直讲李先生文集》卷二五《上是舍人书》，页四上。
③ 〔宋〕王辟之：《渑水燕谈录》卷四，页六下。
④ 《直讲李先生集》卷二，页六上，附萧书。
⑤ 《郧溪集》卷二六，页一一下。
⑥ 〔宋〕蔡襄：《蔡忠惠集》卷二七，乾隆四年逊敏斋刊，页四下。
⑦ 《青箱杂记》卷五，页二下。

韩元吉回李壄启曰：

> ……大廷发策，尽循天圣之规；多士响风，复见元光之旧……伏以贤良学士，奥学自于家传，敏识殆其天赋。①

而登才识兼茂明于体用科者，亦称贤良。曾慥曰：

> ……夏噩贤良家藏李太白墨迹十八字。②

至应举未第者，常亦以其所应科目呼之。如韩琦有《送邵亢茂材南归》诗③，李觏有《送陈次公茂材》诗④，黄公度有《和韵陈贤良华表》诗⑤，韩元吉答李塾书⑥，称为"贤良李君"。邵、陈等均报制举科报罢者也。若欧阳修与李觏书⑦，不称茂材而呼为"贤良先生"，或亦如科名之以贤良一词概诸科之意乎。

由宋人之称制举为大为贤，足可见其重视之至矣；惟亦有一二特识之人，不甚以为然者。蔡襄曰：

> ……今之取士，所谓制科者，博学强记者也。⑧

司马光曰：

> ……国家虽设贤良方正等科，其实皆取文辞而已。⑨

叶梦得曰：

---

① 〔宋〕韩元吉：《南涧甲乙稿》卷一二，《武英殿聚珍版丛书》本，页一五上。
② 〔宋〕曾慥：《高斋漫录》，《墨海金壶》本，页一一下。
③ 《安阳集》卷四，乾隆四年安阳县署刊本，页四下。
④ 《直讲李先生文集》卷三五，页一三上。
⑤ 〔宋〕黄公度：《莆阳知稼翁集》卷四，南城李氏刻《宋人集》乙编本，页八上。
⑥ 《南涧甲乙稿》卷一三，页二五上。
⑦ 《欧阳文忠公全集》卷一五〇，页二上。
⑧ 《蔡忠惠集》卷一八，《国论要目》，页二上。
⑨ 《司马温公文集》卷五《论选举状》，页一一五下。

> ……制科……程试既不过策论，故所上文亦以策论中半；然多未免犹为场屋文辞。①

胡寅曰：

> ……制策亦空言取人……应科者既未必英才，而发问之目往往摘抉微隐，穷所难知，务求博洽之士，而直言极谏之风替矣。②

盖重之者多以其难于尝试，轻之者率病其徒取空言。唯其不以空言为然也，故每有思求实效者。司马光《乞行制策札子》曰：

> ……臣窃以国家本置六科，盖欲以上观朝政之得失，下知元元之疾苦，非为士人设此以为进取之阶也。臣昨差覆考应试举人所试策，窃见上等三人，所陈国家大体，社稷至计，其间甚有可采者。伏望陛下取正本留之禁中……以为儆戒；副本下之中书，令择……而行之。使四方之士，皆知朝廷求直言……非以饰虚名，乃取其实用也。③

第朝野上下，视制举为士人进身之一阶已久。大廷试策，不过观其记诵，察其辞藻；至于用其所言，则早不存于君相意念之中。故虽大声疾呼，亦安能发当道者之聋，振秉钧者之聩哉！

八、结论

自来法度，鲜有一成不变者；制举亦然。宋世贤良诸科，虽远规两汉，第究其内容，则迥非昔比。汉策贤良，非有大事，不诏不举；至宋则浸假如贡举之例，辄有定期，此其不同者一。汉策贤良，所问多属时政，即征引典册，仅亦藉古鉴今；宋题琐细，多问典章名数，或竟与时政无干，此其不同者二。汉策贤良，亲试以前无繁絮之考试，而对策字数亦无

---

① 《避暑录话》卷下，页三上。
② 《文献通考》卷三三，页五上。
③ 《司马温公文集》卷六，页一五下。

限；宋制则非徒有阁试或省试之故为刁难，而策文不至三千字以上者不予录取，此其不同者三。汉策贤良，称旨者每得不次之升擢；宋人布衣高第者，位不过八品，官不过州倅，职官登科亦仅迁转两资，即为优遇，此其不同者四。汉策贤良，目的每在旁求直言；宋廷祇重文采，直言者反常遭摈斥，此其不同者五。盖汉策贤良，出于求治之衷；宋举制科，流宕所及，徒为读书人多开一进身之径而已。此其所以深为有识者所议也。

窃谓，宋人之推崇制举可谓至矣，誉为拔取非常之材，称为期待杰出之士。其意以为制举所持以取士之策论，远超于贡举之诗赋帖经，谓既可由策以观其识，复可藉论以察其学，识学兼优，真材斯得，不似诗赋等之徒取虚文也。殊不知，能言者未必能行，而笃行者又每不好多言。策论衡材，亦不过取其言之是否成理，至能否力行，则决非由几千文字所得体识。是以夏竦由贤良方正登科，而负奸邪之称；汪辅之以材识兼茂应诏，乃有轻薄之诮：则所谓制举以策论取人，亦不过尔尔；而不察实际，妄为推崇者，亦可以休矣！

（原载《史学年报》1938年第5期；收入氏著《宋史丛考》上册，中华书局1980年版）

文武纠结的困境——宋代的武举与武学

方震华

一、前言

宋代君臣在国家发展上特重文治，提倡学术和教育，以科举制度选拔文官，导致读书、应举成为社会风尚，促成儒学和文学的蓬勃发展，这已是众所周知的史实。在此趋势下，文士掌控了政府，进一步将他们对读书的信念向"文"以外的领域来扩展。军事事务攸关国运兴衰，正是文士意图掌控的目标，武举的常规化与武学的设立就是文士将读书和科考的理念应用于军事的具体成果。

武学与武举在宋代成为经常性举办的制度，并为后来的王朝所仿效。金人在占领中原后即设立武举；明、清两代，皆依宋的规制，设立武学与武举。[1]由此可见，在中国武官选任与军事教育的发展过程中，宋代居于关键地位。现代学者讨论宋代武举和武学制度内容与实施成效，一致指出武学与武举在宋代始终未能发挥培养或选拔将才的功能，反映出宋代在武官诠选上的缺陷。[2]这样的结论与宋人对这两项制度的诸多批判是吻合的。

---

[1] 相关研究参见宋德金：《金代科举制度研究》，收入氏著《辽金论稿》，湖北教育出版社2005年版，第63—93页；许友根：《武举制度史略》，苏州大学出版社1997年版，第50页；商衍鎏：《清代科举考试述略》，文海出版社1975年版，第185—186页。
[2] 吴九龙、王菡：《宋代武学武举制度考述》，收入《文史》第36辑，中华书局1992年版，第233—248页；杨康荪，《宋代武举述略》，《中国史研究》1985年第3期，第49—61页；赵冬梅，《武道徬徨：历史上的武举和武学》，解放军出版社2000年版，第81—98页、第147—149页。

但是，这并无法解释为何这两个未能发挥应有功能的制度，却一直存在，直到南宋灭亡。尤其是"诸科"和"明法"在北宋后期相继被废除后，武举成为进士科之外唯一每三年举行的考试。显然，武举与武学的存在不只是应付现实的军事需求，还有更多的意义值得探究。

文士应用本身的价值观念，以读书和笔试来培养和选拔将帅，不仅是宋代军政上的重要变革，也牵涉到文士对军事人才的构想，以及在崇尚文治与儒学的潮流中，军事知识和技能如何定位的问题。本文从探讨文士对将帅素养的要求出发，分析武举与武学的成立背景与运作实况，以期完整理解这两项制度在宋代产生的影响及其代表的文化意涵。

二、智谋之将——武举的理论基础

透过考试来选拔武官始于唐代，测验内容以武技为主，应试者要展现的是其在兵器使用上的能力。[1]唐代灭亡，武举也随之消失，直到宋真宗（968—1022）（997—1022在位）时期，才出现要求恢复的声浪。在武举消失约一百年之后，宋代文臣重新加以倡议，不仅是因为宋朝需要优秀的将帅，更是因为他们对于武官的素养有了新的看法。

宋太祖（927—976）（960—976在位）和太宗（939—997）（976—997在位）特别重视读书对于治国的重要性，任用知书之士主持朝政[2]，重视书本知识的理念更进一步影响到军事领域。宋太宗认为书本知识为将领统兵的基础，曾召集北边诸将，授以亲自书写的《六韬兵法》，要他们勤加研读，作为用兵作战的准则。[3]对于个别武官，太宗也劝他们读书。例如：太平兴国八年（983），太宗以枢密副使王显（？—1007）素寡学问，特别

---

[1] 高明士：《唐代的武举与武庙》，收入《第一届国际唐代学术会论文集》，1989年印，第1016—1069页；陈志学：《唐代武举述论》，《四川大学学报》1988年第4期，第94—99页。
[2] 方震华：《权力结构与文化认同：唐宋之际的文武关系（875—1063）》，社科文献出版社2019年版，第201—216页。
[3] 〔宋〕王应麟：《玉海》卷一四一，中文出版社1986年版，第9页。

赐予《军戒》三篇，要他好好研读。①基于这样的信念，雍熙北伐失利后，太宗将一批文官改换武阶，派任边区要职，希望知书的文士能取代表现不佳的职业军人。但是，这个政策并未产生实际的功效，因而没有继续下去。②

雍熙北伐后宋军在作战中持续表现拙劣，使文官振振有词地批判武官的缺失。真宗即位后，任用知书将领的呼声日益高涨。咸平元年（998），右正言孙何（961—1004）上奏请用"儒将"。他指出古代的将帅多是由儒者出任，但五代以来文、武官形成对立的集团，文官不习军事，造成武人独揽兵权，外患也因此不能消除。皇帝应委任文臣统兵，并给予全权而不干涉，才能解决边防问题。③次年，右正言赵安仁（957—1018）也提出类似的主张：

> 当今士卒素练而其数甚广，用之边方，立功至少，诚由主将之无智略也。岂非有一夫之勇者，不足以为万人之敌乎？昔郤縠将中军，敦"诗"、"书"，说"礼"、"乐"；杜预平吴，马上治"春秋"。盖儒学之将，则洞究存亡，深知成败，求之当今，亦代不乏贤。太祖、太宗亲选天下士，今布在中外，不啻数千人，其闲知兵法可为将者，固有之矣。若选而用之，则总戎训旅，安边制敌，不犹愈于有一夫之勇者乎？况其识君臣父子之道，知忠孝弟顺之理，与夫不知书者，固亦异矣。④

赵安仁强调宋军的弱点在于将领只有"一夫之勇"，欠缺知识和谋略；儒

---

① 〔宋〕李焘：《续资治通鉴长编》卷二四，太平兴国八年正月，中华书局1979年标点本，第538页。
② 《续资治通鉴长编》卷二八，雍熙四年五月，第637页。田锡在咸平三年（1000）的奏书指出，这批转任武职的文官并未建立什么战功，参见《续资治通鉴长编》卷四六，咸平三年三月，第1002页。
③ 〔宋〕孙何：《上真宗乞参用儒将》，收入〔宋〕赵汝愚编：《诸臣奏议》卷六四，文海出版社1970年版，第2340—2345页。
④ 《续资治通鉴长编》卷四五，咸平二年十一月，第977页。

者熟读经典，熟知作战胜败之道，军事上的表现将胜过只有勇力的武人。加上儒士具有道德素养，懂得事君之道，更值得君主交付予兵权。显然，宋代文士对于良将的素养有了与以往不同的看法，优秀的将帅必须具备知识和谋略，只有匹夫之勇，善于骑射的"斗将"并不足以担负统兵重任。①

既然要求将领的素养应着重于"智略"而非"勇武"，就需要异于过去的选举办法，以发掘真正的将才。因此，赵安仁在前述奏章中提议在科举考试中设立"军谋宏远、武艺绝伦科"，以拔擢优良的将帅。咸平年间（998—1003），真宗曾两度要朝臣讨论设置武举，但并未真正建立制度。② 仁宗（1010—1063）（1022—1063在位）继立后，文士忧心军事人才不足，提倡武举的呼声持续不断。如天圣三年（1025）范仲淹（989—1052）在所上的《时务书》中提倡恢复唐代的武举，以拔擢民间的勇壮之士。③ 至天圣七年，仁宗下令复行制举，共设六种科目，以召试优秀的京、朝官，对通过者给予不次拔擢。六科之中的"识洞韬略、运筹决胜科"及

---

① 真宗朝之后，宋人在言论与作品中表达与赵安仁类似看法的事例颇多，仅举数例为证。苏辙在策论中说："臣闻天下之勇士，可使用兵，不可使主兵。"见〔宋〕苏辙：《栾城应诏集》卷七《进策五道》，收入《苏辙集》，中华书局1990年点校本，第1301页；绍兴三年，吴伸上书高宗说："尝闻古之命将也，以谋将为先，斗将为次；知将为先，猛将为次。"见〔宋〕徐梦莘编：《三朝北盟会编》卷一五六，上海古籍出版社1987年据光绪三十四年许涵度刻本影印，第4页；高宗时臣僚上奏："文武之判久矣，儒者悉不知兵，而勋门将阀号为知兵者，又不过善击刺，工骑射，临阵能死敌耳，其知不足言也。"见〔宋〕章如愚：《山堂考索·后集》，卷二九，中华书局1992年据明刊本影印，第10页。
② 《续资治通鉴长编》卷四五，咸平二年十一月，第978页；卷四六，咸平三年三月，第1002页；卷四七，咸平三年四月，第1013页。〔清〕徐松辑：《宋会要辑稿》，《选举》一七之一，中华书局1957年据国立北平图书馆印行本影印。在杨亿的文集中，有一篇《咸平五年九月试武举人策一道》并注明"奉敕撰，试武举人王关。"由于参与考试者只有一人，显然与后来建立的武举不同，可能是制举中的武科，但由于无其他史料可资参照，只能暂时存疑。参见〔宋〕杨亿：《武夷新集》卷一二《咸平五年九月试武举人策一道》，线装书局2004年宋集珍本丛刊影印清嘉庆刻本，第4—5页。
③ 〔宋〕范仲淹：《范文正公文集》卷七《奏上时务书》，台湾商务印书馆1979年据四部丛刊本影印，版心第8页。类似的建议又见范仲淹于天圣五年撰写的《上执政书》，见《范文正公文集》卷八，版心第8页。

"军谋宏远、材任边寄科"即为录取军事人才而设。[1]同时又下诏设置武举:

> 仁宗天圣七年闰二月二十三日诏置武举。应三班使臣、诸色选人及虽未食禄,实有行止,不曾犯赃及私罪情轻者,文、武官子弟别无负犯者,如实有军谋、武艺,并许于尚书兵部投状,乞应上件科,先录所业军机策论伍首上本部。其未食禄人,召命官三人委保行止,委主判官看详所业,阅视人材,审验行止,试一石力弓平射,或七斗力弓马射,委实精熟者。在外即本州长史(当作吏)看详所业,阅视人材、行止、弓马,如可与试,即附递文卷上兵部,委主判官看详,如委实堪召试,即具名闻奏。[2]

根据诏书内容,武举招考的对象为基层官僚(选人和三班使臣)及平民,显然是为了与制举中的"识洞韬略、运筹决胜科"及"军谋宏远、材任边寄科"相配合。制举中的两科从中、高阶官员(京、朝官)中选拔将帅,武举则自低阶官员及平民中求材。武举的考试方式是先审核应试者的策论,再测验弓马,通过兵部的初试,再由皇帝亲自考试。[3]应试者必须先通过策论的审核,才得以测试弓、马等武艺,显示出对于策论的重视,用意在评量应试者的谋略之学。至于武艺的测验,只有挽弓与使马两项,与唐代武举的考试内容相比,不仅项目太少,及格的标准也较低。[4]

不过,武举和制举的设立并未化解文官对将才缺乏的忧心,在他们看来,只有选拔规定却缺少培育军事人才之法,仍然无法解决问题。富弼(1004—1083)在景祐元年(1034)上书仁宗,指当时的国家情势是"文既富矣,武未甚备",一旦发生内乱或外患,都将导致极大的危机。他强

---

[1]《续资治通鉴长编》,卷一〇七,天圣七年闰二月,第2500页。
[2]《宋会要辑稿》,《选举》一七之五。
[3] 杨康荪:《宋武举述略》,《中国史研究》1985年第3期,第52—56页。
[4] 苏颂对于宋代武举中武艺部分的考试和唐代武举做了详细的比较,见〔宋〕苏颂:《苏魏公文集》卷一七《议武举条贯》,中华书局1988年点校本,第234—237页。

调制举中的武科或武举取士都无法录取到人才,由于当时"重文雅而轻武节"的风气,参与制举的现任官员无意于武职,制举的武科根本无人应考;而武举测验射箭与骑术的做法,只能挑选出优秀的士卒,也难以吸引才德之士。既然现有的制度并无用处,解决之道在于政府在平时必须逐步培养军事人才,使国家能有足够的将帅随时应付变局,富弼因而提议设置武学:

> 宜于太公庙建置武学,许文、武官与白身岁得入补,聚自古兵书置于学中,纵其讨习,勿复禁止。……夫习武者读太公、孙、吴、穰苴之术,亦犹儒者治五经,舍之则大本去矣。……亦命杂读史传,令博知古今胜败之势,以辅助兵术。……兵术既精,史传既博,然后中年一校,三岁大比,当杂问兵术、史传之策,才者出试之,不才者尚许在学,是国家常有良将布于四方。[①]

富弼显然是将儒学的教育模式应用于所倡议的武学。文科学校与孔庙结合,武学则设于太公庙内;文士之学根基于五经,武士之学则以太公、孙子等人的作品为根本。仁宗时期的另一位名儒李觏也说:"将之有兵法,犹儒之有六经也。"[②]李、富两人都是以儒者读经书的模式来推论兵书教育对将帅的重要性。在这样的构想下,武学教育是以兵书为理论基础,而以史书作为实际范例,使学生兼具理论与实务知识。

仁宗并没有立即采纳富弼的构想,但是,他同样认为统兵能力的培养来自读书。等到宝元元年(1038)西夏李元昊(1003—1048)(1038—1048在位)称帝起兵,屡败宋军,仁宗认为将领们不学无术是导致军事挫败的主因。为求整顿军备,仁宗于康定元年(1040)下令编辑《武经总要》,书成之后,亲自撰写序文。这篇序文说明了编纂此书的背景和目的:

[①] 〔宋〕富弼:《上仁宗论武举武学》,收入〔宋〕赵汝愚编:《诸臣奏议》卷八二,第2854—2856页。
[②] 〔宋〕李觏:《李觏集》卷一七《强兵策第十》,中华书局2011年点校本,第172页。

> 昨藩臣阻命，王师出伐，深惟将帅之重，恐鲜古今之学。命天章阁待制曾公亮等同加编定，虑汎览之难究，欲宏纲毕举，俾夫善将出抗强敌，每画筹策，悉见规模。[1]

可见仁宗对此书的寄望甚深，认为其内容包含古今兵学的精义，可供前线将领做决策时参考。太宗固然已强调读书对用兵的重要性，但编辑百科全书式的兵书，并且认为作战的策略皆可从其中得到范例，却是仁宗新提出的观念，可说是进一步确立了读书在军事上的必要性。此外，此书以"武经"为名，更是将兵书的价值提高至近似儒家经典的地位，使兵学与儒学呈现对等的态势。在此趋势下，于既有教授儒学的学校之外，另设武学的构想，乃能实现。

对西夏战事的连番失利直接促成武学的设立。基于对将才的渴望，庆历二年（1042）十二月，仁宗下令朝臣荐举适任武学教授的文、武官各一名。次年五月，正式宣布设武学于太公庙，以太常丞阮逸为武学教授。[2]不过，武学立刻面临理论上的质疑及实际上的困难。批评者指出，古代名将如诸葛亮（181—234）、羊祜（221—278）、杜预（222—285）、裴度（765—839）等人并非只读兵家的著作，因此设置专教兵书的武学并无意义。[3]更严重的问题是武学成立后无人入学就读，以致无法运作。范仲淹因此上奏："臣窃闻国家置武学以来，苦未有人习艺，或恐英豪隐晦，耻就学生之列。倘久设此学，无人可教，则虑外人窥觎，谓无英材，于体非便。"[4]可见在一个长期习惯于儒学教育的社会中，仓促设立武学，又无具体奖励办法，很难吸引学生。长此以往，有名而无实的武学反而可能成为

---

[1] 〔宋〕宋仁宗：《武经总要叙》，收入中国兵书集成编委会编，〔宋〕曾公亮等编：《武经总要》，解放军出版社1988年影印明万历金陵书林唐富春刻本，版心第2页。
[2] 《续资治通鉴长编》卷一三八，庆历二年十二月，第3328页；卷一四一，庆历三年五月，第3378页。
[3] 《续资治通鉴长编》卷一三八，庆历三年八月，第3424页。
[4] 〔宋〕范仲淹：《范文正公文集·政府奏议》卷上《奏乞指挥国子监保明武学生令经略部署司讲说兵书》，版心第22—23页。

损害国威的笑柄。在这种不利的情势下,武学尚未开始授课,即在宣布成立的三个月后遭到罢废。朝廷接受范仲淹的意见,改任阮逸为国子监丞,规定愿意研读兵书的学生,可于国子监中学习。①这样的命令既缺乏对教学内容的详细规定,又未明确指出习兵书者未来的出路,并无法对军事教育产生实效。数月之后,知名的教育家胡瑗以其所撰《武学规矩》上呈仁宗,请求再设武学。胡瑗主张武学以《论语》及《孙子》为主要的教材,兼顾培养学生的德行与谋略。这样的意见颇有融和儒学与兵学的意涵,但未被朝廷接受。②

武学仅是昙花一现,武举的执行成效也与其原先设计有很大的差距。宝元二年(1039),距武举的首次办理不过十年,苏绅即质疑:

> 汉制边防有警,左右之臣,皆将帅也。唐室文臣,自员外郎、郎中以上,出为刺史、团练、防御、观察、节度等,皆是养将帅之道,岂尝限以文武?比年试武举,所得人不过授以三班官,使之监临,欲图其建功立事,何可得也?③

所谓"监临",是指担任监当官,负责专卖或管理场库的工作。武举中第者被任命为层级低下的三班官,又常被派任监当工作,对于军事毫无助益。大概是受到这篇奏疏的影响,宋廷于次年下令武举中第者不得担任监当官,一律派任边区或捉贼的差遣。④但是,这只能在形式上使武举进士从事军事工作,仍无法改变武举进士官位太低,不能成为将帅的问题。其实,这种困境的产生并不能完全归咎于武举。就制度设计而言,选拔高级武官的功能理应由制举中的武科来承担。因为制举是从现有的中、高阶官

---

① 《续资治通鉴长编》,卷一三八,庆历三年八月,第3423页;《范文正公文集·政府奏议》卷上《奏乞指挥国子监保明武学生令经略部署司讲说兵书》,版心第23页。
② 〔宋〕朱熹、〔宋〕李幼武编:《宋名臣言行录五集》前集卷一〇《安定胡先生》,文海出版社1967年版,第339页;《山堂考索·后集》卷二九《士门》,第4—5页。
③ 《续资治通鉴长编》卷一二五,宝元二年闰十二月,第2952页。
④ 《宋会要辑稿》,《选举》一七之七。

员中寻找娴熟军事者，才能立即以他们为将帅，这正是苏绅所举汉、唐时期的先例。但是，汉、唐能实施这样的政策，是因为当时文、武官尚未分途，宋代的情况却大为不同。由于文官的权力和地位远在武官之上，文士对于出任军职兴致缺乏。因此，参加制举的官员都不愿投考军事相关科目，根本无法藉此取得堪任将帅的人才。[1]在仅有武举运作的情况下，录取者绝大多数是平民，当然不能立即授予高官，而须从基层的武阶官做起。这便使得武举偏离了倡议者选拔将帅的原意。

武举的实施无法符合原先的期待，却逐渐受到科举参与者的欢迎。虽然参与武举并不受到尊重[2]，录取后也仅被授予低阶武官，但对于受挫于文举的考生，武举终究提供了另一条入仕途径。原本准备文科考试的举子发现，改试武举并不算太困难，因为策论本为文举的项目之一，武艺测验的要求又不高，容易过关。于是，程度较差，考文举无望的士人就成为武举考生的主体。在朝廷看来，这种做法等于投机，有违设立武举的本意，乃在景祐元年下诏，禁止进士、诸科解试落第者投考武举。[3]但是，进士等科的解试是在各州举行，报考武举者却是在京城直接向兵部投状，要想确实查核重复报考者有实际上的困难，以致这样的规定难收实效。朝廷对于士人改习兵书的风气日益感到忧虑，随着西夏战事于庆历四年（1044）结束，将才需求的压力降低，仁宗乃在皇祐元年（1049）九月下诏废止武举：

> 国家采唐室之旧，建立武科，每随方闻之诏，并举勇略之士，条格之设，岁序已深。然而时各有宜，今异于古。尺籍之众，既以其技

---

[1] 所有宋代制举录取者的名单见何忠礼：《宋史选举志补正》，浙江古籍出版社1992年版，第318—319页。

[2] 例如：宋庠批评武举人"才术肤浅，流品混淆"，反对他们与富有声望的制举人一起由皇帝亲试于崇政殿。由于宋庠的批评，从景祐元年开始，皇帝御试武举人的时间与制举人错开。参见〔宋〕宋庠：《元宪集》卷三一，《贤良等科廷试设次札子》，收入景印《文渊阁四库全书》第1087册，第1—2页；《续资治通鉴长编》卷一一四，第2683页。

[3] 《续资治通鉴长编》卷一一四，景祐元年二月，第2663页。

力自奋于行伍之间；武弁之流，又用其韬钤自进于军旅之任，来应兹选，殆稀其人。如闻所隶习者率逢掖诸生、编户年少，以至舍学业而事筹策，矫温淳而务粗猛，纷然相效，为之愈多。朕方恢隆文风，敦厚俗尚，一失其本，恐陷末流。宜罢试于兵谋，俾专由于儒术。①

所谓"方闻之诏"指的是征求制举的诏书，说明了武举虽然配合制举的办理而行之有年，但一般的士兵和武官仍是靠军功来凸显才能，求取官位，极少参与武举。反而有越来越多的年轻读书人舍弃经书，改习兵法，踊跃投考。为了维持士人钻研儒学的热忱，武举乃被废除。

三、废而复立——武举与武学的演变

武举与武学皆在仁宗朝经历了设置和废除的过程，宋军缺乏将才的问题并未得到解决，文士也并未因此而改变以读书、笔试来选拔良将的理念。所以，要求恢复武举的呼声很快出现。例如苏辙（1039—1112）在进策中批判废武举的决定：

> 今天下有大弊二：以天下之治安，而薄天下之武臣；以天下之冗官，而废天下之武举。彼其见天下之方然，则摧沮退缩而无自喜之意。今之武臣，其子孙之家往往转而从进士矣。故臣欲复武举，重武臣，而天子时亦亲试之以骑射，以观其能否而为之赏罚，如唐贞观之故事。虽未足以尽天下之奇才，要以使之知上意之所悦，有以自重而争尽其力，则夫将帅之士，可以渐见矣。②

苏辙承认通过武举的方式未必真能发掘将才，但是这项制度的意义在于显示统治者对于军事人才的重视，提高"武"的价值，使武官得到应有的尊重。否则天下人皆报考进士科，军事人才如何可得？

---

① 《山堂考索·后集》卷二九，第5页，并可参见《宋会要辑稿》，《选举》一七之八、一七之九。
② 《栾城应诏集》卷七《进策五道·臣事上·第三道》，第1299页。

苏洵（1009—1066）在嘉祐三年（1058）上书仁宗，也批评朝廷在用兵之际创设武举，边事缓和后即将其废除，实为缺乏远见的做法，并进一步提出自己对武举制度的构想：

> 臣愚以为可复武举，而为之新制，以革其旧弊。且昔之所谓武举者盖疏矣，其以弓马得者，不过挽强引重，市井之粗材；而以策试者，亦皆记录章句，区区无用之学。又其取人太多，天下之知兵者不宜如此之众；而待之又甚轻，其第下者不免于隶役。……宜因贡士之岁，使两制各得举其所闻，有司试其可者，而陛下亲策之。权略之外，便于弓马，可以出入险阻，勇而有谋者，不过取一二人，待以不次之位，试以守边之任。文有制科，武有武举，陛下欲得将相，于此乎取之，十人之中，岂无一二？斯亦足矣。[①]

在苏洵看来，武举的功能在于选拔将帅，而非下级武官，旧有的武举取人太多，授予的职位却太低，以致中举者并无法担任将领之职。由于将帅这样高阶职位的数量不需太多，应以荐举的方式办理，由大臣推荐几位具有谋略之人即可，而中选者须立即派任统兵要职，以便其一展长才。苏洵对于武举的主张固然切合选拔将才的原意，但他期待透过官员推荐和考试立即得到优秀的将帅人选，未免忽略了统领大军的人才必须逐步养成的现实。此外，以荐举的方式选派军职也有实际上的困难。早在真宗咸平年间，朝廷希望以荐举现任官员的方式拔擢将才，田锡（940—1003）即认为不可行，因为"朝臣中武勇者少，设使有武勇，多不愿在武职"[②]。咸平时期武官的地位尚高，荐举将帅已难以进行，何况在仁宗时代。由于武官地位日益低落，设法将政敌改换武阶，已成为仁宗朝文官进行权力斗争

[①]〔宋〕苏洵：《嘉祐集》卷九《上皇帝书》，收入《四部丛刊正编》第46册，台湾商务印书馆1979年据无锡孙氏小绿天藏景宋钞本影印，第5页。
[②]《续资治通鉴长编》卷四六，咸平三年三月，第1002页。

所采行的手段。①在此情况下，武举采行荐举的方式恐将引起官员竞相推荐自己厌恶的官员。也许是因为苏洵的主张不切实际，仁宗并未采纳，直到嘉祐八年（1063）三月仁宗去世，武举都未恢复。

不过，仁宗死后，情势很快发生变化。嘉祐八年五月，素来重视军事教育的富弼被任命为枢密使。②五个月之后，枢密院即建请恢复武举，提出的理由是：

> 文、武二选，所关治乱，不可阙一，与其任用不学无术之人，临时不知应变，以挠师律；不若素习韬略，颇娴义训之士，缓急驱策，可以折冲。况今朝廷所用武人，稍有声称者多由武举而得，则此举不可废罢明矣。③

由此可见，武官毕竟是政府中不可或缺的成员，既然"学术"被视为将才必备的要素，政府势必在选官制度上有所设计，以落实此一理念。经过长达一年的讨论，新的武举终告确立。④武举成为常举中的一科，固定每三年举办一次，官员、平民皆可报考。考试项目仍为武艺与兵学，兵学的测验方式是："以大义为本，参之策问，与明经、进士不甚相远。"⑤具体的内容则是：

> 如明经之制，于太公韬略、孙、吴、司马诸兵法，及经、史言兵事者，设为问目，以能用己意或引前人注释，辞明理畅，及因所问自陈方略可施行者为通。⑥

---

① 仁宗时代，主政者将政敌改换武阶的例子包括：天圣元年（1023），丁谓将刘平改换武阶；庆历二年（1042），吕夷简提议将范仲淹改换武阶。参见方震华：《权力结构与文化认同：唐宋之际的文武关系（875—1063）》，第170页、第173—174页。
② 《续资治通鉴长编》卷一九八，嘉祐八年五月，第4808页。
③ 《续资治通鉴长编》卷二〇二，治平元年八月，第4902—4903页。
④ 恢复武举之议于嘉祐八年十月提出，至次年，整个制度条文才告确立，从治平二年（1065）开始实施，参见《宋会要辑稿》，《选举》一七之九—一一。
⑤ 《宋会要辑稿》，《选举》一七之一四。
⑥ 《续资治通鉴长编》卷二〇二，治平元年八月，第4903页。

由此可见，武举在笔试部分的测验方式实与文科考试类似，只是考试范围由儒家经典改成兵家的著作。每次考试录取的名额在英宗时期并未确定，至神宗（1048—1085）（1067—1085在位）熙宁六年（1073），规定以三十人为上限，每次参加省试的举子则以二百人为限。①如此一来，武举成为平民入仕的一种管道，但苏洵所指"取人太多，待之甚轻"的问题仍未解决。

武举从治平二年起定期举行，武学的恢复则较慢，直到神宗即位，特别重视军事之学，重建武学之议才被提出。有鉴于仁宗时期仓促兴学的失败经验，神宗君臣对武学进行较完整的规划。有意就读的学生先考试弓马，合乎标准者才得以入学就读。教学重点在于各家兵法、前代用兵成败及"忠义之节"。②神宗对兵法具有极高的兴趣，下令文臣将古代兵书：《孙子》、《吴子》、《黄石公三略》、《六韬》、《尉缭子》、《司马法》和《李卫公问对》合编成《七书》，号称"武经"，作为武学的教材。③由此可见，武学教育的内容仍是依照富弼的意见，以兵书与史书为主轴。至于武艺，虽然是学生入学及日后升等考试的项目，却不在学校教授的范围之内。习业满三年的学生可参加考试，除少数特优者直接授予军职外，其余成绩优异者则取得免武举省试或解试的优待，故武学生主要的出路是取得参加武举的资格。④所以，武学是与武举相互配合，共同担负选拔低阶武官的功能。

如同仁宗时代，武学的设立引起反对声浪。谏官张璪主张："古之太学，舞干习射，受成献功，莫不在焉。文武之才，皆自此出，未闻偏习其一者也。请无问文武之士，一养于太学。"⑤这是根据文武合一的传统理

---

① 《宋会要辑稿》，《选举》一七之一四。
② 《宋会要辑稿》，《崇儒》三之二九。
③ 〔宋〕马端临：《文献通考》卷二二一《经籍考》，台湾商务印书馆1987年重印十通本，第1787页，第1790页。
④ 参见杨康荪：《宋武举述略》，第57页；许友根：《武举制度史略》，苏州大学出版社1997年版，第47—48页；赵冬梅：《武道彷徨——历史上的武举与武学》，第122—125页。
⑤ 〔元〕脱脱等编：《宋史》卷三二八《张璪传》，鼎文书局1983年版，第10569页。

想，认为军事教育应包含于文科教育之内，政府不须单独成立武学，只要改革太学的教学内容，使其达到文武兼备即可。更强烈的批判来自刘敞（1019—1068），他写信给参与筹设武学的吴充（1021—1087），对此一政策大加挞罚：

> 昔三代之王，建辟雍、成均以敦化者，峨冠缝掖之人，居则有序。其术，诗书礼乐；其志，文行忠信。是以无鄙倍之色，斗争之声。……曾未闻夫武学之制也。……夫战国之时，天下竞于驰骛，于是乎有纵横之师，技击之学，以相残也。虽私议巷说，有司不及，然风俗由是以薄，祸乱犹是以长，学者之所甚疾，仁人之所忧而辨也，若之何其效之？且昔先王务教胄子以道，而不及武者，非无四夷之患，诚恐示民以佻也。今既示之佻矣，道其已乎！①

对刘敞而言，儒家之学着重于道德，与重视勇力、诡诈的军事之学根本不兼容。政府设置学校在于实践儒家之道，提倡兵学将根本违背此一目的。即使国家承受外患压力，军事仍不应成为官学教育中的一环。所以，对刘敞而言，学校教育的本质是"文"，根本不应有"武"的成分存在。

在国家礼制及选才制度上，"武"是否应取得与"文"对等的地位？这个问题在唐代设立武举与武庙时，即引起文官与武将间激烈的争议。②宋代政府在武举和武庙之外又成立武学，提升了"武"的地位，再度激起部分文士的反感。由此可见，提倡武学的文官，原本是希望将"文"的理念用于"武"的领域，主导军事人才的培育，提升"文"的价值。但是，设置专门的武学，却使得"文"在官办教育中独一无二的地位受到削弱，等于是承认在"文"之外另有"武"的学术体系，因而激发一批文士出面捍卫"文"的崇高地位。

---

① 〔宋〕刘敞：《公是集》卷四三《与吴九论武学书》，艺文印书馆1969年据聚珍版丛书本影印，版心第3—4页。
② 参见高明士：《唐代的武举与武庙》，第1016—1069页；David McMullen. "The Cult of Ch'i T'ai-kung and T'ang Attitudes to the Military." *Tang Studies*, No.7（1989）：59-103。

统治菁英应同时具备文、武两方面的素养是儒家的传统观念。但在现实层面上，"才兼文武，出将入相"的官员在唐代中叶以后已消失殆尽，文官、武将早已各分畛域，形成独立的团体，武将罕读诗书，文官也对统兵实务相当生疏。[1]倡议武学的文士期待改变这样的现象，以培养知书达理，才兼文武的武官为目标。若是全盘否定兵学教育的意义，不仅有悖于文武分途的现实，也切断了读书与统兵的关系，等于继续默认职业军人对军事职务的独占，将有碍文官全面掌控军事决策。因此，反对者的意见并未得到什么回响，武学仍然顺利运作。坚持文武合一教育理念的官员只能转而对武学教育的内容提出改进意见。例如：在哲宗（1077—1100）（1085—1100在位）时代，奉命检讨诸学条制的程颢（1032—1085）认为武学"所治经书有《三略》、《六韬》、《尉缭子》，鄙浅无取，今减去。却添入《孝经》、《论语》、《孟子》、《左氏传》言兵事"[2]。希望以儒家经典取代部分的兵家著作，使经学成为武学教育的一部分，让"武士"能接受文、武两方面的教育。不过，宋廷始终未将这类意见具体化为制度。

武举与武学的运作在"靖康之难"后中断。南宋初年的政府，在兵荒马乱之中，仅能断断续续地维持武举的进行。例如：建炎三年（1129），朝廷下令武举人试弓马于殿前司，试《七书》义及兵机策于淮南转运司；绍兴五年（1135）高宗（1107—1187）（1127—1162在位）亲试武举人，录取六人。[3]外患的压力使部分文官寄望经由武举选拔将才，大力呼吁政府予以重视。例如：给事中黄唐传于绍兴三年主张将科举名额的三分之一划归武举，用以选拔武士。[4]不过，这类意见未被采纳，在国家面临严重

---

[1] 参见David Graff. "The Sword and the Brush: Military Specialisation and Career Patterns in Tang China, 618-907." *War and Society* 18, No.2 (2000): 9-22；方震华：《才兼文武的追求——唐代后期士人的军事参与》，《台大历史学报》2012年第50期，第1—31页。

[2] 〔宋〕程颢：《上哲宗三学看详条制》，收入〔宋〕赵汝愚编：《诸臣奏议》卷七九，第2770—2771页。

[3] 《宋史》卷一五七《选举三》，第3682页；《宋会要辑稿》，《选举》一七之二六。

[4] 〔宋〕李心传：《建炎以来系年要录》卷六六，绍兴三年六月，中华书局1988年据商务印书馆国学基本丛书本影印，第1119页。

军事危机的时代，武举并没有变得更为兴盛。

直到绍兴十二年（1142），由于宋、金完成和议，国家恢复安定，武举的执行才回复到三年一次的传统。[①]相对地，武学的恢复更为缓慢。绍兴十六年，高宗才下令临安府设置武学，主要的考量是："国家设武选，所系非轻。今诸将子弟皆耻习弓马，求换文资，数年之后，将无人习武矣，岂可不劝诱之。"[②]可见，在当时以议和为基本国策的大环境中，[③]武职不再具有吸引力，高宗乃企图以设武学来提倡军事技能的研习。不过，执政的秦桧（1091—1155）并未真正执行这个命令。这可能是因为他顾忌武学所象征的"尚武"精神，有碍于自己的"偃武修文"政策。于是，武学的设立仅是虚有其名，直到绍兴二十五年十月秦桧死，高宗才在次年再度要求官员重建武学：

> （绍兴二十六年四月）己卯，执政进呈次，上曰："昨因诣景灵宫朝献，见武学颓弊，亦全无士人。向宣谕宰臣，虽略修葺舍宇，至于养士，原未尝措置，已二年余矣。文武一道，今太学养士，已见就绪，而武学几废，恐有遗材。祖宗以来，武学养士，自有成法，可令礼、兵部速条具以闻。"[④]

由此可见，在秦桧当政时期，对于高宗几次复建武学的要求都是虚应故事。武学只是名义上的重建，虽曾对学舍略加整修，但根本没有学生于其中进行教学活动。临安武学的运作直到绍兴二十六年（1156）才真正开始，其规制仍沿袭北宋，分为上、内、外三舍，学生以一百人为额。教师则为武学博士及武学谕，以文臣或武举出身官员出任。[⑤]宁宗（1168—

---

① 《宋会要辑稿》，《选举》一七之二六—二九。
② 《宋会要辑稿》，《崇儒》三之三四。
③ 这一点可参考余英时对于高宗朝"国是"问题的讨论，见于《朱熹的历史世界——宋代士大夫政治文化的研究》上篇，允晨文化2003年版，第361—376页。
④ 《建炎以来系年要录》卷一七二，绍兴二十六年四月，第2831页。
⑤ 《宋会要辑稿》，《崇儒》三之三四—三五。

1224）（1194—1224在位）时，朝廷又有意扩大军事教育的规模。庆元五年（1199）曾下令各州州学置武士斋舍，派官考试武学生武艺，但这个命令并未真正实行。[①]仅有少数州府，如台州，在当时曾短暂设立。[②]官办的军事教育仍局限于京师的武学。

随着时间的进展，南宋参与武学与武举的人数持续增加。在绍兴年间武学初设时，愿意入学者很少，政府为填补名额，还下令武举落第者入学就读。但是，到了乾道元年（1165），距离武学开始授课不过九年，就因为申请入学的人数太多而要举办考试进行筛选。[③]同样地，有意投考武举者愈来愈多，政府乃放宽对与试者的资格限制，由过去每位官员只准推荐一人应试，放宽到可推荐两人。如此一来，淳熙七年（1180）赴武举省试者增至七百多人，远远超过北宋时代二百人的限额。[④]武举录取名额也随着参与者人数的增加而增加。绍兴二十四年以前每次仅录取五至七人，绍兴二十四年至三十年，录取额增至近二十人，至孝宗（1127—1194）（1162—1194在位）时期再增为四十余人。[⑤]武学与武举日益受到士人欢迎的事实，也反映在时人肯定这两个制度的言论上。例如：南宋晚期，章如愚在记述武举的历史后，总结说："有文学，有武学，养之于未用之先也；有文选，有武选，用之于既养之后也。然则科举之法，既有文举矣，乌可不可（当作有）武举乎？"[⑥]临安武学的《登科题名记》也说："国家

[①]〔宋〕李心传：《建炎以来朝野杂记·甲集》卷一三《武学》，中华书局2000年点校本，第279页。
[②]〔宋〕陈耆卿：《嘉定赤城志》卷五《教授厅》，大化书局1980年宋元地方志丛书本，第13页。
[③]《宋会要辑稿》，《崇儒》三之三七—三八。
[④]《宋会要辑稿》，《选举》一八之五。
[⑤]《宋会要辑稿》，《选举》一七之二六—二九、一八之二。
[⑥]《山堂考索·后集》卷二九，第11页。章如愚的生卒年不详，曾中宁宗庆元二年进士，后因得罪韩侂胄而罢官，归乡讲学、著书。则《山堂考索》一书应编成于宁宗朝末年或理宗朝。参见〔明〕徐象梅：《两浙名贤录》卷三《山堂章俊卿先生》，齐鲁社1996年北京大学图书馆藏明天启徐氏光碧堂刻本，第37页；〔明〕邵经邦：《弘简录》，收入《续修四库全书》第307册，上海古籍出版社2002年版；〔清〕丁丙辑：《善本书室藏书志》卷二十，《子部十下》，收入《续修四库全书》第927册，第8—9页。

网罗隽彦，不局一途，凡儒学之士既教之、养之，而士之有武勇者亦封殖是务。"①都是主张文士与武士既已分化，又同为国家所需之人才，在选举制度与教育机构中，"武"应占有一席之地，为"勇武之士"安排仕进之路。

但是，即使在理论的层次上，武举与武学的存在有其必要性，而这两项制度如何在现实上达成选拔将才的目的，以符合设立的原意，则是另一回事，而这正是这两个制度引发激烈批评的地方，例如：苏洵指仁宗时期的武举"所得皆贪污无行之徒，豪杰之士耻不忍就"②。徽宗（1082—1135）（1100—1126在位）时，王洋（1087—1153）指武举"所得士尚皆龌龊，亡古名将风"③。理宗时，欧阳守道（1208—1272）批评："至若武举设科，名非不美，然亦为文士假途。其号绝伦者，挽强引重，市井粗才。"④可见从北宋到南宋，质疑实施成效的声浪不断。武举的考试方式则被认为是直接导致成效不彰的主因，引发了许多争议。

四、策论与骑射——考试内容之争

弓马与策论是宋代武举考试的主要项目，至于两者所占的比重为何，在英宗时期曾规定：

> 以策略、武艺俱优者为优等，策优、艺平者为次优，艺优、策平者为次等，策、艺俱平者为末等。如策下、艺平或策平、艺下者并为不合格。……使如有策略虽下，而武艺绝伦者未得落下，别取旨。⑤

---

① 〔宋〕潜说友：《咸淳临安志》卷一一《行在所录·学校》，大化书局1980年《宋元地方志丛书》本，第44页。
② 《嘉祐集》卷九《上皇帝书》，第5页。
③ 〔宋〕王洋：《东牟集》卷一〇《策问》，收入景印《文渊阁四库全书》第1132册，第9—10页。
④ 〔宋〕欧阳守道：《巽斋文集》卷一〇《欧阳生兵书序》，收入景印《文渊阁四库全书》第1183册，第16页。
⑤ 《宋会要辑稿》，《选举》一七之九。

由此可知，除了对少数武艺特优却不擅长策论的考生有特殊处置外，策论成绩的重要性高于武艺。订定这样的排序原则，自然是与武举选拔谋略之士的设计目的有关。事实上，武艺的重要性不仅较低，测验的内容也颇为简单。应试者只要"弓射一石一斗力，马射八斗力，各满不破体，及使马精熟"就达"艺优"的标准。① 所谓"破体"是指拉弓时"头偃"，故考生只要把弓完全拉满，再将箭射出，即算合格，至于射出之箭是否中靶则无关紧要。因此，所测验的仅是考生的臂力，而非使用弓箭的技巧与准度。② 但是，即便要求的标准不高，测验武艺仍受到许多质疑。基于对"智谋"的重视，批评者认为武技不应成为选拔将帅的项目，如苏舜钦在仁宗朝初设武举时上奏：

> 至如武举策试，兼之骑射。窃观诏旨，既令先进军机，后即陛试，是陛下取将帅材者也。反使张一弓，发数矢，是陛下校一夫之艺，取一人之敌也。夫欲练将才而取一夫之技，又何异考编钟堵磬而求郑卫之音？伏愿……武举者去骑射之末，而访以机略之大，则将帅之具鳞集矣。③

认为武术只是"敌一人"之技，属于士卒的本领，与将帅之才无关。只须测试谋略之学，便可得将才。武举复设之后，熙宁三年（1070），翰林学士司马光（1019—1086）对武举省试先考弓马，及格后再试策论的做法提出批评：

> 奉职考试武举人，而法当先试弓马，若合格即试策。缘弓马者，选士卒之法，非所以求将帅者也。不幸而不能挽强驰突，则有策略将帅之才，不得预试，恐非朝廷建武举之意。况试弓马法，挽与把齐，

---

① 《宋会要辑稿》，《选举》一七之一一。
② 苏颂上书神宗讨论武举的考试内容时也说："今制但取箭满，不问中否。"见《苏魏公文集》卷一七《议武举条贯》，第235页。
③ 〔宋〕苏舜钦：《苏舜钦集》卷一一《投匦疏》，第138—139页。

犹不应格。自今欲乞试策优并挽弓及把者,皆听就试。①

和苏舜钦一样,司马光认为弓马是士卒的技能,而武举之设本为选拔懂谋略的将帅,武艺部分实无关紧要。因此,他要求降低弓马测验的标准,只要能"挽弓及把",即不须将弓拉至全满,只要箭拉平于弓的中心后射出,即算合格,而让策论成为决定录取与否的关键。

苏舜钦等人的意见是希望将武举定位为选拔将帅的制度,这固然符合宋初提倡武举者的理念,却与武举的实际状况有所违背。自从武举开始运作,录取者皆被派任低阶武官,而非高级将帅。由于中举者主要是担任基层军职或在地方上维持治安,武艺是不可或缺的技能。另一方面,武举是为无法考文举的武士另设的出路,考试内容自然不能与文举一样,全凭笔试决定高下。因此,要求取消或降低武艺测验的意见一直未被朝廷接受。既然武艺考试不可废除,理应以更精细的方式来鉴别考生的能力。苏颂上书神宗,认为武艺考试的项目太少,标准太低,主张在原有项目之外,考生每人射十箭,以中靶的多寡来决定及格与否。②不过,这样的建议没有被采纳,朝廷似乎不愿提高武艺测验的难度以免在这个部分淘汰太多考生。直到南宋,武技的考试仍维持固有的方式和标准。因此,刘克庄(1187—1269)在上理宗的奏疏中称武举考试"弓马近于具文,所取不过解作《七书》义者"。③武艺测验采取低标准,但一直存在,可以说是理想与现实折衷的结果。

由于达到武艺测验的标准并不太难,策论才是鉴别考生的主要依据。因此,武举所录取的绝大多数是研习兵法,精通文墨的读书人。但是,这些录取者是否真正能运用兵书中的谋略,成为善战的良将,却令人怀疑。李觏在仁宗时指出:"儒莫不读六经,而知道者鲜矣;将莫不读兵法,而

---

① 《续资治通鉴长编》卷二一四,第5221页。
② 《苏魏公文集》卷一七《议武举条贯》,第234—235页。
③ 〔宋〕刘克庄:《后村先生大全集》卷八一《欧阳经世进中兴兵要申省状》,台湾商务印书馆据四部丛刊本影印,版心第17页。

适变者鲜矣。"①如同熟读经书者未必能理解儒家之道，作战实务也决非勤读兵书便能妥善因应。将领一旦身临战场，未必真能应用平时所学，临机应变。所以，从实际统兵的角度而言，策论不过是无用的"纸上谈兵"，故苏洵批评武举的策论考试为："皆记录章句，区区无用之学。"②理宗时期，姚勉（1216—1262）也说武举是"以文求武，反不得人"③。既然考试武艺被批评为测验士卒之法，兵法策论又被指为无用的章句之学，那么是否有更好的办法来选拔将才？在苏轼（1037—1101）看来，答案是否定的：

> 今夫孙吴之书，其读之者，未必能战也；多言之士，喜论兵者，未必能用也；进之以武举，而试之以骑射，天下之奇才未必至也。然将以求天下之实，则非此三者不可以致。以为未必然而弃之，则是其必然者终不可得而见也。……今之论者以谓武举方略之类，适足以开侥幸之门，而天下之实才，终不可以求得，此二者皆过也。夫既已用天下之虚名，而不较之以实，至其弊也，又举而废其名，使天下之士不复以兵术进，亦已过矣。天下之实才，不可以求之于言语，又不可以较之于武力，独见之于战耳。战不可得而试也，是故见之于治兵。子玉治兵于蒍，终日而毕，鞭七人，贯三人耳。蒍贾观之，以为刚而无礼，知其必败。孙武始见试以妇人，而犹足以取信于阖闾，使知其可用。故凡欲观将帅之才否，莫如治兵之不可欺也。今夫新募之兵，骄豪而难令，勇悍而不知战，此真足以观天下之才也。武举方略之类以来之，新兵以试之。观其颜色和易，则足以见其气；约束坚明，则足以见其威；坐作进退，各得其所，则足以见其能。凡此者，皆不可强也，故曰：先之以无益之虚名，而较之以可见之实，庶乎可得而

---

① 〔宋〕李觏：《李觏集》卷一七《强兵策第十》，第172页。
② 《嘉祐集》卷九《上皇帝书》，第5页。
③ 〔宋〕姚勉：《姚勉集》卷七《癸丑廷对》，上海古籍出版社2012年点校本，第62页。

用也。①

苏轼指出了武举虽然饱受批评却依然存在的重要原因：除了测验兵书和骑射，文士根本想不出更好的办法来发掘军事人才。考上武举的虽然不一定就是将才，但若废除了武举和武学，就完全没有发掘军事人才的机会。在苏轼看来，历来争论武举存废者的盲点在于他们只知讨论考试内容，却不知考试只是"无益之虚名"，其功能在于提供有意军职者进入政府的管道。至于这些人是否就是将才，却非考试本身所能断定。真正的将才必须在实际的战争中发掘，退而求其次，则可由练兵的成效来判断。因此，武举人的优劣必须在录取后，透过持续考察其任职的表现来决定。照苏轼的意见，朝廷不应将武举人与其他的武官一视同仁，在录取之后须立即安排他们去训练新兵，并以练兵成效加以筛选，才能真正达成选拔将才的目的。

五、假涂之资——武举进士的仕宦

苏轼的意见说明了军事人才的发掘并非只透过考试即可轻易达成。武举进士既被认为具有成为将帅的素养与潜力，朝廷在官职派任上应有特殊安排，使其有一展真才实学的机会。否则，人数不多的武举进士在数量庞大的武官群之中将难以发挥影响力。

前文已指出，仁宗时代，中举者被派任为监当官，引发批评，朝廷乃明订武举进士一律派任边区或捉贼差遣，这是仁宗朝对于武举进士在任官上仅有的特殊规定。英宗朝复行武举，在现存的制度条文中并未发现对录取之后的任官有所规范，只能藉由武举中第者的传记资料来分析他们的仕宦生涯。

前文已指出，从神宗朝以降，拓边工作持续进行，遂使武官的表现机会增加，部分武举进士也得以崭露头角。从他们的传记看来，在考上武举后都被派任基层的军职。例如，熙宁九年（1076），录取武举第一名的薛

---

① 〔宋〕苏轼：《苏轼文集·应诏集》卷四《策别二十》，中国书店1986年版，第752页。

奕派任凤翔府都监,后于元丰五年永乐城一役中战死。[1]武举出身的徽宗朝名将何灌（1065—1126），是从河东地区的巡检做起，任职西、北边境三十余年，以善射为契丹人所畏服。曾随童贯攻西夏，平方腊，战功卓著。靖康元年（1126），升任武泰军节度使、河东河北制置副使，后来在女真人攻汴京城时战死。[2]元丰年间（1078—1085）中举的徐量（？—1112），出身儒学世家，但自幼膂力过人，喜读兵书。先入武学，再中武举，起官台海内松门巡检，后调至陕西，参与徽宗时对羌人及西夏的战争，以战功升为昭州刺史，历知石、岚等州。[3]其子徽言于大观二年（1108）受徽宗召见，赐武举绝伦及第，起官保德军监押，以讨西夏战功升任知火山军。靖康元年，击败金兵，升任知晋宁军兼岚石路沿边安抚使。汴京失守后，徽言据守晋宁军，力图收复河东，后为金兵所俘，不屈而死。[4]政和八年（1118）中举的马扩（？—1151），于宣和元年（1119）以承节郎的官衔，随其父马政接待女真使者，后出使女真，以善射赢得女真首领的信服，成为宋方与金交涉的重要人物。经过多次出使折冲，终于使金人归还燕京和云中等地，马扩以此大功升任武翼大夫、忠州刺史。靖康之难后，马扩拒绝女真的招降，在河北组织义军与金兵作战。抗金失利后南下加入高宗的政权，历任江西沿江制置副使，沿海制置副使等要职。[5]以上这些事迹显示北宋武举进士在军事上的贡献，也说明了他们在仕途上与经由其他管道入仕的武官并无显著的不同，都是先担任基层武职，经过长期的努力或立下显赫功劳才能成为高阶将领，武举出身并未为他们带来特殊待遇。

---

[1]〔明〕郑岳：《莆阳文献列传》卷四三《薛林陈传》，书目文献社1988年据明万历四十四年黄起龙刻本影印，第1页。

[2] 何灌的生平见《宋史》卷三五七《何灌传》，第11225—11227页；〔宋〕王偁：《东都事略》卷一〇七《何灌传》，北京图书馆出版社2006年版，第634—636页。

[3]〔宋〕程俱：《北山集》卷三四《故武功大夫昭州团练使骁骑尉徐公行状》，收入景印《文渊阁四库全书》第1130册，第8—15页。

[4]《宋史》卷四四七《忠义二》，第13190—13194页；《北山集》卷三四《故武功大夫昭州团练使骁骑尉徐公行状》，第13页。

[5] 关于马扩的生平，参见黄宽重：《马扩与两宋之际的政局变动》，《"中央研究院"历史语言研究所集刊》第61卷第4期，1990年，第789—808页。

到了高宗朝，武举进士的任官发生很大的改变。据绍兴二十六年太学博士周操的上奏，武举登科者除第一名被派任巡检外，其余全部出任监当官。[1]这样的情形直到孝宗即位之时仍未改变。[2]孝宗既有心恢复中原，特别重视武举；于淳熙二年（1175）将武举中第者初授的官衔与职务都加以提升，使其与文科进士相当，试图建立文、武举平等的地位。[3]之后又模仿文臣的馆阁之职，设阁门舍人十人，以武举高第者充任，成为武职中的清位。这些阁门舍人平时伴随皇帝出入，并按时轮对，任满二年后，授予边郡知州，升迁之速，远非其他武臣所能比拟。[4]这些政策都是为了增加武举的吸引力，并希望将优秀的武举进士逐步培养成为领兵的将才。但是，此一预期并未实现，主要的原因是当时多数的武举进士根本不愿投身军职。

由于武举和进士科一样要考试策论，参与武举者必然读书识字，具有投考进士科的能力，他们投入武举的原因大致有二：一部分的参与者有志于军旅生涯，希望藉此追求权位。例如徽宗宣和五年（1123）中举的陈师良（？—1159），在决心报考武举时说："郭汾阳顾不足慕耶？何切切章句为！"[5]以唐代武举出身的名将郭子仪为师法对象，质疑钻研科考时文的价值，期待由武举建立功名。但是，在宋代以"文治"为主要价值的时代，像陈师良这样的人并不多见，多数的考生是在进士科激烈的竞争压力下转投武举。尤其在神宗朝废除诸科，徽宗朝废除明法新科后，考不上进士科

---

[1]《宋会要辑稿》，《选举》一七之二七至二八。
[2] 据《宋会要辑稿》《选举》一七之二八的记载，朝廷已于绍兴二十六年接受周操的建议，武举登科者不再派任"财谷管库之任"，但胡沂（1107—1174）在隆兴元年仍指武举人"授以榷酤征商之事，是所养非所用，所用非所养也"，见《宋会要辑稿》，《选举》一七之二九；又可参见《宋史》卷一五七《选举三》，第3684页。
[3]《宋史》卷一五七《选举三》，第3685页。
[4]《宋史》卷一五七《选举三》，第3685页；卷一六六《职官六》，第3938页；〔宋〕叶适：《叶适集·水心文集》卷二二《厉领卫墓志铭》，河洛图书出版社1974年点校本，第422页。
[5]〔宋〕王之道：《相山集》卷二九《故武节大夫陈文叟墓志》，收入景印《文渊阁四库全书》第1132册，第6页。

者只能选择武举。[1]徽宗末年一位李姓太学生在改试武举时说："吾三世儒者，困场屋，一官幸捷中，何择哉！"[2]可见，长期受挫于进士考试的士人改试武举以求有官可做，实为不得已的选择。政府为阻止这样的行为，于元丰八年（1085）规定文、武举的考生同日试于贡院，以防止文举落第的士人改投武举。[3]到了南宋，政府仍谨慎地安排各项考试的日程，以防堵"赴两试之弊"。[4]但是，这种禁令仅能治标，实无法阻止文举落第者在三年之后改试武举。这些以武举为求官手段的考生，多半无意于军职，只要政府不强制派任，他们便会远离军旅，寻找转任文官的管道。

北宋末年已有武举进士先出任武职，再通过锁厅试取得文科进士的功名而成为文官。不过，这样的例子很少。[5]到了南宋，武举进士考锁厅试以求换文阶变得普遍。透过这个方式取得文科进士功名的武举人似乎不会受到其他文官的排斥，仍可在文职中继续发展。例如：武学生王卿月（1138—1192）于乾道二年（1166）中武举，再经三年的努力，考中进士，起官县尉，淳熙元年（1174）即升为权中书舍人。[6]由于此一方式能让武举人取得原本难以得到的功名，以及在文职发展的机会，乃成为多数投考武举者最向往的出路。退而求其次，则是出任与军队无关的专卖或监税工作。

武举进士不任职军旅的惯例，引起官员的批判和孝宗的重视。孝宗在给予武举进士任官优待的同时，也曾与大臣讨论强制武举进士从军的可能

---

[1] 参见〔日〕荒木敏一：《宋代科举制度研究》，京都大学文学部内东洋史研究会，1969年，第346—348页。
[2] 〔宋〕李石：《方舟集》卷一六《李隐君墓志》，收入景印《文渊阁四库全书》第1149册，第4页。
[3] 《宋史》卷一五七《选举志三》，第3680—3681页。
[4] 《宋会要辑稿》，《选举》一八之一八。
[5] 目前仅发现一个例子：王宿，中武举后再试经义，改换文阶，曾任武学博士，官终朝奉郎。其生平附见于其子王衣的墓志铭。见〔宋〕綦崇礼：《北海集》卷三五《王公墓志铭》，收入景印《文渊阁四库全书》第1134册，第1页。
[6] 〔宋〕楼钥：《攻媿集》卷一〇二《太府卿王公墓志》，收入《四部丛刊正编》第55册，台湾商务印书馆1979年据上海涵芬楼藏武英殿聚珍版本影印，第8—9页。

性。但宰相洪适（1117—1184）认为："武举人以文墨进，杂于士卒非便也。"①可见当时的大臣认为武举人其实擅长的是舞文弄墨，并不适合从军作战。孝宗本身对于武举进士全部从军亦有所保留。据叶适（1150—1223）的记载，武举出身的武学谕蔡镐（？—1191）曾请求从军，但孝宗不许，理由是："三衙岂可以阶级待学官。"②认为蔡镐既曾担任武学谕这样清高的职位，就不适合到军中受阶级之法的管理。因此，孝宗并未强制每位武举进士到军中服务，而是派任武举高第者军职，并约定七年为从军期限，希望他们"久在军中，谙练军政，将来因军功擢为将帅"③。但是，这样的政策并无成效，因为"武举从军之人，往往自高，不亲戎旅"。孝宗为此特别下诏告诫，威胁将处分怠惰的武举进士。④到了光宗（1147—1200）（1189—1194在位）时代，愿意从军的武举进士人数却突然大增，据王栐的记载，起因于其叔父王蔺的建议：

> 淳熙甲辰，距治平百二十载矣，仲父轩山公知贡举，武举林㟽、陶天麟等来拜谢，仲父问之曰："朝廷设此科以择将帅，而公等不从军，何也？"答以不堪答棰之辱。仲父因奏孝宗皇帝，乞更旧制，申饬三衙、沿江军帅待以士礼。至淳熙十四年，事始施行，进士皆愿从军。至绍熙庚戌，仲父以知枢密院兼参知政事唱进士第，复奏光宗皇帝，命武举进士从军，不许军帅笞辱，大罪按奏，小罪罚俸。此令一出，皆愿从军，而军中无所容之。乃自三衙立同正员之额，以至江上诸军，每举以二十四员为额，七年为任，第一名同正将，第二名、第三名同副将，第四名以下同准备将，而第二十五名以下只注巡、尉。自后军帅亦仰承朝廷优恤之意，待遇之礼与统领官等，或令其兼同统领职事，遇出战，多令守寨，必自愿亲行阵者始听之。⑤

---

① 《宋史》卷一五七《选举三》，第3684页。
② 《叶适集·水心文集》卷一四《忠翊郎武学博士蔡君墓志铭》，第255—256页。
③ 《宋会要辑稿》，《选举》一八之四。
④ 《宋会要辑稿》，《选举》一八之六。
⑤ 〔宋〕王栐：《燕翼诒谋录》卷五，艺文印书馆1967年据百川学海本影印，第1—2页。

王栐指称淳熙十四年（1187）以后，由于新的从军规定保障武举进士不致受到长官的体罚，使武举进士从军的意愿大增。特别是在绍熙元年（1190），政府下令军队中的武举进士犯错，所属长官只能予以罚俸，不得加以杖责，严重的过失须报请朝廷处罚，更使武举进士踊跃从军，造成军中职缺不足的现象。不过，王栐的记载只反映了一个层面。真正导致绍熙元年武举进士踊跃从军的最主要原因，恐怕是在于宋廷于前一年（淳熙十六年，1189），禁止武举出身者改换文资的政策。这项决定起因于知归州林颖秀的提议，颖秀批评武举进士热衷于换文官的现象："武士舍弃弓矢，更习程文，襃衣大袖，专做举子。夫科以武名，不得雄健喜功之士，徒启其侥幸名爵之心。"甫于是年二月即位的光宗对此意见深表赞同，下令禁止武举进士换文。①在绍熙元年中举的武举进士既无改换文官的机会，只能在武阶中发展，此时朝廷下诏保障他们在军中享有特殊地位，加入军队自然比从事监当工作更有吸引力，遂促使武举进士选择军职。但是，从上述王栐的记载中可以看出，武举进士无意于军事工作的倾向并不因朝廷的政策有所改变。朝廷的优待只是使将领过度尊重武举进士，不敢派遣他们参与战斗，武举进士"不亲戎旅"的现象反而变得更加严重。另一方面，武举进士固然能够在军中坐享优待，却仍感不满，因为这终究不是他们所期待的出路。因此，在换文禁令公布的五年后，朝中出现反对的声浪：

> 绍熙五年十月十一日，臣僚言："武科许试换文资，盖不止责以兵略、骑射，诚欲益其学问而大其成就耳。比年以来，不许试换。虽曰使之从军，以备将帅之选，而升差之法，止于同正将。既塞其试换之门，又艰其仕进之路，使士以才气自负者，将有不屑就之意，乞今后依旧许令武举人试换文资。"②

可见士人参与武举主要是为了换文官的机会，即使武举人中举后立即得到

---

① 《宋史》卷一五七《选举三》，第3686页；《宋会要辑稿》，《选举》一八之七至八。
② 《宋会要辑稿》，《选举》一八之一〇。

同正将的军职，仍然抱怨仕进之路受阻；禁令既使中举者权益严重受损，便减低了报考的意愿。在此情况下，武举人换文官的禁令乃在绍熙五年（1194）被取消。但禁令取消后，武举人又故态复萌，不愿从军。眼见武举人无意于军旅，宁宗嘉定十年（1217）兵部侍郎赵汝述再提禁止换文的办法：

> 近世武举进士，甫得赐第，多弃所学，必欲锁试换文，回视兵书戎器，往往耻谈而羞道之。……今既由武艺入，又复慕为文臣，是右科徒为士子假涂之资，而非为国家储材之地，此科遂成无用矣。……乞自今武举出身不许再应文举，仍令考校之官精选其艺业，庙堂之上稍优其除授。俾之练习谋略，趋事赴功。自偏裨、制领而上，主帅、三衙繇此其选，庶几右科增重，不为虚设。①

显然，只要允许改换文官，士人就会将武举当成求取文官的捷径，违背武举设置的原意。宁宗支持这样的主张，认为："祖宗设右科，正欲选将帅，若令换文，则分明是阙将帅一科。"于是换文的禁令再度颁行。②但是，实施不过三年，又遭官员抗议，认为政府既准许以经由其他途径入仕的武官换文阶，却单独限制武举人，显然有失公平。朝廷因此又于嘉定十三年（1220）取消前令。③两次禁止武举进士换文官的改革都告失败，武举与武学事实上已被士人当成另一条成为文官的途径，武举进士不愿从军的问题也无从解决，这样的现象持续引发批判。理宗宝祐元年（1253），进士科殿试的题目中就提到："右科之设，本以示右武，而求韬略，非特校虚文而课骑射也。兵兴累年，未闻慷慨以英略著者，其故何欤？"④看来在蒙古军严重的威胁下，统治者又想起武举做为选拔将才的设计目的。虽然如此，理宗与他的继承人并没有采取行动来改变这个早已偏离设计原意的

---

① 《宋会要辑稿》，《选举》一八之一七。
② 《宋会要辑稿》，《选举》一八之一七。
③ 《宋会要辑稿》，《选举》一八之一八至一九。
④ 《姚勉集》卷七《癸丑廷对》，第61—62页。

制度。

就整体环境而言，南宋武官的权力与地位明显不及文官，只凭一纸诏书就要禁止武举进士换文官，伤害其利益过深，必然引起抗议。其实，就算政府强势地执行禁令，恐怕仍难得到预期的效果。随着文、武官分途日久，南宋的士大夫与武人各自发展出不同的集体意识与价值观念。由于研习儒家典籍，武举进士往往视自己为"士大夫"的一员，例如：当光宗任命乾道二年武举状元蔡必胜（？—1203）为知阁门事时，必胜以"前此无用士人"为由，极力请辞。①又如嘉定四年（1211）中武举的王霆，于理宗时辞官返家，提出的理由是："士大夫当以世从道，不可以道从世也。"②都可以看出他们以士大夫自居的心态。南宋文士也常把武举进士当成书生或士大夫来对待，例如：陈傅良（？—1203）以武举进士徐泳才兼文武的例子，反驳"书生不知兵"的说法。③武举出身者既习惯于士大夫的价值观念，不免将其带入军队之中，而与同僚格格不入。蔡必胜初任将领时谒见上司，即做出有违军中惯例的举动："故事，将官谒帅，皆小袖衫拜庭下。至公（蔡必胜），独袍笏肃揖，帅因请以宾礼见。"④尽管官职较低，蔡必胜仍强调自己应有的尊严；在他看来，其他武官不着官服，拜谒主帅于庭下的举动有违礼制。他的长官对此行为显然不知所措，只好待以宾客之礼。由于价值观念的不同，武举进士从军容易因为自视太高，成为无法与同僚合作的特殊份子，从而妨碍了他们在军事上的表现。

另一方面，由于武举中第者被视为"士人"，他们不仅享有皇帝的青睐和制度上的礼遇，也受到文官的另眼相待。例如：理宗朝名臣杜范（1182—1245）在出掌宁国府时，建议将府城外的两个兵寨废去，以原有

---

① 〔宋〕叶适：《叶适集·水心文集》卷一七《蔡知阁墓志铭》，第318页。
② 《宋史》卷四〇八《王霆传》，第12315页。
③ 〔宋〕陈傅良：《止斋集》卷四一《跋徐荐伯诗集》，收入景印《文渊阁四库全书》第1150册，第7页。
④ 〔宋〕叶适：《叶适集·水心文集》卷一七《蔡知阁墓志铭》，第317页。

文武纠结的困境——宋代的武举与武学 | 271

的兵额改设弓手,并增置县尉一名来统率。杜范强调这名县尉必须由武举出身者担任,因为:"盖尉既用士人,纵有不职,必不至如右班之甚;而所以防贼盗、禁杀伤者,亦岂遽不如戎曹哉!"[①]足见杜范视武举进士为士人,认为他们与一般的武官(右班)相比,在能力上相当,却拥有较好的操守,可以倚重。持类似看法的还有孝宗时的知南剑州吴松年,曾建议"差注巡检须武举中选,或任于晓民事者"[②]。认为武举进士素质较佳,比其他的武官更适合担任巡检这个直接关系到百姓生活的职位。这两个例子都反映出文官对武举进士的礼遇和重视。宋廷两度禁止武举进士换文官都无法坚持,恐怕也是因为多数的文官视武举进士为士人,承认他们具有出任文官的资格。

由此可知,武举进士是南宋官僚中身份特殊的一群。他们出身士人,却担任武官,往往因不适应军中的文化,在军职上难有表现。但是,他们却可因政策的优待在升迁上占有优势。因此,姚勉在宝祐元年批评武举已成士人"速化"之途:

> 臣闻:以武设科,虽曰右武,以文求武,反不得人。……贡荐额狭,选举路艰,于是以武为捷径,而求为右科之试。……今之文科,必有五削而后改京者,今之武举,不出十年而可至郡守。既登武级,复试文闱,换侵其官,已在通籍之上矣。此天下之士,所以指右科为速化,而竞以趋之也。[③]

显然,武举在南宋日渐受到欢迎,是因武举进士在仕宦上具有发展的机会。由于武举高第者往往被选为阁门舍人,担任阁门舍人二年后即可外派边郡知州,故姚勉说他们"不出十年而可至郡守"。至于武举进士通过锁

---

① [宋]杜范:《清献集》卷八《便民五事奏札》,收入景印《文渊阁四库全书》第1175册,第20页。
② [宋]杨万里:《诚斋集》卷一二五《知漳州监丞吴公墓志铭》,收入《四部丛刊正编》第58册,台湾商务印书馆1979年据江阴缪氏艺风堂藏景宋钞本影印,第28页。
③《姚勉集》卷七《癸丑廷对》,第62页。

厅试，改换文阶，官位也在刚考中文科进士者（即所谓"通籍"）之上。武举进士在文、武两途上都可能出任要职，可由几位武举状元的经历得到证明。任文职的高官如朱熠，端平二年（1235）武举状元，后换文阶，担任谏官，纠弹劾官员甚力，于开庆元年升任参知政事兼权知枢密院事。①又如嘉熙二年（1238）的状元刘必成，于淳祐九年（1249）改换文官，后为湖南安抚副使。②任武官而出掌要职者，如庆元二年（1196）状元周虎，起官殿前司同正将，任职军中七年后，升任武学谕，后历知光州、楚州等边郡。开禧二年（1206）出任知和州，据城力守，以数千人击退来犯的金兵，保全江淮，升任侍卫马军都虞候。③又如乾道二年状元蔡必胜，于光宗时为知阁门事，参与"绍熙内禅"之谋，扶立宁宗，后历知楚州、庐州等边防要地。④

不过，经由考中锁厅试成为文官并非易事，⑤许多期待由武举成为文官的士人只能终身屈就武阶。绍熙元年的武举状元厉仲详即是如此。他在出任武官之后，屡次考文举都未能如愿。虽然他以武举状元的身份在武阶中升迁快速，却始终对担任武职感到不悦，以致在仕宦上无所发挥。⑥在南宋，恐怕有不少的武举进士就这样抑郁地过了一生。在文科进士掌控要职的政治结构中，大多数武举进士既无法顺利转换成文官，仕宦发展的空间实难与文科进士相比。正因如此，叶适在盛赞武举进士蔡镐的德行、才能之余，才会感叹道："君业堕武举，用之有限，若使为士大夫，亦莫量

---

① 《宋史》卷四二〇《朱熠传》，第12579—12580页。
② 〔明〕林世远、〔明〕王鏊：《（正德）姑苏志》卷五一《人物九·名臣》，书目文献出版社1988年北京图书古籍珍本丛刊据明正德刻嘉靖续修本影印，第25页。
③ 周虎的传记参见〔宋〕孙应时：《重修琴川志》卷八《人物》，大化书局1980年宋元地方志丛书本，第27—29页；〔宋〕刘宰：《漫塘集》卷三二《故马帅周防御圹志》，收入景印《文渊阁四库全书》第1170册，第19—23页。
④ 《叶适集·水心文集》卷一七《蔡知阁墓志铭》，第317—318页。
⑤ 嘉定十三年，右正言张次贤在奏书中说："然能中两科者，不过挺特翘楚之辈，岂能一一舍武就文乎？"见《宋会要辑稿》，《选举》一八之一九。
⑥ 《叶适集·水心文集》卷二二《厉领卫墓志铭》，第421—422页。

其所至也。"①因此，考武举者终究是读书人的次要选择，武举人受社会尊敬的程度也难以与报考文举者相匹敌。例如：南宋建康府学给予上京参加省试的举子旅费补助，文科举子每人可得钱五万，武科举子只有二万，武举人显然要低文举人一等。②

由此可见，武举和武学在设立之初是被期待成为政府选拔将才的方式，实际上却成为读书人求取官职的另一条途径。南宋时代，士人数量不断增加而文举的录取名额成长有限，使科考竞争日益激烈，迫使更多的举子选择武举。从孝宗朝开始，武举每次录取四十余人，进士科录取的人数则多半在四五百人之间。③武举的存在等于增加举子百分之十的入仕几率，关系考生权益至深。随着文科进士的录取率下降，武举为众多落榜的士人提供出路，减轻登第困难所产生的问题。在此情况下，南宋官员虽对武举有诸多抱怨，却没有人敢倡议废止。

由于南宋参与武举者都是读书人，即使他们出任武官，仍常以文艺才能或表现著称于世。例如单炜，以武举官至路分，却以书法的长才而"着声江湖间，名士大夫多与之交"④。以开禧年间（1205—1207）战功闻名的周虎（1161—1229），也擅长文艺："文词敏赡，落笔若不经意，而深于运思者或愧之。作大字端劲，独步当世。"⑤相对地，南宋武举人在军事上的表现远不及北宋。尤其是在宁宗嘉定十年以后，南宋陷入长期的对外战争之中，武官取得了前所未有的权力与表现机会，⑥但武举人却鲜少在此有利的环境中崭露头角。较知名的只有王霆，曾在两淮地区建立战功，官

---

① 《叶适集·水心文集》卷一四《忠翊郎武学博士蔡君墓志铭》，第257页。
② 〔宋〕周应合：《景定建康志》卷三二《儒学志五·贡士》，大化书局1980年宋元地方志丛书本，第9页。
③ 南宋历次进士科录取人数的统计见何忠礼，《宋史选举志补正》，第297—301页。
④ 〔宋〕周密：《齐东野语》卷一二《姜尧章自叙》，中华书局1983年点校本，第212页。
⑤ 《漫塘集》卷三二《故马帅周防御圹志》，第23页。
⑥ 参见方震华：《晚宋边防研究（A.D. 1234—1275）》，台湾师范大学历史研究所硕士论文，1992年，第121—124页。

至行左领军卫大将军，知蕲州。[1]因此，单就军事的功能而言，南宋的武举比北宋更缺乏实效。

六、"武"中之"文"——军事知识的定位

武举和武学从选举将帅之法，变成"士子假涂之资"，不仅反映了宋代武官地位的低落，也显示了军事之学在当时学术体系中尴尬的处境。当宋代士人将其价值观施用于军事领域，成立武举和武学，他们就必须面对一个新的问题：既然兵家为主的军事教育和考试必须存在，则兵学应如何在以儒学为主的学术体系中定位？这个"武"的学术应该取得独立地位，还是成为"文"的附属品？

如同文、武官分为东、西两班，文、武官的选拔称为"左选"、"右选"，武学又称为"右学"或"西学"，以对应于被称为"左学"及"东学"的太学。[2]从名称上来看，武学取得了与太学等文科学校对等的地位，代表政府对于文、武两种人才的同等重视，是一项前所未有的措施。曾任吏部尚书的刘才邵（1086—1158）对高宗大加赞扬此一成就：

> 臣闻文所以致治，武所以定功，二者相须，阙一不可。故上之人选才以为用，下之人因时以有为，虽不一致，然会其大要，不过文与武而已。自昔盛时莫不并用而不偏废，至唐设为武举，其校试选举之法可谓详矣。然不闻兴学，是养之无其素，安得为尽善哉！……国朝规摹，远出前古，设科置学，既两得之。逮兹圣时，恢隆至治，祗率祖宗之成宪，兴崇学校之教法，文化之美，郁郁乎比隆于周。乃者复建庙学，教养武士，用三舍之法以升迁之，待之可谓至矣。多士家被教养作成之赐，莫不思自策励，以仰称德泽，而可用之才，将辈出

---

[1] 王霆在中举后担任军职，曾参与绍定三年（1230）的扬州之役，击退李全的南犯；端平年间力守光州，拒退蒙古军的入侵。参见《宋史》卷四〇八《王霆传》，第12313—12315页。

[2] 武学称为"西学"与"右学"的例子见〔宋〕慕容彦逢：《摛文堂集》卷九《论武学上舍人奏状》，艺文印书馆1971年据常州先哲遗书本影印，第11—12页；〔宋〕陈傅良：《止斋集》卷一二《忠训郎武学博士李兴时知融州敕》，第18页。

矣。于是兼收而无遗，岂不盛哉！①

在刘才邵看来，既然一个国家需要文治与武功两方面的成就，对文、武两种人才应同等重视，以制度化的方式加以培养和选拔，而宋代正是第一个在文、武两方面都建立教育及考试之法的朝代，因而维系文、武两种价值的平衡发展，这是超越唐代而可与周代比美的成就。可见，在教育体系中文武并重，是宋代文士引以自豪之处。

但是，部分文士固然在理论上肯定"文"与"武"的对等地位，在现实运作上却并未给予"武"独立发展的空间。文士所提倡的"武学"只限于谋略的层面，亦即偏重军事学问中属于"文"的这一部分，像武艺、勇力等素养虽与战场胜负有密切关系，并不受他们的重视，武学不教授武艺就是这种态度的反映。在他们看来，只要读书，拥有知识，就可以统兵立功。从北宋到南宋，这样的观念日渐强化，南、北宋文士对于狄青（1008—1057）事迹的不同记录就是一个例证。仁宗朝以降，狄青是最受文人称颂的当代武将，相关的文献多次提及范仲淹劝狄青多读书的故事。例如：王珪的《狄武襄公青神道碑》说："仲淹又尝以《左氏春秋》授公，以谓为将者不可不知书，匹夫之勇无足尚也。公于是自春秋战国至于汉以来成败之迹，概而能通。"②余靖（1000—1064）的《宋故狄令公墓铭》也说："（范）文正尝以《左氏春秋》授公（狄青）曰：'熟此可以断大事，将不知古今，匹夫之勇，不足为也。'公于是晚节益喜书史，既明见时事成败，尤好节义。"③这些北宋时期的记载强调狄青的学术素养，说明他并非只有匹夫之勇，但并未将狄青的战功与其熟读的书籍之间建立起直接的关联。到了南宋末年，狄青熟读《左传》的意义就被夸大了。由袁燮

---

① 《宋会要辑稿》，《崇儒》三之三五。刘才邵的生平见《宋史》卷四二二《刘才邵传》，第12606—12607页。
② 〔宋〕王珪：《狄武襄青公神道碑》，收入〔宋〕杜大珪编：《名臣碑传琬琰集》上集卷二五，文海出版社1969年版，第390—391页。
③ 〔宋〕余靖：《武溪集》卷一九《宋故狄令公墓铭》，书目文献出版社1988年北京图书馆古籍珍本丛刊据成化九年刊本影印，第4页。

(1144—1224)撰写，理宗（1205—1264）（1224—1264在位）御书，置于临安武学的《登科题名记》说："近世狄武襄最善用兵，乃于左氏春秋得之。是故为将而不知古今，一夫之勇耳。"[1]将狄青之所以能统兵立功，完全归功于熟读《左传》，书本知识被描述成将领之所以善战的基础。狄青生前曾受嫉视其权位的文官的打击，但在他死后，现实的利益冲突不复存在，文士转而宣扬狄青生平事迹中符合文人价值的部分。[2]这种宣传日益夸大，狄青的战功竟成为实践文人价值观的模范。这个例子说明了宋代文人如何藉著文字，强化其价值观念，使得士人更坚信读书足以解决军事问题。

文士将军事学问窄化为书本上的谋略之学，已经削减了兵学的发展空间，而统治者基于维护权力的私欲，又进一步加以钳制。军事之学毕竟不同于儒学，儒学提倡的礼乐教化有助于既有秩序的维持，但兵学知识则可能使平民具有反抗的能力，威胁皇权的行使。因此，宋代君主全力提倡儒学，对于军事之学的态度就很矛盾。一方面，君主肯定书籍对于统兵的重要性，要任用知书之将，要求武官学习兵法。另一方面，又恐惧这些知识为野心家所利用，危害其政权，而要禁止兵学在民间的传播。景德三年（1006），真宗下诏严禁民间学习和持有兵书：

> 天文、兵法，私习有刑，着在律文，用防奸伪。顾兹群小，尚或有违。……两京、诸路管内，除准敕合留阴阳卜筮书外，应元象器物、天文星算、相术图书、七曜历、太乙雷公式、六壬遁甲、兵书、先诸家历算等，不得存留及衷私传习。有者限一月陈首纳官，释其罪，令官吏当面焚毁讫奏。限满不首，隐藏违犯，并当处死。[3]

---

[1]《咸淳临安志》卷一一《行在所录·学校》，第44页。
[2] 狄青在担任枢密使期间受文官攻讦的历史，参见方震华：《权力结构与文化认同：唐宋之际的文武关系（875—1063）》，第179—182页。
[3]〔宋〕宋绶、〔宋〕宋敏求编：《宋大诏令集》卷一九九《禁天文兵书诏》，中华书局1962年点校本，第734页。

诏书对禁书的规定很广泛，凡是与兵法相关的书籍皆下令焚毁。可见宋廷虽然号称奖励学术，对其忌讳的学科仍是毫不留情地予以打压。宝元二年，仁宗为使书禁的执行更有效率，下令详细订定禁止流传的兵书清单，导致"除《孙子》、历代史天文、律历、五行志，并《通典》所引诸家兵法外，余悉为禁书"①。宋廷将《通典》及史书中所引用的兵法排除在禁止范围之外，实因这些兵书的内容可随史书流传，除非将所有史书一齐禁绝，否则根本无从管制，故新的规定并不表示放宽管制。除了《孙子》之外，单独刊行的兵书全部在禁止之列，实际上是对民间流传的军事之学进行全面查禁。这样的政策，引发提倡研习兵学者的批评。范仲淹在天圣五年（1027）上书执政说：

> 昔成周之盛，王道如砥，及观《周礼》，则大司马阵战之法，粲然具存。乃知礼乐之朝，未尝废武。今孙、吴之书，禁而废学，苟有英杰，受亦何疑？且秦之焚书也，将以愚其生人，长保天下。及其败也，陈胜、吴广岂读书之人哉？②

既然认为将帅必须熟读兵书以具备谋略，就不应为惧怕民众叛乱而禁止兵学的研习，更何况反叛政府者不一定就是研习兵书的人。另一方面，朝廷的禁止政策，仍不能保证兵学不在民间流传。景祐元年，富弼在提倡武学时说：

> 况虽欲禁止，今蓄书之家，往往皆有。假使处私室熟习，如韩、彭、苏、李，陛下何由知之？是禁之适足自禁，不能禁人，不若不禁之愈也。必未能行于天下，且可行于学中。③

民间研习兵书既然难以彻底查禁，由官方设立的武学，可以让对兵学有兴

---

① 《续资治通鉴长编》卷一二三，宝元二年正月，第2893页。
② 《范文正公文集》卷九《上执政书》，第222页。
③ 〔宋〕富弼：《上仁宗论武举武学》，收入〔宋〕赵汝愚编：《诸臣奏议》卷八二，第2855页。

趣者在政府的监控下进行研读，实有助于统治者筛选和控制军事知识的流传，减低危害政权的可能性。因此，武学的成立，实有加强管制研习兵学的用意。此外，武举考试也被用来引导兵学学习的内容。例如：庆历七年（1047），朝廷规定武举考试的试题不得牵涉《阴符》等禁书的内容。[1]藉着考试来主导兵书的学习，以阻止禁书传播的用意至为明显。

等到神宗朝编订《七书》，成为武学中唯一的教材及武举考试的主要内容，其他的兵学作品乃不能在武学中研习。这样的做法固然使统治者得以掌控军事知识的传授，却使兵学的发展受限。在政权的监控之下，武学的教育只是在训练学生应付武举考试，而武举的重心又是原本用来测验经学与文学素养的策论，出题者是熟悉儒学的文官，这自然会引导参与武学与武举的士人将注意力转向儒学和文学。因此，武学生华岳（？—1221）在上书宁宗时说自幼苦读兵学秘术，但为求进入武学只能"易真实之兵，为章句之士；变汗血之心，为选举之学"[2]。由此可知，武学中所研习的其实仅是应付科考的学问，而非实用的军事之学。

正因为如此，在理论上太学与武学应传授不同的学问，实际上的区别却很有限。两所学校的学官经常互换，在任命武学学官的诏书中，更是明白指出两学的互通性。例如："右学犹左学也，朕既妙选，凡掌东学之士，则右学可以次举矣。"[3]这等于揭示：武学与太学根本没有什么区别，太学的教官就适合在武学任教。另一份任命太学正孙元卿为武学博士的诏书更说："尔以文行，简在东胶，誉处盛矣。推所讲明，施其右学，将见诸生不但习孙、吴而已，则朕之所以用汝也可。"[4]所谓"东胶"指的是太学，故此一诏书是要孙元卿将太学教学的精义用于武学的讲授，因为武学生应

---

[1]《续资治通鉴长编》卷一六一，庆历七年十二月，第3893页。
[2]〔宋〕华岳：《翠微北征录》卷一《平戎十策》，解放军出版社1987年中国兵书集成据元抄本影印，第32页。
[3]〔宋〕陈傅良：《止斋集》卷一七《武学谕黄襄然除武学博士主管架阁文字蒋来叟除武学谕敕》，第18页。
[4]〔宋〕翟汝文：《忠惠集》卷一八《太学正孙元卿除舞学博士制》，收入景印《文渊阁四库全书》，第1129册，第4页。

具备的素养，不仅止于孙子、吴子的兵法而已。凡此都可以看出，两所学校在教学上的相似性。

不仅学官如此，南宋的武学生也与太学生有密切的互动。到临安就读官学的学生主要是为了取得科举省试的资格，进入武学与太学的差别，仅在于未来投考武举或是文举。因此，有的士人甚至同时报考太学和武学，以求增加录取的机会。[1]正由于武学生与太学生来自相同的背景，交往密切，武学生在发动学潮时，往往能得到太学生的支持。例如：宁宗嘉定三年（1210）因知临安府赵师睪（1148—1217）下令笞挞两名武学生，引发武学生罢课抗议，太学生也随即罢课声援，上书攻击赵师睪，最后导致师睪被罢免。[2]南宋晚期，武学、太学、京学和宗学的学生往往联合上书皇帝，鼓动政治风潮，形成政坛上强大的力量。[3]这些现象证明了武学生虽然在名义上接受军事教育，实际上却与其他习文的学生没什么差异，彼此在身份认同上并无距离，故能相互合作而无隔阂。

教学的内容及师生的身份都显示南宋的武学不具备独立地位。北宋时代反对设立武学的文士，主要的顾虑是不愿在儒学教育之外，另有独立的军事教育，事实的发展证明他们是过虑了。武学到了南宋已被融入了儒学教育与科举考试体系之中，与其他的官学没什么差别。"文"与"武"表面上是平行对等，实际上却是相互纠葛，结果是武举与武学都成为低一等的附属品，只是提供士人一条录取率较高，但发展性较低的仕宦之途。

---

[1] 《叶适集·水心文集》卷二二《厉领卫墓志铭》，第421页。
[2] 参见王建秋：《宋代太学与太学生》，台北"中国学术著作奖助委员会"1965年印，第301—302页。
[3] 淳祐四年（1244），理宗在右丞相史嵩之（1189—1256）遭逢父丧后下令"起复"，引发四学的学生轮番上书反对，最终迫使理宗撤回前令，显示临安城内四学学生的影响力。参见佚名撰，王瑞来笺证，《宋季三朝政要笺证》卷二，中华书局2010年版，第151—160页；《宋史》卷四一四《史嵩之传》，第12425—12426页；〔宋〕周密：《癸辛杂识》，后集《三学之横》、别集《史嵩之始末》，中华书局1988年点校本，第66—67页，第288—289页。

七、结论

宋代以儒立国,追求文治,重视教育与科举,相对地贬抑了"武"的地位。但是,军事终究是一个政府必须处理和面对的课题,以文士为核心的统治阶层势必对此提出对策。追溯武举与武学成立的背景,这两项制度初设于仁宗时代,正是北宋文官开始掌控军事决策的时期。文官对职业军人的表现感到不满,以自己的思考模式和价值观念建立新的武官选任制度,以读书和笔试的方式来培养、选拔他们所期待的良将。武举提倡者忽略了高阶武官应从基层军职逐步培养的事实,乐观地认定透过科举的方式可发掘有用的将帅。但是,实际的结果却与他们的期待大相径庭。

宋代的文官对武人的表现不满,却多半不愿投身军职,使得透过制举从官员中选出高级武官的理想无从实现,只能以常态性的武举自民间选才。这些中第者既无行政资历,只能被授予基层职位,无法立即成为将帅。加上武举测验的方式与文举类似,造成绝大多数的武举参与者并非武人,而是进士科考试受挫的士人。所以,文官想藉着考试和教育改变武官的素养,但实际影响的仍是士人阶层而非武人。因此,军功、荫补等固有的武官入仕途径无法废除,武举进士出身者在武官群中所占的比例一直很低。宋代政府虽力图避免武举成为进士科之外的次要选择,却始终无法改变这个事实。南宋朝廷两度禁止武举进士换文官都告失败,等于默认考不上进士的士人以武学与武举作为求官的另一途径。

武举进士在身份认同上与士人接近,与职业军人相疏离,影响他们从军的意愿。从北宋到南宋,武举进士不愿从军的现象日益严重,即使政府以强制或利诱的手段让他们进入军队,他们仍是军中的特殊份子,难与同僚合作。就军事层面而言,武举的实际功能是随着时间发展而递减。但是,每当军事危机产生,武举便成为文官讨论的热门话题。看来宋代的文官习惯于读书、应举,遇到政治难题便寄望以这样的方式来解决。只是读书、科考与统兵作战之间存在着无可超越的差距,正如苏轼指出的,单靠考试就想得到将才,无异于缘木求鱼。因此,文士对武举的各种建议纷呈，始终不能改变武举功效不彰的事实，充分显示了文士在处理军事议题上的无能为力。

　　设置武举与武学原本的目的是强化军队战力，但参与者多半无意于军职；本是测验与试者的军事能力，考试内容却与进士科差异有限；本为选拔将帅，实际上被士人当成求官的捷径。凡此种种，都反映了实际状况与制度设计明显不符，致使在军事层面上能发挥的功能有限。但是，这两项制度却因为四项因素而存在。首先，武举与武学落实了统兵能力来自读书的观念，而这个理念正是知书的文官掌控军事事务的理论基础。承认武举失败而将其废除，等于是宣告透过读书和笔试无法培育和选拔将才，切断了书籍知识与军事作战的关联，代表文士缺乏处理军政的能力，文官自然不愿接受这样的结果。其次，在设科和置学之外，文士想不出更好的办法来发掘合乎其标准的军事人才。透过这两个方式录取的将才固然有限，但是，若无此管道，民间的军事人才更没有一展长才的机会。第三，武学与武举具有象征文、武平等的意义。军事既是施政不可或缺的部分，则不论政府现实上多么崇尚"文治"，都要象征性地维持"武"的平等地位。在文科的考试和学校之外，另设武举、武学以显示统治者对"武"的重视，让赵宋政权拥有"兼隆文武"的外貌。第四，为受挫于进士科的举子提供另一条出路。仁宗时期的文官仍然在担心儒学的价值受到兵学的挑战，故朝廷以"专由于儒术"为由废除武举。随着读书、应举风气的普及，到了南宋，统治阶层需要忧虑的已不再是儒学的提倡，而是如何安顿众多考不上进士科的士人。武举的录取名额固然只有进士科的十分之一，却给予文举落第者另一个希望。武举牵涉到众多士人的前途、地位和权力，自然难以废除。

　　武举与武学的名不副实只是宋代政府无力处理军事的一个层面。以文治为立国号召的统治阶层刻意压制"武"的价值，对于民众的习武多所猜疑，但又无法否认军事对其政权的重要性，如何处理军事事务就成为一大难题。表面上，武举和武学的建立提升了"武"的地位，其实是文士以"文"的理念来处理"武"的问题，将军事之学的发展置于政权的监控之下。结果是使武学和武举成为太学及进士科的附属品。其实，"武"自有其学术体系和价值观念，只是文士不肯承认，而力求使"武"成为"文"的附庸。于是，"文"与"武"应分而未分，徒然限制了整个国家在军事领域的发展空间。这是宋代由文士主导的政府无法有效处理军事事务的症结所在。

（原载《台大历史学报》第33期，2004年6月）

第五编

科举制度对宋代社会的影响

　　何忠礼《贫富无定势：宋代科举制度下的社会流动》一文，是对潘光旦和费孝通两位先生在1947年共同发表的《科举与社会流动》讨论的继续。潘、孝两位以清代贡生（国子监生）、举人、进士的出身进行分析，发现科举制度造成了平民子弟在政治上的流动。何文认为，宋代科举促进了两个方面的社会流动。一方面，一些下层平民子弟通过科举进入统治阶级行列，这是一种向上的社会流动；另一方面，一些官僚子孙因屡试不第，无人在政治上持续香火，家境逐步陷于贫穷，这是一种向下的社会流动。论文接着分析了向上与向下社会流动的原因，一是不立田制，土地所有权的转换加速，家庭经济地位容易发生变化；二是乡塾村校的普及，为下层平民学习文化知识提供了最基本的条件；三是各方面对平民子弟参加科举的资助；四是有的官僚阶层子孙通过科举，不断有人考取进士，保持家业不堕，或继续向上的社会流动，而有的子孙屡试不第，政治、经济地位不断降低，必然出现向下的社会流动。

　　梁庚尧先生《社会流动及其局限》一文的内容，共分两大部分。第一部分通过对唐宋进士家庭出身的比较，认为由于旧门第消失与新士人兴起，宋代统治阶层的流动性要比唐代高了很多。不过，单就宋代本身来讲，社会流动仍然有其某种局限。一是宋代入仕之途中存在着恩荫制度；二是随着科举考试竞争的激烈，平民考取进士的比例只占了极少数；三是有关统计平民出身的进士，都是以父亲、祖父、曾祖等嫡系祖先的仕宦情形作依据，然而忽视了其他血亲或姻亲仕宦也有可能对一个人的前程发生影响。论文的第二部分认为，荫补、财富与亲缘三者对平民子弟入仕虽有一定影响，但本人的才能、努力与机运仍然是不可忽略的重要因素，只有配合这些因素，荫补、财富与亲缘的影响才能发生作用。

郭学信先生的《科举制度与宋代士大夫阶层》一文，提出了三个颇有特色的见解：一是宋代科举制度的进一步完善发展、细密周全，促使文人士大夫阶层迅速崛起，从而使"皇权—士大夫"体制得以确立。二是科举制度促使宋代士大夫阶层群体意识的生成，主要表现在以下三个层面：第一，评判历史，议论时事，积极干预政治；第二，"朋党"意识膨胀；第三，"学统四起"，各种学派迅猛发展。三是科举制度造成宋代士大夫阶层价值取向的嬗变。宋代科举以考经义为主，促使士大夫阶层的人生价值取向从整体上发生了转换，强调道德主体精神的弘扬，把"立德"视为人生的最高价值取向，以期通过个人的道德完善来促进社会的发展。

何忠礼的《科举制度与宋代文化》一文，首先论述了唐、宋科举的重大区别，认为不讲门第、财富，只问成绩高低的宋代科举，为国家选拔了大量有用人才，也有力地推动了宋代文化的大发展和大普及。其中主要表现在以下几个方面：一是文化的普及，表现在读书人数剧增和书籍的大量流布；二是促进了宋代从中央官学到地方州县学，从各地书院到乡塾村校各级学校的发达。

贫富无定势：宋代科举制度下的社会流动

何忠礼

  关于科举制度下的社会流动，在学术界是一个比较热门的话题。最早提出这一论题的是社会学家潘光旦和费孝通这两位先生，他们在1947年共同发表的《科举与社会流动》一文中，通过对清代915名贡生（国子监生）、举人、进士朱卷（誊录后的试卷）和墨卷（试卷原件）的统计，发现平民出身的子弟占了33.44%，从而认为："科举制度具有相当的开放性和一定程度的竞争性，造成封建社会的人才流动。"[1]与此同时，美国学者柯睿格通过对《绍兴十八年同年小录》和《宝祐四年登科录》的研究，也认为科举对促进社会流动起到了重要作用。[2]后来，美籍华裔学者何炳棣在《明清社会史论》一书中对这一问题作了进一步研究，最后得出相同的结论，认为："在唐以后的中国，就对社会流动和社会变化的影响而言，没有什么因素可以和科举制度相比拟。"[3]在目前的大陆学者中，这个观点同样获得了广泛支持。如宁波大学的钱茂伟指出："科举绝对可以促进社会流动，也就是说，相当多的平民子弟可以上升到士大夫阶层，而不少官

---

[1] 潘光旦、费孝通：《科举与社会流动》，载《社会科学》第4卷第1期，清华大学出版社1947年版。

[2] 参见 E. A. Kracke. "Family Vs. Merit in Chinese Civil Service Examinations under The Empire." *Harvard Journal of Asiatic Studies* 10, No.2（1947）：103—123。

[3] 参见 Ping-ti Ho. *The Ladder of Success in Imperial China: Aspects of Social Mobility, 1368—1911*. New York and London: Columbia University Press, 1962, p.259。

僚家庭子弟则降为平民。"①

可是，自上个世纪80年代起，有不少西方学者对柯睿格、何炳棣等人的观点提出了质疑。他们通过考察比家庭范围更大的家族和姻亲，认为这种单纯依靠科举而获得的社会流动十分有限。如美国学者艾尔曼（Elman）在《中华帝国后期的科举制度》一文中说：

> 其实，科举本身并非一种能促进相当大的社会流动的途径。对于大多数的农民、手工业者而言，他们是没有机会参加（科举）考试以进入到精英圈子中的。资料显示，在地方每两年举行一次的院试中，占人口90%以上的农民、商人和手工业者，并非占二三百万的落榜生的绝大多数。除此之外，一个副产品现象则是来自士绅、军人和商人阶层的低级精英形成有限的循环流动。除此之外，绝大多数落第者还是滞留在社会的低层……②

另一位美国学者哈特韦尔（Hartwell）甚至说：

> 不论是在苏州或是在所收集的关于制订政策的官员和财政官员的传记材料中，都没有一个用文件证明的家庭例子可以说明向上流动完全是由于在文官考试中取得了成功。的确，在每一个以文件证明的关于向上流动的实例中，登科都在跟一个已经形成的权贵缙绅世族通婚之后。③

哈特韦尔这段话的意思，概括起来有两点：一是在所有传记材料中，没有一例说到某个家庭通过科举才获得向上流动；二是即使有这种流动，也是他在科举之前与权贵子女通婚的结果。看了这样的结论，我觉得这位学者

---

① 钱茂伟：《国家、科举与社会》第五章《明代科举制度下的社会流动》，北京图书馆出版社2004年版，第146页。
② 艾尔曼此文，刊载于《厦门大学学报》2005年第1期。
③ [美]哈特韦尔：《中国的变革》，转引自贾志扬：《宋代科举》，东大图书股份有限公司1995年版，第16—17页。

对《宋史》列传的阅读尚欠仔细，对众所周知的"榜下捉婿"一语也不是很理解。

"它山之石，可以攻玉"。毋庸讳言，西方学者不受中国传统观念和传统思维的束缚，对中国史学的研究和理解往往会有独到之处，其研究方法也较新颖，这对我们确实有一定的借鉴作用，其意义非凡，毋庸置疑。但恕我直率地说，上面提到的包括哈特韦尔在内的少数西方学者，在研究中国古代历史时，由于受文献资料的局限（甚至对当代中国大陆学者的许多研究成果也少有涉猎），思维方式的不同，史料运用上的缺陷（缺乏分析和考辨），以及对中国古代国情、人情、典章制度、风俗习惯和各种社会现象难以做到本质的和历史的了解，因此在理解上容易出现偏差，或作文不对题的类比，或作望文生义的论断，或作隔靴搔痒式的表述。上引艾尔曼教授所说的个别观点，如："对于大多数农民、商人和手工业者而言，他们是没有机会参加（科举）考试进入到精英圈子中的。"此语如果不是翻译错误，显然不妥，因为迄今为止，学术界从未有人说过中国"大多数农民、商人和手工业者"会有机会参加科举考试，参加科举考试者主要是他们的子弟，而不是他们本人。至于考取进士的人，是否都可以称作为"精英"，也值得商榷。他所说的"每两年举行一次的院试"，究竟指的是什么考试？更令人费解。

拙意以为，学术界所说科举制度下的社会流动有两种表现：一种是某些贫民子弟，通过科举考试而跻身仕途，成为统治阶级的一分子；或者虽然没有入仕，却由贫民子弟上升为士，为其子弟今后的社会流动奠定了一定的社会地位和经济基础。另一种是在完全意义的科举制度下（从宋代开始），官僚政治彻底代替了门阀政治，一些官宦子孙，由于无人通过科举考试获取官位，从而失去了政治特权和经济利益，日渐衰落，最后由统治阶级中的一员而沦为平民乃至贫民。前一种是向上的社会流动，后一种是向下的社会流动。无论在明、清，还是宋代，确确实实地都存在着这样两种社会流动。

鉴于以往学术界在研究科举对社会流动的影响时，多注重于明、清科举,对两宋科举的论述偏少;对社会流动与否的量化指标研究得较多,对贫民子弟通过科举进入社会上层的原因探索得较少;对向上流动论述得较多,对向下流动则少有涉及。为此,本文拟着重就上述问题作进一步探讨。

一、宋代下层平民的社会流动

曾经左右中国古代政治五百余年的士族势力,至唐代"安史之乱"以后,终于走上了末路,接着又经历了唐末农民大起义的扫荡和五代战乱,最终退出了历史舞台。宋太祖赵匡胤出身军校,并无士族传统,他为了巩固皇权,恰恰需要的是扩大统治基础,既要防止武人擅权,也不允许再有世家大族操纵朝政的局面出现。因此,他深深懂得重用文人士大夫、"宰相须用读书人"的道理。故从立国之初开始,太祖兄弟及其继承者,就不断对唐以来带有严重察举制残余的科举制度,进行了一系列改革,使宋代科举形成了两个最重要的特点:第一,彻底取消门第限制,无论士、农、工、商,只要被认为是稍具文墨的优秀子弟,皆允许应举入仕。尽管北宋对士人应举也有身份上的限制,如不允许"工商、杂类"参加科举,但事实上仍为这些人留下了很大的应举空间,如太宗淳化三年(992)三月二十一日诏书云:

> 国家开贡举之门,广搜罗之路……如工商、杂类人内有奇才异行、卓然不群者,亦许解送;或举人内有乡里是声教未通之地,许于开封府、河南府寄应。[①]

既然"工商、杂类"可以破格应举,那么他们的子弟就更不会有此种限制。

故南宋学者陈傅良说:

[①] 〔清〕徐松辑:《宋会要辑稿》选举一四之一五至一六,上海古籍出版社2014年点校本,第5538页。

> 自国初以行举诱致偏方之士，而聚之中都，向之为闽、蜀、唐、汉伪官者，往往慕化从顺，愿仕于本朝。由是家不尚谱牒，身不重乡贯，以此得人。①

第二，试卷实施封弥、誊录，录取与否，"一切以程文为去留"，用今天的话来说，就是分数面前人人平等。这就使上自达官贵人，下至平民百姓的子弟，一旦进入场屋以后，竞争时都处于同一条起跑线上。对此，欧阳修对本朝科举也大加称赞，说它"无情如造化，至公如权衡，祖宗以来不可易之制也"②。

以上两个重要特点，为宋代科举制度下的社会流动提供了基本保障。事实也正是如此，朱弁《曲洧旧闻》卷一〇载：

> 彭器资尚书汝砺、熊伯通舍人本，皆鄱阳人也，其父并为郡吏。而二公少相从为学。彭公既魁天下，闻报之日，太守即谕其父罢役，且以所乘马及导从，并命郡吏送之还家，乡闾以为荣。其徒相与言曰："彭孔目之子既已为状元矣，熊孔目之子当何如？"次举，伯通亦擢上第。时前守已替去，后守悉用前例，送熊之父还家。

在唐代，郡吏之子受门第限制，根本无资格参加科举考试，更毋庸说考取进士第一人。可是入宋以后，情况就如此不同。到了南宋，任何人只要不冒贯匿服，不触犯刑律，不是残疾之人，皆可应举，甚至以屠牛为业者，也能赴试。③因此，在宋代著名大臣中，就不乏出身于下层百姓和贫苦人家的子弟。如太宗朝的王禹偁，是一位政治上、文学上才能出众的人物，也是北宋政治改革的先驱，《宋史》本传说他"世为农家"，本人还是一个

---

① 〔宋〕陈傅良：《陈傅良先生文集》卷三五《答林宗简》，浙江大学出版社1999年点校本，第453页。
② 〔宋〕欧阳修：《欧阳修全集》卷一一三《论逐路取人札子》，中华书局2001年点校本，第1716页。
③ 佚名：《名公书判清明集》卷一四《屠牛者断罪拆屋》，中华书局1987年点校本，第535页。

替人磨面的"磨家儿"①，王禹偁出身贫苦农民之家当无疑义。仁宗朝号称贤相的李迪、王曾、张知白、杜衍四人，皆出身贫苦，尤其杜衍，是一个遗腹子，"其母改适河阳钱氏"，"乃诣河阳归其母，继父不之容，往来孟、洛间，贫甚，佣书以自资"②，他年轻时生活之窘迫可以想见。以"先天下之忧而忧，后天下之乐而乐"的范仲淹，亦官至副宰相，他及第前的处境，与杜衍十分相似。累官至翰林学士、三司使（计相）的蔡襄，"天圣八年……年十八，以农家子举进士，为开封第一，名动京师"③。著名文学家欧阳修，其父虽然为绵州军事推官，但这只是一个九品幕职州县官，俸禄之低下，"曾糊口之不及"④。欧阳修"四岁而孤"，《宋史》本传言其"家贫，至以荻画地学书"。与欧阳修情况相类似的还有著名政治家、历官宰相和翰林学士的宋庠、宋祁兄弟，他们的父亲虽然做过荆南节度推官，但幼年失怙，家境也相当贫困，故兄弟俩每日只能以"吃虀煮饭"（咸菜煮饭）度日。⑤

南宋的例子也很多。高宗朝名臣吴芾，他在《种德堂》诗中自云："我本农家世贱贫，一门相继亦簪绅。当知来处非今日，莫学诗人只为身。"在《送侄赴廷试》诗中又云："我是田家本业农，偶然两世到蟾宫。书生天幸有如此，岂复更忧吾道穷。"⑥说明吴芾出身于世代"贱贫"的农家，因为科举及第，才彻底改变了家庭面貌。著名政治家、诗人王十朋，于绍兴二十七年（1157）四十六岁时考取进士第一人。他登第前的贫穷，后来民间广有传闻。王十朋在给朋友的一首和诗中曾自言："与子十年同

---

① 〔宋〕毕仲游：《西台集》卷一六《丞相文简公行状》，影印文渊阁《四库全书》本，第1122册，第198页。
② 〔宋〕司马光：《涑水记闻》卷一〇，中华书局1989年点校本，第184页。
③ 《欧阳修全集》卷三五《端明殿学士蔡公墓志铭》，第522页。
④ 〔宋〕杨亿：《武夷新集》卷一六《次对奏状》，影印文渊阁《四库全书》本，第1093册，第558页。宋代低级官吏俸禄之低，往往出今人想象，详见后述。
⑤ 〔宋〕钱世昭（一作钱愐）：《钱氏私志》，影印文渊阁《四库全书》本，第1036册，第665页。
⑥ 〔宋〕吴芾：《湖山集》卷一〇，影印文渊阁《四库全书》本，第1138册，第578页。

把酒，贫贱未能离陇亩。"①在另一首诗中云："无功懒仕犹堪酒，故向东皋事田亩。自惭耕稼非老农，岁入何曾给糊口？"说明他早年也从事过农耕，至于贫困程度，则可从其所撰《题卓》一文中看出，他说："吾贫好作文，苦于无书可阅；好写字，苦于无纸可书。遂于贫中撰出一术，以卓为纸，以肺腑为书。净几无尘，日书数百字，吾之无尽藏纸也；心之精微，日出数百言，吾之无尽藏书也。"②著名政论家陈亮，光宗绍熙四年（1193）考取进士第一人，他早年"贫不能自食"，乡人徐某欲将己子托其教导，"而使食焉"。他始则推辞，"其后计穷，竟出此"。理宗朝官至右丞相（未赴任）的崔与之，是一个被誉为"一生无玷处"的全德之臣，早年父亲病故，生活十分清贫，后来依靠亲友接济，才勉强凑足盘缠，得以自家乡增城（今属广东）赴临安读书，此后一举登第，至老仍不忘记自己早年的贫穷生活。绍兴间，还有一位"鬻曲于市，而挟书随之"③的小商人黄瑀，也居然考取了进士，后来朱熹还为他撰写《墓志铭》，对他贫贱志不移的气节和入仕后的政绩大加称赞。

上述诸人不是出身农家，就是入仕前家庭生活已经陷入窘境，而在他们入仕前，却绝少有所谓与"权贵缙绅世族通婚"的记载。

诚然，官僚、地主的子弟，他们因为有政治、经济和文化等各方面的优势，入仕人数较下层百姓和贫寒之家的子弟为多。但在宋代，"朝为田舍郎，暮登天子堂"④的人，以总数而言，确实也不少，人们只要从南宋《宝祐四年登科录》所载601名进士的履历中统计，就可约略窥知大概。根据这份《登科录》的记载，宗室子弟和上三代有一命之官的人，大约占了近50%。在另外超过50%的人中，地主、富裕农民和商人子弟当占多

---

① 〔宋〕王十朋：《王十朋全集》诗集卷五《周仲翔和诗赠以前韵》《陈元佐和诗赠以前韵》，上海古籍出版社1998年点校本，第70页。
② 《王十朋全集》文集卷一四《题卓》，第797页。
③ 〔宋〕朱熹：《朱熹集》卷九三《朝散黄公墓志铭》，四川教育出版社1996年点校本，第4729页。
④ 〔宋〕郑文康：《平桥稿》卷九《送郭廷辉训导龙游序》，影印文渊阁《四库全书》本，第1246册，第593页。

数，但不可否认，下层平民——农民、手工业者和城乡贫民之家的子弟也会有相当比例。人们之所以在这些人的履历中，很难发现他们出身贫寒的记载，那是他们本人或后代为了掩盖自己低下的门第，有意讳饰的结果，或为了抬高社会地位，强行高攀远附，以光乡族的结果。所以他们的行状、碑铭、宗谱、传记，凡涉及先世者大多不可靠。如范仲淹自言系唐宰相履冰之后，实际上是一种无根之辞，即使真是履冰之后，与范仲淹所处年代相差几达三个半世纪，又与他何涉！欧阳修之父，虽然做过一个小小幕职州县官，但很早就已过世，孤儿寡妇，穷困潦倒，寄人篱下达二十年之久，即使划一下欧阳修的成分，也不过是一个城市贫民，难道还能算是官宦人家子弟不成？

拙文在上面列举的宋代一些出身下层平民，通过科举而跻身仕途，呈现向上社会流动之人，多为两宋士大夫中的佼佼者，实际上还可以举出不少，限于篇幅，不能尽录。而那些由科举入仕或被掩盖了下层平民出身的官员，或在历史上默默无闻，其低下出身不被后人所知的官员，在两宋四万三千名左右的进士中（尚不包括特奏名进士）[1]，何啻数千乃至近万！

另外还要指出一点：有不少下层平民出身的士人，自己虽多次应举不第，却可以"乡贡进士"的身份在地域社会中占有一席之地，应该说这也是一种具有向上倾向的社会流动。而他们所蓄积的文化知识，往往可为子孙后代参加科举考试奠定文化方面的基础，从而实现自己未能实现的夙愿。

二、宋代下层平民子弟能够由科举入仕之原因

科举不讲门第，考试中"一切以程文为去留"，虽为宋代下层平民子弟参加科举考试打开了大门，但能否踏进科举大门，能否取胜场屋，却必须具备两个互有关联的基本条件：一是经济能力；二是文化知识。对于绝

---

[1] 关于宋代进士人数，可参见拙著《宋史选举志补正》附录一《宋代科举一览表》，浙江古籍出版社1992年版。

大多数下层平民子弟来说，他们虽然整天为生活辛勤操劳，仍然食不果腹，衣不蔽体，因此根本没有机会学习文化，这就势必被阻挡在科举大门之外。但是，他们中的另一部分人，不仅能够踏进科举大门，而且能够从中脱颖而出，跻身仕途，进入统治阶级的行列，实现社会流动。那么，这部分子弟是如何获得这两个基本条件的呢？笔者认为当有以下一些原因。

首先，经济地位的变化。众所周知，自唐中叶起，由于均田制的彻底瓦解和商品经济的发展，使土地所有权的转换加速。一到宋代，社会上普遍出现"富儿更替做"①，"庄田置后频移主"②的现象。那些占田数十亩的家庭，唐时不过是普通的自耕农和半自耕农，生活既难以得到温饱，又加上社会地位低下，"科举"对他们而言根本无从问津。可是到了宋代，由于农业生产的发展，粮食产量的提高，加上荒地的开垦，其中一些农户又适值风调雨顺的年份，收获会更多一些，经过多年积蓄，陆续买进土地，成了自耕农甚至富裕农民。经济地位的改变，使他们有余力送子弟进入乡塾村校读书，并逐渐萌生读书做官、光宗耀祖的念头。蔡襄等农家子弟由科举入仕，走的就是这样一条道路，在整个宋代，这样出身的进士应该并不罕见。

其次，乡塾村校的普及，为下层平民学习文化知识提供了最基本的条件。两宋是中国古代文化教育最为繁荣昌盛的时代，在最高统治者"兴文教，抑武事"③这一基本国策的指导下，不仅中央官学、地方州县学和各类书院大盛，而且乡塾村校也遍及城乡各地。乡塾村校尽管规模小，校舍简陋，师资水平一般不高，但因为收费低廉，可以就近入学，学习时间可长可短，农忙又能放假，故深受广大贫苦子弟的欢迎。这种学校，除了进行一般性的文化知识传授外（如识字、练字、对课，背诵《千字文》、《百

---

① 〔宋〕袁采：《袁氏世范》卷下《兼并用术非悠久计》，天津古籍出版社1995年注释本，第165页。
② 〔宋〕刘克庄：《后村先生大全集》卷一《故宅》，四川大学出版社2008年点校本，第24页。
③ 〔宋〕李焘：《续资治通鉴长编》卷一八，太平兴国二年正月庚午条，中华书局2004年点校本，第394页。

家姓》、《神童诗》之类），最终仍为适应科举考试的需要而设（继习诗赋、对策、四书、五经）。入学一两年后，大部分学生因家庭经济困难等原因，稍获初识，即告辍学。但也有一些学生因为在学习中显示出了过人的天赋，在家长或其他方面的支持下，决心继续走读书—科举—入仕之路。如王禹偁"总角之岁，就学于乡先生，授经之外，日讽律诗一首"[①]。学问由此发轫。再如张孝祥，自谓年十八，居建康，从乡先生蔡清宇为学。清宇弟子多达百数人，有豫章（江西南昌）人汪胶者，年方十六，其祖父携之以俱，"昼夜督课，与胶上下卧，起居无何，胶崭然有声场屋，连取乡荐，号名进士"[②]。孝祥本人，亦于高宗绍兴二十四年（1154）考取进士第一。仅以真、仁两朝名臣论，其中吕蒙正、张齐贤、王随、钱若水、刘烨、范仲淹、杜衍、欧阳修等人，尽管贫富不同，未第时皆受益于乡先生的教学。我们甚至可以这样说，在宋代，乡塾村校是大多数平民子弟由科举入仕的摇篮。

第三，从朝廷、地方政府到学校、宗族、亲朋对举人经济上的资助和士子之间的互助。士人参加科举考试，经济上的负担很重，学习期间的费用姑且不论，就是赴京的路费、食宿费、试卷费（宋代科举考试所用试卷，由举人出钱委托书铺交纳），录取以后的各种应酬费用，更是一笔巨大的开支，使许多人往往望而生畏。为此，上自朝廷，下至地方政府、州县学乃至宗族，对他们常有一些经济上的资助。

一是国家的资助。北宋太祖开宝二年（969）十月丁亥下诏：

> 昔西汉求吏民之明经术者，令与计偕，县次续食，盖优贤之道也。国家岁开贡部，敷求俊乂，四方之士，无远弗届，而经途遐阻，资用或阙，朕甚悯焉。自今西川、山南、荆湖等道举人，往来

[①] 〔宋〕王禹偁：《小畜集》卷二〇《孟水部诗集序》，影印文渊阁《四库全书》本，第1086册，第198页。
[②] 〔宋〕张孝祥：《于湖集》卷二九《汪文举墓志铭》，影印文渊阁《四库全书》本，第1140册，第695—696页。

给券。①

南宋高宗绍兴二十七年（1157）五月，中书省也下过指挥，陕西州军和西川举人，凡赴省试者，"仍给口券"②。南宋政府的财政状况远较北宋紧张，但从太祖开始对远方举人的这种优待，仍然被保持了下来，实属不易。远方寒士有了公券，自起程至返乡，一路上的食宿能仰给于国家，解除了他们的部分后顾之忧。

二是地方政府和州县学的资助。试以南宋理宗朝建康府（江苏南京）为例。建康本府在贡院发解试揭名后一月，以"劝驾"为名，于府厅设"鹿鸣宴"钱行，得解举人"每员送十七界会子三十贯文，折绿襕过省见钱一十贯文七十八陌，酒四瓶，兔毫笔一十支，试卷札纸四十幅，点心折十七界会子一十贯、酒一瓶，特送十七界会子一千贯文"。江南东路转运司对每位得解举人，也有相同数量的馈赠。③

建康府学以"本郡士子率多清贫，每当宾兴上南宫者，以装赍为苦"，学校特"创置房缗，专充赆送"。其资助额也较为可观："乡举发解，各五十千，免解者半。监、漕、国子发解，赆送数目并月铜钱各二十千，免解者半。武举发解各二十千，免解者半。宗子应举发解，宗学发解各二十千，锁应十五千，取应减半……补入太学，各一百千，入武学者半，入宗学者又半。"④即使是免解举人，建康府及相关州郡也有相应馈赠。庆元府（浙江宁波）举人，由本府送钱三百贯，"以助犒赏之费"。⑤

三是宗族和亲朋对得解举人的资助。宋代家族制度盛行，有些人一旦出仕显宦，他就会兴办各种形式的义庄、义学，鼓励本族子弟读书应举。

---

① 〔宋〕王称：《东都事略》卷二《太祖纪》，影印文渊阁《四库全书》本，第382册，第32页。
② 《宋会要辑稿》选举五之一五，第5348页。
③ 〔宋〕马光祖等：《景定建康志》卷三二《儒学志五》，中华书局1990年《宋元方志丛刊》本，第1877至1879页。
④ 〔元〕冯福京等：《大德昌国州图志》卷二《学校》，中华书局1990年《宋元方志丛刊》本，第6071页。
⑤ 〔宋〕吴潜等：《开庆四明续志》卷一《科举》，中华书局1990年《宋元方志丛刊》本，第5939页。

如范仲淹生前就在平江府（江苏苏州）兴置义庄，赒给宗族，此后其子范纯仁兄弟继续资助义庄，并订下各项规矩以供执行。其中对宗族子弟的应举和教学作有如下规定：

> 诸位子弟得大比试（指参加发解试）者，每人支钱一十贯（七十七陌，下皆准此）。再贡者减半。并须实赴大比试乃给，即已给而无故不试者，追纳。
>
> 诸位子弟内选曾得解或预贡有士行者二人，充诸位教授，月给糙米五石（若遇米价每石及一贯以上，即每石即支钱一贯文），虽不曾得解预贡，而文行为众所知者，亦听选，仍诸位共议（本位无子弟入学者，不得与议）。若生徒不及六人，止给三石；及八人，给四石；及十人，全给（诸房量力出钱以助束脩者听）。①

实际上，像范仲淹那样兴办义庄、义学的官员，在宋代并非个别，如北宋仁宗朝官至参知政事的吴奎，"少时甚贫，既通贵，买田为义庄，以赒族党朋友。没之日，家无余赀，诸子至无屋以居"。北宋末年的宰相何执中，"虽居富贵，未尝忘贫贱时。斥缗钱万置义庄，以赡宗族"。南宋高宗朝抗战派大臣向子諲，"友爱诸弟，置义庄，赡宗族贫者"。另一位参知政事余天锡，"兄弟友爱，方贫时，率更衣以出，终岁同衾。从子晦……尝置义庄，以赡宗族"②。如此等等，并不少见。在这些义庄中，基本上皆有资助宗族子弟应举的内容。另外，也有一些地方政府兴办的义庄，如明州昌国县（浙江定海），咸淳年间（1164—1174）利用没收邑民张氏的家产，置"贡士庄"，资助得解举人。"乡举一百二十贯，漕胄、宗室举八十贯，宗室取应举四十贯。乡举过省二百贯，漕胄、宗室过省一百五十贯，宗室取应过省一百贯。乡举廷对三百贯，漕胄、宗室廷对二百贯，宗室取应廷

---

① 周鸿度等编著：《范仲淹史料新编》，沈阳出版社1989年出版，第118页。
② 〔元〕脱脱等：《宋史》卷三一六《吴奎传》，中华书局1977年点校本，第10321页；卷三五一《何执中传》，第11102页；卷三七七《向子諲传》，第11642页；卷四一九《余天锡传》，第12553页。

对一百贯"①。这种官办义庄，在宋代当然不会只有昌国县一处。

四是订立乡规民约，实行士子互助。宋代乡规民约众多，性质各不相同，其中有一些是专为解决贫困士人赴京参加省试时的经济困难结成的组织。其办法是参加者订立规约，每一个与约成员须交纳一定基金，供参加省试之人使用。获取功名者，则出于感激，要给予该组织以一定的经济回报。南宋理宗朝大儒真德秀在《万桂社规约序》中，对此有较为详细的介绍，其谓：

> 余初贡于乡，家甚贫，辛苦经营，财得钱万。囊衣笈书，疾走不敢停，至都则已惫矣。比再举，乡人乃有为所谓"过省会"者（人入钱十百八十，故云），偶与名其间，获钱凡数万，益以亲友之赆，始舍徒而车，得以全其力于三日之试，遂中选焉。故自转输江左以迄于今，每举辄助钱二十万，示不忘本也。

真德秀所在乡的"过省会"人数甚众，据称"与约者几千人"，而"万桂社"与约者也"三百有奇"②，互助的力度估计一定较大。这种为科举而设的会社，也多少解决了一些贫困士人赴京赶考时的燃眉之急。

五是意外地获得有力者的资助。如上引王禹偁，他就是因为一次偶然的机会来到时任济州团练推官毕士安的公廨，士安问他："孺子识字乎，曰：'识尝。'读书乎？曰：'尝从市中学读书。'"士安又问："能舍而磨家事，从我游乎？"答曰："幸甚。"于是"遂留禹偁于推官廨中，使治书，学为文"③，从此禹偁学业大进，不久考取了进士。仁宗朝宰相王随，举进士前为一游民，"甚贫，游於翼城"，在那里因为欠饭钱而被人抓入县

---

① 《开庆四明续志》卷一《科举》，第5939页。
② 〔宋〕真德秀：《西山文集》卷二七《万桂社规约序》，影印文渊阁《四库全书》本，第1174册，第415—416页。
③ 〔宋〕毕仲游：《西台集》卷一六《丞相文简公行状》，影印文渊阁《四库全书》本，第1122册，第198页。

衙。一石姓县吏"为偿钱，又饭之，馆之于其家"①，次年王随竟一举登第。杜衍的情况与前面两人稍异，正当他"贫甚，佣书以自资"之时，被富民相里氏看中，"妻以女，由是资用稍给"②，才有条件走上应举的道路。

当然，以上大都为客观原因，主观努力就更不可少。能够考取进士的贫苦士子，都是通过自己坚韧不拔的刻苦攻读，遂得以敲开科举大门。他们一旦从事举业，为了以此改变自己的命运，光宗耀祖，出人头地，因而无不攻苦食淡、发愤学习。从上述范仲淹、欧阳修等十余人考取进士前的勤学苦读来看，皆超过常人。再如崔与之在获得友人资助以后，自增城出发，跋涉四千里，行程三月余，前往临安补试，路途辛劳自不待言，而其他人"率惮远不行"③。不过，苦读只是贫寒子弟敲开科举大门的必要条件之一，如果缺乏一定的天赋，也很难取胜场屋。从有宋一代历史看，凡是贫寒子弟能登高科者，几乎无一不是比较聪颖之人，如绍兴五年（1135）考取进士第一名的汪应辰，史言其：

> 幼凝重异常童，五岁知读书，属对应声语惊人，多识奇字。家贫无膏油，每拾薪苏以继晷。从人借书，一经目不忘。十岁能诗，游乡校，郡博士戏之曰："韩愈十三而能文，今子奚若？"应辰答曰："仲尼三千而论道，惟公其然。"④

又，宁宗嘉定十六年（1223年）考取进士第一人的蒋重珍，世代穷苦，"诸父七人，或夭或贫"。重珍幼孤，"诸父给以饘粥，母治丝枲，取毫末之赢以衣之"。"年十七，为人授小学，有襦鹑结，忍敝以待束脩之

---

① 〔宋〕范镇：《东斋记事》卷三，中华书局1980年点校本，第28页。
② 〔宋〕司马光：《涑水记闻》卷一〇，中华书局1989年点校本，第184页。
③ 〔宋〕李昴英：《文溪存稿》卷一一《崔清献公行状》，暨南大学出版社1994年点校本，第113页；卷四《跋菊坡太学生时书稿》，第49页。
④ 《宋史》卷三八七《汪应辰传》，第11876页。

入"①。塾师多为年长者所为，17岁的少年能教群童，重珍的聪明由此亦可见一斑。

在参加科举考试的士人中，虽然官僚、地主和富商子弟占了多数，贫民出身者只是少数，但是考试的最后结果，两者并非完全成正比。打一个比喻，如果前者90人参加省试，后者只10人参加省试②，每10人取1名。那么他们的录取比例决不会是9∶1，而往往是8∶2或7∶3，甚至更高。原因十分简单，前者多不学无术的纨绔子弟，后者则多真才实学的有志之士，两者在科场竞争中的胜负如何，可谓不言而喻。这里有一个统计材料，足以证明上述观点：北宋自神宗熙宁三年（1070）起，到徽宗末年止的近60年间，历19榜，共有状元叶祖洽、余中、徐铎、时彦、黄裳、焦蹈、李常宁、马涓、毕渐、何昌言、李釜、霍端友、蔡嶷、贾安宅、莫俦、何㮚、王昂、何涣、沈晦等19人，如果按照家学渊源，子传父业的传统和经济条件，这些人的儿子考取进士的概率应该很高，事实上，考之史籍，竟"无一家有子登科者"③。因此，我们在研究宋代下层平民的社会流动时，不应当仅着眼于他们参加科举考试人数的多少，还应该看到他们在其中所录取的比例如何。

三、宋代官僚阶层的社会流动

宋代平民子弟通过科举实现向上社会流动的同时，官僚阶层的子孙也在进行着社会流动。他们中，有的可能是"皇恩浩荡"，或一代比一代强，所以能够保持自己的家业不堕，甚至继续向上流动。但是，俗语说，"富不过三代"，大多数的官宦人家，必然是向下的社会流动。如太宗末年出

---

① 〔宋〕魏了翁：《鹤山先生大全集》卷七三《顾夫人墓志铭》，影印文渊阁《四库全书》本，第1173册，第145页。
② 此处所以以省试为例，因为从北宋后期起，省试录取的奏名进士，在殿试中再不被黜落，只是名次有高下而已。
③ 〔宋〕朱翌：《猗觉寮杂记》卷下，大象出版社2008年《全宋笔记》本，第3编，第10册，第86页。

任宰相的吕端,有"吕端大事不糊涂"之称,因为他力拥真宗为帝,真宗继位后对他一直照顾有加。就是这样一位元老重臣,咸平三年(1000)去世后,至景德二年(1005),仅五年时间,家道就迅速中落,负债累累,其子孙、兄弟,"又迫婚嫁,因质其居第"。真宗为此出内府钱赎还之,"又别赐金帛,俾偿宿负"①。另一位真宗朝宰相毕士安,出任显仕多年,他去世后,"四方无田园、居第,没未终丧,家用已屈"②。这种情况不仅北宋大量存在,南宋也不少见。因此,当时一些头脑比较清醒的士大夫,已经深感世代保持家业的不易,曾与吕端并相的李沆,治第封丘门内,厅事前仅容旋马,有人向他提出,以为太隘。李沆回答道:"居第当传子孙,此为宰相厅事诚隘,为太祝、奉礼厅事已宽矣。"③这类情况的普遍出现,致使宋人有"盛衰之变,何其速也"④之叹。

论者或问,宋代官员俸禄优厚,恩荫盛行,官僚阶层的沉沦,当不至于如此迅速。对于这种看法,笔者不敢苟同,为此有必要作些分析和评述。

首先,对所谓宋代官员俸禄优厚的看法,这多少受到清代学者赵翼的影响,他在言及宋代俸禄时说:"恩逮于百官者,惟恐其不足;财取于万民者,不留其有余。此宋制之不可为法者也。"⑤实际上,关于宋代官员俸禄的高低,不能一概而论,而必须作具体分析。从大量的文献资料记载来看,"除了少数高级官员的俸禄确实非常优厚以外,占官员总数绝大部分的低级官员的俸禄并不高,他们往往不足以养廉"⑥。嘉祐三年(1058),王安石在《上仁宗皇帝言事书》中说:

> 其下州县之吏,一月所得,多者钱八九千,少者四五千。以守

---

① 《宋史》卷二八一《吕端传》,第9517页。
② 《宋史》卷二八一《毕士安传》,第9522页。
③ 《宋史》卷二八二《李沆传》,第9541页。
④ 〔宋〕曾巩:《曾巩集》卷四四《徐君墓志铭》,中华书局1984年点校本,第597页。
⑤ 〔清〕赵翼:《廿二史札记》卷二五《宋制禄之厚》,凤凰出版社2008年点校本,第356页。
⑥ 参见何忠礼:《宋代官吏的俸禄》,《历史研究》1994年第3期。

选、待除、守阙通之，盖六七年而后得三年之禄，计一月所得，乃实不能四五千，少者乃实不能及三四千而已。虽厮养之给，亦窘于此矣。而其养生、丧死、婚姻、葬送之事，皆当出于此。①

南宋孝宗朝官员杨万里在一个奏议中也说：

士之穷者，扶老携幼，千里而就一官，禄既薄矣……其或州县之匮乏者，上官之私怒而不悦者，有终岁而不得一金。且夫假贷以往也，而饥寒以居也，狼狈以归者也。非大贤君子，谁能忍此？而曰："尔无贪，吾有法！"岂理也哉。②

看了上引奏议，对赵翼的所谓"宋制禄之厚"，当不会完全苟同。在这种俸禄状况下，广大中下级官员一旦致仕或物故，家道中落的情况就更为迅速。如神宗朝的曾谊，终官都官员外郎（正七品），"罢吏归，常阖门居，不与人事，或日昃不得食"③。南宋前期的潘良贵，历官提点刑狱、中书舍人（正四品），他"自老至少，出入三朝，而前后在官，不过八百六十余日，所居仅庇风雨，郭外无尺寸之田，经界法行，独以丘墓之寄，输帛数尺而已"④。他们罢仕后在生前已经如此贫苦，死后其子孙如果没有考取科举，即使仍享有官户身份，也只能过着贫困潦倒的生活，与贫民没有两样。

这里还应该指出宋代官员和唐代官员在待遇上的一个很大不同：唐代官员不仅享有俸禄，还可以按官品高下获得60顷至2顷不等的永业田。他们的子孙，即使后来没有考取科举，或不能入仕，多数人仍然可以享受地主的生活。宋代官员则只有俸禄而无永业田，如果他原来不是地主，又较

---

① 〔宋〕王安石：《王安石全集》卷三九《上仁宗皇帝言事书》，吉林人民出版社1996年点校本，第405页。
② 〔明〕黄淮、杨士奇编：《历代名臣奏议》卷二一二《杨万里奏议》，上海古籍出版社1989年据永乐本影印本，第2805页。
③ 《曾巩集》卷四二《曾君墓志铭》，第577页。
④ 〔宋〕朱熹：《朱熹集》卷七六《金华潘公文集序》，四川教育出版社1996年点校本，第3986页。

清廉,即使为官多年也很难拥有土地。南宋人周煇谓:

> 煇顷侍钜公,语及常产,公云:"人生不可无田,有则仕宦出处自如,可以行志。不仕则仰事俯育,粗了伏腊,不至丧失气节。有田方为福,盖福字从田、从衣。"虽得此说,三十年竟无尺土归耕,老而衣食不足。福基浅薄,不亦宜乎![1]

周煇生于靖康元年(1126)十二月,钜公者周煇之父邦,他以恩荫得官,入仕三十年,竟不能获得"尺土"。可见,在宋代,官僚并非一定是地主,读书人只有走科举入仕之路,才能继续保持较高的政治、经济地位,否则即使做了官,其子孙甚至其本人难保不陷入贫困。

论者又会问,宋代恩荫盛行,官员是否可以通过恩荫,让子孙世代做官,以保证门第之不堕?笔者以为,这一点实在也难以做到。

原来,在唐、宋恩荫制度中,存在着这样两个显著差别:一是唐代恩荫范围比较狭小,一般只能荫及子孙,基本上限于五品以上的中高级官员才能享受这种特权。宋代恩荫甚滥,上自一品大臣,下至从七品员外郎,都可荫及子孙,中等官员可荫至小功以下亲,大者可并及于门客、医士。二是唐代任子授官高,升迁快,以恩荫入仕累官至宰相者,不下六七十人。父子、祖孙、兄弟先后居相位者也有数十家之多。反之,寒门出身的进士,仕途升迁就大有难处。宋代恩荫不仅授官低,而且升迁亦远较进士出身者缓慢[2],即使位极人臣的宰相之子,亦只授从八品的将作监丞,多数官员的余亲,只能授试衔、斋郎之类长期不得放选又无具体差遣的小官。与进士出身者相比,恩荫出身的官员升迁也缓慢得多,年轻从政,白首归家,大多数人终生在"选海"中翻滚,进不了京官行列。如陆佃之舅边珣,自仁宗朝前期以父荫入仕,历官数十年,致仕前仍然只是一个选人

---

[1] 〔宋〕周煇:《清波杂志》卷一一《常产》,中华书局1994年点校注本,第469—470页。
[2] 关于宋代恩荫得官之人与进士出身者在仕途上升迁快慢的不同,请参见《宋史》卷一五八《选举四》,第3694页。

资序的两使职官①。又如著名政治家、科学家沈括，仁宗至和元年（1054），以荫补为官，虽政绩卓著，结果仍然只是一名县的主簿。后来他在回忆这段经历时说："一纪从师，讫无一业之仅就；十年试吏，邻于三黜而偶全。"②不仅改官遥遥无期，就是芝麻小官亦几乎不保。然而，自嘉祐八年（1063）沈括登进士第以后，仕途生涯从此就一帆风顺，若除去丁母忧三年，只用了十年时间，就从选人而一跃为翰林学士、权三司使，成为权势煊赫的大臣，其升迁之快，与"十年试吏"时期相比，简直判若两人！正因为如此，在有宋134名宰相中，只有3人是靠恩荫起家（皆在北宋，南宋则绝无一人），其余几乎全是进士出身。

由此可见，宋代官员要使其子孙保持家业，延续门第，只有走科举入仕之路。否则，在其身后，鲜有不出现家道衰落、子孙鬻卖田产、第宅的情况。这就是宋代科举制度下的另一种社会流动，即由官僚阶层向普通平民乃至贫民的流动。

综上所述，在官僚政治已经代替了门阀政治的宋代，由于商品经济发展，贫富分化加剧，无论官僚、地主、富商和一般贫民的子孙后代，都面临着社会地位升降的可能。在科举制度已经向全民开放的形势下，即使处于社会下层的人士，也有不少人凭借自己的勤奋好学、自强不息、聪明智慧和出色的成绩，凭借社会、宗族的资助，甚至是偶然的机遇，走上科举入仕之路，并取得成功，进入统治者的行列。那些原来富贵家庭的子孙，一旦考不取进士，就会丧失权力的保护和俸禄的支持，随着时间推移，家境逐渐走向衰落，甚至沦入社会下层。宋人所说："贫富无定势。"即此之谓也。凡属于向上的社会流动，有利于扩大统治基础，为统治者增添新鲜血液。来自社会下层的官员，他们比较体察民情，较少腐朽性，虽然丝毫

---

① 〔宋〕陆佃：《陶山集》卷一四《通直郎边公墓志铭》，影印文渊阁《四库全书》本，第1117册，第168页。

② 〔宋〕沈括：《沈括全集·长兴集》卷一《除翰林学士谢宣召表》，浙江大学出版社2011年点校整理本，第8页。

不会改变封建统治的性质，却有利于改善政治，缓和社会矛盾，这已为无数事实所证明。向下的社会流动，则可防止世家大族的形成，起到吐故纳新的作用，也有利于社会的进步和发展。

因科举制度而出现的这两种相反方向的社会流动，起自科举制度正式形成、察举制度基本退出历史舞台的宋代，一直延续到明、清两朝，达千年之久。这就是为什么中国自北宋以后，很少出现一个家族势力长期垄断政治的重要原因，从而打破了凝固的政治板块，割断了腐朽的血缘关系。"朝为田舍郎，暮登天子堂"的谚语，能够在民间广泛流传，既是现实的反映，也是人们的愿望。既然今天的考试制度，从形式上来说，与过去的科举制度极为相似，那么它同样也具有促进社会流动的功能，对社会发展具有一定的积极意义。

（原载《学术月刊》2012年第1期）

社会流动及其局限

梁庚尧

一、旧门第消失与新士人兴起

科举制度配合印刷术的推广应用与教育机会的普遍增加，促成了唐、宋之间社会形态的转变。这一转变表现在宋代社会上，便是统治阶层社会纵向流动的加速。以往政权由少数世家大族长期垄断的情形不再存在，科举出身的士人取而代之成为政治的核心，而他们往往是骤盛忽衰，不容易再形成以往门第那种可以延续好几百年的政治力量。和科举制度影响及社会纵向流动这一个课题同样重要而且相互关联的，还有科举制度对家族组织的影响。构成中古门第的世家大族，外则藉地望、谱系来维系，内则凭礼法、经学而传家，并且以九品中正制度来延续其政治地位；宋代新兴士人的家族组织，则与科举制度的影响不能脱离关系。关于这一点，已有学者以专文提出深具散发性的看法。

早在1940年，钱穆在《国史大纲》第四十一章《社会自由讲学之再兴起》中，已经指出唐代中叶以后，中国有两项很大的变迁，一项是南北经济文化的转移，另一项是社会上贵族门第的逐渐衰落。并且进一步认为门第衰落之后，社会上的新形象主要有三点：一是学术文化传播更广泛，二是政治权解放更普遍，三是社会阶级更消融。而在政治权解放更普遍这一点中，他讲"以前参预政治活动的，大体上为几个门第氏族所传袭，现在渐渐转换得更快，超迁得更速，真真的白衣公卿，成为常事"。1950年，钱穆在《中国社会演变》一文中，为唐代以后具有上述特色的社会，命名为"科举的社会",并且说:"这一种社会,从唐代已开始,到宋代始定型。这一种社会的中心力量完全寄托在科举制度上。"这篇文章,后来收入钱穆的一本小书《国史新论》中。

在钱穆写《中国社会演变》一文的三年前,学术界开始以统计的方式来探讨宋代社会的上下阶层之间的纵向流动。这一个研究方向首先出现于美国,美国宋史研究的奠基人柯睿格(E.A. Kracke)在1947年发表的 *Family Vs. Merit in Chinese Civil Service Examinations under the Empire* 一文中,运用南宋《绍兴十八年同年小录》和《宝祐四年登科录》两份进士录取名单,统计这两榜进士中所谓"新血"的比例。然后在1950年,日本学者周藤吉之在《宋代官僚制と大土地所有》一书中,也用同样的资料,做了更加广泛的统计。钱穆的学生孙国栋在1959年,于香港发表《唐宋之际社会门第之消融》一文,运用《新唐书》、《旧唐书》及《宋史》列传人物的家世资料,比较中唐以后和北宋时期人物出身背景的差异。1971年,台湾政治大学政治研究所研究生陈义彦,将他硕士论文的一部分写成《以布衣入仕情形分析北宋布衣阶层的社会流动》一文发表,统计《宋史》列传中北宋人物的出身背景。1977年,他的硕士论文《北宋统治阶层社会流动之研究》出版。他们的研究成果,大体上都印证了钱穆在《国史大纲》中的看法。在美国的中国史学界,同样是科举时代的社会流动研究,除了宋代之外,还有何炳棣对于明清时期的研究,他在20世纪50年代运用这一个时期的进士登科名录、举人与贡生的名簿同年名录及生员题名录,分析近四万名人物的三代祖先,也认为从明到清平民向上流动的机会虽然渐减,但是就整个明清时期来讲,仍然有相当程度的流动性,他的专书 *The Ladder of Success in Imperial China: Aspects of Social Mobility,1368–1911*(《明清社史论》),出版于1962年。一直要到20世纪80年代,这样的看法才受到美国学者郝若贝(Robert M. Hartwell)和他的学生韩明士(Robert P. Hymes)的挑战。

上述有关唐宋社会流动的研究指出,尽管在盛唐时期,科举考试制度已经成为政府取士的重要途径,但是在中晚唐,门第势力在政治上仍然占有重要的地位。据孙国栋估计，《旧唐书》所载从唐肃宗到唐代末年之间的人物，有将近十分之七出自名族和公卿子弟，出身于寒素者不及七分之一，如果以宰辅的家世作比较，两者的比例更加悬殊（80%：7%）；经过唐末五代的大乱，唐代的官宦大族受到很大的打击，从此脱离了政治的核心。到北宋时期，政治上活跃的已是另外一群新兴的士人。《宋史》列传中的一千多位北宋人物，源出于唐代大族的只有十姓三十二人，这些人物的家世，在唐末五代或则已式微，与寒贱无异，或则流移外地，失其故业。而宋代政治人物的家世背景，在构成上已和唐代大不相同。据陈与彦的统计，《宋史》列传中的北宋人物，出身于高官家庭的不过四分之一，而出身于布衣的则超过二分之一，而且随着时间的演进，时代愈晚，布衣出身的比例也愈高；以宰辅的出身来作统计，情况也大致相似。而布衣官员入仕的途径，在北宋初期以科举出身的约占三分之一，在北宋中期已超过四分之三，到北宋晚期更超过五分之四。科举制度所造成的影响，十分明显。柯睿格则指出，南宋绍兴十八年（1148）和宝祐四年（1256）两榜登科录中的进士，祖宗三代不曾仕宦的进士，也都要超过一半以上。

上述的统计，说明到了宋代，世家大族已经无法再像唐代以前一样垄断仕途，仕宦之家再也不容易世代保持仕宦的身份，除非子孙能够世代不断地在科举考试中表现优异；而布衣入仕的途径则宽广了很多，他们只要能在科举考试中表现才能，就有机会进入仕途，甚至擢升高官。这也就是说，宋代统治阶层的流动性，要比唐代高了很多。

不过所谓社会流动的加速，是就和唐代比较而言，单就宋代本身来讲，社会流动仍然有其局限。第一，宋代入仕之途中仍然存在着恩荫的制度，高官子弟、亲属甚至门客可以恩荫入仕。第二，随着人口的增加与士人阶层的扩大，科举考试竞争愈来愈激烈，即使进士登第最多的一次将近一千人，就考生比例来看，机会也是相当小的，要想在考试中出众，必须花很长的时间作准备，不事营生。在这种情况下，富贵之家的子弟比较占优势。第三，上述有关统计，都是以父亲、祖父、曾祖等嫡系祖先的仕宦情形作依据，然而嫡系祖先未曾仕宦，未必没有其他血亲或姻亲仕宦，这些血亲或姻亲的经历如果能对一个人的前程发生影响，那么上述所谓布衣出身的意义便要大打折扣。这也就是郝若贝在 Demographic, Political, and Social Transformations of China, 750-1550 一文中，韩明士在研究宋代江西抚州的专书 Statesmen and Gentlemen: the Elite of Fu-Chou, Chiang-Hsi, in Northern and Southern Sung 中，提出有异于柯睿格、何炳棣说法的重要理由。韩明士甚至从家族背景与婚姻关系，去分析包括具有官员、士人身份者及不具此等身份者在内的地方菁英，认为宋代没有社会纵向流动可言。上面所提及的三项因素，后面还会再讨论。

尽管有这些局限，科举考试在宋代确实提供了一个公开竞争的场地，宋代的社会也确实和唐代不同。当时人对社会特色的变化，有敏锐的感受。郑樵《通志·氏族略序》说：

> 自隋唐而上，官有簿状，家有谱系。官之选举，必由于簿状；家之婚姻，必由于谱系……此近古之制，以绳天下，使贵有常尊，贱有等威者也。所以人尚谱系之学，家藏谱系之书，自五季以来，取士不问家世，婚姻不问阀阅，故其书散佚，而其学不传。

取士不问家世，正是宋代科举考试制度所显现的特色，家世背景不能影响考官的评审。和这项特色同时存在的现象，是仕宦家族想要长期保持兴盛并不容易。袁采《袁氏世范》卷一《子弟贪缪勿使仕宦》：

> 士大夫试历数乡曲，三十年前宦族，今能自存者，仅有几家。

同书卷中《世事更变皆天理》：

> 世事多更变，乃天理如此，今世人往往见目前稍稍乐盛，以为此生无足虑，不旋踵而破坏者多矣。

盛衰无常，正是宋代纵向社会流动加速的写照。

出身于布衣的官宦，主要来自哪一类家庭？根据陈义彦运用《宋史》列传所作的统计，最多的是士人家庭。由于"业儒"已经成为当时社会的一种理想，所以确实有许多家庭世代以士人为业，他们可能有祖先在经营产业富裕之后，开始重视子孙的教育；也可能有祖先曾经入仕，而子孙在科场失利，却仍然力求进取；也有些出身贫寒的士人家庭，虽然生活艰苦却依旧要保持士人的身份。其中许多士人家庭，可能同时拥有一些田产，田租的收入是支持他们读书的经济来源。南宋初年，胡寅（1098—1156）曾说建宁府"读且耕者十家而五六"[①]。不过除了士农兼业的家庭外，工商之家转而为士的情形也逐渐多见。北宋晚期，苏辙（1039—1112）就讲："凡今农工商贾之家，未有不舍其旧而为士者也。"[②]南宋晚期，欧阳守道更说："古之士由农出，农之气习淳良，后之士杂出于工商异类矣，又降而下有出于吏胥游末矣。"[③]北宋末年的宰相李邦彦（？—1130），父亲便是银工；南宋宁宗时的宰相京镗（1138—1200），则出身于经营盐铺的家庭。这一类的例子也许不多见，却也正是"取士不问家世"的最好说明。

二、荫补、财富与亲缘的影响

（一）荫补

荫补也称为恩荫或奏荐，凡是宗亲国戚，文武官员的子孙、亲属甚至门客，都有机会获授官职。这一项制度在汉、唐都有，宋代也继续沿用。恩荫授官的时机，比较常见的有在皇帝生日的时候，称为圣节荫补；有在三年一次的郊祀或明堂大礼的时候，称为大礼荫补或郊祀荫补，这是最主要的一种；有在中高级文武官员致仕的时候，称为致仕荫补；后妃、宗室、中高级文武官员去世之前，也可以遗表向朝廷奏荐，称为遗表荫补；下级官员也享有这项权利。中下级官员如果因为作战、捕盗而死亡，同样可以奏荐，称为死事荫补。荫补的对象包括兄弟、子孙、异姓亲属，高官

[①]《斐然集》卷二一《建州重修学记》。
[②]《栾城集》卷二一《上皇帝书》。
[③]《巽斋文集》卷五《回包宏斋书》。

甚至可以荫补门客、医人。每人荫补的人数也没有一定，多的可以到一二十人，譬如宋真宗时代的宰相王旦死后，"录其子、弟、侄、外孙、门人、故吏，授官者十数人"[①]。宋初名将曹彬死后亲族、门客、亲校有二十余人获得授官。

荫补得官是由于家世背景，和经由科举考试凭借能力竞争得官有所不同。宋代官员中，以荫补得官的人数占了相当的比例，当时人也不断批评荫补的冗滥。宋仁宗庆历年间，范仲淹在他上呈给皇帝的改革建议中，"抑侥幸"一项就说：

> 自真宗皇帝以太平之乐，与臣下共庆，恩意渐广。大两省至知杂御史以上，每遇南郊，并圣节，各奏子充京官，少卿监奏一子充试衔，其正郎带职员外郎，并诸路提点刑狱以上差遣者，每遇南郊，奏一子充斋郎。其大两省等官，既得奏子充京官，明异于庶僚，大示区别。复更每岁奏荐，积成冗官。假有任学士以上官，经二十年者，则一家兄弟子孙出京官二十人，仍接次陛朝，此滥进之极也。[②]

从庆历年间以后，政府虽然不断对荫补制度有种种限制，使荫补得官不再像以前那样容易，但是这一项制度的影响仍大。北宋皇祐二年（1050），当时人说每三年以荫及其他横恩而得官者不下千余人；南宋隆兴元年（1163），当时人也说三年一郊，以父兄而任官者达数千人。

李心传《建炎以来朝野杂记》乙集卷十四《嘉定四选总数》条载有宋宁宗嘉定六年（1213）官员数，官员总数共28864员，其中尚书左选辖京朝官2392员，包括有出身者975员，以各种名目荫补者1383员，以其他身份补官者34员，侍郎左选辖选人17006员，包括有出身者4325员，恩科5065员，童子科60员，奏荐6366员，宗子该恩者560员，以其他身份候选者613员。尚书右选与侍郎右选所辖为武臣，暂时不加以统计。尚书

---

① 《续资治通鉴长编》卷九十，天禧元年九月己酉条。
② 《范文正公集·政府奏议》卷上《答手诏条陈十事》。

左选所辖京朝官中，有出身者仅占40.8%，而出身荫补者则高达57.8%；侍郎左选所辖选人中，有出身、出身恩科、童子科者合占55.6%，而出于奏荐、宗子该恩者高达40.7%；京朝官、选人两项合计，出自科举者占53.7%，出自荫补、奏荐者占42.8%。在文臣中，荫补所占比例已经如此之高，而在武臣中，荫补所占的比例可能还要更高，荫补的影响确不能忽视。

但是据陈义彦有关《宋史》列传北宋人物入仕途径的统计，以荫补入仕者只占总人数的16.6%，其中约十分之七出身高官家庭，约四分之一出身中官家庭，两者合计已超过95%。而黄宽重在《南宋两浙路社会流动的考察》一文中，利用南宋、元初的文集、金石、方志、进士题名录、馆阁录等资料，搜集到南宋两浙路5644人的资料，其中已仕者4406人，出身于进士者占76.7%，而以荫补入仕者则仅占3.8%，这两项统计给人的印象，都和《建炎以来朝野杂记》的资料有很大的差距。

这种差距可能的解释是，由荫补入仕的人虽然数量很多，但是其中表现出色，有机会擢升到中、高层官员而能载入正史列传或其他史料中的，却为数有限。也就是说，他们在才华、表现与升迁机会上，均远不如出身于科举的官员。荫补制度虽然保障了他们入仕的机会，却不保障他们升迁的机会。事实上，不仅不予以保障，而且予以诸多限制，例如对于无出身人（包括荫补在内）规定不得任台职，也不授以馆职。文臣京官的升迁，科举出身者是隔级迁转，而荫补者只能逐级迁转。选人除京官，有出身者也较无出身者官阶为高。相对而言，制度的规定显然使得官员无论家庭背景，由科举入仕者要较由荫补入仕者在升迁上更为有利，来自平民阶层的官员，他们只能以科举出身，不因家庭背景，而在制度上减少了往上发展的竞争机会。在这种情况之下，要想在宦途有所发展，官宦子弟仍然必须参与科举考试的竞争，事实上也的确有不少官宦子弟如此，或者参加州郡解试，或者在荫补后再参加锁厅试。据陈义彦的统计，《宋史》列传中北宋人物出身于高官家庭的，约有十分之三是以科举入仕，近45%是以荫补入仕；出身于中官家庭的，则约有二分之一是以科举入仕，将近十分之三是以荫补入仕。可见即使是高官子弟，也有不少人不凭特权踏入仕途；而中层官员子弟以科举进身的比例，已超过了荫补。中层官员子弟能荫补的官位低，导致他们在升迁上要比获得荫补的高官子弟更为困难，或许这也是载入《宋史》列传的中官子弟有较多是以科举出身的原因。

（二）财富

家庭的经济能力对于士人参加科举考试的成败，也有很大影响。富有的家庭比较能够支持子弟接受较好的教育，也比较能够让他们心无旁骛，专心准备考试；甚至比较方便在考试中运用金钱来舞弊，比如雇人代笔或买通办理考试事务的人员。在这样的情况之下，富家子弟在科举考试中显然比较占优势。

一般认为，官户，也就是品官之家，是社会上最富裕阶层，原因在于他们在某种程度之内，享有免除差役及科敷的特权。税、役负担既轻，财富积累自然容易。富与贵结合在一起，即使官宦子弟不享受荫补的特权，他们参加科举考试，及第的机会也会大得多，因而阻塞了其他人的上进之途。

问题也许不能一概而论，官宦子弟在科举考试中的优势固然存在，但是富贵有时候不见得就是一项优势，财富善于运用固可以支持子弟读书应举，不善于运用也会造成子弟习于游乐放荡，甚至破坏家业。《袁氏世范》卷二《兴废有定理》载：

> 起家之人见所作事无不如意，以为智术巧妙如此，不知其命分偶然，志气洋洋，贪多图得。又自以为独能久远，不可破坏，岂不为造物者所窃笑。盖其破坏之人或已生于其家，曰子曰孙，朝夕环立于其侧者，皆他日为父祖破坏生事之人，恨其父祖目不及见耳。前辈有建第宅，宴工匠于东庑曰：此造宅之人；宴子弟于西庑曰：此卖宅之人。后果如其言。

宋人所谓"起家"，常指入仕而言。袁采（1140—1190）观察到士大夫开创仕宦之业，却不旋踵因子孙不肖而破坏。何以官宦子孙常多不肖？他在同书卷一《子弟常宜关防》有一段观察：

> 子孙有过，为父祖者多不自知，贵官尤甚。盖子孙有过，多掩蔽父祖之耳目。外人知之，窃笑而已，不使其父祖知之。至于乡曲贵宦，人之进见有时，称道盛德之不暇，岂敢言其子孙之非。况又自以子孙为贤，而以人言为诬，故子孙有弥天之过，而父祖不知也。间有家训稍严，而母氏犹有庇其子之恶，不使其父知之。

他认为这是由于贵宦之家对于子孙过于放纵溺爱，别人对他们也只是奉承，而不敢有所规劝。

这样教养出来的官宦子弟，自然不可能凭能力在科举考试中与别人竞争。北宋晚年，毕仲游（1047—1121）指出以荫补入仕的公卿子弟大多庸劣，正是这种情况的反映。他说：

> 而公卿大夫所任之子弟，虽有贤者，而骄骜愚懵，未知字书之如何而从政者亦甚众。虽其父兄不自言，以情占之，岂能不以为愧而且幸哉。①

就是因为他们本性庸劣，无法在科举考试中与人竞争，所以才需要依靠荫补入仕。而这种情况也说明，官宦家庭拥有财富，却不一定能够培养出优秀的子弟。

况且官宦家庭未必都称得上富有，经济环境较差，甚至贫困的也为数不少。而富裕的家庭，又不限于官宦，业农、业商也同样可以致富。许多地主、商人，在家计富足之后，往往开始注意子弟的教育，培养子弟入仕，前面讲私塾的兴盛时，就提到一些例子。也有一些富家是农儒兼业，经过好几代的努力，才有人通过考试，踏入仕途。这种情形，固然表明了财富的影响力，但是就他们的家庭背景来讲，对官宦阶层不能不说是注入了新的成分。

这些富有家庭自然也有庸劣子弟，他们没有荫补的特权，可是渴望求

---

① 《西台集》卷四《官冗议》。

得科名，于是有考试舞弊的情形。咸淳六年（1270）黄震在绍兴发布了一篇《又晓谕假手代榜》，其中说道：

> 士、农、工、商，各有一业，元不相干。为士者多贫，虽至仕宦，尚苦困乏。惟为农、工、商贾而富者最为可庆，最富知足。盖人若不曾读书，虽田连阡陌，家赀巨万，亦只与耕种负贩者同是一等齐民，而乃得高堂大厦，华衣美食，百人作劳，一身安享。不惟一等齐民不能及之，虽贵而为士，至于仕宦，禄赐有限，忧责无穷，亦岂能及之？富室若不知足，又当何人知足？近来风俗不美，富室间不安分，更欲挥金捐财，假手代笔，攘窃士人科第，盗取朝廷官爵，败乱官箴，诒误百姓。[①]

从黄震的榜文看，这些雇人代笔的富家主要是从事农、工、商贾之业的家庭，而非官宦之家，他们以金钱的力量使士人愿意代他们作答，从而通过考试，获得官位。这种情形，同样说明了财富的影响力，所采用的手段虽然不正当，但是同样不得不认为是对官宦阶层注入了新的成分。

财富的影响力已如上述，但是科举考试毕竟有一套严密的制度，单凭财富并不能发生作用，舍舞弊的途径而不论，还必须配合上教育、子弟的才华与努力，以及机运（朝廷政策与考官因素），在这种情况之下，富家并不能够垄断科举考试的录取名额，贫穷的士人也有很多的机会，黄震在榜文中说："为士者多贫，虽至仕宦，尚苦困乏。"正说明了这种状况。南宋文人洪迈在《夷坚志》里讲了一个陈尧咨的故事，陈尧咨由于家贫，不愿花钱从浦城县到建宁府城去参加解试，心里很犹豫，于是到邻近的护学祠中留宿求梦，当晚梦见一个独脚鬼，跳跃前进，且行且歌，说："有官便有妻，有妻便有钱，有钱便有田。"陈尧咨醒来，决意到府城应考，结果果然通过解试，并且一举登科。这个故事所显示的贫士仕宦之后的经济境遇，虽然和黄震所讲不同，但是两项资料都说明了一些士人在及第之前

[①]《黄氏日抄》卷七八。

经济情况并不是很好。他们家境艰困却仍然不顾一切地投身于科举竞争，显然是因为科举考试在竞争上尽管激烈，可是对于贫士来讲，仍然充满了无穷的机会与希望。事实上，宋代官宦出身于贫士家庭的不乏其人，其中有些甚至考中了状元。这种情形，说明了财富的影响力固然很大，但是并没有起决定性的作用。

（三）亲缘

除了父亲、祖父、曾祖父等嫡系亲属外，其他如兄弟、伯叔、母舅等其他血亲或姻亲，对于士人入仕的机会也会产生影响。以荫补来说，不仅父祖可以提供荫补的机会，其他亲属也可以提供荫补的机会。但是关系如果比较疏远，官阶也就会有差别。例如，知枢密院事至同知枢密院事，可以荫子为承奉郎、孙及期亲为承务郎，都属于京官低层，而大功以下及异姓亲只能荫为登仕郎，则只是选入低阶了。在经济或教育上，其他亲属也可以提供助力，但是这种助力究竟也有其限度，和支持自己家庭的子弟读书应举不可能没有差别。而且前面所讨论到荫补与财富影响力的限度也仍然存在，不论其他亲属提供如何的帮助，父祖是否重视教育、本人的才能、努力与机运，仍然是不可忽略的重要因素，亲属的助力只能配合这些因素发生作用。

宋代福州登科士人的家族关系，提供了在科举考试中亲属影响力只是助缘的一个地区性群体案例。统计《淳熙三山志》所载登科名录中的家族关系资料，可以看出，从北宋太平兴国五年（980）榜到南宋绍定五年（1232）榜，约250年间，福州包括进士、诸科、文举特奏名、武举、武举特奏名、太学、八行在内的3400多名登科者中，约有三分之一的登科者具有家族登科背景（家族中包括直系亲属、旁系亲属及兄弟关系在内，具有两个以上的登科者），也就是仍有三分之二的机会可供家族中尚未有人登科的士人去竞争。至于具有家族登科背景的三分之一名额，则有300多个家族在竞争，并非少数家族在垄断。这300多个家族中，大多数的登科人数都只在2—5人之间，而又以2人、3人为常见，6人以上的并不多。其中陆氏和潘氏家族有多达20余人登科，可以说是十分罕见。但是以潘氏家族为例，在北宋时开始有族人登科，到了南宋，至少有分居在长乐和闽县的五个支系在科第上有所表现，前后断续包含八个世代。这五个支系，其中有些关系已经疏远，甚至已经无法追溯他们远祖的关系；关系比较亲近的几个支系，到南宋末年也已超出五服之外，把各个支系所有登科者的表现视为整体，对之进行衡量，是否适宜，有待考虑。进一步看，那些有较多族人登科的家族，同一个家族的各个支派，不同的辈分，甚至同一家庭中的父子兄弟，在举业上遇到的成功或挫折也会有很大的不同，在应举中屡经挫折的情形并不乏见。就算是科第名族如潘氏，情况也是一样。而且那些没有家族科第背景的士人为登第而长期奋斗的历程，同样见于具有家族科第背景的士人的身上，往往是困苦力学，屡遭挫折，然后登科。这种情况，实在很难认为亲属关系可以对士人登科发挥什么直接的作用，不论家族背景如何，参加科举考试的士人都必须面对竞争。竞争的激烈推动了福州教育的扩张，也促使家族中的长辈重视子弟或族人的教育。从许多例子看，家族的助力，无论是士人己身这一边，或母亲、妻子这一边，其实都发挥在教育上。然而即使重视教育也未必就能使子弟或族人顺利登科，士人在举业中屡经挫折、长期奋斗、有成有败，所说明的是个人在才智、努力与机运上的差异所发生的作用。

再看看福州以外的一些个别例子。明州官宦楼、汪两家有密切的婚姻关系，楼钥的父楼璩（？—1182）娶了汪大猷的姐姐，汪大猷的妻子则是楼璩堂伯父的女儿。楼璩在南宋初年由于家境清寒，曾与家人寄居于汪大猷家中。袁燮记载楼钥少年时生活、读书的情形：

> 家素清贫，重以建炎之祸，先庐故物，一簪不留。兖公[①]依外舅少师汪公以居，辛苦植立，不坠先绪。宦游既久，生理尚窘，朴素如寒士，诸子无复豪习。公从师里校，至无盖以障雨，敝衣粝食，堇免寒饥，以此益自磨厉。[②]

[①] 按：楼璩赠兖国公。
[②]《絜斋集》卷十一《资政殿大学士赠少师楼公行状》。

楼璩曾任军器监丞、知州，虽是官宦，经济情况却不是很好。他寄居在姻亲汪大猷家，从他们父子生活的情形来看，汪家给他们的经济帮助显然有其限度。不过即使在这样艰困的环境中，楼钥仍然"从师里校"，显示家庭对教育的重视。楼钥的伯父楼璹（1090—1162）仕宦至知扬州兼淮东安抚，曾经买赡田五百亩设立义庄，家境应该不至于太坏，但是楼钥讲他的父亲楼璩"清贫终身"，显然伯父对他们家似乎也没有提供太多经济上的帮助。楼钥的入仕经由科举。他二十岁侍亲游宦还乡，仍然师事当时的名师郑锷，他描述当时的情形说："时亦粗成赋篇，及见先生机杼，望洋向若而叹，一意摹仿。"[1]这段话一方面显示他对郑锷的钦佩，另一方面也不难反映出他对自己文才的自负，同时却也肯虚心求进。他在隆兴元年（1163）的礼部试中，果然"主司伟其辞艺，欲以冠多士"，只因"所答策偶犯庙讳"，而置于末等之首。[2]他的及第，应该和他自己的才华、努力有关，父亲、舅舅或伯父的余荫都没法掩盖掉这一项因素。

楼钥是官宦子弟，他的舅舅、伯父也都是有相当地位的官宦，楼家的家族组织并不松散，而甥舅之间的关系尤其密切，但是楼钥在举业上的成功似乎不能归功于伯父或舅舅的提携，其在经济上所得的帮助也没有使他的家庭转而富裕，唯一可以讲的是这样一个背景使得家里重视对子弟的教育。但是官宦人家即使重视子弟教育，也不能保证子弟在举业上成功。周煇《清波杂志》卷五《家塾》有这样一段记载：

> 顷一钜公招客训子，积日业不进，跐蹰欲退。钜公觉之，置酒，汎引自昔名流，后嗣类不振。且曰："名者，古今美器，造物者深吝之。前人取之多，后人岂应复得。"士人解悟，其迹遂安。

即使钜公自己也不期望儿子在学业上有成就，以"自昔名流，后嗣多不振"，"前人取之多，后人岂应复得"来安慰家庭教师。其他的血亲或姻亲

---

[1]《攻媿集》卷五三《郑屯田赋集序》。
[2]〔宋〕袁燮：《资政殿大学士赠少师楼公行状》。

纵然是官宦，又岂能运用他们的身份而有所影响？

出身于平民家庭的士人和官宦家庭通婚的情形固然有，但是也有许多婚姻的对象仍然是平民，而非官宦。陆九渊的祖上未尝有人出仕，他的哥哥陆九龄虽然比他早三年进士及第，但也没有立即赴任，而是还乡侍奉母亲。陆九渊二十九岁结婚，岳父吴渐（1124—1183）出身于一个商人家庭。吴渐违背父亲要他治生的意旨而专心读书，屡举不第。陆九渊三十三得解，三十四岁进士及第。吴渐非官宦的身份，并不妨碍陆九渊举业的成功。王十朋（1112—1171）的祖上也没有人仕宦，他在二十七岁结婚。他的岳父贾如讷同样出身于一个士农兼业的家庭，在王十朋成婚之前已经去世，贾如讷的弟弟贾如规则在贾如讷去世之前中特奏名，可是一任县尉之后便还乡不仕。王十朋一直到绍兴二十七年（1157）才进士及第，高中状元，当时已经四十六岁。他的岳家也不能说是官宦家庭，却不妨碍王十朋成为状元。

况且也有不少士人成婚是在进士及第以后。前面讲到陈尧咨的故事，独脚鬼唱说"有官便有妻"就是最好的说明。当时流行榜下择婿，权贵人家要到进士放榜之后，才从其中挑选女婿，即使有些在榜前选择，也是看中这个青年人有才华，及第有望。在这种情况下，这些士人士及第之后在宦途上的发展，固然不能说完全没有受到他们官宦亲家的提携，但是他们的登第却谈不上和他们的官宦亲家有什么关系，而是靠自己的才智、努力和机遇。

文天祥有一首《上冢吟》，诗前有序，提到一个士人登科之后，因名家择婿而弃糟糠之妻再娶的例子：

> 湘人有登科者，初授武冈尉，单车赴官守。名家正择婿，尉本有室，隐其实而取焉。官满，随妇翁入京，自是舍桑梓，去坟墓，终身不归。后官至侍从。其糟糠妻居母家不复嫁，岁时为夫家上冢，妇礼不废。

诗中有两句："君贫初赴官，有家不得将"①。可见这一个抛弃糟糠之妻的士人，出身贫寒，藉婚姻而攀缘富贵之家是在他登科之后。名家择之为婿，所显示的正是自北宋以来即已盛行的"婚姻不问阀阅"风气，而他所以会被选中，应是被认为具有在将来进一步发展的潜力。此人品德不足取，以后在仕宦上的发展也有可能得助于岳家的援引，但是他的登科，如果要说和婚姻因素有关的话，那也只是他的糟糠之妻必定曾经为他悉心照料家事，使他得以专心读书，准备考试。

以上考察荫补、财富、亲缘三项，一方面指出平民子弟或清寒士人在科举考试竞争中所受到的限制，另一方面也在考虑这些限制究竟达到什么程度，旨在说明限制尽管存在，但是平民子弟和清寒士人仍然能以他们的才能和努力参与竞争，登第有他们的机会。从另一个角度看，限制的存在却是不容否认的，所以前述学者对于《宋史》列传中北宋政治人物的家世背景统计，依旧有不及二分之一的人物出身于官宦家庭，出身于高官家庭的也有四分之一左右，正是这种情况的反映。这是科举社会的另一个面相。所谓社会性质的改变，只是就与唐代以前的社会比较而言，家世与婚姻关系在宋代的社会中并非丝毫不值得重视，士人入仕之后在宦途上的发展，尤其是如此。也可以说，这是与社会纵向流动加速并存的两面。可是当我们观察到社会普遍重视教育，即使是官宦子弟也放弃荫补，从科举进身，或是在荫补之后再考科举，而具有家世背景的考生和没有家世背景的考生，在应考的过程中都一样要经历困苦力学、屡遭挫折的过程，然后登科，甚至仍然落第，就可以了解，社会的性质在某种程度上确实是已经有了改变。

(原载氏著《宋代科举社会》，台湾大学出版社2015年版)

---

① 《文山先生全集》卷三。

科举制度与宋代士大夫阶层

郭学信

宋代士大夫作为一个社会阶层，其社会地位、精神风貌都表现出与宋前士大夫阶层许多不同的特质，这固然与宋代的社会环境有关，但亦与科举制度密切相关。正是伴随着宋代科举制度的进一步完善发展、细密周全，一个在政治地位整体面貌与观念方面有别于宋前的文人士大夫阶层迅速崛起。本文试图从科举制度这一侧面考察一下这个问题。

一、科举制度与宋代"皇权—士大夫"体制的确立

"士大夫"这一概念，在战国时代就已经常出现，而在史籍中广泛记载和使用，则是在秦汉时期。士大夫这一概念的含义在不同的时期有所区别。秦汉士大夫概念大致是士人—官僚的泛称，这是从其主体而言的。但就当时从皇帝的诏书、大臣的奏疏到一般典籍的记载看，士大夫的具体含义有时指社会的名士一类，有时则指社会的名流和官僚。[①]因而这一时期（可以说一直到隋唐以前）的士大夫，还不能单纯地理解为士人与官僚的结合体，换句话讲，还不能将其一概称为入仕的知识分子，或是文人官僚的专义语。

以历史断代而言，士与官僚的真正合流是在隋唐之际才正式开始的。肇端于隋确立于唐的"一切以程文为去留"的科举选官制度，在一定程度上打破了世族门阀垄断仕途官场的旧制，为广大知识分子（士）开辟了仕

[①] 参见刘泽华主编：《士人与社会》，天津人民出版社1992年版，第97—98页。

进之路。从这时起，士人只要科举及第，就初步具备了做官的资格。因而科举制的推行，是士阶层与封建专制政治彻底合流的标志，中国古代士人亦正是通过科举入仕为官的这一人生道路，实现了自身的官僚化。从此，"士大夫"一词，亦就成了官僚的代义语。

对于士阶层而言，由士而仕，投身宦海，进而参与政治是其价值实现的主要途径。对于封建统治者而言，如何把士人作为行政官员最大限度地纳入政权机构，以维护和建立一定的社会秩序，保障封建王朝政治的正常运作，则是他们思虑的主要问题，二者是不相矛盾的。隋唐实行的科举制度，在一定程度上使二者的夙愿得以实现，古代中国的政体建设亦由此走向进一步的成熟，它使汉武帝时代以"罢黜百家，独尊儒术"为契机而出现的"皇权—士大夫"体制之雏形进一步明朗。但是，由于唐代的科举制度还处于确立阶段，制度本身还未完善，科举取士的人数与应举者的比例尚相差悬殊。因此，由科举入仕的文人官僚在整个官僚体系中所占的比例微乎其微。换言之，到唐代时，中国封建社会的"皇权—士大夫"政治体制还未在真正意义上确立起来。

宋代是我国封建文明走向成熟时期，各项制度和建设进一步发展、完善。宋朝建立后，为了防范唐末五代以来藩镇割据、军阀混战的重演，采取了抑制武将、加强皇权的重大举措。与抑制武将的措施相对应，宋朝统治者又采取了崇儒礼士、重用文臣的基本国策，大力扶持文人入仕，以充斥国家各级政府机构。宋朝选用文人入仕的主要途径，就是发展了唐代的科举制度，扩大了科举取士的数额，进一步抬高了科举选官的地位，并对其进行了多方面的变革，其基本宗旨是防止世家权贵对科举的垄断，力求达到平等取士，公平竞争。通过变革，削弱了门第血统关系在科举考试中的地位，扩大了寒俊及第仕进的机会，使宋代的科举制度在形式上实现了最大的公平与客观。

科举是宋代官员的主要来源，大批文彦学士正是通过这个途径，跻身于统治阶级行列，成为各级官僚，实现了"学而优则仕"的理想追求。宋代由于科举制度的发达，加上重文政策的推行，当时从中央到地方的各级行政机构，几乎都由文臣担任。恰如宋人蔡襄所言："今世用人，大率以文辞进。大臣、文士也；近侍之臣，文士也；钱谷之司，文士也；边防大帅，文士也；天下转运使，文士也；知州郡，文士也。"[①]据海外学者李弘祺先生统计，在宋代全体文官14860人中，前30年科举及第的官员为7833人，占总数的52.71%。[②]显然，在宋代的官僚统治机构中，通过科举入仕的士大夫占明显优势。

经科举之途，宋代大批文彦学子入仕，实现了由士人向官僚的转化。这个由科举入仕的士大夫阶层，在宋代的专制政权中，无疑是官僚队伍的主体，他们与皇权相结合，共同维系着封建国家的政治运行。可以说，宋代科举制度的发展与完善，把古代中国的文人政治推向了极致，并且使从汉代出现的、延续了一千余年的"皇权—士大夫"体制最终得以确立起来。

二、科举制度与宋代士大夫阶层群体意识的生成

由科举入仕的士大夫阶层是地主阶级的精英分子和领袖集团。从其角色构成看，它大体包括统治阶级内部不同门第的上层士大夫和来自社会各阶层的中下层文人士大夫。与唐代相比，士大夫阶层的角色构成是有明显差别的。如前所讲，唐代虽是科举制度发展阶段，但取士人数很少，并且，由于科举考试为上层社会所控制，因而出身低微的寒士，很难通过科举进入统治集团，寒士阶层中的大量有识之士，仍旧被排斥在政权之外。由于士族门阀的残余影响，那些由科举入仕的部分寒族，在跻身统治阶级行列后，也很快变成了新士族，他们无须为自己的政治经济地位是否稳固而担忧。这种情况，就很难激发他们在政治上的自觉性和责任感。尽管在唐代士大夫当中，亦不乏诸如陈子昂、王叔文、刘禹锡、柳宗元等以天下的治平为己任的文人士大夫，但从整体上考察，唐代士大夫还没有在真正

---

① 〔宋〕蔡襄：《端明集》卷二二《任材》，影印文渊阁《四库全书》本。
② 转引自徐吉军：《论宋代文化高峰形成的原因》，《浙江学刊》1988年第4期。

意义上形成一种社会群体意识。

到了宋代，情形就不大一样了。宋代科举制度由于采取了一系列限制世家权贵垄断科举的措施，实行公平竞争，平等取士，有利于寒士的上升。加之科举取士数额的扩大，因此在宋之政权中，出身于中下层的文人士大夫足以与上层士大夫相抗衡。据陈义彦先生统计，《宋史》有传的1953人中，两宋平民或低品官出身而入仕者占55.12%。[1]这说明在宋代士大夫阶层的角色构成中，中小地主及平民出身的中下层士大夫已占据了重要地位。宋代士大夫各个阶层统治地位的巩固，就使得士大夫阶层的利益与王朝的利益，即国家社会的利益从根本上取得了一致，从而极大地提高了他们参政后的自觉性和责任感。另外在宋代，随着封建土地国有制的削弱，封建土地私有制的进一步发展，土地买卖的频繁，出现了"贫富无定势，田宅无定主"[2]的趋势，因此在地主阶级内部各阶层之间，出现了比较频繁的升降沉浮现象，其政治、经济地位是极不稳固的。这也使得入仕后的地主阶级知识分子不能不首先关心王朝利益，不能不把个人利益置于社会和阶层利益之后。上述这两种情况的结合，就产生了宋代士大夫阶层的群体性意识。

宋代士大夫阶层的群体意识，主要表现在以下三个层面：

第一，评判历史，议论时事，积极干预政治。

经科举入仕的宋代士大夫们，参政议政的热情空前高涨。他们以主人翁的心态，积极上书言事，评判历史，干预政治。"言政教之渊流，议风俗之厚薄，陈圣贤之事业，论文武之得失"。举凡国家大事，都要发表意见，"謦而陈之"[3]，以期使朝廷无过，生灵无怨，实现治国平天下的宏愿。在士大夫议政的浪潮中，士大夫阶层的群体性活动亦逐渐形成。如明道二年，范仲淹、孔道辅等率台谏官员十余人"伏阁争之"，力谏皇后不

---

[1] 陈义彦：《从布衣入仕论北宋布衣阶层的社会流动》，载《思与言》卷九，1972年第4号。
[2] 〔宋〕袁采：《袁氏世范》卷下《富家置产当存仁心》，天津古籍出版社1995年注释本，第162页。
[3] 〔宋〕范仲淹：《范文正集》卷七《奏上时务书》，影印文渊阁《四库全书》本。

当废,并将"留百官揖宰相廷争"①。景祐三年,范仲淹因发动对权相吕夷简的斗争而被贬职出京,更是在士大夫阶层中激起巨大反响,一时间士大夫纷纷挺身而出,上书论救,支持范仲淹。正如吕祖谦所论:"至范仲淹空一时所谓贤者而争之,天下议论相因而起。"②不仅如此,宋代士大夫们为了维护地主阶级的整体利益,从宋代立国起,要求改革的呼声此起彼伏,王禹偁、包拯、范仲淹、苏轼、陈亮、朱熹、叶适、文天祥等一大批士大夫都提出了许多要求改革的政治主张,要求朝廷上图继承儒家传统,下图富国强兵,实施变革。特别在北宋,改革一直成为当时一大批士大夫的共同愿望,因之在政治上形成了一个富有改革意识的政治集团,庆历新政与熙宁变法,便是由中下阶层士大夫形成的改革力量所共同推动的两次著名的政治实践。它凸显了掌权之后的宋代士大夫阶层,对社会及阶层利益的关怀,是士大夫阶层群体自觉意识的鲜明反映。

第二,"朋党"意识膨胀。

宋代士大夫阶层的群体意识,亦可由士大夫"朋党"意识之膨胀见之。有关宋代朋党形成的历史背景,史学界论及颇多,但主要着眼于政治、思想、制度、地域诸方面的因素,而忽略了朋党与科举制度的关系。其实,宋代士大夫们交朋结党,与科举制度息息相关。对此,香港学者何冠环先生以宋太宗太平兴国三年进士为个案研究对象,考察指出:太宗登位后,登科人数骤增,那些骤登高位的进士,相率援引他们的同年、乡里及故旧,进入政坛,角逐权位。一有机会便走在一起,联络感情,巩固"年谊"③。在两宋政治生活中,朋党意识以及由此而来的朋党斗争一直是一个突出的社会现象。这些党派与党派之间,往往因政见、思想的不同而相互攻讦,党同伐异,以至酿成党祸。不仅如此,宋代士大夫们抛弃了自

---

① 〔元〕脱脱等:《宋史》卷三一四《范仲淹传》,中华书局1977年点校本,第10268页。
② 〔宋〕叶适:《习学记言》卷四七《吕氏文鉴》,影印文渊阁《四库全书》本。
③ 参阅何冠环:《宋初朋党与太平兴国三年进士》,中华书局1994年版。

孔孟以来对朋党讳莫如深的禁忌，而公开承认朋党存在的合理性。[1]如欧阳修在他的《朋党论》中，直言不讳地得出了"小人无朋，惟君子才有之"的观点，指出："大凡君子与君子以同道为朋，小人与小人以同利为朋，此自然之理也。"并且他认为，君子"所守者道义，所行者忠信，所惜者名声。以之修身，则同道而相益，以之事国，则同心而共济，始终如一"。[2]这里欧阳修不仅仅是用"君子"、"小人"区分了所谓朋党问题，而且更重要的是他把朋党赋予了"代表和维护不同群体的不同利益这一严格的政治上的意义了"[3]。笔者认为，就其本质而言，它亦反映了宋代士大夫在掌握政权之后的一种整体心态，即从追求个人的进退荣辱向追求阶层的群体利益的转变。

第三，"学统四起"，各种学派迅猛发展。

宋仁宗即位以来，在儒学复兴思潮的影响下，宋代政治思想呈现出蓬勃发展的局面。其突出表现便是"学统四起"，各种学派有了迅速发展。它从一个侧面反映了宋代士大夫阶层的群体自觉意识。

"学统四起"是仁宗庆历之际政治思想发展的突出表现之一，亦是当时学术界新流派勃兴的标志。对此，清初学者全祖望这样述说道："庆历之际，学统四起。齐、鲁则有士建中、刘颜夹辅泰山（孙复）而兴。浙东则有明州杨、杜五子（杨适、杜醇、王致、楼郁、吴师仁），永嘉之儒志、经行二子，浙西则有杭之吴存仁，皆与安定（胡瑗）湖学相应。闽中又有章望之、黄晞，亦古灵（陈襄）一辈人也。关中之申（颜）、侯（可）二子，实开横渠（张载）之先。蜀有宇文止止，实开范正献公（祖禹）之先。"[4]仁宗庆历以后，在儒家复兴浪潮的激荡下，各种学派更是得到了迅

---

[1] 参见宋鸿：《宋代朋党思想及其对北宋政治的影响》，《河南大学学报（社会科学版）》1991年第4期。
[2] 〔宋〕欧阳修：《欧阳修全集·居士集》卷一七，中华书局2001年点校本，第297页。
[3] 漆侠：《范仲淹集团与庆历新政》，《历史研究》1992年第3期。
[4] 〔明〕黄宗羲等：《宋元学案》卷六《士刘诸儒学案》，中华书局1986年点校本，第251—252页。

猛发展，先后主要形成了北宋的王安石派（新学），周敦颐学派（濂学），张载学派（关学），程颢学派（洛学），司马光学派（朔学），苏轼、苏辙学派（蜀学）；南宋的朱熹学派（闽学），吕祖谦学派（婺学），陆九渊学派（心学），陈亮、叶适学派（事功学）等。这些学派虽然在思想上存有明显的分歧与对立，甚至有的学派因政见的不同而发生过激烈的论战和斗争，但在积极维护专制主义中央集权和地主阶级的整体利益方面则是一致的。因此，这些学派当时都在不同程度上卷入政治斗争的浪潮中，并且当这些学派兴盛发展时，"往往都能达到左右社会思潮的地步"[①]。

总之，通过科举而成了国家官吏主体的宋代士大夫阶层，为了维护地主阶级的整体利益，积极投身于社会，自觉地将个人利益置于国家和阶层利益之后。这亦正是宋代专制主义中央集权进一步加强的根源。

三、科举制度与宋代士大夫阶层价值取向的嬗变

宋代科举制度也使宋代士大夫阶层的价值取向发生转换。由于受中国传统文化的影响，传统士大夫的价值取向存有共性。从中国古代思想发展来讲，对士大夫人生价值观念发生深刻影响的是叔孙豹提出的所谓"立德、立功、立言"的人生"三不朽"说。可以说，中国古代士大夫阶层的人生价值取向基本上都是在这三个层面上游移的。但是，由于各个时代社会文化环境的差异，不同时代的士大夫对"三不朽"的态度亦是不尽相同的。如果从整体上来分析，各个时代士大夫人生价值取向的侧重面亦是不同的。众所周知，汉唐两代是中国历史上的大发展时期，"在这两段时间里，无论是物质建设还是精神建设中，其基调都是积极进取的……充满了'英雄时代'的精神和自信"[②]。这就为士大夫们建功立业提供了有利条件。因此，生活于这一时代氛围中的士大夫阶层的价值取向，从整体上讲，是把立功放在第一位的。

[①] 沈善洪、王凤贤：《中国伦理学说史》（下卷），浙江人民出版社1988年版，第12页。
[②] 程方平：《隋唐五代的儒学》序言，云南教育出版社1991年版。

到宋代，随着中国封建社会转型时期的到来，士大夫阶层的人生价值取向亦从整体上发生了转换。与重建伦理纲常相适应，宋代士大夫们特别强调道德主体精神的弘扬，把"立德"视为人生的最高价值取向，以期通过个人的道德完善来促进社会的发展。宋代士大夫阶层人生价值取向的转换，固然与宋代统治者鉴于唐末五代的道德沦丧而提出的重建伦理纲常有关，但亦与宋代的科举制度紧密相联。与唐代科举重诗赋不重经义相比，宋代科举考试则加强了儒经考试的内容。特别是王安石主持政府工作期间，为了"使学者得专意经术"①，对科举考试制度进行了重要改革，罢诗赋而专以经术取士，并将《诗》、《书》、《周礼》进行修撰，由官方正式颁于学校，作为士人参加科举考试所依据的标准教材。熙宁新政以后，诗赋与经义考试方法尽管变换不定，但"经试大义"基本上"相沿未改"②。

宋代的科举考试强调经义造士，对于加强士子们伦理道德教育，进而达到以经术造士的目的，产生了广泛而深刻的影响，所以人称：宋代文人入仕，多"以经术为先务"，"谈道德性命不绝于口"③。又称，"自王氏之学（新学）兴，士大夫非道德性命不谈"④。这说明，宋代科举考试内容的变化，使宋代士大夫阶层的人生价值观从整体上比前代有所转变，即由汉唐时代士大夫阶层对功名的孜孜以求，转向对道德主体的追求。

从"立德"的价值观出发，宋代士大夫们非常注意道德精神的培养，强调以理统情，自我节制。范仲淹针对唐末五代以来士大夫的道德败坏，人格堕落，亟力倡导廉洁之德，主张"洁白而有德义，官师之规也"⑤。欧阳修以心忧天下的责任感指出："陋巷之士，甘藜藿而修仁义，毁誉不干其守，饥寒不累其心。"⑥强调一个人无论身处何境，都要守义不迁。陆

---

① 《宋史》卷一五五《选举一》，第3618页。
② 邓之诚：《中华二千年史》卷四，中华书局1983年版，第97页。
③ 《宋史》卷二〇二《艺文一》，第5031页。
④ 〔金〕赵秉文：《滏水文集》卷一《性道教说》，影印文渊阁《四库全书》本。
⑤ 〔宋〕范仲淹：《清白堂记》，影印文渊阁《四库全书》本。
⑥ 《欧阳修全集·居士集》卷四四《送秘书丞宋君归太学序》，第630页。

九渊说:"人生天地间,为人自当尽人道。学者所以为学,学为人而已。"[1]进而指出:"君子所贵在德。"[2]周敦颐指出:"天地间至尊者道,至贵者德而已。"[3]更是明确地主张以有德作为人生价值的根本标准。以程朱为代表的理学家则把伦理道德赋予永恒的"天理"意义,将它提高到本体的高度,并构建了一套"涵养德性本源"的学圣"心法",把"尊德性"作为人们成圣成贤之根本。在现实生活中,宋代士大夫们无论是"居庙堂之高",还是"处江湖之远",都以严格的道德原则约束自己,非常注意个人的操守,譬如朱熹,"平居与其徒磨切讲贯,皆道德性命之言,忠敬孝爱之事"[4]。可以说,以立足个人的成圣立贤的道德追求,是宋代士大夫之中一大批有为之士的共同价值取向。

(原载《山东师范大学学报(社会科学版)》1996年第6期)

---

[1]〔宋〕陆九渊:《陆象山全集》卷三五《语录》,中国书店1992年断句本,第308页。
[2]《陆象山全集》卷二二《杂说》,第174页。
[3]〔宋〕周敦颐:《通书·师友上第二十四》,影印文渊阁《四库全书》本。
[4]〔宋〕叶绍翁:《四朝闻见录》丁集《覆谥》,中华书局1989年点校本,第155页。

科举制度与宋代文化

何忠礼

在中国封建社会里，两宋文化璀璨夺目，呈现出一派欣欣向荣的景象。无论从文化的普及，学校的发达，乃至学术空气的浓厚等方面看，皆远非前代所能比拟。这一现象已引起研究中国文化史学者的极大兴趣。

宋朝是一个积贫积弱的朝代，可是为什么它的文化却如此繁荣？对此，一般学者多注重于以下三个方面的原因：一是雕版印刷业的发展，为文化传播提供了条件；二是社会经济的繁荣，为文化发展奠定了基础；三是宋朝推行重文抑武的政策，为文化活动创造了较为宽松的环境。这些看法，就总体而论当然不无道理，但人们往往忽略了另一个重要而又直接的原因，那就是宋代科举制度对当时上层建筑的其他部分，尤其是对整个社会文化发展的巨大推动作用。

由于科举制度与两宋文化是一个内涵非常丰富的题目，并非短短一篇文章所能论述清楚的，为此，本文仅就科举制度与宋代文化的普及、学校教育的发达这两个方面做些探讨，以有助于全面认识宋代文化发展的原因和正确评价科举制度的历史功过。

一、唐宋科举制度的重大区别

所谓科举制度，乃是一种以"投牒自进"为主要特征，以试艺优劣为决定录取与否的主要依据，以进士科为主要取士科目的选官制度。它形成于唐，对唐代文化也多少产生过影响。如南宋赵彦卫《云麓漫钞》卷八云：

> 唐之举人，先藉当世显人，以姓名达之主司，然后以所业投献。逾数日又投，谓之"温卷"，如《幽怪录》、《传奇》等皆是也。盖此等文备众体，可以见史才、诗笔、议论。至进士则多以诗为贽，今有唐诗数百种行于世者，是也。

王应麟《困学纪闻》卷一八《评诗》云：

> 唐以诗取士，钱起之《鼓瑟》、李肱之《霓裳》是也，故诗人多。

明人胡震亨《唐音癸签》卷二七《谈丛三》亦云：

> 唐试士初重策，兼重经，后乃骈重诗赋。中叶后，人主至亲为披阅，翘足吟咏所撰，叹惜移时。或复微行，咨访名誉，袖纳行卷，予阶缘。士益竞趋名场，殚工韵律。诗之日盛，尤其一大关键。

以上所论，都说明唐代科举重诗赋，故士人争习之，以为进身之阶，从而推动了唐代文学尤其是诗赋的勃兴。

但是，科举制度在唐时尚属初创，还遗留着以往察举制的种种弊端。其中，主要表现为公卿大臣有权"公荐"举人，取士之权一归有司，新老士族仍可凭借其政治、经济优势和传统的社会地位，继续把持取士大权，科场成绩好坏，并不能成为录取与否的主要标准。就以所谓"行卷"而言，这类文字系素日宿构，或为谀词，或出赝剿，甚至写一些猫狗鬼怪以猎奇，实不足以反映士子的真实水平。即使真有佳作，亦须通过显人的延誉、嘱托，方能闻达于主司，一般寒士，无人荐举，纵然诗名藉藉，也是枉然。如一代诗圣杜甫，于开元后期几次举进士不第，终身榜上无名；中唐诗人孟郊，才思横溢，声名远播，然而沉沦场屋二十余年，直至五十岁始得一第；晚唐诗人杜荀鹤，诗名甚高，亦屡试不第，至有"闭户十年专笔砚，仰天无处认梯媒"[1]之叹。

---

[1] 〔唐〕杜荀鹤：《唐风集》卷二《投江上崔尚书》，影印文渊阁《四库全书》本，1083册，第602页。

在这种情况下，应举只是极少数人的事业，对寻常读书人来说，那是一条可望而不可即的仕进之路，并无多少实际意义，因此，科举制度对唐代文化的影响就显得十分有限。

历史进入宋代以后，政治、经济和阶级关系都发生了新的变化，使得唐以来基本上操纵在大官僚、大地主手中的科举制度，不仅有了改革的必要，也具备了改革的可能。

北宋的科举改革大致分为两个阶段进行。第一阶段，自太祖朝起到真宗朝止。重点是严格科举制度，改革考校程式，提倡公平竞争，杜绝场屋弊端，保证取士权牢牢掌握在皇帝手中。第二阶段，自仁宗朝起到徽宗朝止。重点是改革考试内容和取士科目，纠正士人"所习非所用，所用非所习"的流弊，为封建统治阶级造就和选拔有用人才。

南宋科举，除熙宁间增置的新科明法于绍兴年间被中废，进士最终分成以经义、诗赋两科取士外，其他所有条制、禁令，基本上一仍旧贯。

改革后的宋代科举，与唐时相比，有三个重大的区别。

一是彻底取消了门第限制，无论士、农、工、商，只要被认为是稍具文墨的优秀子弟，皆允许应举入仕，从而扩大了取士范围。

唐代举人，其来源大要有二："由学馆者曰生徒，由州县者曰乡贡。"学馆生徒多系大官僚、大贵族子弟，少数才由低品官员子弟与"庶人之俊异者为之"[1]。乡贡进士虽不一定是品官子弟，但根据唐制规定，"凡官人身及同居大功已上亲，自执工商，家专其业，及风疾、使酒，皆不得入仕"[2]，则其出身至少也是中小地主和富裕农民之家。在干谒之风盛行的唐代，一般平民子弟实很难获得应举资格。台湾学者毛汉光将新旧《唐书》所载八百三十名进士，依其社会成分加以统计，得出的结果是："进士出身者，士族子弟尤多，高达百分之七十一，而小姓为百分之十三点

---

[1] 〔宋〕欧阳修、宋祁等：《新唐书》卷四四《选举志上》，中华书局1975年点校本，第1159页。
[2] 〔后晋〕刘昫：《旧唐书》卷四三《职官二》，中华书局1975年点校本，第1820页。

一，寒士中进士第者仅占进士总额的百分之十五点九。"①唐世科举取士社会成分的狭窄，由此可见一斑。

自唐后期起，中经五代十国，社会历经动乱，土宇分割，人士流离，不少读书人为免遭杀身之祸，只得遁迹田野，隐居不仕。故赵宋政权建立之初，一时出现"士不求禄，官不充员"的状况，亦为势所必然。

为了广泛招徕士人，强化封建统治，北宋政府除扩大取士名额，并在政治、经济上给举子以各种优待外，便是彻底打破了唐代的门第限制，凡具有一定文化的读书人，皆许投牒自进。太宗淳化三年（992）三月二十一日，朝廷明诏规定："国家开贡举之门，广搜罗之路……如工商、杂类人内有奇才异行，卓然不群者，亦许解送；或举人内有乡里是声教未通之地，许于开封府、河南府寄应。"②使过去一直被排斥于仕途之外的"工商、杂类"子弟和边远地区的士人也有了应举的可能。到了南宋，至如"狞干、黥吏之子"及"以屠杀为业"者，皆可成为举人。③士人应举，几乎已无任何出身限制。

宋代不仅永远结束了士族地主垄断科举的局面，就是官宦子弟也很少能在科场上保持其优势。考《宋史》本传及明朱希召《宋历科状元录》载，北宋仁宗一朝的十三榜进士第一人，就有十二人出身于平民之家。又南宋理宗宝祐四年（1256）《登科录》所载曾祖、祖、父三代仕履都完整的五百七十名进士中，若依其出身统计，三代皆不仕者达三百零七人，占总数的53.9%，父亲一代有官者（包括宗室）一百二十九人，只占总数的22.6%。应当指出，即使在这一百二十九人中，绝大部分亦是选人和小使臣一类的初品官，其中从九品的迪功郎和承信郎又占了半数以上。这些人若想依仗手中的权势让子弟登第，显然比较困难。事实表明，宋代科举的

---

① 毛汉光：《唐代统治阶层社会变动》，台湾政治大学政治研究所博士论文，1968年12月刊出。
② 〔清〕徐松辑：《宋会要辑稿》选举一四之一五至一六，上海古籍出版社2014年点校本，第5538页。
③ 〔宋〕佚名：《名公书判清明集》卷一三《哗鬼讼师》，卷一四《宰牛者断罪拆屋》，中华书局1983年点校整理本，第481页。

大门已经面向整个知识分子阶层敞开，出身高低已不再成为录取与否的依据。

二是废除一切荐举制度的残余，最大限度地防止了考场内外的徇私舞弊活动，使"一切以程文为去留"的原则得到真正实行。

唐代取士讲门第，采"誉望"，重"公荐"，盛行"通关节"，又无挟书之禁。士子得解后能否及第，主要不是根据省试成绩好坏，而是取决于事先"觅举"的结果。南宋人洪迈说："唐世科举之柄，颛付之主司，仍不糊名。又有交朋之厚者为之助，谓之通榜。故其取人也畏于讥议，多公而审。亦有胁于权势，或挠于亲故，或累于子弟，皆常情所不能免者。若贤者临之则不然，未引试之前，其去取高下，固已定于胸中矣。"①这番评论听起来似乎颇为公允，然而稍一推敲，就发现仍有失偏颇：既言"有交朋之厚者为之助"，又言去取之间，"胁于权势"，"挠于亲故"，"累于子弟"者为人之"常情所不能免"，则何来"多公而审"？"贤者"又怎能摆脱此种干系？何况在被称为"当世操权力者，皆龌龊"②的唐代社会，那种"贤者"能有几人？故南宋学者葛立方反驳道："举子祈之于前，主司录之于后，公论何在乎？"③以前，有人借洪迈之口，说唐代科举以"公荐"取士乃是利弊参半，这种认识，恐怕有失允当。

宋初统治者有鉴于"向者登科名级，多为势家所取，致塞孤寒之路"④的弊病，在收回取士权的同时，废除"公荐"制度，严格考试程式，特别是推行封弥、誊录之法以后，从而保证了科举考试中"一切以程文为去留"这一公平竞争原则的实施。对此，宋代士大夫中除极少数拘泥于"乡举里选"这一旧选举原则不放者外，大多数人无不交口赞誉。如欧阳

---

① 〔宋〕洪迈：《容斋四笔》卷五《韩文公荐士》，上海古籍出版社1978年清洪氏刊本标点本，第670页。
② 《新唐书》卷一七九《李训传》，第5309页。
③ 〔宋〕葛立方：《韵语阳秋》卷一八，上海古籍出版社1984年据宋刊本影印本，第248页。
④ 〔宋〕李焘：《续资治通鉴长编》（以下简称《长编》）卷一六，开宝八年二月戊辰条，中华书局2004年点校本，第336页。

修说："窃以国家取士之制，比于前世，最号至公，盖累圣留心讲求曲尽……不问东西南北之人，尽聚诸路贡士混合为一而唯才是择，各糊名、誊录而考之，使主司莫知为何方之人，谁氏之子，不得有所憎爱厚薄于其间……其无情如造化，至公如权衡，祖宗以来不可易之制也。"[1]时人还诵之曰："唯有糊名公道在，孤寒宜向此中求。"[2]这种赞扬之声，与唐世士人的慨叹，形成了鲜明对照。

三是考试内容趋向多样化，进士科由以诗赋为主转变为经义、诗赋、策、论并重；经义由试墨义改为试大义。

明经、进士两科，是唐代最主要的常举科目。所谓明经考试，只试帖经、墨义而已。帖经类似现在的填空题，墨义是要求将某处经文连同注疏默写出来。两者都以背诵为工，无须通晓经文义理，故人贱其科。中式后授官、升迁皆不优，才能之士不屑就试。进士科初唐仅试策，后来迭加帖经、杂文等内容。自盛唐起，杂文文体固定为诗赋，并主要以此取士，策与帖经仅"礼试"而已，考校时成了可有可无的东西。诗赋之作，贵在创新，非聪明博学之士难成佳作，故进士科最受人推重，一旦登第，"十数年间，拟迹庙堂"[3]，非他途出身者可比。但诗赋的流弊也很多，它务求词藻华丽而新奇，所谓"语不惊人死不休"是也。只凭诗赋取士，既无补于政事，也助长了浮华浇薄的文风，所以中唐以后屡为人所诟病。

北宋前期，承唐旧制，设九经、五经、开元礼、三史、三礼、学究等科目，通称诸科。仁宗嘉祐二年（1057），增设明经科，其与诸科不同之处在于明经以试大义为主，诸科则仍试帖经、墨义。熙宁年间，改革科举制度，罢废明经诸科，独存进士科。北宋前期的进士科，仍以诗赋取士。尽管士大夫对此啧有烦言，朝廷亦屡下诏书，要求兼采论、策，以三场通

---

[1] 〔宋〕欧阳修：《欧阳修全集》卷一一三《论逐路取人札子》，中华书局2001年点校本，第1716页。
[2] 〔宋〕朱胜非：《秀水闲居录》，转引自《中兴小纪》卷二八，绍兴十年八月甲子条，福建人民出版社1985年点校本，第339页。
[3] 〔唐〕封演：《封氏闻见记》卷三《贡举》，影印文渊阁《四库全书》本。

定为去留，终因积习已久，难有转圜。王安石变法以后，进士殿试废诗、赋、论三题，改试时务策一道，遂成永制。省试则废诗赋而以经义（大义）、策、论取士。尔后，宋廷内部虽环绕以诗赋取士或经义取士展开了旷日持久的争论，然而只凭诗赋取士的局面却从此被结束。

宋室南渡，朝廷中主张以诗赋取士的议论又有抬头，但遭到宋高宗的反对，他说："文学、政事，自是两科。诗赋止是文词，策、论则须通知古今，所贵于学者，修身、齐家、治国以治天下。专取文词，亦复何用？"乃诏省闱，"其程文并须三场参考，若诗、赋虽平，而策、论精博，亦不可遗"[①]。绍兴三十一年（1161），进士科最终被分成经义与诗赋两科，各兼以策、论，从而使经义、诗赋和策论在进士科考校中几乎占了同等重要的地位。随着考试内容的多样化和以大义代替墨义，读书人光凭背诵儒家经典或擅长吟诗作赋已难以取得科第，只有开拓知识面，培养独立见解和分析能力，才有可能在激烈的科场竞争中取得胜利。

唐宋科举除在上述三个方面有着重大区别以外，对科举合格者的除授也颇不相同。唐代士人在科举及第后，只取得做官的资格，尚不能直接出官，故称选人。选人入仕，还得经过吏部身、言、书、判的考试，这就又为寒士增设了一道入仕的关卡。选试合格后，即使进士也只能授予从九品的小官，比一个从五品官员荫子所授的官品还低。如果既非高门出身，又无与当朝权贵特殊关系的人，从此就踽踽仕途，潦倒终生。白居易在《与元九书》中所谓"近日孟郊六十，终试协律，张籍五十，未离一太祝"[②]，就是十分典型的两例。宋代进士出身的人，不仅释褐即授官，无须进行选试，而且升迁也远较其他出身的人为快。特别是举进士高科，不几年位极通显者可谓不乏其人。《宋史·宰辅表》载有宋一百三十三名宰相中，由

[①]〔宋〕李心传：《建炎以来系年要录》（以下简称《系年要录》）卷一一三，绍兴七年八月戊申条，上海古籍出版社2018年点校本，第1896页。

[②]〔唐〕白居易：《白居易集笺校》卷四五《与元九书》，上海古籍出版社1988年笺校本，第2794页。

科举出身的人达到一百二十三名之多,大大高于唐代的比例。①

总之,在不讲门第、只问成绩的宋代,无论任何人,只要书读得好,能适应科举考试的需要,就有可能通过科举踏上仕途。所谓"朝为田舍郎,暮登天子堂"这一在民间广为流传的谚语,听起来似乎有点夸张,其实在当时确实已有了此种可能。

二、科举制度推动了宋代文化的普及

孔子弟子子夏有一句名言:"仕而优则学,学而优则仕。"②意为做官之人如有余暇,应去学习,以弥补做官的不足;求学之人在读完书之后,就去做官,以检验平时的学养。春秋战国之际的仕进之路主要靠献策和军功,而不是靠读书,读书做官的思想也不符合这位孔门弟子的本意。以往人们将这句话作为"读书做官论"的滥觞,其实并不正确。只有从西汉武帝起,国家创建太学,成绩优秀的博士弟子可以入仕,另由秀孝、明经等察举科目入仕的人也须考试合格才能入仕,读书才与做官有了直接联系。从此便出现了"遗子黄金满籝,不如一经"③的说法。但是,作为一个最高统治者,率先赤裸裸地将利禄作为劝学手段的人,则是北宋真宗皇帝赵恒,他曾公开地向士人鼓吹道:"富家不用买良田,书中自有千钟粟。安居不用架高堂,书中自有黄金屋。出门莫恨无人随,书中车马多如簇。娶妻莫恨无良媒,书中有女颜如玉。男女欲遂平生志,六经勤向窗前读。"④至此,科举已成为封建社会里对士人影响最大和最具吸引力的事业,由此直接推动了两宋的文化大普及。

---

① 据统计,唐代有宰相五百二十四人,进士出身只有二百三十二人。参见卓遵宏:《唐代进士与政治》,台湾编译馆1987年版。
② 《论语》卷一〇《子张》。
③ 〔东汉〕班固:《汉书》卷七三《韦贤传》,中华书局1962年点校本,第3107页。
④ 黄坚选编:《详说古文真宝大全》前集卷首《真宗皇帝劝学文》,湖南人民出版社2007年版,第1页。

（一）读书人数剧增

入宋以后，读书与科举已结下了不解之缘，"为父兄者，以其子与弟不文为咎，为母妻者，以其子与夫不学为辱"①，无非都是为了应举而已。所以，应举人数的大幅度增加，成为宋代读书人数剧增的原因和主要标志。

太祖朝前期，天下兵革新定，科举改革刚刚起步，每次参加省试的举人数只不过二千人左右。随着科举改革的深入和科举制度的发展，到太宗在位的第一次贡举（977），已增至五千三百人。真宗在位的第一次贡举（998），又达到近二万人，大大超过了唐代科举全盛时期各色举人的总和。②若按"每进士一百人，只解二十人；'九经'已下诸科共及一百人，只解二十人赴阙"③的规定推算，当时全国仅参加发解试的士人，就有十万人。但是，贡举人数太多，给考校带来很大困难，大中祥符二年（1009），"因有司之上言，限岁贡之常数"，改比例解额为固定解额，办法是从咸平二年（999）以来的五次解额中，以最多一年为准，"特解及五分"④。后来，参加省试的人数虽因压缩解额而被限制在四五千人到一万五千人之间，但参加发解的人数仍然有增无减。

到仁宗朝时，宋兴已有百年，长期的安定局面和统治者的竭力倡导，终于迎来了北宋科举取士的黄金时代。英宗治平元年（1064），据参知政事欧阳修奏称：东南州军取解比例"是百人取一"，西北州军取解比例"是十人取一人"⑤。汪藻在言及熙宁间（1068—1077）饶州发解数时，也有"应举常数千人，所取裁百一"⑥之说，足证欧阳修所言之不诬。考

---

① 《容斋四笔》卷五《饶州风俗》，第666页。
② 据《文献通考》卷二九《选举考二》：唐代科举以德宗时为最盛，贞元十九年（803年），韩愈上状中谓，"都计举者，不过五七千人"。
③ 《宋会要辑稿》选举一四之一六，第5538页。
④ 《宋会要辑稿》选举一四之二〇，第5540页。
⑤ 《欧阳修全集》卷一一三《论逐路取人札子》，第1716页。
⑥ 〔宋〕汪藻：《浮溪集》卷二四《张公行状》，影印文渊阁《四库全书》本，第1128册，第410页。

《宋史·地理志》所载，当时东南州军人口约为西北州军的二倍多，故按全国平均计，最少得六十名应试者中举送一名。如果当时参加省试的举人是七千人，那么全国仅参加发解试的士人就达四十二万人左右。

南宋初年，金兵屡屡南下，州县残破，道路阻梗，赴举人数一度锐减。不久，随着偏安局面的形成，应举者又迅猛增加。孝宗淳熙十三年（1186），据福建路转运副使赵彦操等奏称，"福州每岁就试之士，不下万四五千人"，"建宁府亦不下万余人"①，其取解比例分别高达一百五十人和一百三十三人取一名的程度。②宁宗嘉定三年（1210），权礼部尚书章颖在奏疏中也指出，当时应举之人，"大郡至万余人，小郡亦不下数千人"③，从而使许多州府出现"或五六百人解送一人"④的现象。如果将全国应举和准备应举的读书人都统计在内，人数可能接近百万。至于受科举之风影响而读过书的人，更要多得多。

两宋读书人之多，在中国历史上是空前的。自北宋中后期起，不论地近京畿的州县，或川广等僻远地区，到处都是读书应举之人。北宋人晁冲之有诗云："老去功名意转疏，独骑瘦马取长途。孤村到晓犹灯火，知有人家夜读书。"⑤反映出荒凉村落读书的盛况。朱长文《学校记》云："（苏州）虽濒海裔夷之邦，执耒垂髫之子，孰不抱籍缀辞以干荣禄，褎然而赴诏者，不知其几万数。"⑥反映出滨海地区读书的盛况。再如利州路所属之兴州（后改称沔州），一度是抗金前线，绍兴初年因参加发解试的士人少于五人，以后每次皆合并于兴元府试院收试，但到宁宗嘉泰三年（1203），该州系籍士人已增至三百六十三人，遂"诏兴州自置贡院"⑦。

---

① 《宋会要辑稿》选举二二之六，第5660页。
② 据日本京都栗棘庵收藏之南宋《舆地图》所载《诸路州府解额表》统计，当时福州解额是一百人，建宁府是八十三人。
③ 《宋会要辑稿》选举六之七，第5362页。
④ 〔宋〕黎靖德编：《朱子语类》卷一〇九《论取士》，中华书局1986年点校本，第2703页。
⑤ 〔宋〕晁冲之：《晁具茨先生诗集》卷一二《夜行》，《委苑别藏》本。
⑥ 〔宋〕郑虎臣：《吴都文粹》卷一，影印文渊阁《四库全书》本，第1358册，第615页。
⑦ 《宋会要辑稿》选举五之二七，第5354页。

反映出沿边州郡读书的盛况。

宋室南移和科举制度的进一步发展，亦推动了南方文化的普及和繁荣。岭南各州郡，北宋以前原是十分贫瘠、荒凉的地区，向被士大夫视为畏途，那里的文化落后是不难想见的。史载：在仁宗嘉祐三年、五年、七年的三次贡举中，尽管国家每次都给广南东路以八十名左右的发解名额，但三次贡举及第人数总共才五人；与此同时，广南西路每举解额有六十名左右，但三次贡举及第人数只有一人，仅仅做到"破天荒"[①]而已。然而，到二百年以后的南宋理宗宝祐四年（1256），两路登第人数分别达到了三十二人和三十三人[②]，录取人数之多，与往昔已不可同日而语。既然岭南地区的文化在普及的基础上提高如此迅速，南宋其他偏僻州郡更是可想而知。

（二）书籍的大量流布

中国的雕版印刷术大约发明于隋唐之际，但唐代的雕版印刷物除少量佛教经卷外，竟然没有一部传世。究其原因，年代久远，容易湮没，固然是一个方面，更主要的还是由于雕版印刷物本来就很少，流布不广所至。

雕版印刷业到宋代有了突飞猛进的发展，官私刻本都很盛行。所刻之书，除儒家经典外，还遍及史书、子书、类书、诗文集、医书、算书、政书、小学等各个方面，传世的也相当可观。

中央刻书的机关有国子监、崇文院、秘书监和司天监，刻得最多的则是国子监。五代国子监本尚十分稀少，进入宋代，情况就为之大变。景德二年（1005）五月戊辰，宋真宗参观国子监阅书库时，问祭酒邢昺书版几何，昺答道："国初不及四千，今十余万，经史正义皆具。臣少时业儒，观学徒能具经疏者百无一二，盖传写不给。今版本大备，士庶家皆有之，斯乃儒者逢时之幸也。"[③]时宋有天下尚不过四十五年，以后的发展规模更

[①]〔宋〕司马光：《司马光奏议集》卷一五《贡院乞逐路取人状》，山西人民出版社1986年点校本，第160—162页。
[②] 参见《宝祐四年登科录》，影印文渊阁《四库全书》本，第451册，第51—103页。
[③]《长编》卷六〇，景德二年（1005年）五月戊辰条，第1333页。

是可以想见。

国子监雕版的书籍，起初以儒家经典和前代正史为主，尔后为适应发解试、太学国子监公试、省试及刑法试之需，又印造朝廷颁降的韵略、刑统、律文之类。①监本发行量虽大，但"所鬻书，其值甚轻"，其目的正如宋真宗所言："此固非为利也，政欲文字流布耳。"②那些进入国子监读书的士人，不论出身贵贱，系籍与否，目的都是为了应举，他们与乡贡进士一起，是监本最主要的购买者，一俟考试结束，成千上万的监本将随着士人的返乡而流布全国各地。

宋代地方机关的刻本也不少，若依其官署名称，有茶盐司本、转运司本、安抚司本、提刑司本及各府州军监县学本等等。这些刻本，就其内容而言，基本上也是为满足地方士人应举所需之书籍，它们皆可称得上是对中央机构尤其是国子监本的补充。

私刻本可分家刻与坊刻两种。家刻本多为士大夫家雇人雕刻的诗文集或笔记，偏重于纪念意义和欣赏价值，与科举的关系不是很密切。书坊所刻的本子称坊刻本，它既然以牟利为目的，刻书的种类和数量当完全依据社会的需求而定。

由于宋代进士科考校的内容相当广泛，无论经义、诗、赋、策、论不可偏废，所以，从《千字文》、《百家姓》之类的启蒙读物到事关朝代兴替、政治得失、制度沿革、军事成败乃至国计民生方面内容的书籍，皆属士人关心之列。书坊窥知此中消息，凡有助于士人应举用书，无不趁机刊行。其中影响最大、流传最广的除了儒家经典以外，要推类书和当代史。

我国最早的一部类书是编纂于曹魏时期的《皇览》，此后七百余年间，新的类书并不多见。到了宋代，因类书能使人"博学"，备受士人重视而获得迅速发展。据《宋会要辑稿》选举五之一九记载，早在北宋中期，已有不少"备场屋之用"的类书刊行。此后，私人修撰的类书更多，比较著

---

① 《宋会要辑稿》选举四之二九，第5332页。
② 《长编》卷九〇，天禧元年九月癸亥条，第2082页。

名的有高承的《事物纪原》、孙逢吉的《职官分纪》、吕祖谦的《历代制度详说》、潘自牧的《记纂渊海》、章如愚的《群书考索》、谢维新的《古今合璧事类备要》、林駉和黄履翁的《古今源流至论》、无名氏的《群书会元截江网》等十余种，至于没有流传下来的类书一定还不少。

《四库全书总目提要》卷一三五《类书类一·源流至论》谓："宋自神宗罢诗赋，用策论取士，以博综古今，参考典制相尚。而又苦其浩瀚，不可猝穷。于是类事之家，往往排比联贯，荟萃成书，以供场屋采掇之用。其时麻沙书坊，刊本最多，大抵出自乡塾陋儒，剿袭陈因，多无足取，惟章如愚《群书考索》最为精博。"在这里，四库馆臣对大多数类书的作用贬之太甚，评价不无偏颇，但认为许多类书是"为科举而设"的看法，则是正确的。

类似之书，内容十分丰富，它上自帝王世系，下至花草虫鱼，几乎无所不包，这种百科全书式的类书的广泛传播，对普及文化知识具有相当功用。

私人修撰当代史的风气，自北宋后期起亦颇盛行。传世的就有曾巩的《隆平集》、熊克的《中兴小纪》、李焘的《续资治通鉴长编》、王禹偁的《东都事略》、李心传的《建炎以来系年要录》、留正的《中兴两朝圣政》、佚名的《两朝纲目备要》、杨仲良的《续资治通鉴长编纪事本末》、彭百川的《太平治迹统类》、陈均的《九朝编年备要》、李埴的《皇宋十朝纲要》、刘时举的《续宋编年资治通鉴》等近三十种，历史上从来没有一个朝代有像宋代那样多的当代史。

笔者以为，宋代私史所以如此众多，一方面固然与封建帝王遵行右文传统，政治崇尚宽厚，使士大夫们能够畅所欲言有关；另一方面，要使这些篇帙浩繁，内容枯燥，相互间不乏重复、雷同的史籍，让书坊不惜工本，一一予以刊行，却另有一番原因，这就是当代史作为场屋用书深受广大士人青睐之故。只要我们读一下翰林学士、知制诰洪迈等人于孝宗淳熙十四年（1187）二月的上言，就可以了解其中缘由，其谓："仰唯祖宗事实载在国史，稽诸法令，不许私自传习，而举子左掠右取，不过采诸传记、杂说以为场屋之备,牵强引用,类多讹舛,不择重轻。"[1]宁宗嘉泰元年(1201)十二月,有臣僚上省闱利害四事,其四曰:"国朝正史与凡实录、会要等书,崇护惟谨,人间私藏,具有法禁。惟公卿子弟,或因父兄得以窃窥,而有力之家冒禁传写,至于寒远士子,何缘得知?而近时乃取本朝故事,藏匿本末,发为策问,是责寒远之士从素所不见之书,欲其通习,无乃不近人情。"[2]从这两道奏疏中可以看出,宋自熙宁变法以来,在礼闱到殿前的策试中,常以国史内容发为问目,少数公卿子弟和有力之家犹可依恃权势,得到正史、实录等抄本,对于成千上万平民出身的士子来说,除抄掠传记、杂说以作应付外,就显得一筹莫展。这说明,在强调科举考试以公平原则为第一的宋代社会,私人编撰当代史已刻不容缓,雕版印行也成为一桩有利可图的事业。

除了儒家经典、诗赋、类书和国史外,其他凡与场屋有关的用书,如律令、兵法、医学、书画、历算等刊本也有很多,兹不赘述。

总之,两宋科举制度促进了雕版印刷业的大发展,作为传播文化知识重要工具的书籍的大量问世和流布,反过来又有力地推动了文化的普及。

三、科举制度促进了宋代学校的发达

宋代是中国古代学校教育空前发达的时期,从中央到地方,各类学校像雨后春笋般出现,造就了大批人才,使文化发展更加绚丽多彩。宋时学校大致有四种类型:一为中央官学,二为地方官学,三为各地书院,四为乡塾村校。各类学校的兴起和发达,都与科举制度密切相关。

(一)关于中央官学

两宋中央官学名目繁多,包括国子学、太学、宗学、小学、广文馆、四门学、武学、律学、算学、书学、画学、医学等等。隋唐以前,门阀势力左右朝政,国子学曾兴旺一时。入宋,随着官僚政治代替门阀政治,国

---

[1]《宋会要辑稿》选举五之一〇,第5345页。
[2]《宋会要辑稿》选举五之二五,第5353页。

学已不受重视,并逐渐演变成为太学的附属学校。宗学始建于哲宗元祐六年(1091),以后几经中辍,因入学对象仅限于宗室子弟,当其盛时,大、小学学生亦不过百人。小学之设始于元丰间,入学年龄以八岁到十二岁为合格,除徽宗政和间生徒曾增至千人外,以后长期冷落,对社会影响不大。广文馆、四门学应时而设,废置无常,其教育业绩亦无可足称者。武学在宋代不受重视,武举出身者授官也不优。律、算、书、画、医各学,除律学外,皆为伎艺性的专门学校,招生人数甚少,且时断时续,规制无定。上述学校虽然都与科举有密切联系,但最主要的中央官学乃是太学。

太学在唐代前期曾兴极一时,自安史之乱以后,干戈不息,国是日非,生徒流散,学校废坏无余。宋初太学,尚依附于国子学之中,无独立的黉舍,包括国子生在内的全部生员,仅七十人。这种沉寂状况,到庆历兴学运动中才出现重大变化。

庆历四年(1044)四月,诏应判国子监王拱辰等所奏,以锡庆院为太学,置内舍生200人,是为有宋一代太学与国子学相分离自行成立校舍之始。[①] 神宗熙宁四年(1071年)十月,王安石创太学三舍法,把生员分成三等,以次差升舍:初入学为外舍,不限员;外舍升内舍,员二百人;内舍升上舍,员一百人。[②] 元丰二年(1079年),"太学置八十斋,斋容三十人,外舍生二千人,内舍生三百人,上舍生百人,总二千四百"。徽宗即位,倡言绍述,太学又获新的发展。崇宁元年(1102),"命将作少监李诫,即城南门外相地营建外学,是为辟雍","外学为四讲堂,百斋,斋列五楹,一斋可容三十人"。辟雍成,"增上舍至二百人,内舍六百人,外舍三千人"[③],是为宋代太学的鼎盛时期。三年,罢科举,改由三舍升贡,太学一度成为士子最主要的进身之所。宣和三年(1121),虽恢复科举取

---

① 〔宋〕王应麟:《玉海》卷一一二《庆历太学》,江苏古籍出版社、上海书店1987年版,第2071页。
② 《长编》卷二二七,熙宁四年十月戊辰条,第5529页。
③ 〔宋〕马端临:《文献通考》卷四二《学校考三》,中华书局2011点校本,第1227页。

士，但太学生仍是进士的主要来源之一。[1]

靖康之乱，宋室播迁，太学随之南移。绍兴十二年（1142）四月，应起居舍人杨愿之请，以临安府学建为太学。次年正月，"诏以钱塘县西岳飞宅为国子监太学"[2]。初，太学生徒仅以三百人为额，后续有增加，宁宗开禧年间（1205—1207），已达到一千六百三十二人，以后大致都保持这一水平。[3]

太学生的生活相当清苦，致有"有发头陀寺"[4]之称，但太学补选依然趋之若鹜。特别是到南宋时，参加补选的士人，动辄上万，更是达到惊人的地步。[5]

读书人所以要竞相进入太学，主要原因有二：一是太学课程与科举考试的要求完全相吻合。加之，学校地处京畿，既有名师授业，又可获得考试的最新信息，故是游士寄应的最好场所。二是太学解额远较州郡为优，如庆历中，州郡一般须数十人才能解送一人，而太学生是"每十人与解三人"[6]。元丰二年（1079），国子监解额有五百人[7]，时太学生二千四百人，国子生二百人，平均五点二人可解送一名，发解比例之高，大大超过了州郡。此外，太学上舍生成绩优异者，可直接释褐除官，次优者可免去省试，一般者可取得免解资格，这些对士人都具有吸引力。对此，光宗绍熙三年（1192），朱熹在《学校贡举私议》中也说：

> 所谓太学者，但为声利之场，而掌其教事者，不过取其善为科举之文而尝得隽于场屋者耳。士之有志于义理者，既无所求于学，其奔

---

[1]《宋史》卷一五七《选举三》，第3660—3663页。
[2]《系年要录》卷一四八，绍兴十三年正月癸卯条，第2512页。
[3]《咸淳临安志》卷一一《学校·太学》、《梦粱录》卷一五《学校》，大象出版社2017年《全宋笔记》本，第238页。
[4]〔宋〕罗大经：《鹤林玉露》丙编卷二《无官御史》，中华书局1983年点校本，第271页。
[5]据《宋会要辑稿》选举五之二六载，宁宗庆元二年（1196年），参加太学混补的四方士子为二万八千余人，嘉泰二年（1202年）更达到三万九千余人。
[6]《宋史》卷一五七《选举三》，第3659页。
[7]《宋会要辑稿》选举一五之二二，第5556页。

竞辐辏而来者，不过为解额之滥，舍选之私而已。①

可以说，如果没有科举的刺激，宋代太学是不可能发展到这种地步的。

（二）关于地方官学

所谓地方官学，是指由府、州、军、监及县设立的学校。州县有官学，起自西汉武帝之世，历代虽屡次下诏重建，但它与仕进无直接联系，不为地方士人所重视，又缺乏如国子学、太学那样一套完整的机构，故只有少数州县建立学校。入宋，历经战乱，唐时的州县学皆废而不存。真宗乾兴元年（1022），诏依翰林侍讲学士孙奭之请，在兖州建学，并给赐职田十顷，是为宋有州县学之始。

仁宗初年，累诏州县立学、赐田、给书，学校始及诸藩镇。宝元以后，支郡亦相继建学。然当时州县各学多数不设学官，生徒尚处于自流状态，因而所谓建学仍为文具而已。庆历新政，百事更张，在范仲淹等人的建议下，朝廷于三年（1143）十月下诏诸路转运司，"令辖下州府军监应有学处，并须拣选有文行学官讲说，不得因循废罢"。四年三月，又"诏诸路州府军监除旧有学外，余并各令立学，如学者二百人以上，许更置县（学）"②，逐渐出现了"虽荒服郡县，必有学"③的盛况，但多数学校既无专门教官，又无学田等经费来源，实际上仍处于自生自灭的状态。

神宗熙宁间，针对"自庆历以来，无下诸州虽皆立学校，大抵多取丁忧及停闲官员以为师长，藉其供给，以展私惠"④之弊，"始命诸州置学官，率给田十顷赡士"⑤，使地方官学有了师资、经济上的保障，从而完全走上了正规化的道路。

徽宗崇宁、政和间，蔡京当国，不仅增加太学人数，而且将三舍法由

---

① 〔宋〕朱熹：《朱熹集》卷六九《学校贡举私议》，四川教育出版社1996年点校本，第3641页。
② 《宋会要辑稿》崇儒二之三至四，第2762—2763页。
③ 〔宋〕吕祖谦编：《宋文鉴》卷八二《南安军学记》，影印文渊阁《四库全书》本，第1350册，第851页。
④ 《司马光奏议》卷二四《议学校贡举状》，第273页。
⑤ 《宋史》卷一五七《选举三》，第3660页。

太学推广到州县学和小学，实行一整套三舍考选之法，并一度想以此来代替科举取士。

南宋建立不久，州县旧学纷纷恢复。史载：绍兴六年（1136），陈某为休宁尉时，度地于县南建学，自是弟子"常过八百人，拔第于廷者踵相蹑"①。乾道四年（1168），提刑龚茂良改建广州之学，即番山之址以为堂阁，"东西十一筵，南北九之，庭之下什百。其初增辟两庑，倍其旧，六斋对峙……置番禺、南海二县学于后……藻饰焕然，侈于他所"②。总之，南宋州县学比之北宋更加繁荣。叶适以为："今州县有学，宫室廪饩，无所不备，置官立师，其过于汉唐甚远。"③其言可以相信。

宋朝大力发展地方官学的目的，本为改变社会风气，替统治阶级培养所需人才，然而从实际情况看，无论是从朝野对州县学的评价标准，或是从学官的授课内容和生徒入学目的看，无不因科举而奖，而设，而学，与封建政府的兴学本意大相径庭。

首先，朝廷衡量州县学的好坏与对学官的奖励标准，主要依据学校在科举考试中的成绩而定。如庆历四年三月的《兴学诏》，已明确宣布：各地州学教授内，"有因本学应举及第人多处，亦予等第酬赏"④。大观元年（1107），"诸路宾兴会试辟雍，独常州中选者多，州守若教授俱迁一官"⑤。刘立之在表彰程颢出任晋城令的政绩时言："其俗朴陋，民不知学，中间几百年无登科者。先生择其秀异，为置学舍粮具，聚而教之……熙宁、元丰间，应书者至数百，登科者十余人。"⑥说明即使从只讲"义

---

① 〔宋〕洪适：《盘洲文集》卷三三《休宁县校官碑》，影印文渊阁《四库全书》本，第1158册，第469页。
② 〔宋〕王十朋：《梅溪文集》后集卷二六《广州重建学记》，上海古籍出版社1998年整理本，第959页。
③ 〔宋〕叶适：《水心别集》卷一三《学校》，中华书局1961年点校本，第800页。
④ 《宋会要辑稿》崇儒二之四，第2763页。
⑤ 《宋史》卷一五七《选举三》，第3668页。
⑥ 〔宋〕朱熹：《伊洛渊源录》卷二《明道先生·门人朋友叙述》，影印文渊阁《四库全书》本，第448册，第423页。

理",不言"功利"的道学家看来,州县学生登第之多少,仍是评价办学好坏的重要标准,足见朝野舆论之所向。

其次,州县学的授课内容,也与科举考试的要求相一致。神宗熙宁三年(1070)以前,科举以诗赋、策论取士,故司马光以为:"(州县学师长)自谓能立教者,不过谨其出入,节其游戏,教以抄节经史,剽窃时文,以夜继昼,习赋、诗、论、策,以取科名而已。"[①]北宋后期至南宋,经义在科举考试中占了重要地位,于是各级官学的授课内容,"皆以经义为主,而兼习论策为三场"[②],诗、赋二课的重要性则大不如前。

再次,士子千方百计希望考入州县学,入学后,不惜攻苦食淡,甚至"一坐十年不归",其目的正是为了在以后的科举考试中金榜题名,光宗耀祖。就是一些尚未获得科名的学官,也无时不在为自己的举业操心。如掌县、郡庠序达三十年之久的楼郁,曾屡试不第,仁宗皇祐五年(1053)登进士第后,就辞学而去。[③]这种例子,见于史籍记载颇多,学官对科举的热衷,实在不逊于其弟子。

有人说,宋代以"科举支配学校"是一种消极现象,它"实际上限制了宋代地方官学的发展"[④]。笔者的看法恰恰相反,认为:在封建社会里,惟有科举才会引起朝野对学校的重视,激发广大士人的求学热情,"科举支配学校"看来似乎是一种弊病,实际上却是推动地方官学发展的强大动力。

(三)关于各地书院

书院之设,肇始于唐,推行于五代,至宋而大盛。唐代书院有两种类型:一种是作为官方收藏、校勘和整理书籍的机构,最早见于史籍记载的有唐玄宗时期的丽正书院和集贤书院。另一种是私人创建的书院,它们多

---

① 《司马光奏议》卷二四《议学校贡举状》,第891页。
② 《系年要录》卷一四八,绍兴十三年二月已卯条,第2517页。
③ 〔宋〕楼钥:《攻媿集》卷八五《高祖先生事略》,影印文渊阁《四库全书》本,第1153册,第321页。
④ 黄书光:《宋代地方官学发达的原因和意义》,《浙江学刊》1989年第4期。

系士大夫及其子弟读书治学之所。五代干戈相寻，然科举始终未废，为适应这种形势，地方士绅每择名胜之区或僻静之所，建学舍，授举业，私人书院逐渐增多。不过，在兵荒马乱的岁月，不少书院仍不免毁于兵燹之中。

宋有天下后，统治者对学校教育一时尚无暇顾及，在庆历兴学前，尽管科举已经大盛，但州县学迟迟未置，太学则远在京师，且规模狭小，远远不能满足地方士人求学之需。于是各类书院首先获得恢复和发展。

有人统计，北宋前期共有书院三十八所。[1]如白鹿洞、岳麓、嵩阳、石鼓、应天府、茅山等著名书院，原先皆为地方长吏个人倡导或私人兴办的，后来才由朝廷通过赐额、赐书、赐田和任命教授等措施加以控制，从而有了半官方的性质。如宋真宗大中祥符二年（1009），"应天府民曹诚，以赀募工就戚同文所居造舍百五十间，聚书千余卷，博延生徒，讲习甚盛。府奏其事，上嘉之，诏赐额曰应天府书院，命奉礼郎戚舜宾主之，乃令本府幕职官提举，又署诚府助教"[2]，即为一例。较小的书院，则基本上仍由私人经营。

庆历以后，朝廷将办学重点放到兴建地方州县学上，对于书院很少过问。熙宁七年（1074），又下诏将书院钱粮拨入"州学已差教授处"[3]，于是大批读书人纷纷涌向师资、廪给都较为优越的州学就读。众多的书院或因失去经济资助而倒闭，或因士人散走而衰落。

自南宋孝宗朝起，沉寂百余年的书院重又蓬勃发展起来。仅东阳一地，就有郭钦止所辟之石洞书院，钦止从兄良臣所辟之西园书院，侄溥所辟之南湖书院。与郭氏同里之吴葵，亦辟安田书院，弟子达百余人。[4]建阳则有朱熹所辟之同文书院、考亭书院、云谷书院，蔡沈所辟之芦峰书

---

[1] 参见张廷藩：《中国书院制度考略》，台湾中华书局1981年版。
[2] 《长编》卷七一，大中祥符二年二月庚戌条，第1597页。
[3] 《长编》卷二五二，熙宁七年四月己巳条，第6148页。
[4] 《宋元学案》卷六〇《主簿吴先生葵》，第1963页。

院，黄榦所辟之环峰书院，刘应李所辟之化龙书院等。①整个南宋的书院，共有一百四十七所之多②，是我国书院最为繁荣的时期。

如果我们仔细分析一下两宋书院从发展到衰落再到繁荣这一过程产生的原因，就不难发现它与科举制度的密切联系。

北宋前期，书院所以获得恢复和发展，主要不在于统治者的倡导，而在于士人对举业的需要。如上文提到的应天府书院，其前身即为宋初学者戚同文聚徒讲学之所，据《宋史》本传载，同文因擅长场屋之文，故四方士子竞相拜投于门下，"登第者五六十人，宗度、许骧、陈象舆、高象先、郭成范、王砺、滕涉皆践台阁"。后来应天府书院所以声名大噪，实与此有关。

至于南宋孝宗朝以后，书院之所以由长期衰落重新走向发达，固然与地方官学因财政困难，学校腐败而丧失士心有关，但主要原因仍在于当时的书院因管理有方，教学质量较高，更能满足士人读书应举的愿望。众所周知，理学最终形成于南宋前期，而理学内部的派别很多，理学家们为占领学术阵地，扩大自己学派的影响，多以书院为基地，广泛收徒讲学。如朱熹兴复白鹿洞书院并一度出任主讲；张栻在岳麓书院执教；陆九渊在应天精舍和白鹿洞、象山书院讲学；吕祖谦尝为丽泽书院山长；杨简讲学于杜洲书院等等。理学家的仕履虽大都不显，但弟子甚众，讲友、学侣、同调和私淑颇不少。他们往往同气相求，互相标榜，在朝廷内外结成一股巨大的势力。于是，每当科举之际，从发解到省、殿试的各级考官多被这些人所把持。

宁宗庆元二年（1196）三月，吏部尚书叶翥等奏：

> 二十年来，士子狃于伪学，汩丧良心，以《六经》子史为不足观，以刑名度数为不足考，专习语录诡诞之说，以盖其空疏不学之

---

① 参见《福建通志》总卷一八《学校志》卷六，影印文渊阁《四库全书》本，第528册，第1—36页。
② 张正藩：《中国书院制度考略》，台湾中华书局1981年版。

陋，杂以禅语，遂可欺人。三岁大比，上庠校定，为其徒者专用怪语、暗号私相识认，辄置前列，遂使真才实能反摈不取。①

四年三月，臣僚又言：

……比年以来，伪学相师，败乱风俗……科场主文之官，实司进退予夺之柄，倘或不知所择，使伪学之徒复得肆其险诐之说，则利禄所在，人谁不从？必致疑误学者。②

叶翥等人指道学为"伪学"，并加以种种罪名，虽怀有其政治上的险恶用心，但从中却告诉我们一个信息：当时场屋主文之官，多系理学信徒，他们或囿于师传，或陷于宗派，取舍之际有可能产生所谓"用怪语、暗号私相识认，辄置前列"的情形。既然理学大师的说教可以成为猎取科名的工具，那么，由他们主持的书院，必然就门庭若市了。庆元党禁起，场屋一度禁止引用朱熹学说，但前后不过数年，随着韩侂胄被杀，史弥远专权，以朱学为代表的理学思想，重新风靡场屋，基本上皆由理学家所把持的书院就更为繁荣。

（四）关于乡塾村校

乡塾村校也属于私人讲学的一种，其规模虽较书院为小，但因为收费低廉，可以就近入学，所以更受贫寒子弟的欢迎。

北宋时，乡塾村校已遍及全国各地，它除了进行一般性的文化知识传授外，最终仍为适应科举考试的需要而设，从而使一些草泽寒士有了中举的可能。如北宋政治改革派的先驱王禹偁，少时为"磨家儿"③，"总角之岁，就学于乡先生"④，后得以登进士第。真宗、仁宗两朝以进士为名臣的吕蒙正、张齐贤、王随、钱若水、刘烨等人，少时同从洛中乡先生郭延

---

① 《宋会要辑稿》选举五之一七，第5349页。
② 《宋会要辑稿》选举二二之一四，第5664页。
③ 〔宋〕毕仲游：《西台集》卷一六《丞相文简公行状》，影印文渊阁《四库全书》本，第1122册，第198页。
④ 〔宋〕王禹偁：《小畜集》卷二〇《孟水部诗集序》，影印文渊阁《四库全书》本，第1086册。

卿学赋①。另如著名政治家、文学家杜衍、范仲淹、欧阳修等人，未第时都受益于乡先生的教学。庆历、皇祐间，被人称为"宋初三先生"的孙复、石介、胡瑗三人，皆以私人讲学著称，其弟子出而应举，多能获取高第。足见这种乡塾村校对科举的作用也不容轻视。

南宋科举更盛，入乡塾村校读书的学生越来越多。张孝祥自谓年十八，居建康，从乡先生蔡清宇为学。清宇弟子多达百数人，有豫章人汪胶者，年方十六，其祖父携之以俱，"昼夜督课，与胶上下卧，起居无何，胶崭然有声场屋，连取乡荐，号名进士"②。而孝祥本人，亦于绍兴二十四年（1154）考取进士第一人。江山地方，山峦起伏，交通不便，文化十分落后，老儒徐存"隐居教授，学者称为逸平先生，从学者至千余人"③。永嘉人陈鹏飞，"自为布衣，以经术文词名当世，教学诸生数百人"④。福建侯官古灵四先生的弟子，少者有数百人，多者达上千人。⑤这方面的例子，在宋人传记、方志和《宋元学案》中可谓俯拾即是。

要之，乡塾村校作为地方官学和书院的补充，在宋代更为普及，从而将两宋文化教育事业由城镇推进到穷乡僻壤。

四、小结

综上所述，科举制度作为封建社会上层建筑的重要组成部分，反映了整个地主阶级的利益和愿望。宋真宗的《劝学文》，露骨地把利禄作为劝学手段，从而将这种制度的阶级实质暴露无遗，它清楚地告诉人们：科举制度归根结蒂是封建帝王网罗士人的工具，也是读书人猎取功名的阶梯。由于时代的局限，科举以经义、诗赋、策论取士，用处不大，不足以尽

---

① 〔宋〕王铚：《默记》卷中，中华书局1981年点校本，第32页。
② 〔宋〕张孝祥：《于湖居士文集》卷二九《汪文举墓志铭》，影印文渊阁《四库全书》本，第1140册，第695—696页。
③ 《宋元学案》卷二五《隐君徐逸平先生存》，第938页。
④ 《宋元学案》卷四四《员外陈少南先生鹏飞》，第1421页。
⑤ 《宋元学案》卷五《古灵四先生学案》，第228页。

人才。

但是，两宋科举不像唐代那样，存在着以往荐举制度的众多弊病，也不像明清两代以八股文取士，表面上严格到残酷的程度，动辄兴起科场大狱，实际上却腐败不堪，形同"焚书坑儒"。特别是它取士不问家世，提倡公平竞争，以考试成绩好坏作为录取与否的标准，可称是封建社会中最为合理的选举制度，对今天世界各国的考试制度都不无影响。

科举入仕，荣耀无比，这就极大地调动了当时社会上不同阶级、阶层出身的知识分子的读书热情，使他们竞相投身于举业，虽老死场屋而不休。致使朱熹不得不承认："居今之世，使孔子复生，也不免应举。"[①]陆九渊也说："科举取士久矣，名儒巨公，皆由此出，今为士者，固不能免此。"[②]反映了科举已成为宋代士人最为关心的大事。

两宋科举有利于统治阶级广泛选拔人才，扩大统治基础，加强中央集权。对于其在政治上的这种积极意义，人们看得比较清楚。同时，如上所述，科举制度对两宋文化的发展也有巨大的推动作用：在科举的刺激下，宋代读书人数急剧增加，书籍广泛流布，促进了文化的普及和学术的繁荣；为适应举业的需要，从中央官学到乡塾村校也普遍兴起，有力地推动了学校教育的发达。科举制度与两宋文化的这种关系，我们不仅应该给予足够的重视，而且还可以从中获得一些有益的启示。

（原载《历史研究》1990年第5期）

---

① 《朱子语类》卷一三《力行》，第246页。
② 〔宋〕陆九渊：《象山集》卷二三《白鹿书院论语讲义》，中国书店1992年影印本，第175页。

后 记

宋朝立国时间长，史事复杂，名人辈出，政治、经济、军事、文化等各项制度多有创新和改革，对于关心和研究宋代历史的人来说，这是一个非常值得关注的朝代，也是一个对后世有着深远影响的朝代。

在宋代众多的史事中，有关"唐宋变革"、"重文抑武"、人才选拔、优待文人士大夫、君主与士大夫"共治天下"、文化的发达、学术的繁荣、爱国思想的形成、社会的流动、民俗风情的变化等内容，既是人们关注的重点，又与宋代的科举制度有着密切关系。因此，研究宋代科举制度，对于深入理解宋代史有着很大帮助。

在科举制度被废除后的很长时间里，人们对它长期存在着片面的认识，表现在将考诗赋、经义甚至八股文等考试内容，以及形形色色的场屋弊端与科举制度联系在一起，从而给这项制度戴上"封建"、"腐朽"、"败坏人才"的帽子。殊不知科举制度下的考试内容，乃是封建时代的产物，如果在今天，怎会去考此等无用之物？至于场屋弊端，乃是政治腐败的产物和考生的个人行为，与科举制度并无半点关系。如果从制度论，它以公开、公平、公正的原则取士，应该是中国古代最好的选举制度。它的许多措施（如试卷封弥、考官回避、以成绩优劣决定录取与否等）不仅为今天我国的公务员考试制度所借鉴，也为西方文官考试制度所由仿。因此，全面、深入地研究中国科举制度尤其是宋代科举制度，既有学术意义，也有现实意义。

本书为包伟民教授作为总主编的"宋代研究文萃"下面的一个子课题。当我接受《知宋·宋代之科举》一书的编撰任务时，开始还认为难度不大，可是一旦上手以后，却感到大谬不然。一是本书字数限定在20万字左右，要从成百上千篇有关研究宋代科举制度的论文中，选择出相对比较重要，又有代表性的论文，见仁见智，决不是一件容易事。后来虽经反复考虑，决定了每编主题和收入的论文，但总有挂一漏万的感觉。二是有些论文或因刊出年代久远，或为台湾学者所撰，一时很难寻找。所幸有我过去的研究生周方高、何兆泉两位教授，他们都不嫌其烦地帮助我寻找，给予我很大帮助。台湾学者的论文，主要依靠台湾辅仁大学历史系郑丞良教授的帮助。他不仅一次次地应我的要求，查阅文献目录，提供原文电子稿，并且还帮助我联系上有关论文的作者。在此，谨向以上三位老师致以由衷的感谢。我还得感谢收入本书的所有论文作者和他们的家属，承蒙他们的慷慨应允，才使诸位先生的佳作能再次公开出版与读者见面。

最后，还要感谢本书编辑莫莹萍同志，是她的细致、认真，一丝不苟的工作，为书稿纠正了不少错误。作为一个年轻编辑，她责任心之强，又虚心谨慎，是难能可贵的。另需说明的是，收入本书的论文，除繁体字全部改成简体字，将个别错别字加以改正外，正文和注释皆依原文文字、体例和格式编排。

何忠礼
2024年7月于杭州凤起苑寓所